赚钱有门道,天下没有难卖的衣服;销售有技巧,顾客自掏腰包的玄机!
选址、进货、定价,独辟蹊径巧赚钱;宣传、服务、管理,服装热销有妙招。

经营一家赚钱的服装店

大全集

凡禹　吴娟◎编著

图书在版编目（CIP）数据

经营一家赚钱的服装店大全集/凡禹，
吴娟编著. —上海：立信会计出版社，2014.9
（成功金典系列）
ISBN 978-7-5429-3062-0

Ⅰ. ① ……Ⅱ. ①凡…②吴…Ⅲ. ①服
装－商店－企业管理Ⅳ. ①F715

中国版本图书馆CIP数据核字（2014）第 ……号

责任编辑　茶志红
责任设计　谢伟的
封面设计　吴品业

经营一家赚钱的服装店大全集

出版发行	立信会计出版社
地　址	上海市中山西路2230号 邮政编码 200235
电　话	(021) 64411389 传　真 (021) 64411325
网　址	www.lixinaph.com 电子邮箱 lxaph@sh163.net
网上书店	www.shbk.net 电　话 (021) 64411071
经　销	各地新华书店
印　刷	淮阴市华东彩印有限责任公司
开　本	787毫米×1092毫米 1/16
印　张	25.5
字　数	367千字
版　次	2014年9月第1版
印　次	2014年9月第1次
印　数	1-5500
书　号	ISBN 978-7-5429-3062-0/F
定　价	39.80元

如有印装质量问题，请与本社联系调换

立信会计出版社
LIXIN ACCOUNTING PUBLISHING HOUSE

图书在版编目（CIP）数据

经营一家赚钱的服装店大全集 / 凡禹，吴娟编著．
—上海：立信会计出版社，2011.9

（成功金版）

ISBN 978-7-5429-3062-0

Ⅰ．①经…　Ⅱ．①凡…　②吴…　Ⅲ．①服装-商店-
商业经营　Ⅳ．①F717.5

中国版本图书馆CIP数据核字（2011）第171585号

策划编辑　蔡伟莉
责任编辑　蔡伟莉
封面设计　久品轩

经营一家赚钱的服装店大全集

出版发行	立信会计出版社
地　　址	上海市中山西路2230号　　邮政编码　200235
电　　话	(021) 64411389　　传　真　(021) 64411325
网　　址	www.lixinaph.com　　电子邮箱　lxaph@sh163.net
网上书店	www.shlx.net　　电　话　(021) 64411071
经　　销	各地新华书店
印　　刷	廊坊市华北石油华星印务有限公司
开　　本	787毫米×1092毫米　　1/16
印　　张	25.5
字　　数	365千字
版　　次	2011年9月第1版
印　　次	2011年9月第1次
印　　数	1-5500
书　　号	ISBN 978-7-5429-3062-0/F
定　　价	39.80元

如有印订差错，请与本社联系调换

前　言

　　开服装店说起来容易，做起来可没那么简单。如果您想开一家赚钱的服装店，希望低风险，高收益地经营下去；希望每天门庭若市，而不是门可罗雀；希望营业额节节高升，而不是一筹莫展，本书就是您的"百科书"。如果您想店内摆放井然有序、店员工作清晰、顾客满意离开，本书就是您的"参考书"。

　　我们收集了很多开服装店成功的案例，对他们的开店经验作了精心总结和全面梳理，为想开服装店的人士和正在经营路上的店主们提供了一份实用的参考书。

　　本书从开店的详细计划、资金的筹备、相关手续的办理到如何纳税、如何规避风险等都作了详细、全面的介绍，让大家在开服装店之前有一个比较全面的了解，为将来服装店的经营之路打下基础。

　　关于服装店的定位，在本书中我们列举了不同服装店铺的特点和优势，在多元开放的市场中以供大家选择。与此同时我们还为大家讲述了店铺的选址、命名的技巧，还从赢利的角度告诉大家店铺装修设计、摆放商品时应采取的策略。

　　本书围绕着经营中出现的常见问题一一作了梳理和总结。为广大的店铺经营者从进货的渠道和节约成本上作了详细的介绍，并提供了切实可行的方案。关于人员和店铺的管理知识，我们也进行了浅显易懂，经济实用的阐释。

最后，在服装的销售上本书从迎宾开场，挖掘顾客需求，到与顾客沟通，成交付款，以及做好售后服务和意外情况的处理上，也为读者一一作了说明。

总之，这些知识和实用技巧是作为一个优秀的店主应该掌握和了解的，只有这样才能避开很多不必要的麻烦，扫除店铺经营中的障碍，为节约成本、有效管理和高效经营提供切实可行的方法，让你可以轻松成为服装店经营的大赢家，让你的"钱途"越来越宽，财富像雪球一样越滚越大。

目　录

第三章　选址技巧、命名技巧

第四章　装修设计得当好旺财

第五章　服装陈列有技巧

第八章　扩大服装店人气的广告宣传技巧

第十一章 服装店退换货物的管理方案

第十二章 服装店如何进行财务安全管理

第十三章 扩大店铺要注意的问题

第十四章 服装情景销售法大全

第一章

服装店开业全准备

服装店是一个前景广阔的行业，入门相对较低，投资相对较小。五彩缤纷的时装在给人们生活带来美和享受的同时，也给经营者带来了不菲的收入。当然，凡事预则立不预则废。为了避免不必要的损失，无论什么事，都要做详细的准备，开店亦不例外。

开服装店"钱"景光明

现在提到投资理财,有相当一部分人就会想到是上百上千万的投资,需要请专业人士做市场调查和商业计划,不仅费时费力,还风险大。其实个人小额投资、小本生意也能赚钱,而且更贴近我们的生活,更具有实际意义.

在众多的小本投资中,赚钱最快应该属于服装行业,从小本生意开始积累,你才能够走向最后的成功。

那么,为什么说开服装店"钱"景光明呢?

首先,从市场的角度来分析。

"衣食住行"、"衣食父母"、"衣食无忧",从古人发明的词汇中我们不难看到"衣"的重要性,这告诉我们服装同饮食一样,有着最广泛、最众多的市场。需求决定市场,服装的需求则不分阶层、性别、财富等,因为我们每个人都需要穿衣,需要换衣,就是最吝啬最不精于打扮的人也必须会光顾服装店,更何况那些追求时髦和新颖的爱美人士呢?所以说,开一家服装店,不愁没有顾客,只要你能有自己的特色,善于抓住顾客的心,一定可以吸引大把大把的顾客去你的店里购物。

其次,从投资的角度来分析。

个体服装店,面积不需太大,只需十几个平方米即可。经营成本主要是房租、货款和售货员工资,即便加上装修,服装店的一般投资也就十几万至二十几万之间,总体来说,投资比较小,适合各个年龄段的人进行创业。

再次,从盈利的角度来分析。

如果经营得当,一般来说,服装店每月纯收入可达一两万元,高的可达数万元,这也表明,投资者当年即可收回投资并赢利,因此开服装店成就了不少人的发财梦。不少经营者做了几年服装生意,摸出点门道后,就自己生产加工服装,实行前店后厂,利润则更高。可见,服装店盈利不仅快而且高。

最后,从风险的角度来分析。

服装,不像食品会变质、会过期,充其量也就是过时,但是过时并不意味着没有价值,经营者可以降价出售或者干脆打起怀旧的大旗,总会把衣服销售出去,即便做最坏的打算,哪天你不想干了,手里的衣服可以成批趸出去,照样让你小赚一笔。可见,服装店的风险比较低,打消胆小投资者的疑虑。

总之,开一家服装店是一个"钱"景广阔的行业,你大可消除顾虑,勇敢出手,认真准备,从而成就自己的财富人生。

要有良好的开店心态

开店就是自己创业,所以心态一定要摆正。要坚定信念,有自己的原则,并且找到属于自己的方法。这样你的店才能成功,你也才能找到属于自己的位置。都说心态决定命运,所以一个人的心态对于开店的成败具有很重要的影响,一个成功店主应具备以下心态特征。

1.成功的信念

树立成功的信念是开创辉煌人生的重要前提。不管是暴风骤雨还是急流险滩,都咬紧牙关,义无反顾地朝着理想的航标前进,这种坚忍不拔的意志,是迈向成功过程中不可缺少的性格特征。

作为一个创业者,最重要的是要有坚定不移的信心,有推垮艰险的勇气,再加上勤奋努力、吃苦耐劳、坚持不懈地奋斗进取,这样才有可能实现自己的理想。

2.坚忍的毅力

坚忍的毅力是成功的基石之一。优秀的经营者在危机四伏或四面楚歌之际,能表现出愈挫愈勇、百折不挠的英雄气概。美国杰弗利·泰蒙斯在其《经营者的头脑》一书中说得好:"真正的经营者不会被失败吓倒,他们在困境中发现了机会,而大部分人看到的只是障碍。"作为一个创业者,尤其需要勇于承受失败,并从失败中吸取教训,去追求最终的成功。

3.坚强的斗志

商场是不见血的战场,创业者必须保持坚强的斗志,才能在这个领域里获得成功。不论对个人的成长,还是对企业的发展来说,竞争都是一件好事。激烈的竞争有助于磨炼人的心性,增强个人的学识和才干,提高成功的概率。胜利,特别是轻而易举的胜利不会使你学到东西。只有竞争才能学到很多东西。当你回顾一生中获得的成就时,最值得你回味的可能是克服了重重阻力获得的成功。保持强烈的竞争精神,在商战中永不言败,是成功者取得成功的秘诀之一。

4.严谨的工作作风

许多志大才疏的人认为，只要把大事做好，一些细小的事情交由下属完成就可以了。这种认识其实十分有害。正确的结论应该是："不注意细节，做不成大事。"注意细节不仅是对你自己的事，而且对别人的事也要抓得非常细致才行。取得成功的创业者都知道，心思细致经常会达到事半功倍的效果。心思细致，注重抓住细节，由此而养成的严密周到的作风是获得成功的必备素质。

5.宽阔的胸襟

胸襟宽阔能容人是经营者必须做到的。如果店铺创建者是一个争强好胜之人，那么，必然会由于过多的意气之争而与下属产生这样或那样的矛盾，从而增加小店内耗，降低服装店生存与竞争能力，对服装店的发展极为不利。这就要求服装店经营者应该具有宽阔的胸怀，对于下属所犯的错误不要太斤斤计较。

6.性格开朗善交际

创建者应该是性格开朗、容易与人交往的人。企业免不了要和外界打交道，一方面要将企业内部的信息传递给消费者，另一方面还要将环境中的各种信息反馈给企业。只有性格开朗的人才懂得如何与他人进行沟通，才能熟练地、准确地将自己的意思表达出来，并恰当地领悟他人的想法。另外，我们在前面曾经说过，企业领导者还担负着协调企业内部各个部门关系的责任，这就要求能够承担起这种责任的人必须是一个容易与人交往的人。很难想象，一个连内部关系都没有协调好的人，怎么能进行成功的外部公关呢？

7.善于控制自己的情绪

店铺创建者应该善于控制自己的情绪。无论是外界出现新的、大有前途的市场机会或具有强烈破坏力的市场危机，还是企业内部出现的各种情况都容易使店铺创建者产生负面的情绪，从而导致思想上的大起大落，情绪上大喜大悲。这就要求店铺创建者应该具有比较稳定的情绪，要能够做到处变不惊。因为人只有在情绪比较稳定的情况下，才有可能做出较为正确的决定。在现代社会的竞争环境中，如果在突发事件前店铺创建者自己先慌了神，这不但会有损企业的形象，而且还会暴露不必要泄露的信息，从而给企业带来负面影响。

以上对开店者的心态准备做了比较详细的叙述，在做好了心态准备的基础上，大家可以考虑行动了。

开店的知识储备

渊博的学识是店铺创建者必备的基本条件。优化知识结构,是提高领导水平的重要环节。现代企业领导者应有博大精深的知识结构,形象地说,叫"T"形结构。"T"的上面一横指知识面宽,应包括一般基础科学文化知识、市场经济知识、现代科学技术知识和法律知识等。渊博的学识有利于思维从平面走向立体,从单向度转为多向度,避免因受专业和个人特定环境的限制而造成的片面性和局限性。"T"的下面一竖指精深的纵向知识,即与企业运作有关的专业知识,特指具有从事本职工作所必需的业务知识,如现代领导与管理知识。这是成功行使领导职能的关键性因素。具体来说,服装店经营者需要具备以下几种经营知识,方能在商场中立于不败之地。

1.经济学知识

"供给"和"需求"之间的联系是经济学研究的重要内容。以母亲节的康乃馨与情人节的玫瑰花价格会高涨为例。其实花的品质和平日相差不多,但却会有价格差别,这就在于售花商家抓住了需求大增的契机。高效的企业运作,是对未来资源的调动,当然也涉及了"供给"和"需求"。在什么条件下,能有多少资源,投入这么多的资源,究竟能有多少回报。这是任何一项企业活动所要掌握的重点。学习经济学知识,首先要重视观念,而观念的建立可以由观察日常生活,搭配学习若干经济学方面的书籍来获得。

2.统计学知识

如何借所收集的资料验证自己的判断,是每一个店铺创建者所关切的。统计学基本上提供了店铺创建者分析和提出观念的依据。因此一般的店铺负责人应该学习统计的基础应用过程,这有助于对现有资料的提炼和总结。相关参考书的选取,以简单浅显为原则。有若干针对大学生、高中生所设计的介绍性书籍,着重于概念的说明,省略了一些烦琐的数学计算公式,颇具实用性。

3.市场营销知识

店铺创建者必须具有丰富的市场营销知识。尽管也有人认为这是理所当然的要求,然而长久以来,却有很多人一直没有做到。一般情况下,在经济迅速发展的初级阶段,由于经济的运行还不成熟,一些投机取巧的商业行为也能赚到钱。但随着制度的不断规范、经济的不断成熟以及企业竞争的不断加剧,专业化的经济行为开始出现,简单的投机行为将不再能钻市场的空子。现在,知识和文化已经成为赚钱的一个重要条件,理性和成熟的市场更加注重富有市场营销知识的人才。

4.管理学知识

店铺创建者必须具备丰富的管理学知识。因为管理学研究的核心就是通过管理来降低组织的运行成本,从而达到提高组织的运行效率的目的。管理学的发展使得现代组织的管理,尤其是生产性组织的管理发生了一场革命。人们的管理行为从过去自发的经验逐渐上升到一种自觉的意识。到了现代,管理学已经成为企业管理人员必修的一门课程。

5.金融学知识

金融学知识对店铺创建者来说也是必不可少的,它主要针对如何提高资金运行的效率问题进行研究。在一个店铺中,金融学的知识主要表现为如何对可利用的生产资源进行运作与管理,从而实现店铺追求利润最大化的目标。

对以上知识的熟练掌握,可以更准确地了解市场需求,全力打造核心产品,在宏观上提出正确的发展方向,引领店铺从小做到大,从弱做到强。

计划是否完善决定开店成败

凡事预则立,不预则废,开服装店也不例外,经营者要想获得成功,应尽可能拟定详细的投资计划,计算一下投资所需要的资金数额,衡量一下是否有能力承担,避免因投资过大引起资金困难,导致服装店经营失败。在制订服装店投资计划时,应以经过调查研究得到的资料为基础,预算出投资总额,估计资金的收支损益情况。

具体来说,服装店的投资经营计划包括以下几个方面。

1.分析服装店的规模和档次

一般来说,服装店的规模越大、店址越好,所需的场地购置费或租金就越高。档次越高,相应的在装修上也就需要投入更多的资金。大众服装店一般不必在装修上过分讲究。

2.估算投资总额

对于没有经验的创业者来说,开业费用似乎只包括服装店的租金、进货费用和聘请员工的薪金等支出,这样的估算太过笼统.正确的做法是将琐碎的开支详细列出,要将自己经营应得的报酬也计算在内,这样才有利于衡量经营是否真正赢利。

3.进行服装店投资回收期的预测

投资回收期是指收回服装店投资总额所需要的时间,用公式表示如下:

投资回收期=服装店投资总额/年现金净流量。

年预计赢利额可以自己估测,也可以向其他服装店咨询,从而获得一定的参考数据。

这里尤为要注意的一点是:估算投资总额,更详细地说,是估算服装店投资预算的项目。以投资一家加盟外贸服装店为例较详细的说明投资预算项目具体内容:

加盟外贸服装店铺的装修用多少钱,购货用多少钱,加盟费需要多少钱,多少钱用作周转等,这些都需要事先有个详细周密的计划。在开业之前必须做到心中有数。

(1)前期加盟费。前期加盟费,一般占投资者投资总额的5%~10%之间,假若开办一家外贸服装店所需资金是50万元,则前期加盟费是2.5~5万元之间。当然,这也不完全一致,如果要得到世界一流品牌外贸服装供应商的特许经营权,则往往要具备雄厚的财力并向总部支付一笔高额的特许经营费用。

(2)后续投资。后续投资是指投资者开业后每隔一定时期所支付的费用,有的按月支付,有的按年支付。它包括特许权使用费,即权利金;购买总部产品,如原料、成品、经营设施和设备等费用;总部收取的经营管理服务费用,宣传费用等。

这笔费用一般是按销售额的比例提成。投资者不要忽视这笔资金,因为该笔资金是按销售额比较提成,而不是按利润提成,无论投资者是否赢利都必须交纳,因此在预算投资效益的时候一定要把这笔费用计算进去。

(3)租金。如果外贸服装店铺租在一个高地价的地方,投资者在开业前必须考虑租金这一因素。

根据租赁能力的大小,投资者往往要预付半年或一年的租金,因而投资者在开业前就得拿出这笔钱来。租金的高低视外贸服装店铺的地理位置而定。不同的交通条件、周围环境、建筑物构造等,租金会有很大出入。把外贸服装店设在繁华的闹市中心与设在居民住宅区或偏远的郊区,其租金水平往往差别悬殊。要在这笔投资上节省,选择一个恰当的外贸服装店址非常关键。当然也不是租金越便宜越好,如果租金便宜了,生意也可能十分冷清;而一些地方租金昂贵,但生意却十分兴隆,投资者可以获得更多的利润。

(4)其他资金内部装修。就内部装修来说,如果是一般档次的话,只是简单地装修一下,花费数万元就行了。但如果像高级外贸服装、品牌外贸服装店等高价位的外贸服装店,内部的装潢耗资自然较多,通常会达十多万元。

(5)设备购置。就设备来说,一般需要购置必备的货架、收银台、收银机、模特架等设备。

投资计划给服装店经营者提供了认识自身经营状况的一个基本目标,服装店经营者在制订计划时能够对自身情况有了一个较清晰的认识,正所谓"知己知彼,百战不殆"。还需注意的是,适合自己的才是最好的,经营者要在实际经营中适时调整计划,使之能在激烈的行业竞争中保持清醒的头脑,从而立于不败之地。

开店需要的启动资金

开服装店离不开启动资金,到底需要多少启动资金?启动资金如何使用?对此,很多人却不很清楚。

服装店的开启资金一般包括四个部分。

1.购买固定资产费用

包括服装店场所、营业设施和用具的购置费用。

2.周转资金

用于购买产品原材料。

3.日常营业费用

如运输费、保险费、办公用品费等。

4.人员薪金

包括服务员、管理人员等应得的报酬。

以上各项费用,也可以分成两大类:一类为一次性承担的费用,另一类为定期承担的费用。通常新开服装店者对开业的一次性承担费用有比较充分的认识和充足的准备,而较忽视定期承担的费用。

还可以按一次性承担费用与定期承担费用细分启动资金。

1.一次性承担的费用

(1)服装店场地购置费(租用者为首季租用费)。

(2)服装店装修费(招牌、门面、灯光、墙地等)。

(3)服装店登记注册费。

(4)陈列架、模特道具等设备购置费用。

(5)开业之初的进货费用。

(6)橱窗装潢的费用。

(7)收银机、计算器、计算机等经营必需品购置费。

(8)其他杂项费用。

2.定期承担的费用(营运周转金)

(1)经营者的工资。

(2)聘用员工的工资。

(3)服装店场地租金(购置者除外)。

(4)水电费。

(5)保险费。

(6)税收和管理费。

(7)办公用品费用。

(8)借贷利息(无借贷者除外)。

(9)杂费。

一个想获得成功的服装店经营者,应对投资服装店所需的资金有明确的了解,并制订出详细的所需资金计划,在实施中注意其变动情况,及时制定应对措施。而开一家服装店到底需要多少启动资金,则要视服装店的规模大小、档次高低等具体情况来决定。

开店投资的一些细节

"细节成就一切"。投资服装店也是如此。如果有一个细节考虑得不周到,就有可能影响到以后的收益,甚至有可能因为自己的疏忽而导致投资失败。因为经营服装店是要承担一定风险的,在发展经营的策略上,有些细节要详细考虑。

(1)投资利润率至少要和利息率相等,才能避免出现亏损。

(2)固定资产投资应尽可能使用自己的资本和长期借贷资金。

(3)投资预算应以预估营业额为依据,从资本的周转来看,通常年营业额应为固定投资额的3~4倍。

(4) 投资必须依据长期计划的原则进行，尤其是固定资产投资影响层面最大,所以要有长期的打算。

(5)贷款虽然有利,但也要考虑利息的负担比率,因此要尽量使用自有资金。

(6)投资的回收分为分期偿还和税后利润,要考虑其折旧及耐用年限问题,要尽量选购耐用年限长的设备。

(7)资金回转是持续性的,在资金周转不足时,可考虑借用短期贷款,但贷款的数目不宜过大,而且一定要在规定期限内还清贷款,尽量不要拖欠。服装店是否具有好的还贷信誉,决定着以后能否得到再贷资金。

开店的一般流程

申请设立店铺是个繁杂的过程,但只要思路明晰,知道从哪些地方下手,就不至于手忙脚乱,闹得人筋疲力尽。申请设立店铺究竟哪些流程呢,别慌,下面将一一讲述。

凡是申请设立店铺，必须先携带好经营场所的证明到工商所进行字号名称预先核准。其次还要携带好相关证件,如由申请人签署的《个体工商户设立登记申请书》一份(领取)、申请人身份证明或户籍证明(复印件一份、核对原件、身份证应合法有效)、外省市人员还需提交居住证或暂住证(复印件一份、核对原件)。详细情况参考以下几点:

(1)申请人职业状况证明。可以是城镇、街道劳动就业中心出具的待业证明;原单位出具的下岗证明;辞退、停薪留职人员证明;《农村富余劳动力求职登记卡》或村民委员会证明的原件一份;《劳动手册》或离退休证明复印件一份(核对原件)。

(2)经营场所证明。申请人自有经营场所的,应提交房管部门出具的产权证明复印件一份(核对原件)。租用他人的场所,应当提交租赁协议原件一份(租赁期须一年以上)和房管部门的产权证明复印件一份(核对原件)。

以上没有房管部门产权证明的,提交其他产权证明。

(3)经营范围中属于法律、行政法规规定必须报经审判项目的,提交国家有关部门的批准文件或证书。

(4)申请人委托代理的,应提交《个体工商户申请登记委托书》一份(领取)及代理人的身份证明复印件一份(核对原件)。

(5)申请人一寸照片 3 张。

(6)申请人应当使用钢笔、毛笔或签字笔工整地填写表格或签字。

(7)文件、证件应当使用 A4 纸。

(8)申请人提交的文件、证明应当是原件,不能提交原件的,其复印件应当由工商登记机关核对。

(9)聘请帮工及带学徒的,帮工及学徒提交的身份证明和职业情况证明的要求,应当同申请人一致。

证件准备妥当,下面就该正式进入申请开店流程了:

(1)到市工商局(或当地区、县工商局)企业登记窗口咨询,领取注册登记相关资料、表格。

(2)办理名称预先核准,取得《名称预先核准通知书》。

(3)以核准的名称到银行开设临时账户,股东将入股资金划入临时账户。

(4)到有资格的会计师事务所办理验资证明。

(5)将备齐的注册登记资料交工商局登记窗口受理、初审。

(6)按约定时间到工商局领取营业执照,缴纳注册登记费。

(7)在规定的报纸上发布公告。

开店所需证件

开服装店有很多繁杂的手续需要办理,因此也需要很多相关的文件和证件,下面从申请营业执照、办理法人登记、申请开业登记等方面列举此类手续所需文件和证件。

1.办理《个体工商营业执照》所需文件和证件

(1)本人身份证及复印件(外来人员另需要暂住证及复印件)。

(2)经营场所的房屋租赁合同或者房产证及复印件。

(3)本人一寸免冠彩色照片两张。

(4)如果是国有和集体企业下岗失业人员、特困户,还需要带上失业证、失业人员优惠证、特困证等及复印件,这样可以依照国家有关规定享受减免管理费的政策优惠。

(5)从事饮食、化妆品等特殊行业的还要准备健康证件等及复印件(涉及前置审批行业需提供审批意见)。

2.申请个体工商业开业登记时所需文件、证件

申请从事个体工商业经营的,应当持所在地户籍证明(户口簿、居民身份证),向所在地工商行政管理所提出申请,一般应有书面报告,内容包括:申请人姓名、性别、年龄、户籍所在地的详细地址、申请从事的经营项目、经营方式、自有资金数额及设备、从业人员等情况,并经街道办事处(或居民委员会)、乡镇人民政府(或村民委员会)签署意见。由他人代理申请的不予受理。属下列申请人员,还须交验有关证明:

(1)城镇待业的青年和35周岁以下的社会闲散人员应提交劳动部发的待业卡。

(2)离职、退职、开除、除名人员应提交原工作单位批准文件或处分决定书。

(3)退休职工应提交原单位同意经营的证明。

(4)离、退休科技人员应提交与原单位签订的协议书。

(5)停薪留职人员应提交与原单位签订的协议书。

(6)申请人请帮手、带学徒的,须提交与帮手、学徒分别签订的合同副本。

(7)租用营业用房的,应提交租用合同等使用证书。

开业登记包括哪些内容

开服装店,首先要到开业所在地的工商局(所)办理登记手续,领取营业执照,未办理这些登记手续就开业做生意,属无照经营,是违法的,一经查出必定是要依法受到处罚的。开业登记一般包括下列项目。

1.取名

开一家店铺不管大小,店主首先要做的是为自己的店取名,将自己想好的名称送到工商局的名称核准科,由工商局核准科将该名称与已开业的店铺核实无重名后发给名称核准证明。拿到这个证明,30天内可以办理店铺注册,过期就失效了。

2.领取注册登记表格

将名称核准证明送到工商局,去领取有关登记店铺的表格及准备有关资料,包括:

(1)店铺设立登记申请书(工商局备有规范样本)。

(2)章程(工商局备有规范的样本,业主根据实际情况填入即可)。

(3)会计师事务所的验资报告。

(4)业主资格证(身份证、待业证、下岗证、辞职证等)。

3.开设临时账户准备注册资金

将领取的名称核准证明送到附近的银行开设临时的验资账户,开妥账户后将注册资本对应的资金存入。如果某些投资者准备以实物出资,应要求其提供这些实物的相关产权证明文件和价值评估资料。

4.交会计师事务所验证开业资金

将店铺名称核准证明、已填妥的申报申请书、投资者资格证等资料连同存入银行的资金证明交会计师事务所,由会计师事务所对上述材料审核。实物资产出资部分,会计师事务所还会进行实地盘点,进行资产评估,验证其产权。最终会计师事务所会提交验资报告。

5.验证场地

在做上述工作的同时,请工商局场地调查科的工作人员前往经营场地,将经营场地证明出示(自有房出示房产证,租房出示租赁合同书),由工商局工作人员验定场地后发给经营场地证明书。

6.领取回执

将名称核准证明、公司(申报)材料、验资报告、场地证明书、投资各方的身份证等一起提交工商局,待工商局的相关资料审查人员对上述材料进行审查,确认无误后,发给受理回执。

如无其他问题,在15个工作日凭受理回执,带上申请人身份证,由本人前往领证窗口,交付注册资本1‰的手续费,就可以领到营业执照的正、副本了。

领取营业执照后还需注意的事项

领取营业执照后要做的事情还有很多,一般有以下事项:

(1)凭营业执照,到公安局特行科指定的刻章社,去刻公章、财务章。后面步骤中,均需要用到公章或财务章。刻一个公章50元,刻一个财务章50元。

(2)办理企业组织机构代码证。凭营业执照到技术监督局办理组织机构代码证,费用是80元。办这个证需要半个月时间,技术监督局会首先发一个预先受理代码证明文件,凭这个文件就可以办理后面的税务登记证、银行基本户开户手续了。

(3)去银行开基本户。

(4)办理税务登记。注意,领取执照后,30日内到当地税务局申请领取税务登记证。一般的公司都需要办理两种税务登记证,即国税和地税。费用是各40元,共80元。

(5)请兼职会计。办理税务登记证时,必须有一个会计,因为税务局要求提交的资料中有一项就是会计资格证和身份证。你可先请一个兼职会计,一般支付200元工资就可以了。

(6)申请领购发票。你的服装店应该到国税去申请发票。开始可先领购500元的发票。

(7)到物价部门办理收费许可证。

(8)申请开业登记表。

办完以上手续后,标志着你的服装店所需的各职能部门的审批已完成,即可到所在区的工商行政管理局办理《个体工商户申请企业登记表》,准备择日开业。

另外,还需办理相关的税务登记。税务登记是整个税收征收管理的首要环节,是税务机关对纳税人的基本情况及生产经营项目进行登记管理的一项基本制度,也是纳税人已经纳入税务机关监督管理的一项证明。根据法律、法规规定,服装店属于具有应税收入、应税财产或应税行为的各类纳税人,应依照有关规定办理税务登记。

1.地税登记证如何申报

(1)凭营业执照副本复印件(2张)、租赁合同复印件(2张)、身份证复印件(2张)、相片(2张)到当地税局办税大厅申报地税登记证(必须在营业执照批准之日起30日内申报)。

(2)凭地税登记证副本到当地税务局指定的银行办扣税卡。

(3)办好扣税卡后,到地税局签署扣税合同,同时储足税金。

2.国税登记如何申报

(1)凭营业执照副本复印件到指定银行办储税存折。存入一定数额现金,然后将储税存折复印一份。

(2)凭营业执照副本复印件、储税存折复印件到国税大厅申报国税登记证(必须在营业执照批准之起30日内申报)。

(3)凭国税登记副本到国税第五管理站办税额申报及签订扣税合同。

(4)每月30日前存足当月税款,以便次月一日银行扣税。

3.税款的缴纳方式

(1)自报核缴。服装店作为纳税人,可以自己核算应缴纳税款额,并向税务机关申报,经税务机关审批,填发缴款书后交由纳税单位向银行纳税。

(2)查定征收。有些店铺难免存在经营模式变更多、账册不健全的情况,这就由税务机关根据店铺的规模及其经营情况依率征税。

(3)定期定额征收。营业额、所得额难以计算的情况普遍存在,针对这种情况,店主需要自报评议,由税务机关核定一定时期的营业额和所得税附征率,实行各种税合并征收。

(4)代扣代缴。一些负有扣缴税款义务的单位和个人,可以负责代税务机关扣缴相关税款,税务机关也可委托某些单位和个人代其征收税款。

开店特别情况的手续处理

在开店过程中,会遇到税务,财务等各种问题,以下介绍最常见的三种情况:变更与注销税务登记的办理,关于申请退还超缴税款的报告,银行账户的办理。

1.变更与注销税务登记的办理

纳税人办理税务登记后,如发生下列情形之一,应当办理变更税务登记:发生改变名称、改变法定代表人、改变经济性质或经济类型、改变住所和经营地点(不涉及主管税务机关变动)、改变生产经营或经营方式、增减注册资金(资本)、改变隶属关系、改变生产经营期限、改变或增减银行账号、改变生产经营权属以及改变其他税务登记内容的。应当自工商行政管理部门办理变更登记之日或有

关机关批准或宣布变更之日起 30 日内,持有关证件向主管税务机关申报办理变更税务登记。变更登记的程序如下:

(1)纳税人如实填写好《变更税务登记申请审批表》报送给税收服务中心负责人。

(2)税收服务中心负责人审核下列证件、资料。

①税务登记证件(正、副本)。

②原核发的税务登记表。

③变更的电话号码、手机号码和传真号码。

④工商行政管理机关办理变更登记的营业执照副本原件、正本复印件或者有关机关批准、宣布变更证件(文件)的原件、复印件。

(3)纳税人变更名称、经营方式或经营范围、注册地点或经营地址跨区迁移的,税收服务中心负责人当日将《变更税务登记申请审批表》传递给户籍管理员。

(4)户籍管理员 3 日内实地调查,如情况属实,在《变更税务登记申请审批表》上签署意见,回传税收服务中心负责人,如纳税人有未履行纳税义务的行为,经催缴无效后传递给县(市)局综合业务股股长,县(市)局综合业务股股长在 2 日内将此信息传递给稽查局处理。

(5)税收服务中心负责人在收到户籍管理员传回的《变更税务登记申请审批表》后经审核,纳税人税务登记表和税务登记证中的内容都发生变化的,按变更后的内容重新核发税务登记证件,纳税人税务登记表的内容发生变更而税务登记证件中的内容未发生变更的,不重新核发税务登记证件。

当纳税人因经营期限届满而自动解散;企业由于改组、分级、合并等原因而被撤销;企业资不抵债而破产;纳税人住所、经营地址迁移而涉及改变原主管税务机关的;纳税人被工商行政管理部门吊销营业执照;以及纳税人依法终止履行纳税义务的其他情形,应当在向工商行政管理部门办理注销登记前,持有关证件向原税务登记管理机关申报办理注销税务登记;按照规定不需要在工商行政管理机关办理注销登记的,应当自有关机关批准或者宣告终止之日起 15 日内,办理变更税务登记、办理注销税务登记应向主管税务机关领取《税务登记变更表》、《注销税务登记申请审批表》,并提供相关证件、资料。注销税务登记的程序如下:

(1)在办理注销税务登记时,首先由纳税人向税收服务中心负责人填报《注销税务登记申请表》。

(2)税收服务中心负责人当日将《注销税务登记申请表》传递给户籍管理员。

（3）户籍管理员 3 日内对纳税人申报纳税、发票领用等情况进行检查。未发现问题的，加注"同意注销"意见后通知纳税人到税收服务中心缴清发票，交回税务登记正副本、发票领购簿及其他税务证件，同时将《注销税务登记申请表》传递给税收服务中心负责人；对没有结清税款的，经催缴无效后，将此信息传递给县（市）局综合业务股股长，县（市）局综合业务股股长在 2 日内将此信息传递给稽查局处理。

（4）税收服务中心负责人在收到户籍管理员签署意见的《注销税务登记申请表》后，应于当天办理注销手续，清缴发票和发票领购簿，收回税务登记证正、副本及其他税务证件，并将有关资料输入《税收业务管理子系统》。

2.关于申请退还超缴税款的报告

多缴纳的税款，可以申请退税，也可以抵缴下期的应纳税额，税务稽查结束后会有稽查结果的文书《税务处理决定书》，只要有税务机关出具的《税务处理决定书》，应该不用再次稽查。《税务稽查工作规程》第 49 条规定，对经税务稽查应当退还纳税人多缴的税款，税务机关应当按照有关规定及时退还。《税收征管法》第 51 条规定，纳税人超过应纳税额缴纳的税款，税务机关发现后应当立即退还，涉及从国库中退库的，依照法律、行政法规有关国库管理的规定退还。办理申请退款的纳税人应注意下面几点：

（1）办理退税的纳税人除需报送涉税管理系统要求的相关资料外，还需要报送《税收电子转账专用完税证》原件及复印件。如纳税人没有《税收电子转账专用完税证》，可凭《银行电子缴税回单》原件前往办税窗口换开《税收电子转账专用完税证》。

（2）个体工商户在报送退税资料时必须另附银行存折的首页复印件（即有开户名称和银行账号）。

（3）纳税人提交的复印件材料必须加盖单位公章。

（4）所退的税款必须已入库而且以前未办理退库。

（5）《退税申请书》上的签名、印章必须齐全、清晰。

（6）《退税申请书》各项要素填写正确、完整。

①大小写金额必须相等。

②《退税申请书》不得有任何涂改。

③原缴税凭证资料的票证字号必须填写《税收电子转账专用完税证》的税票号码。

④申请单位(人)、地址、开户银行名称和账号填写正确、齐全,《退税申请书》上的银行账号必须要和征管软件上企业登记银行账号一致,否则不得受理。

⑤小写金额前必须有人民币符号。

⑥大写金额与"人民币"字样间不得留有空白。

申请报告按照通用的申请书格式即可。报告内容要详细说明申请退税的理由(计算错误、汇算清缴、政策退税等);写明税款所属期,已缴税额及本次申请退还税额;说明政策依据,即根据相关文件(文号)规定及服装店适用该规定的表述。

3.银行账户的办理

根据我国《银行账户管理办法》,银行账户一般分为基本存款账户、一般存款账户、临时存款账户和专用存款账户。

(1)基本存款账户。这是存款人办理日常转账结算和现金收付的账户。企业的工资、资金等现金的支出,只能通过基本存款账户办理。一个服装店只能开立一个基本存款账户,开户时必须要有中国人民银行当地分支机构核发的开户许可证。存款人申请开立基本存款账户,应向开户银行出具下列证明文件之一:

①当地工商行政管理机关核发的《企业法人执照》或《营业执照》正本。

②中央或地方编制委员会、人事、民政等部门的批文。

③军队、武警部队财务部门的开户证明。

④单位对附设机构同意开户的证明。

⑤驻地有权部门对外地常设机构的批文。

⑥承包双方签订的承包协议。

⑦个人的居民身份证和户口簿。

(2)一般存款账户。该账户是服装店在基本存款账户以外的银行借款转存,与基本存款账户的存款人不在同一地点的附属非独立核算单位开立的账户。该账户可以办理转账结算和存入现金,但不能办理现金支取。存款人申请开立一般存款账户,应向开户银行出具下列证明文件之一:

①借款合同或借款借据。

②基本存款账户的存款人同意其附属的非独立核算单位开户的证明。

(3)专用存款账户。该账户是服装店对特定用途的资金,由存款人向开户行出具相应证明即可开立的账户。特定用途资金主要包括基本建设资金、更新改造资金和需要专户管理的资金。存款人申请开立专用存款账户,应向开户银行出具下列证明文件之一：

①经有权部门批准立项的文件。

②国家有关文件的规定。

(4)开服装店首先要开立基本存款账户。凭营业执照、组织机构代码证，去银行开立基本账号。最好是在原来办理验资时的那个银行的同一网点去办理，否则，会多收100元的验资账户费用。开基本户需要填很多表，你最好把能带齐的东西全部带上，一般需要下列文件：

①服装店法人营业执照副本复印件(核原件)。

②开户申请登记表(盖企业法人公章、财务专用章、法定代表名私章)。

③填写银行开户印鉴卡(盖企业法人公章、财务专用章、法定代表人名章)。

④服装店法定代表人的身份证复印件(核原件)。

⑤组织机构代码证书副本复印件(核原件)。

⑥国税、地税登记证(部分银行可以不用)。

开立基本账户时，还需要购买一个密码器(从2005年下半年起，大多数银行都有这个规定)，今后你的服装店开支票、划款时，都需要使用密码器来生成密码。

同时应注意，根据我国《银行账户管理办法》和《违反银行结算制度处罚规定》，对违反账户管理的行为也有严厉的处罚：

(1)出租和转让账户的，除责令纠正外，按规定对发生金额处以5%但不低于1 000元的罚款，并没收出租账户的非法所得。

(2)违反规定开立基本存款账户的，责令其限期撤销账户，并处以5 000元到1万元的罚款。

银行的基本存款账户一般就是指合同章上印有"开户行和账号"的账户，这个账户一个商铺只能开一个，并要由人民银行批准；而其他三个账户的开立比较容易，可在不同银行开有多个账户。

上述这三种情况，都属于开店过程中，经常会遇到的，知道这些情况的处理，在遇到时，也就不会慌乱了。

不可不知的税务知识

这里从三个层次来讲，一是开服装店需了解涉及哪些税种；二是开服装店如何正确应对纳税检查;三是如何合理避税。

1.涉及的各种税种

(1)增值税。从事商业经营的个体户通常按照其销售额 4%的征收率缴纳增值税;从事工业生产的,征收税率为 6%。

(2)消费税。从事薯类白酒、鞭炮生产的个体户应当按其销售额纳 15%的消费税。

(3)营业税。从事服务业的个体户应当按照其营业收入缴纳 5%的营业税。

(4)城市维护建设税。这种税是按照个体户缴纳的增值税、消费税、营业税税额附征的,实行 1%~7%的地区差别税率。

(5)个人所得税。其中,生产、经营所得应当按照 5%~35%的五级超额累进税率纳税;股息、红利所得、财产租赁所得的税率为 20%。

(6)房产税。其中,按照房产余值计税的,税率为 1.2%;按照房租收入计税的,税率为 12%。

(7)城镇土地使用税。此税是向使用城镇土地者征收的,实行有地区差别的幅度税额标准。

2.应对纳税检查

税务检查是纳税人不想面对又不得不面对的一个"痛苦"现实。其实,对于大多数纳税人来讲,主观上并没有偷税的动机,只是由于对税法掌握得"不精、不透"造成的。因此,面对税务检查,大可不必"惶惶然不知所措"。那么,纳税人应如何正确应对税务检查呢?

(1)坦然面对。有些纳税人遇到税务检查时,即便没有税务问题也会慌手慌脚,到处托"关系"、走"门子"。其实现行法律、法规赋予了纳税人许多合法权利。

(2)把握"亡羊补牢"的机会。目前,许多地方的税务机关为了优化税务服务,对纳税人实行了分类管理。对于信用度高的企业,在税务检查前会给其一定的自查时间,自查出的问题只补税不罚款。

(3)正确对待处理结果。对于税务机关做出的处理、处罚决定,纳税人一方面要积极地同税务机关进行沟通,力争求得税务机关的理解、同情,最大限度地降低税务处罚损失;对于有异议或认为税务机关认定的事实有出入的,也要大胆地进行陈述和申辩。因此,纳税人面对税务检查结果,既要"积极沟通"又要"据理力争"。

总之,纳税人为了更好地应对纳税检查,一定要熟知相关税务知识,平时可对自身的纳税情况进行认真自查,找出"木桶"当中的"短板",将其在短时间内尽快补上。只有这样,才能更加坦然地面对纳税检查。

3.合理避税

合理避税不等于偷税、逃税,避税是纳税人依据税法规定的优惠政策,采取合法的手段,最大限度地采用优惠条款,以达到减轻税收负担的合法经济行为。对商家来说,可以采用下列方法进行避税:

(1)税收优惠法。对初创企业者来说,在选择企业的类型上,可以运用税收优惠政策来获得合理避税的效果。比如在投资方案上,纳税人利用税法中对投资规定的有关减免税优惠,通过投资方案的选择,以达到减轻其税收负担的目的。

(2)尽量减少双重交税。随着我国经济的飞速发展,目前我国的税制似乎难以跟上经济的发展速度,导致了税收体制的不完善和遗漏。就目前的所得税来说,如果一个企业主将企业的财富转到自己个人的名下就要交纳个人所得税,其实这笔财富已经交纳了企业所得税,再交纳个人所得税就算双重交税了。

(3)资产租赁法。租赁是指出租人以收取租金为条件,在契约或合同规定的期限内,将资产租借给承租人使用的一种经济行为。从承租人来说,租赁可以避免企业购买机器设备的负担和免遭设备陈旧过时的风险,由于租金从税前利润中扣减,可冲减利润而达到避税。

(4)分摊费用法。商家生产经营过程中发生的各项费用要按一定的方法摊入成本。费用分摊就是指店铺在保证费用必要支出的前提下,想方设法从账目找到平衡,使费用摊入成本时尽可能地最大摊入,从而实现最大限度的避税。

总之,纳税人合理避税是可以的,但不可利用法律的空子来偷逃税收,这样则是得不偿失。对于商家而言,依法纳税不但是一种义务,也是企业为社会和国家作出贡献的一种光荣表现,更是企业社会责任感的一种外在体现。

常见的避税实施方法

常见的避税方法有三种,下面对这三种方法作具体介绍。

1.筹资方案避税法

筹资避税是指利用一定的筹资技术使企业达到最大获利水平和税负减少的方法。对任何商家来说,筹资都是其进行一系列经营活动的先决条件。没有资金,任何有益的经济活动和经营项目都无法实现，与经营相关的赢利和税收也从无谈起。怎样筹资，怎样才能使筹资达到最大效益？一般来说，选择何种筹资方案可最大程度维护企业利益。

筹资方案避税法是指利用一定的筹资技术使企业达到最大获利水平和税负减少的方法。筹资方案避税主要包括筹资渠道的选择及还本付息方法的选择两部分内容。

(1)选择适当的避税渠道。一般来说，企业筹资渠道有财政资金、金融机构信贷资金、企业自我积累、企业间拆借、企业内部集资、发行债券和股票、商业信用、租赁等形式。从纳税角度看，这些筹资渠道产生的税收后果有很大的差异，对某些筹资渠道的利用可有效地帮助企业减轻税负，获得税收上的好处。

(2)比较还本付息的方法。从避税角度看，贷款、拆借、集资等形式都涉及还本付息的问题。因而就涉及如何计算成本和如何将各有关费用摊入成本的问题。利用利息摊入成本方法的不同和资金往来双方的关系及所处经济活动地位的不同，往往是实行有效避税的关键所在。

2.固定资产折旧避税

折旧的核算是一个成本分摊过程，其目的在于将固定资产的所得成本按合理而系统的方式，在它的估计有效使用期内进行摊销。而不同折旧方法使每期摊销额不同。从而影响服装店的应税所得，影响服装店的所得税税负。

服装店所得税的轻重、多寡，直接影响税后净利润的形成，关系服装店的切身利益。因此，服装店所得税是合理避税筹划的重点。

固定资产折旧的计算方法很多，常用的折旧方法有以下几种：

(1)使用年限法。计算公式为：

固定资产年折旧额=(原始价值-预计残值+预计清理费用)/预计使用年限。

(2)产量法。计算公式为：

每单位产品的折旧费用=(固定资产原始价值+预计清理费用-预计残值)/应计折旧资产的估计总产量。

(3)工作小时法。计算公式为：

使用每小时的折旧费用=(固定资产原值+预计清理费用-预计残值)/应计折旧资产的估计耐用总小时数。

(4)加速折旧法。加速折旧法主要有年数总和法和双倍余额递减法两种。

①年数总和法。计算公式为：

年折旧率=(折旧年限–已使用年限)/[折旧年限×(折旧年限+1)÷2]×100%。

②双倍余额递减法。计算公式为：

年折旧率=2÷折旧年限×100%。

从企业税负来看,在累进税率的情况下,采用年限平均法使企业承担的税负最轻,自然损耗法(即产量法和工作小时法)次之,快速折旧法最差。但在比例税率的情况下,采用加速折旧法对企业更为有利。因为加速折旧法可使固定资产成本在使用期限内加快得到补偿,企业前期利润少,纳税少;后期利润多,纳税较多,从而起到延期纳税的作用。

我国税法及财务制度规定,商家可以选择具体折旧方法;外商投资企业的固定资产折旧采用直线法(即年限平均法)计算,需采用其他折旧方法的,可以由企业提出申请,呈报国家税务局批准。而且,对各类固定资产折旧计提的最短年限做了明确规定。

在实际工作中,为了推迟企业获利年度,企业采取缩短折旧年限或不留固定资产残值的方法,提高折旧率,加速折旧,使企业在开业初期利润较少或出现亏损,从而达到避税目的。

3.利用新产品避税

商家要想利用新产品避税,必须先熟悉新产品避税法。新产品避税法是指企业利用国家鼓励新产品的税收优惠,努力使本企业符合新产品规定要求,从而光明正大地享受新产品有关税收优惠待遇从而达到避税目的。

据国家统计部门最新统计,新产品上市的成功率只有5%左右。那么我们怎样才能把握好推出产品的尺度,如何能让风险转为高效的收益,如何让消费者在众多的产品中对你的产品青睐有加?合理避税就是一个办法,尤其是利用新产品合理避税。

根据国家税务总局规定,新产品是指采用新技术原则,新设计构思研制生产或在结构性质工艺等某一方面比老产品有明显的改进,从而显著提高产品性能或扩大使用功能。新产品分为国家级和地区级。前者是指在国内第一次研制生产的新产品。后者是指在一个省、自治区、直辖市范围内第一家研制和生产的新产品。

对国家统一规定不能减免税的长线产品,如手表、自行车、缝纫机、电风扇、摩托车、电冰箱、牙膏等,其减免税范围只限于国内第一次生产,并列入国家科委、发改委试制计划内的新产品。

优惠政策,根据上述文件,新产品具体优惠政策为:

(1)从试制品销售之日起,免征增值税 3 年。

(2)列入中央各部委新产品试制计划经国家税务局同意的新产品,从试制品销售之日起,区别不同情况减征或免征增值税 1~2 年。

(3)依上述规定免税、减税期满后,还可以再给予适当减免增值税照顾。

(4)为鼓励科研人员研制新产品,凡符合规定减免的增值税,科研单位可全额专项用于新产品开发。

(5)科研单位试制新产品所得,报经税务机关批准后,可在 1~2 年内免征所得税。

(6)科研单位的技术转让成果、技术咨询、技术服务、技术培训、技术人股、技术承包、技术出口的所得暂免征所得税。

作为商家通过新产品避税时,主要是通过以上途径。通过新产品定义避税,即努力使本产品成为新产品,若是地地道道的新产品,当然可以享受优惠,但是若没有被有关部门认可,仍无法享受。此外,还要努力使本企业新产品不在非优惠之列。因此了解非优惠产品,有效地避开,也是避税的关键。

利用税收优惠促进店铺发展

税收优惠是国家对特定产业、特定地区的特定交易形式采取的市场竞争和调控手段,是政府为实现一定历史时期的宏观经济发展目标,以一定相对合理的方式,分轻重缓急地向特定经济主体(投资人)退让或放弃一部分税收收入的鼓励或照顾措施。对商家来说,利用税收优惠政策促进店铺的发展,不失为一种明智之举。这就要求商家必须了解税收优惠的相关政策。我国各类税法中规定的税收优惠包括减税、免税、出口退税及其他一些内容。

(1) 减税对某些纳税人进行扶持或照顾,以减轻其税收负担的一种特殊规定。一般分为法定减税、特定减税和临时减税三种方式。

(2)免税即对某些特殊纳税人免征某种(或某几种)税收的全部税款。一般分为法定免税、特定免税和临时免税三种方式。

(3) 延期纳税对纳税人应纳税款的部分或全部税款的缴纳期限适当延长的

一种特殊规定。

(4) 再投资退税即对特定的投资者将取得的利润再投资于本企业或新办企业时,退还已纳税款。

(5)税收豁免指在一定期间内,对纳税人的某些应税项目或应税来源不予征税,以豁免其税收负担。包括关税、货物税豁免和所得税豁免等。

(6) 投资抵免即政府对纳税人在境内的鼓励性投资项目允许按投资额的多少抵免部分或全部应纳所得税额。实行投资抵免是政府鼓励企业投资,促进经济结构和产业结构调整,从 1999 年开始,中国政府开始对技术改造国产设备实施投资抵免政策。

(7)起征点即对征税对象开始征税的起点规定一定的数额。征税对象达到起征点的就全额征税,未达到起征点的不征税。税法对某些税种规定了起征点。确定起征点,主要是为了照顾经营规模小、收入少的纳税人采取的税收优惠。

(8)免征额即按一定标准从课税对象全部数额中扣除一定的数额,扣除部分不征税,只对超过的部分征税。

(9) 加速折旧即按税法规定对缴纳所得税的纳税人,准予采取缩短折旧年限、提高折旧率的办法,加快折旧速度,减少当期应纳税所得额。

对于新开的店铺来说,如果能充分利用税收优惠政策发展,可以降低企业的成本,迅速做大做强。了解了以上这些税收优惠的相关规定,商家可根据自己的店铺情况,从而运用税收优惠法进行合理避税。

法律是保护自己的最好武器

渊博的学识是店铺创建者必备的基本条件之一,而其中,相关法律知识更是创建者必须了解的一项重要内容。因为只有知法、懂法,才能运用法律的武器更好的维护自己的权益。

那么,对于店主来说,需要从以下几个方面来了解经营一家服装店应该掌握的法律常识。

1.了解办理登记手续

设立服装店从事经营活动,必须到工商行政管理部门办理登记手续,领取营业执照,如果从事特定行业的经营活动,还须事先取得相关主管部门的批准文件。

2.工商管理法规

设立服装店的话还需了解《企业登记管理条例》、《公司登记管理条例》等工商管理法规、规章。

3.地方优惠政策

设立特定的服装店,你还有必要了解有关开发区、高科技园区、软件园区(基地)等方面的法规、规章、有关地方规定,这样有助于你选择创业地点,以享受税收等优惠政策。

4.税务登记程序

服装店设立后,你需要税务登记,需要会计人员处理财务,这其中涉及税法和财务制度,你需要了解企业需要缴纳的税种,如营业税、增值税、所得税等,你还需要了解成本中的支出,开办费、固定资产摊销等。

5.劳动合同

如需要聘用员工,这其中涉及劳动法和社会保险问题,你需要了解劳动合同、试用期、服务期、商业秘密、竞业禁止、工伤、养老金、住房公积金、医疗保险、失业保险等诸多规定。

6.知识产权

了解知识产权知识,才能保证既不侵犯别人的知识产权,又要建立自己的知识产权保护体系,因此店主还需要了解著作权、商标、域名、商号、专利、技术秘密等各自的保护方法。

7.民法常识

在业务中,还要了解《合同法》、《担保法》、《票据法》等基本民商事法律以及行业管理的法律、法规。我国实行法定注册资本制,如果不是以货币资金出资,而是以实物、知识产权等无形资产或股权、债权等出资,还需要了解有关出资、资产评估等法规规定。

以上只是简单列举创业常用的法律,在企业实际运作中还会遇到大量法律问题。当然你只需要对这些问题有一些基本的了解,专业问题须由律师去处理。

签订租赁合同要注意的细节

房屋租赁合同在现实生活中是一种常用的合同类型，房屋租赁合同看上去比较简单，合同条款也比较少，但房屋租赁合同的纠纷却时常发生。根本的原因是甲乙双方当事人合同条款订得不够全面，在履行房屋租赁合同过程中经常会出现一些原来没有考虑到的情况。为了避免纠纷，开店创业者在签订及履行房屋租赁合同时应当注意以下几个问题：

(1)租金的计算及支付方式。年租金标准一般是固定的，但也可以双方约定租金按一定比例或一定金额每年递增。租金支付时间，由双方约定，按月支付，按季支付，或按年度支付，但在约定按年度支付时，双方应约定年度的概念及起始时间，否则，可能引起误解。

(2)租赁房屋的交付。合同中应当约定房屋的交付时间。租赁房屋交付时，双方应约定派代表到现场检查房屋的完好情况，应当结清前期的水电费、通讯费、闭路电视费等有关费用，并签署房屋交付确认书及有关财物移交清单。

(3)房屋面积是否准确无误。常常有这种情况，租房后实际测量的面积比合同上少。这种情况下，可以按照中间差额面积扣款，并明确载于合同上。

(4)在合同上明确注明房租以外的其他一切费用由哪一方交纳，或共同以什么比例分担。

(5)明确注明租房的起止日期和有关费用的具体支付办法。

(6)要在出租方的各种物品交接清单上签字。

(7)注明押金的意义。押金一般为房租迟付、不付或损害建筑及物品等情况发生时的风险担保，合约期限期满后，若未发生以上情况，押金必须退还承租方。

(8)需要注明天灾及不可抗拒的因素造成直接经济损失及合同终止等情况，不需要由承租方负责经济损失。

(9)核实出租方是否为真正产权人。租房虽然是一件小事，但为避免上当受骗或发生不必要的纠纷，一定要细心。确认出租方是否是房东，签订行之有效的租房合同，确保万无一失。

(10)你还要注意调查店面有没有法律方面的纠纷，是否被银行或法院扣押或被其他机构拍卖等，你应该尽量避免租赁产权有纠纷，或是在租房期间发生产权纠纷的店面。如果是租用的老旧店面，你应咨询今后是否会拆迁。如果是新建店面，要考虑店面是否有隐性的建筑质量问题，以免日后店面房产出现质量问题，在租用新建店面时，最好能在租房协议中明确谁负责房产的日后维修。

(11)违约责任。双方应当约定，一方违反本合同有关条款，应向对方支付多少违约金，违约金也可以分项约定。还要注意，如果是一方中途违约，导致合同被提前终止，承租方装潢的财产及损失如何处理，也要在合同中约定。

假如店面开价明显低于一般市价的房租，那么你也要警惕了，大概是店里的产权(或许店面的债权)有问题。

首先，由于房屋中介的准入门槛较低，一些根本不具备经营资质的主体也混入其中，他们提供的服务质量较差，导致纠纷时常发生；其次，目前房屋中介行业还没有一个统一的、标准性制式协议或合同，市面上中介提供的协议或合同往往存在规避自身责任，无法有效约束和兑现各方权利和义务等问题。因此，店主要提高自我保护意识和法律意识，避免仓促签约，对那些无资质的中介或者面对不合理或不平等的协议及合同时，一定要果断拒绝。

了解劳动合同的相关知识

这里主要对劳动合同的具体条款进行了介绍，以及对无效合同，可变更或可撤销合同，及当合同有一方不履行合同这些情况做了简单说明。

1.劳动合同必须具备条款

店铺经营者如需要雇用店员打理、照看生意，店主与员工之间必然要签订劳动合同来规范双方的劳动权利与劳动义务。这就不得不了解劳动合同的相关知识了。根据《中华人民共和国劳动法》规定，劳动合同必须具备以下几方面的条款：

(1)劳动合同期限。劳动合同期限是指所签订的劳动合同是有固定期限、无固定期限和以完成一定工作为期限的劳动合同。如果是有固定期限的劳动合同，则应约定期限时间。

(2)工作内容。工作内容是指用人单位安排劳动者从事什么工作，是劳动者在劳动合同中确定的应当履行的劳动义务的主要内容。包括劳动者从事劳动的岗位、工作性质、工作范围以及劳动生产任务所要达到的效果、质量指标等。

(3)劳动保护和劳动条件。劳动保护和劳动条件是指在劳动合同中约定的用人单位对劳动者所从事的劳动必须提供的生产、工作条件和劳动安全卫生保护措施。即用人单位保证劳动者完成劳动任务和劳动过程中安全健康保护的基本要求。包括劳动场所和设备、劳动安全卫生设施、劳动防护用品等。用人单位不仅必须为劳动者提供必需的劳动条件和劳动保护，而且必须提供符合国家规定的劳动安全卫生条件和劳动保护。

(4)劳动报酬。劳动报酬是指用人单位根据劳动者劳动岗位、技能及工作数量、质量，以货币形式支付给劳动者的工资。包括工资的数额、支付日期、支付地点等以及其他社会保险(养老、失业、医疗、工伤、生育等)待遇。劳动报酬的内容和标准不得低于国家法律、行政法规的规定，也不得低于集体合同中的规定。

(5)劳动纪律。劳动纪律是指劳动者在劳动过程中必须遵守的劳动规则，它是劳动者的行为规范。劳动合同的劳动纪律包括国家法律、行政法规，用人单位内部制定的厂规、厂纪、对劳动者的个人纪律要求等。如上下班制度、工作制度、岗位纪律、奖励和惩戒的条件等。

(6)劳动合同的终止条件。劳动合同的终止条件是指劳动关系终止的客观要求，即劳动合同终止的事实理由。劳动合同中约定的劳动合同终止条件，一般是指劳动者和用人单位在国家法律、行政法规规定的劳动合同终止的条件以外，协商确定的劳动合同终止的条件。特别是在签订无固定期限劳动合同时，双方应约定劳动合同终止的条件。

(7)违反劳动合同的责任。在劳动合同履行过程中，当事人一方故意或过失违反劳动合同，致使劳动合同不能正常履行、给对方造成经济损失时应承担的法律后果。在劳动合同中约定违反劳动合同的责任，一般是指国家法律、行政法规对违约未做明确规定的内容，若法律、行政法规已有明确规定的，一方当事人违反劳动合同，应依照法律、行政法规的规定承担责任。

2.无效合同

开店做生意，买卖双方合作时，通过签订合同的形式来约束双方履行合同，这是最为常见的一种方式。因此，店主要了解有关无效合同的相关知识。无效合同是指合同虽然成立，但因其违反法律、行政法规、社会公共利益等而无效。

可见，无效合同是已经成立的合同，是欠缺生效要件的合同，是不具有法律约束力不受国家法律保护的合同。无效合同自始无效，但部分条款无效，不影响其余部分的效力。

3.可变更或可撤销合同

可变更、可撤销的合同是基于法定原因,当事人有权诉请法院或仲裁机构予以变更、撤销的合同。

对于可变更、可撤销的合同,当事人有权诉请法院或仲裁机构予以变更、撤销,当事人请求变更的,人民法院或者仲裁机构不得撤销。

撤销权是撤销权人依其单方的意思表示使合同失效及既往的消灭的权利。因撤销原因不同,撤销权人也不同。重大误解中,误解人是撤销权人;显失公平中,遭受明显不公的人是撤销权人;欺诈、胁迫中,受欺诈、受胁迫的人是撤销权人。撤销权是"诉权",只能通过法院或者仲裁机构行使。

撤销权的消灭有两种情况:具有撤销权的当事人自知道或者应当知道撤销事由之日起一年内没有行使撤销权;具有撤销权的当事人知道撤销事由后明确表示或者以自己的行为放弃撤销权。

4.一方不履行合同时

日常生活中,总有人不兑现承诺过的事情。开店做生意也一样,难免遇到合作方因各种原因不履行原本签订合同契约。如果我们熟知相关的法律知识,就可以利用法律武器来制约对方。

我国《合同法》规定:当事人一方不履行合同义务或者履行合同义务不符合约定的,应当承担继续履行、采取补救措施或者赔偿损失等违约责任。

规避风险才能立于不败之地

不少人是通过投资服装店来完成创业的第一步的,因为这种投资风险小,投入不大,容易完成资本原始积累。服装企业是靠产品增值来体现利润点的。而如何避免在增值过程中的计划外损耗和不确定损失,是树立品牌企业的重中之重。

以一般的品牌零售商来计算,一件短大衣的直接成本是这样构成的,面料:60×1.3 米=78 元;辅料(胶、衬、扣等):20 元;人工:18 元;含税直接成本为:78+20+18=116 元。这其中未含:企业管理和经营费用均摊、低值易耗品均摊、库存损失折价和利息。而一般品牌公司的定价模式是用直接成本平均加价率。比如上面计算的大衣产品按 550% 的加价率来定价,得到 116×5.5=638 元。中国的大多数品牌零售企业中均按此方法定价,变化也只在于根据个人感觉进行加价率调整。

最后,形成了中国服装零售行业价格的普遍规律。

在零售状态下,企业预期实现的价值增值部分为 638-116=522 元。而这部分增值的实现很不容易。要使这部分增值能够实现,企业需要做到以下几点。

1.财务风险

(1)资金循环顺畅。服装业资金周转是比较慢的,现在一般习惯按每 3 个月来计算一次大的资金循环,经营者应该从一次大的资金循环中,拆分出很多小的资金循环。比如:畅销款式的快速追单、一些临时搭配性产品的现货采购等,都有助于资金使用效率的加大。

(2)提高有效产品存货率。所有经营服装的人,都知道一个事实,那就是服装生意要赚钱, 最重要的是好卖的产品能够充足提供,而滞销的产品要快速处理掉。前者是成功的关键,后者是失败的起因。有效存货率达到 30% 以上的企业,才能获得零售领域的成功。

专柜上,店员最喜欢卖畅销的款式,因而,最好卖的款式,往往一定被穿在模特身上。但是,这种款式也是断号最快的。当很多顾客兴冲冲前来选购,却发现没有适合自己的号码时,其实你已经失去了赢利的机会。因此,现代营销更强调的不是每个专柜库存的绝对值,而是库存的有效性。

(3)尽量降低商场的倒扣比率。一般来讲,再严格的商场,倒扣率也会有 5%~15% 的浮动,而且这部分浮动是在开业前就约订好的,精明的商人会利用各种方法降低合同中的倒扣率。举例来说,上海某高档商场的平均倒扣率是 30%,如果我们将比率降到 28%,若每年流水额在 200 万元左右,则每年增加纯利 4 万元,占整个毛利增加的 3.9%,直接成本的 11%。

2.税务兼法律风险

开店过程中店主容易被金钱和利益蒙蔽了眼睛,不小心掉进了违法的沟坎里,最常见的就是合法避税常常转变为偷税漏税,甚至是严重的抗税行为,这不仅为国家机关的执法工作带来了困扰,也极大地损害了店铺的名誉。开店者切不可因小失大,毁灭了店铺光明的发展前途。

(1)偷税。偷税的方式有许多种,常用的方式主要包括纳税人采取伪造、变造、隐匿、擅自销毁账簿等记账凭证,在账簿上多列出支出或不列、少列收入,或者用虚假的纳税申报手段,不缴或者少缴应纳税款等行为,触犯了相关法律,构成偷税行为。纳税人偷税数额应占纳税的 10% 以上并且偷税数额在 1 000 元以上的,以及纳税人两次因偷税行为被税务机关处罚之后又偷税的,税务机关除追缴其所偷税款外,应将案件移交司法机关,依照关于惩治偷税、抗税犯罪的补充规定处罚;偷税数额不满1000元或者偷税数额占应缴纳税款不到10%者,税务机关除追缴其所偷税款外,可视情节处以偷税数额5倍以下的罚款。

(2)抗税。抗税也是一种比较常见的税务误区。以暴力、威胁方法拒不缴纳税款的是抗税。纳税人犯有抗税行为,除由税务机关追缴其拒缴的税款外,由司法机关处以抗缴税款5倍以下的罚金,并处以3年以下有期徒刑;情节轻微未构成犯罪的,由税务机关追缴税款并处以抗缴税款5倍以下的罚款。以暴力方法抗税导致人重伤或者死亡,除处以抗缴税款5倍以下的罚金外,按照伤害罪、杀人罪从重处罚。

(3)逃避追缴欠税。许多人为了逃避欠缴应纳的税款,采取转移或者隐匿财产的手段,致使税务机关无法追缴欠缴的税款。数额在1000元以上的除由税务机关追缴欠缴的税款外,还要依照关于惩治偷税、抗税犯罪的补充规定第二条的规定处罚;数额不满1000元的,由税务机关追缴欠缴的税款,处以欠缴税款5倍以下的罚款。

3.合伙风险

这点要尤为注意:合伙开店需慎重。有些人有开服装店的雄心壮志,并且对服装业十分熟悉,无奈资金不足,这时候就可以考虑找一个志同道合的合伙人。两个人合伙,资金就不成问题了,而且在一定程度上还降低了开店的风险。

但是合伙人的选择一定要慎重,彼此之间应该能够相互信任,有共同的创业目标。俗语说,亲兄弟还要明算账。无论是关系多么亲密的朋友,都要先小人后君子。事先都必须把双方的责、权、利规划清楚,分得越细越好,最好用书面的形式写清楚,免得以后产生纠纷。之所以一开始要分得这样清楚,是因为中国企业有个不好的现象:合伙人常常在创业时能同甘共苦,可是只要企业发展壮大了,矛盾也就随之产生了。正应了"能够共患难,却不能共富贵"的怪圈。这是合伙创业一定要考虑的问题。

此外,合伙开店时必须制定一些规章制度,尤其是财务制度。一旦决定合伙开店,出资人所出的资金就归企业所有了,资金如何使用要严格按照公司财务制度。

第二章

找准定位，赚在起点

无论从事什么事业，首先要知道自己应该做什么，开服装店亦不例外。找准定位是服装店赚钱的起点。本章提供几种市场定位的方向，有意进行服装经营的店主可以结合自己的实际情况，根据市场需求，找准定位，为服装店的良好经营奠定基础。同时，本章还补充了一些加盟服饰的知识，以供大家借鉴。

市场定位的重要性

市场定位的目的是确定服装店在消费者心目中的形象或位置。通过市场定位,向消费者传达零售店有关产品、价格、服务、经营理念、经营方式、整体形象等营销信息,为零售店猎取目标顾客扫清知觉障碍。如低价店、折扣店以其低价吸引目标顾客,设计师服装店以其设计师的名誉或风格吸引特定的消费群体,休闲服装店则以流行来吸引时尚追求者。

1.市场定位的作用

(1)明确零售店的形象,确定目标顾客。市场定位实际上是给顾客一个目标,对顾客的购买行为起到一个导航的作用。如果零售店定位缺乏个性,对顾客就缺乏吸引力。

(2)明确经营方向与宗旨。市场定位实际上是市场细分策略的应用,通过市场定位,明确了目标消费群体,有利于零售商了解消费者的需求特性,指导零售店制订正确的产品组合、价格组合、服务组合、促销组合等方案。

(3)通过市场定位,有利于零售店了解竞争对手,避实就虚,扬长避短。

(4)市场定位是一种阶段性的零售策略。随着零售店经营实力的增强、消费者需求的变化,零售店可以通过重新定位,提高其适应能力及发现新市场的机会。

2.市场定位的程序

(1)进行市场细分。零售店的市场细分通常以顾客的年龄、性别、社会阶层等特征作为标准。通过市场细分,可以了解各个细分市场的购买特点,评估市场机会。

(2)选择目标顾客。通过对细分市场的规模、发展潜力、市场竞争等进行评估,确定细分市场的可进入性及零售店的服务对象。有效的细分市场一般要有足够的市场空间,市场竞争程度不高,且企业有足够的实力进入。

(3)选择定位因素,确定经营特色。根据零售店的经营优势,结合顾客需要的特点,选择定位因素,确定零售店的经营特色,明确零售店在消费者心目中的位置。

(4)市场定位的宣传。零售店确定定位策略之后,其宣传工作或市场卖点设计应围绕定位而展开,加强零售店在消费者心目中的预期形象。

服装店定位关键看特色

开服装店要发挥出特色和优势,经营特色服装就必须做到以下几点。

1.善于创新

经营特色,特别是开办服装店,要不断玩出新花样才会有发展前景,墨守成规或死搬硬套地模仿他人的点子,终究是跟在人家屁股后面走的把戏,结果总是比他人慢一拍,使服装店很难有经营上的起色。经营特色就必须勇于创新,在竞争日趋激烈的时代里,做哪一种生意都有可能碰到各种挫折和挑战。这时候,老板一定要拿出魄力和决断力,在创新方面去力求寻找新的机会,扭转现状,使滞销服装很快畅销起来。

2.关注顾客的实际需要

经营特色的一个最大的特点就是关注顾客的实际需要,服装店生意兴隆与否取决于顾客的购买力,故服装店只有不断关注顾客的实际需要,方可让消费者买到所要的服装,还有一点不可忽视,即顾客的观念,未必处处跟生意人相同。因此服装店只有设法了解顾客的需要,然后才能满足他们。

3.站在顾客的立场上经营你的特色

经营特色,就必须站在顾客的立场上,这样你的服装店才会越做越大。顾客就是上帝,这点对于服装店来说至关重要。换位思考一下,如果把你放在顾客的层面上,你希望进入到一家服装店需要受到怎样的服务和买到何种称心的衣服。如果作为经营者的你充分考虑到顾客的购买心情,并适时做出相应的销售策略,相信你一定会赢得很多的回头客。

4.把握潜在的良机

很多时候,生意的成功与否取决于潜在良机的掌握。服装店在平时要善于选择适当时机,调查顾客预定购买的物品以及购买时间,这样在销售上就方便了。

5.追求合理的利润

经营特色的目的就是追求合理的利润、开商店,目的就是赚钱,所以,不能单凭卖的方式一味地去吸引顾客,而是应以优质的销售体系、完善的营销体系等获得正常的合理的利润。然后从正常的利润中,取出一部分再投资到整体事业中,以便长期性地对顾客提供更完美的服务以及更佳的服装。

经营特色就是避免同质化竞争,讲战略战术,不可盲从。经商办企业尤其如此,忌讳一哄而上,讲究的是独辟蹊径,敢于开拓,创出个性与特色。

把握市场潜在需求

很多经营者都注意到,市面上一些打破常规的服装设计常给人以别致新奇之感。当代的设计师们已经不再拘泥于现有的服装面料使用领域,而是大胆创新地将各种质地的材料运用于非常规的设计中,让服装领域有了较大的拓展。

面对这种趋势,经营者要学会辨识最有流行潜质的服装,展示那些具有视觉美感的超前样品。如果能引领潮流,势必会赢得更多的顾客群体和更多的利润。

服装店的经营者不妨将此作为赚取高额利润的突破口,利用超前的风潮,为顾客带来最新的生活观念和审美情趣。不过,服饰的美感价值,只有对其熟知的人才能有所感悟。经营者必须本身具有较强的对审美元素的发掘和组合能力,才能准确地把握市场的趋势。

什么样的服装才算具有超前特质?

答案很难确定。时尚本身就是一种不易被预测的东西,具有超前特质的服装,也会因个人的眼光不同而有所不同。但总体上,这些服装应是具有艺术美感的,且这种艺术美感正处在不断被发掘和被人们欣赏和认同的过程中。

例如,现在个别品牌女装中,糅合了摇滚、军装等元素,同天鹅绒、丝织品等巧妙搭配,形成有华丽摇滚味道的产品,这种趋势反映了现代女性独立、叛逆、个性等审美观念和趣味的变化。受到女性自我意识不断觉醒的影响,这类服装的市场有拓展的可能,但其更多是针对年轻女性。

例如,在大型时装表演会上,可以看到越来越多的中国元素被广泛运用。如汉字、梅花、印章、戏剧脸谱等,通过传统的刺绣、印花,还有西式的表现手法以及大胆着色的表达方式,演绎着丰富的中国文化内涵。随着中国与外界沟通的日益加强,富有内涵的文化业逐渐被其他国家所接受,一些混合古代、现代艺术文化的服饰逐渐受到国内外人士的喜爱。

不过,有时时尚潮流也会出现表面上的轮回,某种曾经过时的样式会重新回到人们的视野之内。当然,这些版式不会是原来服装的简单重复和拷贝,而是会随着变化的理念逐渐调整的、具有新内涵的服装产品,这能重新给予顾客崭新的文化价值体验。

总之,做引导市场需求的先驱者并不是件简单的事情。不过,经营者在进购服装时,若能做到从材料、特性、风格上全面思考,挑选那些原料特殊、工艺精良、设计独特优异、外观效果亮丽迷人、手感柔软舒适、触觉细腻光滑、色泽丰盈的产品,就能获得事半功倍的效果。因为,凡是多种元素能准确结合的服饰,必然有成为潮流主角的潜质。

定位一 ——粗布服装店

虽然上一代人身上穿的衣服、手里提包大多都是用粗布做的,可是在今天看来却有一种纯朴自然的美。当返璞归真成为一种流行和趋势时,开一家粗布服装店就是一个不错的选择。下面这家小店老板的故事也许会让你深受启发。

开一个用"粗布"做衣服的小店,专为"朴素一族"服务。董先生最初就是基于这种想法开了一家小店,而且生意是出奇的好,一年以后他就开了第二家店。这期间他和很多客人都成了朋友。他们背着他的小店卖的包云游四方、经历生活。董先生又想出一个点子,他在他的顾客当中征集来许多关于顾客和小包的故事,然后把这些美丽的文章装订成小册子送给其他客人。渐渐地,他的包中就蕴含了一种文化气息,被更多的人接受,这样一来,一家小店就无法满足顾客的需求了。

后来,小店老板董先生又找来几家与他风格相似的小品牌,邀请他们也进驻到自己的小店来,董先生把他们聚集在一起就形成了气候。大家各显神通,一起把店装扮起来,由于情趣相投,因此风格统一。他们一起把小店装点得朴素、大方、现代、浪漫。凡是喜欢这种风格的朋友,只要进入这一家小店,就能从头到脚地买到他们喜欢的服装、服饰。在这几家品牌当中,董先生做二房东,从其他朋友每天的销售额中抽得回扣30%,确保了房租和其他的一些费用。

开一家像董先生这样的店,投资预算包括:租房子加上装修,还有初期进货总的投资大约需要3万元。如果生意做得顺利,不到3个月就能回收所有的成本。

你可以选择邀请几家与自己小店风格相似的小品牌也加入到自己的小店

来。然后大家各显神通,奔着相同的目标一起把店装扮起来。这样使得你的小店如同董先生的店铺那样,显得朴素、大方、现代、浪漫。

你也可以做一些帆布小包之类的小东西或者其他工艺品。可以先做一个市场调查,看哪些产品的市场空间比较大。工艺品要做到做工精细,那么每天的销售额最多的能达到5 000元。到了一定的时候,可以邀请一些与自己风格相近的小店,在自己的附近做,从而在自己的小店周边形成气候,那么你每天的销售额可达1~2万元。

要形成小店的特色,你的店里一定要有一些独特风格的东西,如独特风格的服装、床上用品等,走多种经营的道路!等小店做成大店之后,还可以做连锁经营,将所有自己的产品摆放在自己的连锁店里。

定位二 ——求职服装店

每一位求职者都少不了在求职前把自己精心包装一下,以增强竞争能力。有关资料显示,在1997~2002年间,每位高校毕业生用于外包装的费用从300元上升到1 000元左右,近几年已经上升到2 000元。求职服装店不仅能够准确到位把握求职者的要求,而且价格还很低廉,西装价格在50~250元之间,大概是市场价的1~3折,而款式和做工都还不错。这对刚刚毕业的大学生来说是个不错的选择。所以,办一个"求职服装店",非常适合求职者当前的消费心理,市场前景广阔。

求职专用服装不一定很时尚,但一定要讲究款式、颜色搭配,因此定价不要太高,一般售后利润在20%左右,如果平均每天能售出10件服装或2~3套服装,一般都有100元左右的纯利润;出租一套服装租金约为售价的1/5,以每日租出2~3套计,收入在50元左右,月收入在4 000~5 000元之间。

开一家求职服装店,一间50平方米左右的店铺就足够了,这样月租金大概4 000元,店面简单装修大约花费1 000元,主要讲究店面、广告牌设计,要突出求职服装庄重、严肃的特点。安装一部电话200元左右。一般的办公用品如桌椅、镜子等大概2 000元。一台电脑和打印机8 000元左右。雇一名设计师,月工资2 500元,两名服务员,每人月工资1 500元。前期进货5 000元左右,加上其他的开销,前期总投资约需5.5万元。

求职服装店最适宜开在大中专学校校园内、高校结合部及人才市场附近。求

职服装店可以为顾客提供以下服务:

(1)为顾客提供免费的"求职形象设计",如为求职者设计与自己的脸型相配的眼镜,选择和西裤相配的皮带、皮鞋、手提包等。

(2)根据求职者的肤色、体形、身高,搭配不同的服装,还可根据求职者所应聘的不同职业,选择与职业匹配的服装。

(3)根据毕业生的性别、年龄和打算应聘的职业性质,设计出相应的服装。

(4)办一些短期的、免费的服饰知识培训班,以增加客户群,扩大商店知名度。

(5)配合科技化设计一套完备的电脑化系统,把所有租赁和出售的求职服装资料储存在内,以便查询和处理。顾客每次租赁或购买服装,需要填一份表格,除姓名、地址外,该表格还要记录顾客穿着该件服装出席招聘会的日期、时间、地点、性质等,当发现另一位顾客在同一招聘场已购买或租用同样款式的服装时,即可建议客户挑选另一款式的服装,以避免顾客在同一场合中穿着相同的尴尬局面。

定位三 ——"高个子"服装店

开服装店一定善于细分市场,在夹缝中求生存,在众多的服装店中开出特色。例如,只做"高个子"女孩的生意。

针对"高个子"的女孩只是泛泛经营大号女装绝不会给顾客留下鲜明印象,而服装样式太过普通也不会让女孩子喜欢。要能够尽量突出高个子女孩傲人的身材才行。通过市场调研发现,80%以上的高个子女孩对于欧洲风格情有独钟,而市场上65%以上的此类正宗产品价格都处在800~2 000元价位,较高的价位让绝大多数的高个子女孩望而却步。所以销售价格便宜的欧式服装,销路一定非常好。

你可以直接选择欧洲的二线品牌,即一些中档的服装公司,他们的产品在欧洲市场上的零售价格都在25~45美元之间,比较适合中国市场。

开业后,要悉心听取模特顾客的建议,适时调整进货的颜色、材料,尽量追求时尚潮流,拉住更多的回头客。试穿样品做活广告,再推荐给顾客;经常与模特顾客交流经验,了解她们对时尚的看法和对产品的要求,适时调整花色品种与数量,从而招徕更多的顾客。而且欧洲中档正宗服装在我国各大城市的销售凤毛麟角,尚有投资空间可供挖掘。这是一个非常好的经营思路。

当然也存在一定的风险,高个子服装店要因地制宜,在北方开可能比在南方开更有优势,因为一般南方的女孩子身材娇小,大多不适宜穿着大号服装。而且投资地点的选择也是一个难题,找白领多的地方铺租太高,找铺租便宜的地方又少有高个子女孩出现。因此要综合评估,选择一个最适合自己开的店。

定位四 ——"宝宝"服装店

儿童服装也有高中低档之分,所以首先你就要明确你的店铺定位。如果你要卖中低档次的儿童服装。店址就可以选在居民主要街道或者幼儿园学校附近。如果你要卖中档次掺杂高档次的儿童服装,店址就要选在步行街或者是商业街中,因为人流量是非常重要的一个因素。开儿童服装店铺不在乎扎堆,要对自己的货物和价格有把握,而且质量过关,肯定会赢得很多老客户。

要经营品牌的儿童服装,可能在利润上对你有一个限制。因为品牌装虽然有品牌做后盾,但是也有一个价格透明度的问题。所以利润会很难提高,并且服装的重复率太高了。翻来覆去都是相同的款式,那一般的妈妈都会去经常去的店铺购买,而不会到新店铺购买,除非你比那些同品牌店铺价格要低很多。但是如此低的价格,担心你连房租都不好支付了,所以建议不选择品牌服装。另外,品牌服装的进货和加盟也有很多制约。资金、款式、尺寸、颜色等都是你不能完全自主的!

儿童服装最好是找外贸厂家进货。之所以倾向于外贸儿童服装主要有以下几点原因。

1.价格便宜

出口的货物质量都是不错的,并且出口商品的做工和款式都很新颖,不会在国内重复出现。建议不要进库存货,只要加工后的原单货。这样,面料、做工、吊牌、商标等都基本能达到出口水平。国外人的要求特别是对儿童的服装要求是很高的。同时,这一部分转内销的服装价格又非常的有优势。

2.款式新颖

如果能拿到真正的原单货,那基本上每个款式都要看外商订货量的大小,多选择一些订货量相对较少的款式,这样能保证同城市重复款式的机会下降。而且购买者无从对比价格。

3.质量好

外贸货,一般都是以纯棉为主。我国用于出口的棉都是中高档次的棉。所以只要价格合适,出口货的质量一般要比国内一部分品牌货好。

如果你是新手,就不要开40平方米以上的店铺。而25~30平方米之间是最招徕人气的空间。空间越大,铺货就要越多。而你刚开始开店。货源上肯定不会那么充足。会给购买者造成一种空间空洞感。由于空间的空洞,造成对你服装的档次贬低。所以宁愿店铺小点儿,五脏俱全,也不要一下搞得那么大,空洞无光。而且小点儿的店铺,无论进货的资金还是周转的资金等各方面的压力都会减轻。

定位五 ——"胖人"服装店

开个服装店,这不是什么新奇的创业点子。大街小巷,随处可见各种特色小店,如哈韩、哈日、复古等,竞争极为激烈。要想在这样一个竞争激烈的市场中赚钱,就需要想更多点子。随着人们生活水平的提高,"发福"的人越来越多了,爱美的女士们驻足于商场看到自己喜欢的衣服却无法试身时,那种遗憾和尴尬,恐怕无法言表。那些体态颇为丰腴的女性常常为买不到合身且漂亮的衣服而烦恼,这倒成了有心人眼里的商机——开一家胖人服装店,专门卖各种加肥加大的服装,里面的赚头肯定不少。

开一家"胖人服装店"有其特殊的定位和消费群,因此在选择店址及店面大小方面有些讲究。考虑到胖人数量有限,经营规模不宜太大,但空间也不能太狭窄,经营面积一般控制在20~30平方米之间。

如果有可能的话,所有的店员也都应该由胖人来担任,胖人为胖人服务,在心理上容易平衡,增加了沟通感情的机会;二是以不同的花卉名称代表不同的服装型号,避开了"肥胖"二字,照顾了胖人的自尊心,与胖人的消费心理一拍即合。

营业员要对胖人的着装进行引导。也可以在商店一角摆上几张桌椅供顾客休息、聊天。胖人在一般的商店买不到合体的衣服,还常会受到歧视和嘲笑,你能提供这样自在的购物环境,怎会不令胖人们心动。

很多人认为胖人能穿的衣服,不是颜色灰暗,就是款式陈旧。一位服装设计师认为,其实用柔软凉爽的麻、丝等面料同样可以做衣服给胖人穿,只是没有人大规模开发这块市场。最好"调"出适合胖人穿的颜色来。胖人有自己的独特尺寸,先为体胖者量过尺寸,并且按照肥胖部位的不同分成几大类,再一点一点按类别抠服装款式。"抠"款式特别费劲,可能衣服领子是这个号,袖子却是那个号,一旦缝错,衣料就废了。

开服装店要注重宣传和贴心服务,尤其是这种有特色的服装店,一定要宣传到位,可印刷一批传单在人流量多的地方发放。

服装店慢慢开起来之后,一定要建立自己的顾客档案,定期与老顾客们联络,为其提供一些额外的服务,从而建立固定的消费群体。

定位六 ——开女性服装店

女性在穿衣打扮上一般很舍得花钱。有时候外表也是一种无形的资本,尤其是职业女性,更注重对自己外在形象的设计。就拿买服装来说,要是女性时装式样新颖、前卫时髦,一定会容易引起女性的兴趣,买的时候就会毫不犹豫地掏钱,如果再加上一个限量生产,那更会招女性的喜欢,因为女性喜欢通过新颖独特的服装引起同性嫉妒,引起异性注目。因此,经营服装业应以女性为主。开办女性服装店应把握以下几点:

(1)选址最好是大型百货服装店。因为女性购物特点是无计划,看见称心的,就不顾一切买下,借钱也不在乎。而大型百货商店,是女性最愿意逛的场所。

(2)目标顾客应该以25岁左右的为宜,因为这个年龄段的女性,购物一般都是凭借第一印象,理智思考的时候少,感情用事的时候多。年纪较大的女性则不轻易花钱,较多考虑实惠与否。

(3)注重服装的个性化。切忌走不伦不类的中间路线,这样会使得钱少的没有购买能力,而真正有钱的又会对你的服装不屑一顾。

(4)服装搭配不要千篇一律,要有差价,应以名牌价高的服装与价廉式样新奇的服装互相搭配。质优价高的名牌以收入中等以上女性为销售对象,她们以穿着名贵为时尚;价廉式样新奇的服装,以青少年女性为对象,她们追求价廉而款式新颖。

定位七 ——加盟品牌服装店

做品牌服装加盟要"看、摸、听、问、观察、比较"。而时下,品牌服装生产如雨后春笋般层出不穷,让人有些眼花缭乱不知所措。选择一个合适的品牌加盟,需要做好以下六件事。

1."看"就是看服装加盟公司实力

时下有许多旁门左道的个体经营者拉虎皮做大旗,在一些外表形象上做了类似于品牌包装上的工作,也想跟品牌经营的潮流,但极不系统、不完整、不专业。品牌的经营,绝不是做表面文章,而是做实事。这就必须有实力来支撑这一系列的配套工作,如公司的规模,经济实力,经营的历史时间,是否还在走上升阶段,管理的状态水平等。

2."摸"就是摸实物

我们选择经营,关键还是在于产品,因为产品是最实在地直接与消费者接触,消费者不接受,一切都成为毫无意义的无用功。因此,对于品牌产品,它是非常注重产品的开发及风格个性的定位,需要你亲身接触产品,对产品的用料、做工、功能特性等都有深入的了解,才能做到真正的心中有数。

3."听"就是听介绍精髓

品牌服装加盟公司的经营一定是有一套非常完整的商业计划,与之配套的是相关的整合营销方案,公司的目标、价值观、经营的理念及以客户为中心的现代运作机制,都是品牌经营行为必须要实施的,其中品牌的文化是品牌经营的灵魂,当鲜明、富有个性且内涵丰富的文化活动有效地表现出来,就更能让一个品牌富有生命力。当说者与听者都会为文化而感动时,这个品牌的生命已经诞生了。

4."问"就是找破绽

一个成熟的品牌运作方案,一定是在其内部进行了较长时间的调研论证,且已经在内部各级层面做了相关的培训。所以,其公司的内部运作是目标清晰的,当问到公司不同的层面的人员时,所有的回答都会很一致,如果出现所答结果各异,则说明此服装加盟品牌的运作是有很大问题的。

5."观"就是找专业和规范

服装加盟品牌的建立一定是在专业的人士或机构中完成的,因此,它有鲜明的规范性,如企业的资料、政策、文件格式、企业上墙的制度及文化内容;企业中人员的精神面貌、礼仪言行;或从最简单的一张名片,或一个电话接打的水平中就可以观察出企业的品牌基础实力。

6."比较"就是货比三家

从接触的多家品牌公司来比较,就会有清晰的认识:各家的所长所短,实力或非实力,专业或非专业,适合或不适合等,都会让加盟者有一个准确判断。

最后,还有一个特别提示,在选择合作伙伴、选择一个服装加盟公司或选择一个服装加盟品牌时,更重要的是看企业和团队的务实性,这一点非常重要。它决定了企业是否能更客观地发展市场,尊重市场规律去拓展市场,通俗点说也就是一个品牌的产品一定是要好卖!对于企业需要利润,对于经商需要赚钱!好卖、赚钱才是"硬"道理。

加盟开业主要有以下十大程序:

(1)强烈的创业欲望。唯有强烈的创业欲望才能提升服装店创业成功率。拥有强烈的创业欲望,便开始针对自己的资金情况或店面创立的环境选择一定的规模与找准市场定位。

(2)汇集服装店相关资讯。这是个很重要的步骤,由于加盟者一开始对加盟情况认识不清,只要对方形象不差,便盲目地加盟,造成许多的失败例子。现在由于信息技术的发达,可以通过总部不定期的招商讲座及说明会来获得加盟的相关资讯,同时亦可通过"连锁协会"获得相关的咨询资料。

(3)评估服装店各连锁系统加盟方式、制度及发展性:通过相关资料的收集,谨慎选择加盟。

(4)资金筹备。一旦决定服装店加盟系统后,资金的筹备便相当重要,在资金的筹备方面方法很多,可根据实际情况选择筹资方法。

(5)地点寻找,商圈评估。若没有店铺,则须寻找合适商圈合适地点,进行开店规划。

(6)软硬件计划、人员招募。

(7)开店手续的登记。

(8)签订服装店加盟合同。

(9)装潢、器具入店、商品入店、促销活动企划。在此一阶段,应特别重视服装店促销活动的策划及宣传。

(10)开业。

以上加盟十大步骤,环环相扣,每一步骤都不得轻视。此外我们还要了解一

些加盟服装店的不利因素:

在20世纪80年代中期,以特许经营方式风靡世界的肯德基、麦当劳相继在中国落户,他们在给中国带来快餐新概念的同时,也带来了连锁经营的新理念。加盟大品牌服装店的连锁作为服装业经营发展的一个新趋势,其魅力正逐渐为国人所认识,可是再优秀的连锁,也有失败的例子,以下列举十种可能导致加盟连锁失败的原因。

1.加盟动机偏颇

再优秀的服装店连锁体系也不可能保证所有的加盟店都能百分之百地经营成功。不要以为一旦加盟,自己就可以什么也不干,一切由总部来管理。你要记住,总部和加盟店是两个不同的机构,总部提供给你的,只是一套加盟营运组合,你必须按照总部提供的经验和指导,按部就班而切实地去执行,才有可能获得成功。

2.加盟时资金调度失常

由于急于创业开店,有些加盟者为了筹措加盟金、权利金及开创费用等而到处张罗,甚至借贷也在所不惜。一旦服装店开业,虽然生意也还算顺利,但是每天为了筹钱偿债,无心完全投入于店铺的经营。本该在阵头领军的经营者,一旦因为资金的调度而离开第一线,店内其他员工马上会受到影响,于是服务品质逐渐低落。

3.加盟前未做详细调查

这种失败的例子不在少数。某些加盟者对于将加盟的服装店连锁总部认识不清,总以为先加盟进去再说,以后有了问题,总部自然会出面协助解决。结果开店以后,总部什么服装经营指导也没有,有困难与总部联系也未见回音,这才发觉上当——老板是个没有什么理想、没有什么抱负的人,实际上,最多只是一个投机者。

4.签约前未考虑周密

许多服装店加盟者在签订契约之前,契约内容未完全搞清楚,或因为契约内容太繁杂而懒于了解,就贸然在契约上签字盖章为以后的经营埋下了祸根。

5.自己不努力反怪罪总部

虽然是加盟店的老板,却不愿亲自经营服装销售。花钱雇人当店长,给的薪水不高,却又希望这位店长能从早到晚为你卖命。结果效益不好却又怪罪总部,你要知道,加盟店和总部是命运共同体,事业成功需双方都付出相当的努力。

6.对自己的经营能力过于自信

很多加盟者都犯了这样的错误:虽然在开店之初得到了总部的许多帮助,但由于当时拼命工作而忽略了这一点,一旦业绩稳定,就总认为是自己努力的成果,对于总部所谓的秘诀和实际指导,早已抛到脑后,认为没有总部也可以,靠自己的力量就足够了。于是对总部的指导不愿接受,对总部的命令不愿执行,对总部的促销计划不予配合。由于过于自信,加盟店逐渐远离总部而招致了失败。

7.加盟店主另有事业

如果加盟店主在加盟之前就有自己的事业,并且在加盟后依旧把大部分精力放在以前的事业上,则很有可能因为"一心不能二用"导致加盟后的失败。

8.过于喜欢摆老板架子

有些加盟者以前是上班族,多年媳妇熬成婆,总认为这下自己当老板,就必须摆出老板的威风。对每一位员工的工作,总要婆婆妈妈地予以干涉,而不懂得授权,致使员工情绪低落,影响经营业绩。

9.擅自变更作业规定

有些加盟者一旦熟悉了整个商店的运作,就会觉得总部的若干作业规定不尽合理。如果是基于善意而向总部提出,总部也会乐于接受,但如果是自作主张就会出现问题。

10.得不到家族的同心协力

加盟连锁事业最先一定得到另一半的同意和支持,如果能获得包括父母妻子儿女的全家族同意,那就更好。因为一旦有事,这些人都是你的后援部队,都将发挥内助的功效。常言道:家和万事兴,和气生财,这确实相当重要。这也是许多全球便利店加盟都要求加盟者是一对而非一人的原因。夫妻协力、共同经营是店铺经营成功的法宝。

第三章

选址技巧、命名技巧

　　不同的店址决定了不同的人流量，而不同的人流量又决定了进店的人数，这些直接关系到衣服的出售及获利。同时，一个不同凡响、创意独到的店铺名称经常能给你带来意想不到的效果。

店址选择的重要性

人潮就是钱潮,开店的人都特别重视人气,有人气才有生意。服装店若是选在车站、灯光夜市、娱乐场所、大型商场或购物步行街附近,就至少占了七分地利。因为川流不息的人潮就是利基,有这么多的潜在顾客,只要销售的物品或提供的服务能满足消费者需求,就不怕没有好业绩。

但是,是不是选择店址的时候,找准人气旺的地方就好呢?其实也不尽然。很多人都有一个误区,那就是把人流量的多寡当成了衡量一个地段好坏的唯一标准。诚然,人流量是决定生意成败的一个重要因素,但是了解客流的消费目标,才是更为重要的工作。在开店以前要研究的,不是每天人流有多少,而是在这些人流中,你的"潜在顾客"或者说"有效客流量"有多少。

在开店之前,最好做一些"最佳店址选择"工作,其中一项最重要的工作就是测算分析有效人流量。专业的选址公司的做法是派员工拿着秒表到目标场所测算流量并进行目标询问,这对普通投资者而言虽然有一定操作难度,但在选址附近做大致的人流量考察和必要的针对性询问还是必需的。

一般来说,好的店址都有一些共同的特点,这些特点有以下几种。

1.城市中心区

这种地区一般也是商业中心、闹市区,商业活动频繁,经营气氛较好。这样的店址就是所谓"寸土寸金之地"。对于服饰业来说,城市中心区的流行更新很快,如果商品流动慢,则有可能在服饰没卖出去前就过时了,这是铺面开在城市中心区的不利的一面。

2.高密度居民区

居民区人口比较集中,人口密度较高。在这类地区消费者层次混淆,各年龄层和社会阶层的人都有。无论出售何种款式或类型的服饰,都会有一定的顾客群。

3.交通便利的地区

交通便利是消费者购物的首要条件。一般说如果店铺附近有汽车站,或者顾客步行15分钟就可以到达的铺面都是值得考虑的位置。

4.成行成市的地区

对于服饰这类选购性商品,若能集中在同行"扎堆"的地段或街区,则更有利于经营。因为经营同类商品的店铺很多,顾客可在这里有更多的机会进行比较和选择。例如上海的城隍庙、北京的西单、新街口,重庆的解放碑等,因为集群效应,生意大都不错。

店址选择应知技巧

下面主要讲述店址选择时两种应知技巧。

1.步行街要选准最佳铺位

现在有一条商业步行街,你要在这条步行街上选择一个服装铺位开店,你该选哪个位置的铺位呢?

我们都知道,商业街有两类不同的性质,一类是步行街上的店铺五花八门,我们称为"什锦步行街";另一类是专业步行街即整条步行街上的商铺基本上都卖同一类商品,如服装一条街,小商品一条街之类的。

如果是"什锦"步行街,最好选取靠近步行街两端的商铺。这个位置的商铺通常客流量大,成交活跃。但如果是专业步行街则不宜选取靠近两端的商铺。以服装一条街为例当一名顾客要到服装一条街购买衣服的时候他极少会在看了第一家店铺之后就出手购买,要是整条街都是卖衣服的,顾客一定会觉得更中心意的衣服在后面店铺内能买到,然后接着往下逛,即使真的对那件衣服情有独钟,往往还会在后边其他的服装店里再看到同样的款式,等比较了价格再决定在哪儿买也不迟,说不定还能交叉压价呢。

但另一方面也极少有人非要等到走完了整条步行街、挨到了最后一家店才买不可的。通常,消费者都是在走过了步行街四分之三时,心中基本就有数了,由于样式都看过了,价格也比较清楚了,因此碰到合适的价格就会出手购买了。所以对于专业步行街,最佳的铺位是在步行街全长的四分之三的地方。

2.开服装店也要讲究店门的朝向

店铺正门的朝向是有很多讲究的,这与当地气候相关,并受到风向、日照程度、日照时间等因素的影响。在北方城市,面向西北的商店较容易受寒风的侵袭,不利于顾客入店购物。在南方城市,面向西的商店会被日晒,若是店里没有空调,在夏天会因炎热而不利于顾客进店购物，安装空调在无形中又会增加了开支，所以要考虑解决的办法，可以在店外设立拱廊建筑或遮阳篷，在店内改善通风设计，才能减少不利因素。这些因素都会给商店带来很大影响。

这样看来，开服装店最好选在拐角、十字路口的位置。拐角的位置往往是很理想的，由于处于两条街道的交叉处，可以产生"拐角效应"。拐角位置的优势是：可以增加橱窗陈列的面积；两条街道的往来人流汇集于此，有较多的过往行人光顾；可以通过两个以上的入口以缓和人流的拥挤。但由于服装店位置位于相邻的两条街，选择哪一面作为自己服装店的正门，则成为十分重要的问题。一般的做法是，选择交通流量小的街道一面作为侧门。

服装店设在三岔路的正面，店面就会十分显眼，同样被认为是非常理想的服装店的地理位置。处在这一有利位置的服装店应注意：尽量发挥自己的长处，这样服装店正面入口处的装潢、店名招牌、展示橱窗等都一定要用心设计，这样才能抓住顾客的消费心理，将过往的行人吸引到店中来。

经营者也要学会辩证地看问题，方法是不断变化了，由于政策的变化、城市建设的改造或交通路线的改变而使某条街大起大落的情况比比皆是，比如某条街相邻的大道中间由于加了护栏而使两边街道生意冷清，好门面也变成了差门面。相反，某些冷清街道由于公共机构的迁入而顿时繁荣起来，坏门面也变成了金门面。因此，在选择服装门面时，要有预见和远见。

常见选址地方——小巷

开服装店要选择好的店址，这是众所周知的事情，繁华地段并不是唯一可以作为经商之地的场所，要是你想开一家特色服装店，开在小巷内，也是一个不错的选择，而且还能节约一大笔租金，生意也很兴旺。所以在一流的地段，选择二流或三流的地点，不失为一种选择店址的策略。

在小巷内开店，一定要有能够吸引人的地方，有自己独特的风格。小服装店的独特性可以表现在招牌或外观装饰同周围环境相比显得醒目独特；表现在所卖的服装有独特的风格；表现在经营和服务方式上为富有特色。总之，如果你要在小巷内开服装店，一定要给人耳目一新的感觉，使你经营的小服装店与其他同样的小服装店有所区别。因为并非所有的小服装店都适合在小巷内开，如果要在小巷内开服装店,就必须要有特色。

在北京就有这样一家开在小巷里的服装店,因为独有的商品特色和服务吸引了大量的顾客慕名而来。

这家小服装店开在市中心一条曲曲折折的小弄堂里,别看弄堂小,却有着不同寻常的氛围,这是一条小有名气的文化街,来这里的人虽然不算多,但是层次都很高,尤其是喜欢中国传统文化的外国朋友是这条文化街的常客。

店家精明之处就在于把苗绣搬到了自己的服装店里,走进这家店,会让人误以为是一家苗族风情博物馆,墙上挂的是苗族服装,桌上摆的是苗族首饰,一张小凳子上还放着专门用作苗绣的工具,店中时不时走过的盘着长发的苗族女子更是为小店增添了一分神秘色彩。

这样的一家特色小店,自然让喜欢传统文化的国内外人士爱不释手。店家不用搞什么打折促销,购买者也不会讨价还价,这样一种完美的销售模式完全取决于商品的独特性和艺术性。此外,店家还提供一种特殊服务——举行苗绣学习班。每到周末,在小服装店你能看到几个外国人跟着苗族姑娘聚精会神的穿针引线,学习苗绣的技巧。这些学生自然也成了小店的常客。

可见,在小巷开店的唯一必杀技就是有自己的特色,正所谓"酒香不怕巷子深",你还愁没人光顾么?

常见选址地方——大学附近

在学校附近开服装店,主要以服务学校学生为主,针对学生衣、食、住、行、文化娱乐、休闲运动等众多需求中"衣"的这一项。

这里讲的学校,主要指大、中专院校,不包括中、小学。大、中专学校又分两种,一种是位于交通便利的市中心,另一种是位于城市的郊区,交通闭塞。前者由于其处于市中心位置,所以学生的需求不一定依赖周围的服装店。而后一种,学生的大部分需求需依靠周围的服装店。所以位于郊区的学校是一个很有潜力的市场。在这里投资开一家服装店,是一项稳定而有利的投资。店址最好建在离学校几百米以内,以顺道为最佳,这样除寒暑假外,其他时段收入都较稳定。

经营此类服装店,最关键一点是确保价位要经济。虽然目前大学生消费水平比过去有所提高,但莘莘学子毕竟是靠父母提供经济来源的。另外,款式一定要有新意,学生大多追求自己的个性,有新意才能吸引人,当然不能太花里胡哨。而且现在的学生大多都是追星族,也要把这个因素适当地考虑进去,这样服装销路可能更好一点。考虑到学生也有强烈的从众心理,找几个漂亮、秀气的女生给你做个"代言",成为你的活广告,也会使你的生意兴旺。

在学校的附近开服装店,唯一的风险在寒暑假时节,因为这段时间几乎没有什么顾客上门,自然也就没有生意。这也是经营者最头疼的问题。根据个人的情况,充分权衡一下利弊,再做决定。

常见选址地方——办公区

办公区是指公司相对集聚的地方,在这些地段开服装店,上班族就是你主要的消费对象,这些人的消费水平、消费档次较高,而消费者年龄也不分散,一般都是20~30多岁的年轻人,因此开店应以这部分人为主要目标。当然,在办公区开服装店也是大有讲究的,不是随心所欲想开就开,具体要注意以下事项。

1.服装店要开在离办公楼近的地方

上班族有一个特点,由于上、下午要上班,只有中午有短暂的休息和用餐时间,因此他们不会走得离办公地方很远,附近便有他们用餐、休息之处。因此,所开服装店要尽量离办公楼近些,这样顾客的光顾率才会高一些。

2.开服装店应该以下班路线为主

上班时大家都赶时间,来去匆匆,没有闲情逸致去逛店铺;下班之后,经过一天的忙碌,心情也放松下来,约上三两个同事一起逛街是个不错的选择,所以你的服装店一定要开在下班的路线上。

3.哪些办公区域不适合开服装店

在办公区选择地方开服装店和确定经营类型,需要经过周密的调查之后再确定。如果办公区内大型国家单位多,由于内部就已经功能齐全,服务设施完善了,因此在国企较多的地方开店反而不是一个好的选择。服装店若紧邻金融机构,也未必是好事,因到银行的无外乎办理存、贷、提货款的财务人员,他们一般只是来办事的,不会有闲散的时光去闲逛。

4.最适合开服装店的办公区域

若办公区内机构以金融、文化、创意、传媒、外企等业为主,则是开店的最佳选择,因为此处消费水平高且消费群体固定,但需要注意的是你的服装店要打造成精品店。

有一位服装店老板原来有个临街小商铺,后来她将店搬进了一家高档写字楼。搬进写字楼后,租金每月将近 5 000 元,比以前高出了 2 000 元,还不包括水电费,但环境大大改变了。就在这 80 平方米的地方,光装修费用就花了 5 万多元,沙发、地毯一应俱全,各种造型的灯具就有四五种。居高楼之中还要有如此多的花费,店主反而觉得很值。她说,其实刚进写字楼时她也担心过生意,但开始经营以来,生意反倒比临街时更好了。

这里的服饰标价都不低,一件 T 恤动辄五六百元,一件抹胸就要三四百元,近千元的服饰更是不少。价格虽贵,店主却一点也不愁没有销路,她说店里基本上一个多礼拜就要进一次新货,款式好的两三天就卖完,存货很少。老主顾也已经有数百人。

当然,开服装店的位置选择除了考虑下班路线、区内行业分布,还应综合考虑到区内大楼的排列、道路的延伸和分布、店面的串联或断裂以及人潮方向等。而且店铺要是开在人流比较少的地方,只要能够把握住目标对象的消费心理特点都可以赢利。

常见选址地方——大型百货商场

选择在大型百货商场附近开店,主要是看中了其强大的聚客能力,我们都知道,有了汹涌的人潮,才可能提供更多的商机。所以在大型百货商场附近开服装店,机会的确很多。

但在大型百货商场附近开服装店,也有一个非常大的困难需要克服,那就是找到一个合适的店面。因为大型百货商场附近地段好,生意易做,所以好的店面肯定已经被其他人租下了,而且别人转让的可能性也极小。即使有特殊原因需要转让的,价位也往往高得吓人。如果你是初下海者,那就不具备接租的条件;只有当你资金较雄厚,善于经营,接租后仍有相当大的利润可赚之时,才可以考虑接租。解决的办法是,临街或者底楼的店面找不到,可以考虑将店面设在二楼或者三楼,甚至地下室也可以。

假若附近有正在兴建的大型百货商店,你可以抢先占有地盘,等到百货商场开业,你的服装店生意也会蒸蒸日上的。趁店租还未上涨时,抢先占领地盘。即使日后不开店经营,可以选择把店铺租出去,这样转让就可让你稳赚一笔。

"傍大款"的意识不可缺

"傍大款",从某种程度上说,可以称为"嫁接品牌策略",只不过"嫁接品牌策略"嫁接的是著名品牌、市场领先品牌,"傍大款"的背后是看重了著名品牌数量巨大的忠诚消费群体。投资商铺、做生意,选址"傍大款"的说法由来已久,作为普通的投资者或者经营者傍着诸如家乐福、沃尔玛、肯德基、麦当劳等大商家是一种既省心又省力的好方法。

1."傍大款"意识

如果你对选址一点主意都没有,那么"傍大款"也许是一条很好的选址方法。即把店铺开在著名连锁店或强势品牌店的附近,甚至可以开在旁边,和这些店做邻居。

近年来,随着一些大项目的顺利推进,许多小商家和投资者纷纷紧盯大项目中的小商铺,蓄势持币待购。这些小商家和投资者占据很高比例。其实,中小投资者踊跃入市的背后,是源于这些大型项目的主力客户,如沃尔玛、家乐福、麦当劳、肯德基等所具有的强大实力。

2."傍大款"选址

商业中心的超人气具有"辐射"作用,人们逛街时,附近的马路也有机会将这巨大人潮"分流"一部分,引向自家的"田地"。出于成本考虑,店铺的地址设在这些地方将是一个好选择。避其锋芒,借其"威慑力",将生意做得红红火火。

比如,将店面选在当地有名的、人流量大的商场、服装店周围,借助商场、服装店的人气,做自己的生意。专柜选址也是如此,一定要进入当地人流量大的商场或服装店,即使店面租金贵,也是划算的。千万不能因为租金便宜,找个人流量小的店面,因小失大。

3."傍大款"的好处

(1)一些著名的商场在选择店址前已做过大量细致的市场调查,挨着它们开店,不仅可省去考察市场的时间和精力,还可以借助它们的品牌效应,"拣"些顾客。

（2）"大商家、大品牌"具有较高的社会影响力和号召力，为经营者指明了方向。

"大树底下好乘凉"，这也适用于开店做生意。借助别人的旺盛人气，在其旁边开个大体相同、具体经营内容有所差别的小店，和大店的目标客户群相同，但又不和它直接竞争，专门捡"漏"儿，自然不愁生意不好。

选址不妨因奇制胜

出奇往往能够制胜，这一点同样适用于服装店的选址问题上，不走寻常路，会让你另辟蹊径，走出与众不同的风采。

邱雨本来在女装街的生意风生水起，大家也都十分看好女装街的生意。她却做了一个出人意料的决定，转掉了那里的店面，在医院附近开了一家新服装店，这几乎是一个"前不着村，后不着店"的地方。

这样的选择，很多人会觉得风险很大，已经做了四五年服装生意的邱雨当然也很清楚这一点：万一经营不好，不仅房租、装修费用血本无归，在服装业的多年辛苦奋斗也会全部付诸东流。但邱雨觉得，她原来开的服装店已经到了一个阶段，不用打理，也能保证每天有上万元的营业额，也就是说能够保证赚钱；可反过来，守着那家店就很难再有什么作为。对手头的店感到不满足后，邱雨开始考虑尝试新的发展：人家都说店多隆市，如果反其道而行，选一个旁边没有同行、但有一定人流量的地方，单独开一家服装店会不会成功？如果可行，以后就可以用较低的成本，在市内多开一些分店，把生意做大。

揣上1万元定金，邱雨就开始在市内找店面。现在的这个店址，邱雨租下来以前是个鲜花水果摊——在医院旁边，这自然是店主们首先考虑到的。可是，医院面向街道的大门封闭以后，这里的鲜花水果生意并不好。经过仔细观察，邱雨发现这个店周围500米范围内有市医院、省人民医院、省中医院等三家大医院，还有好几幢建成的、在建的写字楼，也算处于商业中心位置，人流量比较大，这些都是潜在的顾客群。于是，她决定租下这个店，并把服装定位在中高档，同时以经营女装为主，与不远处的服饰城区别开，另辟蹊径。装修时，她也特意按女装店的要求设计，保证简洁明快的同时，追求一定的档次，以过滤掉自己不需要的一部分顾客。

转让了女装街的店面，除了省下的房租成本外，还收回了一笔不菲的转让费,这让邱雨在做生意时获得了较大的自由度,也就是让利空间。

正如邱雨事先预料的,她的服装店吸引了不少附近的白领。服装店开业第一天就有1万多元的营业额,几乎快赶上她在女装街开店时的业绩了。经营半个多月,虽然生意也有起落,但已经有了一批老客户。

事实证明,开服装店并不一定在服装街才有出路,要看好环境,选准定位。如果做女装,最好多准备一些配件,比如腰带、丝袜、丝巾等,衣服最好自己配成套——根据经验,很多女性喜欢店主帮助搭配衣服,省得自己动脑筋搭配。这样,不仅能使进店的顾客基本不空手而出,还能加大每位顾客的消费量,其实是一种双赢。

少量资金的选址方式

如果你想创业,但是无奈创业资金较少,你就要选择合适的策略,有的时候只要策略得当也可以选到合适的店面。一般来说,小额资金创业者的选店法则有四个原则:选自己居住的地区;选与自己经济上或人事上有关系的地区;选自己希望的区域;选预算范围内的适当地区。前两项选择是运用地缘关系,可以广泛利用人际关系拓展业务,打下创业基础;后两项则必须参照行业特点,考虑地段特性。在选定设店地点前,必须针对当地情况进行一定的调查分析,并根据调查结果确定营业内容、定价策略、人事规划、营业时间等。如果一切都符合你的开店条件,那就快点行动吧!

但是我们并不是一味追求低房租,开店的最终目的是赚钱,能赚到钱的店面才是好店面。如果你十分想在车水马龙的繁华地段开店,又苦于资金不足,这时候你可以用分租店面的方式,毕竟在人气汇集的热闹地段开店,成功的机会更高一点。但是这类地带的店租往往极高,而且大多已被人捷足先登,创业者想取得一席之地并不容易。如果你资金不够,而正好你并不需要太大的空间,倒不妨采取分租店面方式,也就是目前盛行的"复合店面"。

所以,寻找一个适合你的伙伴,共同租赁一个店面,不仅解决了租金紧张的难题,而且达成了你想在闹市开店的心愿,而且如果同一屋檐下的同一行业,顾客属性相同且产品可以互补的话,可以收到相辅相成之效,通常大家都不会拒绝。这些复合店的形式相当常见,例如饰品与服装店、鞋店与服装店等。

对合适的店面，要行动起来

理想的店面可遇而不可求，一旦找到理想的店面，一定要当机立断，快速出手，片刻犹豫可能就会被别人捷足先登。如何拿下店面？谈判至关重要的。

1.谈好房租价格

对于开服装店来说，房租通常是最大的固定成本，首先你心里应该有个谱，给自己制定一个心理上限：这个价位必须是自己有把握负担得起的。尤其是在必须一笔付清数年租金的情况下，看看自己有没有支付的能力。预算一下，估计是有钱可赚的；再向附近类似的门面打探一下，价位也是基本一致，说明是比较合理的。然后再依据自己设定的最高房租价格，比较房东给出的房租价格，权衡后进行砍价谈判，这样比较容易成功。

2.谈好缴付方式

缴付房租有多种方式，一般最常见的有按月/季结算、定期缴付和一次性付清三种。假如房东除了固定的月租金外，还要根据你的服装店经营状况分享一定比率的利润，可以采用按月结算的方法，这样能及时结算，以免拖久了增加计算难度；有的门面在定下一年或两年的租金后，其后租房人再要续租的话，常常要按一定的比率逐年增加房租，这种情况下最理想的租金缴付方式是每半年或一年集中缴付一次，这样一旦你有了新的店面或有转业的意向，就不会损失保证金了；还有的店面是长期定租的，一租就是十年二十年，如果你有足够的资金，而且看好你选定的店面，也可以一次性将十年二十年的房租全部付清，这样既可免除门面半途被人高价挖走的风险，也能不受涨租的影响，节约不少租金，因为从长远看，门面的房租总体是呈上升趋势的。

3.谈好附加条件

与房东谈判，除了谈租金外，还要注意谈妥有关的附加条件，这也可以使你节省不少开支。首先，你在租房前应对店面内现有的情况，包括装修状况、设备状况等都了解清楚，然后通过谈判，要求房东在出租前对门面房进行基本的整修，如拆除原有已报废无法再利用的设备和装修，对店面的房顶、地板、墙壁做基本的修缮，添置或维修水电设施等，或者要求房东承担相应的费用，在租金中予以抵扣。总之，要尽量争取节省开销。此外你可以积极争取，要求免付押金。一些黄金地段的门面房押金也往往是比较昂贵的，虽然这些钱最终是要返还给你的，但如果长时间租用,这笔钱也就等于搁死在了那儿,对于资金紧张的创业者来说,也算个不大不小的"包袱",如果谈得好,完全是有可能卸掉的。还可以通过谈判要求延期缴付房租。尽量压低初期的租金,待一段时间生意走上正轨后,再按标准支付,并补足前期的差款。只要你言辞恳切、入情入理地分析给房东听,并能主动限定延期期限,有些通情达理的房东是会答应的,这也可以为创业初期的人减轻不少经济负担。

服装店开店选址四不要

哪些地方不宜开服装店,这也是一个"仁者见仁,智者见智"的问题。因为不同的小店,对周边的环境要求不一样。下面这些地方是我们搜罗的一些常见的不适合开服装店的地段。

第一,不要在坡路上开服装店。在正常情况下,服装店场所地面应与道路路面基本处在一个水平面上,这样比较有利于顾客入店,被认为是理想的地理位置。服装店设在坡路上,一般认为是不可取的。然而,有一些服装店会遇到此种情况,如位于山城的服装店。因此,如果服装店不得不设在坡路上的话,就必须考虑在服装店与路面间的适当位置设置入口,以方便顾客进出。另外,在橱窗的位置、通道的安排、商品的陈列等方面,都应当有适当的设计。

第二,路面与服装店地面高低悬殊,这种地方不宜开设服装店。但是,在寸土寸金的都市中,在地下、楼上的楼层或在有几级台阶的房屋开设服装店,却是常有的事情。遇到这种情形时,对于服装店的门面、入口、天花板和招牌等设计安排便应特别注意,既要有利于吸引顾客进入店内,又要方便出入,楼梯、阶梯门的宽度尤应仔细推敲一番。

第三,快速车道边不要开服装店,随着城市建设的发展,高速公路越来越多。由于快速通车的要求,高速公路一般有隔离设施,两边无法穿越。公路旁也较少有停车设施。因此尽管公路边有单边的固定与流动顾客群,也不宜作为开店选址的区域。人们往往不会为一项消费而在高速公路旁违章停车。

第四,不要在居民少或人口增长慢的地方开服装店,这是最不宜作为服装店的新店址的,这是因为在缺乏流动人口的情况下,有限的固定消费总量不会因新开服装店而增加。

但是,不是所有的事情都是理想的,万一选择了这些所谓的不合适路段,应想法采取补救措施,这里对选址不大如意的情况提些改善意见:

(1)扬长避短。如果你的服装店的确没有选好位置,你也不必万分沮丧,应该运用你的大脑,充分挖掘服装店的优势,并大力渲染,比如说别处买不到的个性商品,比如说别处没有的服务风格,人无我有,人有我优的销售策略能让你的店即使处于相对地势不突出的情况下也能吸引大批顾客。

(2)把劣势变成优势。比如说你店地面与路面高低悬殊,你可以尝试做一个类似于水晶灯似的台阶,让进出的顾客觉得有一种公主般的感觉。又或者你把服装店开在了居民少的小区里,你可以尝试做一些上门定制服务,以此来拉拢顾客。

绝招是你要经营其他店花钱买不到的富有个性的商品,并且商店确立了独特的服务风格。如果商店的特点能够明确地表现出来的话,比起商店拥挤不堪的黄金地带,在这样恶劣条件的地理位置上也能吸引顾客。

重要的是一定要找准你所开服装店的定位,打造出属于你的独一无二的特色,以此来弥补地理位置上的缺陷。把握了这一点,在任何地方开服装店,你的生意都能风生水起。

如何设计店名的标准字

服装店的设计中,店名的标准字设计不可忽视,标准字作为一种符号,通常可以作为店铺的标志,也能表达丰富的内容,所以在设计时务求精确、到位。

一般来说,四角形字体易让人联想到机械类、工业用品类;由线条构成的字体易让人联想到纤维制品、香水、化妆品类;圆滑的字体易让人联想到糕饼、糖果。

在标准字的设计中,最主要的是要注意名字的协调配合、均衡统一,使之具备美感和平衡。很多店铺往往请当地的名人题写店铺名称,并作为店铺招牌的标准字。在现代市场环境中,这种店铺名称标准字的设计方法是值得商榷的。第一,所谓"名人"或许只有店铺老板认同,消费者并不认同,某地从大型商场到小巷内小饭馆的名称都是当地某书法家的大作已经成为一大笑话。第二,现代店铺的名称往往并不适合相对于严肃的传统书法艺术。

在进行服装店铺名称的标准字设计时,建议委托专业的广告设计公司进行高水平的设计。有条件的最好以商标的形式注册。

此外,对于标准字的颜色设计也必须引起足够的重视。心理学家经调查研究发现,各种颜色对人的感觉、注意力、思维会产生不同的影响。五彩缤纷的色彩,也就为店铺形象的识别提供了基础。仔细观察一下,比较现代的店铺,尤其是经营著名品牌的专卖店、连锁组织,它们的字体颜色都是经过精心设计的。

人靠衣装,店靠名装

一个不同凡响、创意独到的店铺名称经常能带来十分突出的效果,而一个用字生涩、名不副实的店名往往会招致消费者反感,给店铺经营带来不良影响。

古人说:"名不正则言不顺。"一个好的名字不光便于称呼,且还能通过其音、形、义来昭示事物的不同内涵。就以人的名字为例,在通常情况下,见人时必然会联想到名,换言之,看到名如见其人,因此,好名字的重要性是不言而喻的。

店铺的名称也同样会对店铺的生意产生较大的影响,尤其是因其音、形、义而给消费者的第一印象更显得重要。优美的称谓很容易带给人良好的印象,反之,若名字取得阴阳怪气的,不免给人留下不良印象。因为店名的误会令店铺莫名其妙承受不平等待遇的例子并不鲜见,其教训也是十分深刻的。由此看来,对于将开设一家店铺的从业者而言,命名这项课题作用举足轻重、意义深远。

一个好的店铺命名通常音韵和谐、字义文雅、选词恰当,光听其名就能使人产生亲切、祥和的感受。例如"美食轩"这个名字。作为一家经营服装的店铺,往往会由于其名称的精致、文雅而令消费者产生一个良好的印象。只要店名取得好且易懂、恰如其分,往往在开业之初便能吸引众多顾客,取得"开门红"。

因此,给服装店取一个好名字是店铺实物形象设计的第一步,它直接关系着顾客对店铺的第一印象,关系着店铺对潜在顾客的吸引力。

怎样才能让服装店的名字个性化呢?

1.别出心裁

许多店铺的名字缺乏个性,就是因为在给服装店起名字的时候用心不够,从众选词而成的。所以想克服雷同化的问题,就要别出心裁。

2.不拘一格

所谓不拘一格,就是突破同类服装店的取名,而以一种与众不同的方式来取名。不少服装店,在取名时,都遵循着一条较固定的模式。虽然方法有时不尽相同,但模式同出一辙,这同样会影响到服装店的宣传效果。

3.另辟蹊径

另辟蹊径就是避开目前服装店取名的常用字,或将一些常用的字巧妙组合,或选择那些尚未引起人们注意的词,使名字富有个性。

4.与众不同

在北京工体附近有家以手工制作中式服装的时装店,取名"布言布语"。小店虽然不大,却极有格调,在商品的包装袋上有这样一段话:

倾诉时,

灵魂可以停落在树梢,

像一点光斑闪耀;

也可以不言地悄然飞过,

不被人知道。

而我美丽的衣裳,

会伴着荒原与泥土,

在万古的轮回中,

不语。

布言布语……

在那里,一件件选用天然面料制作的时尚"布衣"仿佛成了会说话的精灵,像是对顾客诉说着自己的美丽,布衣因人而美丽,人的美与时间永恒。所以尽管店面不大,却吸引了众多追求个性时尚的女人,还经常有影视明星光顾。这个与众不同的名字吸引着同样追求与众不同的品位时尚的消费者的兴趣,吸引他们的消费愿望。

一个与众不同的店名,能让消费者产生兴趣和好奇心,于是财源便会乖乖地送上门来。

服装店的几种取名法

一个服装店的名称不仅仅是一个代号,从一定程度上讲,好的店名能快速地把服装店的经营理念传播给消费者,增强服装店的感染力,进而带来更多的财源。取一个适合服装店特色的名字,可以遵循以下几种方法。

1.取一个具有概括力和吸引力的名字

具有高度概括力与强烈吸引力的商店招牌(包括商场、宾馆、饭店等),对消费者的视觉刺激和心理影响是重要的。商业用名是一种商业活动,因此商业用名要遵循商业原则,根据自身商业项目、商品、消费对象等情况来取名。

店铺名称十分重要,开服装店也是如此。一个具有高度概括力和强烈吸引力的名称,对消费者的视觉刺激和心理影响都起着重要作用,不仅能给人以美的享受,而且还能吸引顾客,扩大销售,起到第一推销员的作用。

2.取一个能招徕顾客的好店名

怎样才能让自己的店铺名招徕顾客呢?这就需要命名具有文化内涵和宣传效果,使店名不"名"则已,一"名"惊人。店名,是招徕生意的金字招牌。

(1)通俗易懂,朗朗上口。店铺面对的是大众消费群体,在命名时要通俗易懂,切莫咬文嚼字。

有人故意把店名写成繁体字,或者用一些复杂的字,这样容易使得店铺名称不易辨认,影响了店铺在口碑方面的传播,对其他潜在顾客群体未能达到有效的宣传效果。

服装店的名字响亮、上口、易记,才便于传播,要做到这一点,必须要讲究语言的韵味与通畅,且抓住消费者的心理需求。易与顾客产生共鸣的店名,一般容易被顾客记住,也易于被传播。

(2)适应当地风土人情。风土人情各异,你的服装店取名时最好充分考虑当地的历史地理、风俗习惯等因素。否则,名字稍有不慎、就有可能会产生负面影响。

(3)避免雷同。不少店主自身文化水平有限,在店铺取名方面就想模仿别人,使得不少店名趋于雷同、彼此近似。要想引起客户足够的注意力,店铺名字一定要有自己独特的个性与内涵。

(4)幽默趣味型。通过幽默趣味式的命名常能体现主人的聪明才智和个性。

(5)店名新颖。服装店命名必须新颖,不落俗套,能迅速抓住消费者的视觉,引起消费者的兴趣,吸引他们光顾。

3.取一个易于注册保护的店名

要使店名受到法律保护,必须注意以下两点:

(1)该店名是否有侵权行为。经营者要通过有关部门查询是否已有相同或相近的店名被注册。如果有相同店名,则必须考虑重新命名。有一个叫"伊丽莎白·泰勒热情"专卖香水的连锁店,销售业绩非常好,但其连锁专卖店发展到第 55 家时,就被迫停卖。因为其一家竞争者的产品叫"热情香水",并申请了注册权,对方向法院起诉,最后"伊丽莎白·泰勒热情"连锁店不得不改弦易张,重新命名,原来的广告促销活动也付之东流。

(2)该店名是否在允许注册的范围内。有的店名虽然不构成侵权行为,但仍无法注册,难以得到法律的有效保护。经营者应向有关部门或专家咨询,询问该店名是否在《商标法》许可注册的范围内,以便采取相应的对策。

4.取一个能提升品位的店名

店名是一种文化,也是一座城市的文明标志之一。街市上各类商店的名字,既是商店的门面,又星罗棋布地组合在一起构成了城市的门面。取一个能提升品位的店名,才能增强店铺的吸引力。

(1) 起个风趣幽默的店名。风趣幽默式的命名可以刺激顾客已疲软的购买欲。现代人的压力那么大,的确应该在生活中多点幽默来调和紧张的情绪! 在店铺的命名中我们应该学会用风趣、幽默角色切入市场。

(2)起个洋为中用的店名。"洋为中用"的一个好处就是增加新奇感。这迎合了消费者的猎奇心理和标新立异的心理趋向。洋为中用的店名,能在一定程度上提升店铺的品位。

(3)起个底蕴丰富的店名。在给自己的服装店命名时,如果能够注入特定的文化成分,使其具有一定的文化内涵、不仅可以提高自己的档次和品位,而且能引起更多顾客的注意。

(4)引经据典声名远扬。借用典故给商铺企业命名,也是一种技巧。诗词典故本身蕴含着很高的文化和美学价值,能够使人产生丰富的联想,而且好记,所以不失为服装店取名的好素材。用一些雅字来取名,往往会引起知识分子和上层人物的兴趣, 而这部分人又极具有宣传力, 通过他们的口可将店铺的声名传播四方。当下以这种方式命名的店铺很多。

5.取一个能保证信誉的店名

取店名不能不切实际,应该实事求是,切合自身的发展水平与发展现状,保证自身的信誉和诚实度。

(1)名正言顺,名副其实。古语云:"名不正则言不顺,言不顺则行不果。"一旦"行不果",商家当然也就无法赚钱了。所以,名正言顺应是一个好店名的必备特征。名正言顺、名副其实,也是商家信誉和诚实的体现。

商店命名实事求是,名副其实,能反映经营者的经营特色,或反映所售货品的优良品质,使消费者易于识别,并产生购买欲望。

(2)名实相合,务实不夸。按照传播学的要求,服装店名不应起得太复杂,否则会引起副作用。比如有的商店喜欢采用重叠字或生僻字为店名,顾客不仅不能认识,而且也读不出音来,一般是不进这类难识之名的商店大门。而像"对又来"、"半分利"等店名,则明白简洁,易于传播。

服装店取名禁忌

一个不同凡响、创意独到的店名经常能带来十分突出的效果,而一个用字生涩、名不副实的店名往往会招致消费者反感,给服装店经营带来不良影响。经营者在给服装店取名的时候,也要注意取名的禁忌。

1.忌随意

任何店铺取名不能随意改动,命名要稳定,服装店亦是如此。一经注册使用后,不能随意更改,这是因为店铺的名称经过注册后,又经广告的反复宣传,为大众所熟悉,久而久之,就会形成一种信用、质量的价值表征,在社会上产生影响,继而能够提高广告宣传效果。

2.忌违法

服装店取名要避免触犯法律。避免涉嫌侵权。

品牌(商标的名称)是商品的文字商标的基础,是文图组合商标的重要组成部分,与店铺名可谓唇齿相依,因此店铺命名要严肃。具体而言,要遵守规定,符合要求。

首先,要符合国家法律的有关规定。如禁止使用与国家名称、国际组织名称相同或相近的词语作商标,禁止使用带有民族歧视性的、夸大宣传并带有欺骗性的词句作为店铺命名。

其次,要符合忌讳文明要求,不能采用那些庸俗、淫秽以及与社会道德背道而驰的词句作为商品的品牌。

3.忌用多音字,产生歧义

起名使用多音字,就像使用生僻字一样会给人们的呼叫带来很大的不便,寓意本身就不够明朗。以多音字起名,名字有两个或更多的发音时就更容易让人感到无所适从。

4.忌用意不良,违背伦理道德、公序良俗

比方说,你正好从事化妆品的制造与贩卖,于是异想天开,欲以"海洛因"做商标而让消费者指名购买。那么你可能乘兴而入商标局,却败兴而出。因为"海洛因"一词系与毒品不但同音又同字,显然已经违反所谓善良风俗习惯之原则。

5.忌用偏字

商标名称是供消费者呼叫的,本应考虑到用字的大众化问题,然而令人遗憾的是,有些商标在起名用字上也存在着一些十分严重的问题。专门用一些偏字,晦涩字来彰显自己的不同,其结果往往适得其反。

6.忌寓意隐晦,无厘头

寓意隐晦就是寓意过于深奥,别人看不懂。就像选用生僻字一样,意思虽好,没有人懂,寓意再好也没有意义。再就是不能取无意义的名字。

7.忌讳气,不吉字

含义不吉利是商业命名的大忌。因为它不但让名字的主人产生不好的联想,更重要的是会影响到别人对主体的接受,不论主体是一个人、一个企业,还是一件商品。

8.忌雷同

商铺取名也忌雷同,比如你取了三个字品牌,我也取三个字的名字并设法两个字与你一样,好混淆消费者的视力。你叫"波蜜",我叫"×蜜";你是"怡康",我就叫"×康":你是"七星",那我变成"×星"。这样的起名跟风只能让大家觉得你及你的店平淡如水。

个性店标的设计及其技巧

店铺店标与店铺名称都是构成完整的商店标志系统的要素。店标是指店铺店面标志系统中可以被识别,但不能用语言表达的部分,是店铺店面标志系统的图形记号。有特色的店标自身能够创造商店认知、店铺联想和消费者的店铺偏好,进而影响店铺体现出的质量与顾客的店铺忠诚度。

有资料表明,在距今约2000多年前的古罗马庞德镇,用彩料在外墙上画一只壶把,表示是茶馆,画有牛的地方表示牛奶店或牛奶厂,画有常春藤的是油房,画石磨的是面包店等。可见,人们在很久以前就认识到了店铺标志作用的重要性。

设计特色的店标要做到以下三点:

(1)从客户角度来说,充分考虑服装市场、品牌、产品、受众的定位。如确定消费者是年轻群体还是中老年群体等。

(2)店标本身需要有十分明确的内涵,生动形象,容易识别,能够第一眼就抓住消费者的眼球,同时让消费者意识到"这是一家服装店"。新颖的店标能够刺激消费者的观赏欲和好奇心,从而有进入店铺的欲望。

(3)风格独特。与众不同的店标设计,能够让消费者第一时间记住,并长期保留对这个店标的印象。而测试店标的与众不同的方法就是,将被测店标与竞争店铺店标放在一起,让消费者辨识。消费者花越少的时间感兴趣的店标,其独特度就越大。

在设计服装店店标时,赋予一定的图形特殊意义显得非常重要。因为店标是一种"视觉语言",它通过一定的图案、颜色来向消费者传输某种信息,以达到识别店铺、促进销售的目的。

为了给自己的服装店设计一个独特的店标,以此来吸引更多的顾客。那么在设计店标的时候应该注意哪些原则呢?

1.简洁醒目

店标不仅是店铺识别的显示器,也是提高店铺知名度的一种手段。店标在设计上其图案与名称应简洁醒目,易于认知,易于理解和记忆,同时还要求设计风格特色鲜明、新颖,具有独特的面貌和出奇制胜的视觉效果,以对消费者产生感染力,通过带有美感的图案,给顾客带来赏心悦目的感觉。

与其相反,有许多小型店铺在店标的设计上过于混乱,线条繁杂曲折,让人眼花缭乱,不得要领,非常不利于发挥它的标志功能。因此,在设计服装店店标时要正确贯彻简洁鲜明的原则,巧妙地使点、线、面、体和色彩结合起来,以达到预期的效果。

2.个性鲜明

店标是用来表达店铺的独特个性,又是以此为独特标记、让消费者识别出其独特的品质、风格和经营理念的。因此,在设计上必须别出心裁,使标志富有特色、个性鲜明,给消费者一种引人入胜的视觉效果。

3.准确相符

准确相符是指店标的寓意要准确,店铺名称与标志要相符。服装店店标要巧妙地赋予寓意,形象地暗示,耐人寻味,唯有如此,才能达到预期的效果。

4.优美均衡

优美均衡是指店标造型要符合美学原理,要注意造型的均衡性,使图形给人一种整体优美、强势的感觉,保持视觉上的均衡。并在线、形、大小等方面做造型处理,使图形能兼具动感及静态美。

5.顺应潮流

店标要为消费者熟知和信任,就必须长期使用,长期宣传,在消费者的心目中扎下根。但也要不断改进,以顺应市场环境的动态变化。有的标志用得过久,已不能与时代的步伐合拍,其发挥的作用也就大打折扣了。例如,日本花王公司的月亮标志,就是随着时代巨轮的转动,不断地演变而来。自1890年创业迄今,共有7次重大的变化。这7次变化的迹象显示,花王公司对于时代潮流的把握是颇有见地的,也体现了该公司不断创新进取的企业精神。

招牌的选择及其技巧

招牌是店铺最直接的宣传工具。招牌要大而醒目,使其识别性强,要让经过的人远远就能看见。晚上招牌要有灯光照明。要试验从店铺的各个方向观察、在晚上观察,看招牌的设计是否能达到吸引注意力的目的。

选择适合你服装店风格的招牌很重要,常见的招牌大体可分为以下几种类型。

1.直立式招牌

直立式招牌是在店门或门前树立的带有店名的招牌。直立式招牌可设计成各种形状,有竖立长方形、横列长方形、长圆形和四面体形等。为增加可见度,招牌的正反两面或四面体的四面都应设计店铺名称。这种招牌比贴在门上和门前的招牌更能吸引顾客。

一块精致的招牌,能起到点缀店铺的效果。在店铺门口设立一块直立式招牌,可以增加店名的可见度,给南来北往的消费者或过往行人都留下好的印象。同时,它不像门上招牌那样受篇幅的限制,可以在直立式招牌上设计美丽的图案。

2.造型招牌

这里的造型主要是指以人物或动物的典型造型,制作的招牌叫造型招牌。这种招牌具有较大的趣味性,可以表现出服装店活泼的风格以此吸引顾客。店门口树立人物、动物招牌,明显地活跃了店面气氛,增加了店铺的情趣,如民航售票处的"空姐造型"。同时,可在招牌上列出店铺的名称和特色。人物和动物的造型要明显地反映店铺的经营风格,使顾客在远处就可以明确店铺的类型。

3.霓虹灯、日光灯招牌

在晚间,霓虹灯和日光灯招牌能使店铺明亮醒目,增加店铺在晚间的可见度。比起一成不变的静态灯光来说,这种灯光能活跃气氛,更富有吸引力。同时,这些招牌能制造热闹和欢快的气氛,给服装店本身带来一种夺人眼球的效果。霓虹灯和日光灯招牌的设计要新颖、别具一格,它们可被设计成各种形状,采用多种颜色。灯光巧妙的变换和闪烁能产生一种动态的效果。

4.悬吊式招牌

这是挂在店铺门口的招牌。悬吊式招牌挂得高,比较突出,来往的路人就很难忽略这样的服装店。并且一般双面都印上店铺名称,可使两边过往的行人远远地就见到招牌。它也是一种常见的店铺招牌类型。

招牌设计有四种技巧。

招牌的功能是突出店铺名称,便于消费者识别,同时又能体现服装店的个性特征。其内容应包括店名、业态。设计上要有特色,与邻近店铺相区别,和周边环境相适应;另外,还要考虑使用质地优良、经久耐用的材料来制作。可见,招牌的设计并不是轻而易举的事情,也是有讲究的。招牌设计的技巧应注意以下几点。

1.内容准确

招牌是向顾客传递信息的一种形式,不仅要追求艺术上的美感,更重要的是内容的准确。比如,"这是一家服装店","这是一家怎样风格的服装店"。店铺招牌的内容是设计的核心部分,主要包括店名和店标(店徽)。无论是店名还是店标,都是为了与其他店相区别,避免重复、雷同是最基本的要求。另外,还应注意美感和冲击力。

2.色彩搭配合理

色彩运用讲究用色要协调,同时要有较强的穿透力。一般来说,红、绿、黄这三种颜色穿透力最强,从很远的地方就能看到。因此在超级市场招牌中使用得也很多。北京伍富服装店的招牌是红、绿、白三色,明珠商场是红、黄、蓝三色,法国家乐福是以红、蓝为主色调。当然,在色彩醒目的同时,千万不可忽视了人们的视觉喜好。因此,色彩搭配必须合理,能产生美感。

3.选材精当

服装店招牌材料的选择也值得引起重点关注,既要考虑其耐久性、耐污染性,又要考虑它的质感。各种材料利弊明显,可根据实际情况进行选择。底基可供选用的材料有木材、水泥、瓷砖、大理石及金属材料,招牌上的文字、图形可用铜质、瓷质、塑料来制作。

4.安置得当

招牌经过精心设计后,还必须安置得当,才能产生预期的效果。这里我们所说的安置,实际上是一个服装店招牌位置的选择问题,有时所选择的位置会决定招牌设计的大小。店铺的招牌可安置的位置形式有:横置屋顶型,即在店铺顶部横向设立长方形招牌;广告塔形,即在店铺顶部设立一个柱形招牌;壁面型,即在店铺外墙一侧设立长条形招牌;突出型,即在店铺外墙角安置不附墙体的招牌。各店铺宜根据自身的实际情况选择具体安置方法。

此外,招牌的安放还要注意视点和视角。一般来说,眼睛离地的垂直距离为1.5米,以该视点为中心,上下25度至30度范围为招牌设置的易见位置。例如,招牌与眼睛视点的距离为10米,那么离地面25米左右的高度为最佳位置。

第四章

装修设计得当好旺财

服饰是展现个人品位的物品，店面设计则是经营者品位的产物。精致、独特的店面设计，将让顾客为经营者的品位和个性所折服，牢牢地记住店铺。在服装店铺的设计策略中，应关注顾客的心理感受，结合空间的利用，装修设计出令人流连忘返的店铺，即能很好地激发消费者消费欲望，生意自然越来越好，财源自然源源不断。

基本的经营理念需融入设计中

作为经营者,在塑造店铺形象时,需要将形象的内涵提升到较高的层次,尤其是要认真思考店铺的经营理念。所谓经营理念,指的是经营者追求店铺绩效的根据,顾客及竞争者以及员工价值观与正确经营行为的确认,并在此基础上形成店铺的基本设想及发展方向、共同信念和店铺追求的经营目标。简单地说,经营理念即是系统的、根本的管理思想。

对于一家服装店来说,经营理念包括三个部分,一是对市场环境的基本认识,包括对市场结构、顾客群体等的认识。二是对同行业竞争者及自身的位置的认识。三是对自身店铺竞争力、竞争优势的基本认识。

因此,经营者可以按照以下步骤来构思经营理念。

1.分析经营者的意图

经营者追求的服装店铺风格,运营目标,如将来是否要发展成连锁规模等。

2.彻底分析并了解店铺的情况

凭借着经营者的财力、物力,分析能形成的店铺规模,装修思路,明确的形象设计。

3.考虑社会上服装的潮流趋势

当前的时装潮流趋势是否与经营者定位的趋势相符合,服装店的风格是否亦与之相符。

4.分析顾客群体

了解当前服装店的主要销售对象和潜在顾客,了解这些顾客的需要。

5.熟悉周围的竞争者

服装店所处的商业地段,周围的竞争者及其销售的服装种类、范围,自己的店铺拥有的竞争优势和劣势,制定合适的策略让店铺的业绩超过其他竞争者。

6.店铺氛围和文化的营造

包括服装店中的员工统一着装,服务态度,营造的销售氛围,要形成的文化,等等。

7.评估、整理

经营者最终根据对店铺情况的认知,进行整理、归纳和评估,形成具有体系的经营理念,并将该理念作为店铺的"精神内涵"对顾客和员工进行宣传和推广。

总之,经营理念的营造可以为店铺的发展提供准确的规划。店铺要实现生存和发展,就应当在经营理念的指导下进行运作。尽管,对经营理念的理解和实践,需要经营者付诸大量的思考和努力才能完成, 但它能带来丰厚的回报——让店铺在众多竞争者中脱颖而出。

塑造店铺形象四要素

塑造店铺形象,在当今这个快节奏的"印象时代"异常重要。一个好的形象能为店铺吸引更多的顾客群体,因此,应将其作为重要的塑造要素进行考虑。

如何塑造一个良好的店铺形象? 经营者要注意以下四个方面。

1.服装的质量

销售服装的质量,是向顾客传递经营信息,塑造店铺形象的第一步,也是保证店铺良性发展的关键性因素。现代人都追求高质量、高档次的服装,只有在质量有保证的情况下,才可能谈得上在顾客心中树立良好形象。服装无论是内在还是外观,都应当遵守相应的质量标准。例如,服装应当面料考究、品质优良、做工精细、款式配色准确无误等。

2.店内服务

很多人都有这样的感受,一个店铺,无论装修多美观、服装多高档,如果店员的服务态度不好,整体形象就会大打折扣。相反,一个店铺若能提供"高享受"的服务,它必然能够受到新老顾客的欢迎。要做到这点,其实很简单。店员只需在对待顾客时,注意在细节上更耐心、有礼貌,再加上言语的热情,就可以轻松俘获顾客的"芳心"。

3.诚信销售

一个讲诚信、信誉良好的服装店,无疑是一家拥有"金字招牌"的店铺。因为,服装店的诚信度是经过长期提供优质商品和服务后产生的。店铺能拥有良好的信誉,必定就有着上乘的商品和服务质量。信誉是店铺的无形财产,能提高服装商品的可信度,让顾客对商品产生认同感和信任感,从而激励顾客购买商品。所以,有人说,维护信誉,实际上就是在维护店铺的"命源"。

4.顾客满意程度

顾客满意程度,是现代营销中引用的概念。它指的是顾客的一种心理状态,是顾客对消费的效果和预期所进行的对比。也是考察所提供的产品服务与顾客期望、要求等吻合程度的标准。尽管这是一种心理体验,但它提醒经营者,凡事要以"是否满足顾客的需要"来衡量顾客的满意程度才是店铺经营是否成功的终极标准。唯有如此,店铺才可能获得大众的广泛认可,最终实现自己的利益目标。

综上所述,店铺的服装质量、店内服务和诚信销售、顾客满意程度构成了店铺形象的基础,而这个基础又是影响店铺运营的重要因素。因此,在塑造店铺形象的过程中,必须要认真处理这四个问题,实现经营从销售到赢利的转化。

塑造服装店形象的四阶段

罗马的建造并非一日之功,服装店的形象塑造也是如此。在一段切实的经营后,服装店才可能展示出自己的经营水平和实力,进而影响顾客的购买心理。形象好的服装店,顾客自然对其有信任感,愿意时常光顾。可见,服装店形象这种"潜在的促销力量",需要经营者花时间去精心地打造和维护。

总体而言,塑造服装店形象的过程可以分为四个阶段。

1.吸引顾客的注意

服装店在经营伊始,顾客对其很陌生,尚处于关心和了解的阶段。这时,服装店就应当通过开业典礼、广告宣传等方式吸引潜在的顾客群体,让人们对其产生好奇甚至好感。一旦在店铺和顾客间营造出具有感情氛围的环境空间,则服装店就已迈出"俘获"顾客的关键一步。很多服装店在开店前,会对卖场作出很多吸引人的设计,尽量呈现出最好的店铺氛围。

2.通过展示吸引顾客

开店后,经营者要做的就是要维持这样一种状态——要让你的卖场永远抓住顾客的视线。不仅仅在刚开业时,凭借新奇之处吸引人们的眼球,在之后的运营中,也要时刻保持店铺对外界的吸引力。

充分发挥卖场设计和销售服务的作用,让所销售的服装都得到全面展示,让顾客对服装店经营的项目和内容有更深刻地了解,使他们产生非常强烈的熟悉感、好感和购买欲望。此时,利用促销的手段最为适宜。因为,促销能最大化地刺激顾客,敦促他们详细了解店中的每款服装和每个细节。

3.良好的经营

服装店形象塑造的中期阶段即为运营。当前面两个阶段都收到较好的效果时,良好的经营将为店铺争取到更多的顾客。商品质量突出、员工态度亲切、销售方法巧妙等特色的维持,可以提高顾客的满意程度,进一步获得顾客的信赖,提高服装的购买率。

4.人性化的售后交流

服装店经营中,不得不重视的一点就是售后服务。它是服装店形象塑造的最后阶段,也是树立顾客心中形象的关键性阶段。在这个阶段,要注意顾客反映的意见,不断完善店铺的服务。加强同顾客的感情交流,与顾客建立起长期、稳定的情感,才能在顾客中打好"群众基础",成为一家拥有完美形象的服装店。

服装店设计的五个重要原则

伦纳德·贝里说:"零售业虽然是很能赢利的行业,但并不是轻松就能招徕顾客的"。要想吸引顾客的注意力,首先就要让他们走进你的商场。因此,零售经营的成败,取决于店铺筹划的好坏。一个好的店铺设计,往往能获得事半功倍的效果,使你的店铺顾客盈门。"这句话,同样适合服装店的经营。

什么样的服装店设计才算好?如何做到轻松招徕顾客?

这就涉及下面五个重要原则,它们是服装店设计能否成功的决定性元素。

1."可视性"原则

"可视性"是指服装店在规划时,不论是外观还是内部,都应具有可视性。顾客在店铺外面,可以观察店铺的外形,也可以通过门窗看到内部的情况。进入店中后,顾客可将销售的物品一览无余。"可视性"原则强调增强顾客对店铺了解的"透明度",让顾客在视觉上对店铺设计留有印象。

2."可入性"原则

"可入性"是指服装店要空间宽敞,方便进出,让顾客感到"可以进入"。若一家服装店空间狭小,就算其中的服装再好、再丰富,因没有足够的立足之地,顾客也会认为其"不可人"。所以,服装店的设计要遵循"可入性"原则,让顾客有进入的冲动，方便顾客自由地游逛整个卖场。

3."空间性"原则

"空间性"是指服装店要有效地利用空间，围绕主要的卖场区域进行凸显式的设计，对各种空间需求给予满足。在进行店铺设计前，经营者要计算各项设备的具体面积，包括柜台、货架、通道、收银台等，要做到心中有数。同时，若能结合专业设计师的指点，最好将空间立体规划起来，提高空间面积的利用效率。

4."艺术性"原则

"艺术性"是指服装店的设计，需要融合音乐、色彩、美学等诸多艺术要素，合理地设计店铺的艺术氛围，营造室内令人着迷的艺术气息。在服装店设计上，不仅要考虑到全局的美感，还要看到细节和局部的艺术刻画，从纸上的平面设计图逐渐丰富完善成为立体的物象设计。

5."独特性"原则

充分考虑到顾客"猎奇"的心理特点，要在基础设计之上，添加"独特性"的元素。绚丽多彩的内部装潢、古朴典雅的木质家具、怀旧气息浓厚的音乐氛围等，都可以形成独特而舒适的卖场环境。如此，就可以轻而易举地给顾客留下具有特色的印象。

把握服装店的风格

随着行业竞争的日渐加剧，服装店的个性化特色发挥出越来越重要的作用。尤其是店铺的风格设计，时常能让顾客延续美好的印象而多次光临。但想设计出独特味道的店铺风格，并非易事，既要体现出构思的巧妙，又要防止别人的模仿。

在这样的情况下，如何才能设计出服装店店面的独特风格？

1.以个人喜好作为风格设计的出发点

经营者销售的服装款式、类别，多是从个人喜好的角度做出的选择。在风格设计上，也可以发挥这一点。依照个人的喜好做服装店风格定位的基础。只要熟悉自己的个人风格、品位，即使是非常细小的设计和改变也会弥散出与众不同的气息。营造一家风格独特的店面，就应从经营者本身入手，"量身定做"店铺的风格，才能避免与他人的"重合"。实践证明，这一方法是行之有效的。尽管世界上有几十亿的人，但每个人的个性都不相同，所以，经营者完全可以设计出独树一帜的特色服装店。

2.参考服装店设计的整体趋势

流行的服装店风格的设计趋势,是经营者必须参考借鉴的信息,将为经营者带来设计前线的各项变动,让服装店的设计更靠近时尚的前沿。目前,服装店的风格设计主要有两大趋势,即力求空间大型和色彩鲜艳。市场上出现了很多大型的服装店和旗舰店,处处以"大"为美,不仅整体的面积大,在空间设计上也力求充足的"宽敞感"。在流行多年的极简主义风格设计后,服装店的设计风格开始出现色彩化的趋势。现在的设计,尤其强调色彩的繁多、艳丽,注重颜色搭配。"色彩风潮"一时风靡全世界。除这两种趋势外,服装店风格的设计还出现一种新的变革,即越来越多的服装店采用各种影像来装饰店铺,包括海报、广告、动态影像等,各式各样的影像充斥着店铺的橱窗,展现出独特的现代气息。

服装店的风格,就像是一个人的个性,不同的风格将决定店铺的受欢迎程度。因此,经营者需要学会琢磨自身的个性和时尚的趋势,相应地融合于风格设计中,为店铺研发一种独一无二的风格。使店铺内外无论是设计、气氛、情调等都能时刻流露出一种特殊的品位,成为顾客目光聚集的焦点。

装修方法因风格而定

以下主要讲述服装店针对下面三种不同的群体,在装修时应使用的方法。

1.女性服装店

爱美是女人的天性。每个女人都希望自己能吸引众人的眼光,所以,她们往往对购物,尤其是购买服装乐此不疲。一些精明的女性消费者,甚至能在购买服装的过程中总结出丰富的"经验教训",实在令人感叹。

具体来说,要在装修中注意以下几点:

(1)注意环境的色彩和装饰品的质感。女性对颜色非常敏感,她们基本上依靠颜色就能定位服装店的风格和品位。作为要凸显年轻化和时尚气息的店铺,应使用大红、亮白、银色等颜色来吸引女性顾客目光。同时,利用颜色的色差,还可以增强室内的装饰效果。

装饰品在女装店里也不应缺少,因为,对于爱好美丽事物的女性来说,有时,吸引她们走入店铺的正是这些装饰品。古玩、字画、玻璃器皿、陶瓷制品等,都要质地优良,视觉效果突出。它们虽是陪衬的背景,但偶尔也会带来意想不到的销售业绩。

(2)注意在细节上的打理。经营者在店面装修时,要用更为细腻心思,处理好一些常被人忽视的小问题。例如,对于女性服装店试衣间的装修。女性多是偏爱干净的,所以,试衣间里要保持干净整洁,光线充足。如果女性顾客在试衣服的时候,看到是试衣间内墙面斑斑驳驳,杂物堆积,到处都是灰尘,购物的好心情就会一扫而光。

(3)注意对优雅氛围的营造。有人说,每个女人心里都是向往"小资生活"的,这句话有一定道理。女性都希望自己能生活在优雅舒适的环境里,也希望自己能展现出高贵的一面。所以,在装修女性服装店时,要注意对优雅氛围的营造。柔和靡华的光线,舒缓轻扬的爵士音乐,清香的室内气息,都会对某些女性形成致命的诱惑。

(4)刻意突出的女性化气息。为区别男装、童装店铺,女性服装店在装修时,要刻意渲染女性的气息,比如,在起店名的时候,用"女人轩"、"女人裳"、"女人坊"等这样的名字,就能增添不少的女性韵味。

2.男性服装店装饰

以往,男性的服装店,主要指经营正装、礼服等正规服饰的店铺,但随着服装观念的变化,男性服装店的品种逐渐扩大,对做工和作料的要求日益考究。不过,男性服装相对女装样式单一,品牌性强。那么,男性服装店应该怎样装饰?

(1)店铺要宽敞干净。男性顾客青睐整洁高档的店铺环境,因为宽松的环境给人感觉自由、轻松一些,适合男性顾客追求简单、便捷的心理态度。如果店铺面积较大,还可以放置一座高级沙发,让顾客在消费同时可以享受高品质的休憩。

(2)区分服装的不同类别。直截了当的服装分区方式,可以让男性提高购买服装的效率,能达到良好的销售效果。一般,男性服装店可分为休闲风格和正统风格两大种类。休闲装通常是运动休闲款式,而正统服装一般为西装。经过简单的分区,店铺就可给人整齐大气的感觉,有益于品牌形象的树立。

(3)色彩和配饰要具有男性特色。装饰男性服装店,其颜色和配饰都需体现男性的特点。例如,男性服装店通常在使用颜色时,应用黑色、灰色、白色、深蓝等经典颜色,着重彰显男性稳重、严谨、整洁的风格。另外,店铺的配饰也是服装店装饰的重点,但常常被经营者忽略这个细节。

(4)设计风格要硬朗。一般,有黑白搭配、有金属质感的设计风格较适合男装店铺。有的男装店铺还会使用金属或者皮料来装饰店面。无论使用怎样的装饰材料,其总体风格还是趋向硬朗、利落的特点。

3.儿童服装店怎样装饰

童装店铺包括从婴儿装到少年装各个阶段的儿童服装,具有面料柔软、色彩鲜艳、图案丰富有趣等特点。根据这些服装的特色,经营者可以遵照下列规则来装饰儿童服装店。

(1)注重激发儿童的好奇心理。经营者面对童装销售的对象——小顾客们,要根据他们好奇心强的特点,来充分利用各种元素激发他们的好感。例如,利用活泼、有趣的招牌吸引小朋友的目光;利用节奏轻快、童趣盎然的卡通音乐来引起小朋友的注意;利用色彩缤纷的摆置,博得小朋友的喜爱;利用卡通的声音对他们轻声呼唤,等等。

(2)注重对店铺橱窗的使用。儿童对服装的时尚感通常没有概念,但他们对橱窗展示的服装接受得很快,会因橱窗展示的服装造型可爱,颜色鲜明而产生好感。经营者若能充分利用店铺的橱窗,利用小模型模仿儿童在生活中的造型来陈列服装,就会轻易获得小朋友的喜爱。这种充满童趣的实景再现,通常也能让服装显得更有活力、生命力。

(3)注重对小装饰品、小礼物的应用。在儿童服装店中,常会看到一些小摆设,例如布娃娃、玩具等,这些小物品,既能当购物的赠品,还可以单独销售,作用不可小窥,至少在儿童面前,它们会是有力的宣传工具。即使一个普通的布娃娃,也能极大地引起小朋友对店铺的好感,催促父母日后多多光临。所以有人称这些小饰品、小礼物为店铺中不可或缺的"软装饰"。

(4)引用独特的商品陈列方式。为能更加吸引小朋友,有些店铺在对商品的陈列上下了一番工夫。例如,利用琴键式样的方式来陈列商品,使服装既有层次的美感,又富有节奏感,颜色活泼,动态感十足。或者,利用花瓣式样的陈列,用不同颜色的服装来点缀花瓣,美观、大方,尤其受到女童们的欢迎。

(5)注重装饰的安全性。儿童多具有好动、易触摸外界事物的特点。经营者在装饰时,要考虑到这点,不要在卖场中放置坚硬、易碎的物品,电源等开关要尽量设计得隐蔽些,室内的各种消防器材最好也能巧妙地遮盖住,避免儿童触摸。

装修特色猎奇

服装店的装修，一般是要达到美观、整洁或达到一定的品位档次，向顾客显示店铺经销的内涵。不过，人们发现，现在越来越多的店铺装修选择"不走寻常路"。它们是异军突起的"另类"，追求与众不同和视觉、感官上的刺激，这种装修还有个明显的好处，由于其装修风格已经足够令人印象深刻，以至于能省下店铺的广告宣传费用。

有人将这种装修称为追求"猎奇"的装修方式。例如，一家藏族服装店将店铺内布置成帐篷的式样，内部装饰恢复原生态的设计，就能利用好奇心将顾客引入店铺内部。此外，在一些销售仿古服装店的内部，会使用传统的屏风、红漆门、木质桌椅、轩栏轻纱等，制造一个虚拟的古代环境，让顾客有"梦回古代"的感觉。

下面两款店铺的装修方式，才能堪称"奇特"，甚至有些怪异。

在温哥华，有一家服装店。它具有一种非常奇特的特征，能赢得行人百分之百的回头率。即，在这家店内的所有物品，包括海报、样板模特、陈列的产品、货架、甚至店门和门口摆放的设施都是倒置的。这样的装修方式极大地考验着顾客的视觉神经，但也为人们留下独一无二的感受。至少那种感受一下天翻地覆的冲动将会非常强烈。

在南方某城市，有一位女士在修车行里开起了服装店。她没有花费一分钱的装修费，却达到了非常"惊人"的装修效果。事实上，这两个店铺老板共同在同一个空间里经营，利用奇特的空间氛围来吸引人气。这种颠覆常规的创意，受到当地顾客的欣赏。

除了上面介绍的，还有糅杂中西装修元素的个性店、充满科幻色彩的前卫服装店及具有手绘图案的DIY服装店，等等。只要店主有足够独特的构想，就能实现对环境和氛围的再加工和创造。一些大胆的想法、抽象的设计、看似无序的商品排列，都将让店铺"异常出色"。针对这种逐渐兴起的装修风格，专业人士指出，在某种程度上，顾客购买商品时，不仅是在购买物件，更多的时候是购买一种感觉，而这种感觉往往在店铺环境氛围的作用下形成。像这些奇特的服装店，就能够充分利用奇怪的空间强化购物者的这种感受，衬托所售服装是独一无二的，店铺也仅此一家，暗示购物者来购买。

不同档次,设计各异

服装店的设计技巧在总体上,可遵循设计独具匠心、风格别致的基本设计方式,利用独特的设计理念和设计品位来显示店铺的文化品位。

具体来说,不同档次的服装店有各自的设计特色。

高档服装店,通常在设计时,使用较为华贵的装潢。例如,使用明亮闪耀的水晶吊灯炫耀室内的气氛;使用有格调的壁纸来烘托卖场的典雅环境;使用名家的作品布置店内的通道,等等。这样的做法,让高档产品的艺术气息更上一个档次,彰显浓厚的文化氛围。特别是,当穿着高档服装的道具模特隐身于充满艺术气息的环境中时,服装的高档和环境的优雅巧妙地融于一体,同时艺术品位和格调也达到升华。

个性服装店或中档服装店,通常个性感十足,较多融入了经营者个人的风格特色。一般来说,开这类专卖店的经营者应对时尚有一定的敏感度。因为中端和低端服装的界限并不明显,经营者要对服装的档次形成准确的区分,经营项目以个性服饰和职业装、正装、礼服等为主。需要注意的是,个性服装店设计时,经营者要注意拉开它与低档商品的层次,注意动用鲜明、时尚的色彩和元素让店铺更具有美感。有的个性店主,就会用轻纱来做装饰,营造温馨和浪漫的效果,使店铺更加绚丽多姿。总的来说,处于这个档次的服装店,服饰的时尚特征较为突出,一般是在流行的共性上表现服饰的个性,选择的营销方法上多为品牌服装所采用。

低档或者小店面的服装店在设计时,更注意内部空间的构造。因为受空间限制,经营者最大的任务就是根据货架的形状做到充分利用面积,让室内保持简洁、色彩明亮。同时,出于"招徕"顾客的目的,店面的门部和橱窗设计可以动些脑筋,尝试细小独特的设计。对于这类档次的服装店,还要注意存货的控制和存储设计,要尽量减少存货占用的面积,控制进货量,宜精不宜多。现实中,更多的低档或者小店面的服装店是跟着潮流走的。所以,只要在大潮流上摸清趋向,店铺的销售和设计就不会出现差错。

设计一个创意十足的门脸

一般而言，在繁华地段建起来的大中型服装店铺虽然有较大的空间可用来表现外观，但外观设计的空间资源有限。因此，在整体外观设计上，更要极力凸显所经营服装店的特色，设计一个突出的门脸。因为在店铺的设计中，店铺的门脸是十分重要的，它是店铺形象的重要组成部分。

1.门脸的基本分类

(1)封闭型。这种类型的店铺，面向大街的一面用橱窗或有色玻璃遮蔽起来，入口尽可能小些。采用这种形式多是一些经营高档商品，如珠宝、影像设备的专卖店。这类店铺的接待对象为少数经济实力雄厚者，所以橱窗设备等不必太突出，要让行人难以看到店堂内部，从而营造一个优雅、安静的购物氛围。封闭型门脸突出了所经营贵重商品的特点，设计别致，用料精细、豪华，使进店的顾客产生一种与众不同的优越感，觉得在这样的店铺里买东西很自豪。

(2)半封闭型。店铺入口适中，玻璃明亮，顾客能一眼看清店内情形，然后被引入店内。这种店铺外观的吸引力是至关重要的。经营化妆品、服装等中高档商品的店铺多采用这种形式。它们的顾客预先都有购买商品的计划，当看到橱窗陈列时，便会径直走入店内进行选购。

(3)开放型。这种门脸正对大街的一面全部开放，没有橱窗，顾客出入随便，没有任何障碍。在我国南方实行全开放型的店铺多，而北方则少一些，这是由两地不同的气候决定的。在国外，出售食品、水果、蔬菜和小百货等低档日常用品的商店常采用这一形式。

2.门脸的设计

(1)店门的设计。店门的设计必须兼顾店铺的建筑特色和目标顾客。将店门安放在中央、左边或右边，要根据具体人流情况而定。一般大型商场大门可以安置在中央；小型门市的进出位置设计在中央是不妥当的，因为店堂狭小，这样会直接影响店内实际使用面积和顾客的自由流通。小店铺的店面，一般都设在左侧或右侧，很少设在店铺的正中央，这样看起来更具协调感。

明快、通畅的店门才是最佳设计。因为从商业观点来看，店门应当是开放性的，设计时应当考虑到不要让顾客产生"幽闭"、"阴暗"等不佳心理，以免拒客于门外。

店门设计,还要考虑店门前的路面是否平坦,是水平还是斜坡;前边是否有阻挡及影响店门形象的物体(如人行道的树木)或建筑;采光条件、噪音影响及太阳光照射方位等。

无边框的整体玻璃门属于豪华型店门。由于这种门透光性好,造型华丽,所以,常用于高档的首饰店、电器店、时装店、化妆品店等。

(2)室外装饰。制作精美的室外装饰是吸引顾客的一种手段。它泛指店铺门前和周围的一切装饰形式,是店面设计的主要内容。如广告牌、霓虹灯、灯箱、电子闪示广告、光纤广告、招贴画、传单广告、店铺招牌、门面装饰、橱窗布置和商品陈列等,均属室外装饰范围。所有店铺都把室外装饰作为促销活动的关键一环来抓。

(3)中高档店铺的店面设计。中高档店铺一般门面较大,店面设计就成为至关重要的一环。店面的设计必须符合自身的行业特点,从外观和风格上要反映出店铺的经营特色,同时要符合主要用户的"口味"。

此外,店面的装潢要充分考虑到原建筑风格与周围店面是否协调。"个性"虽然抢眼,一旦使消费者觉得"粗俗",就会失去信赖。

总之,店铺装潢有不同的风格。大商场、大酒店有豪华的外观装饰,具有现代感;小商场、小店铺也应有自己的风格和特点。在具体设计和操作时,必须根据店铺的具体情形而定。

服装店店面设计诀窍

当今社会是个快节奏的"印象时代",一个精致、独特的服装店店面设计,往往能够体现出服装经营者的品位和个性,能快速抓住顾客的眼球,从而使顾客牢牢记住。但很多服装店对店面设计没有给予足够的重视。虽然营业项目一目了然,却无法吸引人一探究竟。究其原因,就是没有找到设计店面的诀窍。因此,要经营一家成功的服装店,就首先从掌握这些诀窍开始,要充分利用它们,让商店拥有异常的吸引力。

一般,店面设计主要包括三个方面:招牌设计,店门设计,橱窗设计。

通常,店面上都会有一个条形商业招牌,醒目地显示店名及销售商品。这就是店铺的招牌。招牌的作用在于吸引人气,尽可能塑造与其他店迥然不同的店铺形象。

进入店铺的通道即为店门。店门的作用是引导顾客的视线,让他们产生光临店铺的兴趣。店门的设计,是店面设计中的重要一环,它将直接对顾客的"视野内"环境和顾客的自由流动产生影响。成功的店门设计,不仅能打造一个宽敞舒适的店面形象,还能形成良好的人流路线,为店铺内的设计提供便利。

橱窗的设计构成店门设计的一部分,常被视为是装饰商店店面的重要手段。因为,一个风格独特、装饰美观的橱窗,将为整个店铺增加立体感,起到美化形象的作用。

店面设计的诀窍就是在这三方面之上,形成的较高的、抽象的设计要求,具体来说有以下三点。

1.简明

绝大多数服装店的经营面积都不大,要在短时间内,吸引顾客并留住顾客,店面的设计就需体现简明的特点。所谓简明,就是招牌设计、店门设计、橱窗设计,既能体现服装店经营的内容,又简单易懂,便于顾客理解。这就为店面设计提出了更高的要求。否则,一个商店如果不能从外观上让行人判断出经营的内容,这种店面设计就是失败的。

2.个性

这一诀窍被很多商家采用,并屡试不爽。随着现代人在金钱和精神上的日益独立,追求个性的要求越来越突出。一家有特色、有个性的服装店将对"个性达人们"具有难以抵挡的吸引力。不过,这种个性不是片面地追求特殊和新颖,需要和店铺的形象、社会的主流观点结合起来,以免给人不伦不类的感觉。

3.时尚

有了简明、个性的店面形象,还需要最后一项设计诀窍,即时尚。服装属于时尚产品,购买服装的顾客多也是时尚的爱好者。所以,经营者在布置店面时,要考虑时尚元素,整个店面的设计一定要体现对时尚潮流的理解,让行人被店铺的时尚气息深深吸引。

服装店内部设计首重布局

服装店的内部设计,指入店后的室内布局及设计。所谓的布局,是指对室内空间的整体利用。它对于服装店的意义，在于能够通过空间设计等，将服装合理地展现出来，从而左右顾客的消费欲望。所以，不同的布局手法、不同的布局侧重点，对服装销售都会产生影响。经营者在对服装店做内部设计时，就不得对其给予相应的重视。

一套出色的装修设计，除了能提高店铺的有效利用率，还能给顾客带来视觉上的审美感受，获得心理上的刺激和满足，产生对店铺的依赖和向往。

经营者着手设计店铺的室内设计时，要充分对店铺销售的产品、档次有所分析，然后再利用设计元素对之进行强化突出，糅合出服装商品"特殊"的个性。所以，店铺内部设计和装修的前提就是对销售的商品进行全方位的考察。考察主要集中在销售商品的类型、款式、外形、色彩、质地、个性等方面。

关注商品的类型、款式和外形，主要是要掌握其变化幅度。一般，类型多、款式多、外形多的服装变化幅度较大。陈列起来造型丰富，但视觉效果欠佳，有凌乱的感觉。为弥补这一点，室内设计的时候，要减少色彩装修的元素，以体现卖场空间的清洁和秩序感。相反，变化幅度小的商品，易于摆列和形成秩序，但颜色、款式单调，进行室内设计的时候，可以增加一些活跃氛围的颜色元素，增强空间的灵动感。

关注商品的颜色和质地，主要是考虑室内装修时颜色的使用和搭配，要考虑到背景颜色的使用。恰到好处的颜色既能起到良好的陪衬效果，又不会喧宾夺主、削弱商品的个性。

关注商品的个性，是指清楚商品所针对的销售对象的性别和年龄层次。同样是时装店，高档女装和青春女装的风格便截然不同。室内设计的风格也迥然不同。

透彻地分析这些因素后，服装店内的设备安排就要围绕着商品展开布置。例如，通风取暖设备，采光照明设备，消防通讯设备，计量收银设备，商品陈列展示设备和设施等，都将由经营者统一规划。当然，设备的装修不能破坏店内设计的主题，任何室内的设计，都是出于突出服装商品的目的。经营者要牢记这一点。无论内部装修和设计是多么个性另类，最终服务目标仍是将要销售的商品。毕竟，经营者不是在根据装修的风格销售服装，而是依据销售的服装来规划装修的风格。

前面讲的是店内设计通常要注意的，这里详细说一下布局。通常，服装店的布局分为两大部分，即空间布局和通道布局。所谓空间布局，指服装店在空间上整体能分成的区域。一般来说,绝大多数服装店的基本区域空间有三个,即服装空间,包括柜台、橱窗、货架等在内的空间;第二是店员空间,即店员在进行工作时所处的空间;还有顾客在服装面前能够自由活动的空间,即顾客空间。

所谓通道布局,指通道的设计情况。通道设计是否科学将会影响到顾客流的大小。若通道狭小弯曲,则顾客将无法专心挑选衣服。所以,具有固定、专设布局的服装店,要比缺乏合理通道布局的服装店更有销售优势。

服装店布局的根本目的在于促进顾客流动、活跃店内的气氛,同时,能更好地向顾客提供商品或者服务。因此,服装的布局应满足下面几个原则。

1.方便顾客,利于管理的原则

服装店中和顾客进行"零距离接触"的应是服装,而非店员。在放置服装时,务必要将花色齐全、品种繁多的商品摆放在顾客能触摸到的地方。这样,既方便顾客选购,又降低店员的劳动强度。

2.留意客流方向和顾客行进方向

进行服装店的整体布局时,要考虑客人的习惯和流动、行进方向,一般是遵循从浅入深、由近及远沿顺时针方向的规律。因此,经营者在设计时,也要反映出这点。另外,考虑到很多首次入店的人们可能是"潜在的顾客",所以,服装的布局还要具有新颖、个性的特点,以加深对"潜在顾客"的影响。

3.内外部布局相协调,整体要和谐美观

店铺的内外设计,只有在达到统一的时候才会让顾客有和谐美的感觉。服装店内部的设计和布局也就要受到其外观的影响。例如,外在造型上表现的是一家流行时装店,内在布局就要具有时尚特色,以达到服装店的内在美和外在美的统一。

布局种类多

服装店的布局,种类很多,具体可分为直线式布局、岛屿式布局、斜角式布局、陈列式布局、格子式布局、墩状式布局、曲线式布局等。常用的为前五种布局。

1.直线式布局

直线式布局,又称沿墙式布局。在这种布局中,柜台、货架都沿墙成直线摆设。这种形式不受营业场所大小或墙角弯度的限制,能够陈列展示较多的商品,

是最基本的设计形式。因其较为便利店员拿取商品,能够随时补货,有利于节省人力。所以,服装商品多使用该布局,尤其是中小外贸服装店,更是钟情于此。

2.岛屿式布局

岛屿式布局,就是柜台以岛状分布,四周用柜台围成封闭状,中间设置货架。这种布局可以摆设成圆形、长方形、三角形等形状。多用于销售体积小的外贸服装,它能充分利用室内光线和空间,为卖场争取到更多的有效面积。基于岛屿自身的形状,它能随地形和营业场所支柱等情况来装饰店铺空间,起到美化的作用。但缺点在于,不利于上货补货,且面积有限,所能陈列的商品不多。

3.斜角式布局

斜角式布局,即利用店内的设备和建筑空间,如柜台、货架等与室内的柱子围成斜角形状的布置。它将能为室内增加延伸的视觉效果,让内部布局变化具有空间性。

4.陈列式布局

陈列式布局,即在营业场所中央,设置若干陈列柜、货架等,展示各种商品,前边摆设若干柜台销售。在这种布局里,店员的工作区域和顾客区域重合。两者都在同一区域活动,可以活跃卖场的人气,形成互动的卖场氛围,也有利于提高服务质量,是一种比较自由、灵活的设计形式,逐渐被广大服装店经营者采用。

5.格子式布局

这种布局结构严谨,是一种十分规范的布局方式,能够轻易博得顾客的信任。在格子布局里,所有的柜台设备在摆放时互成直角,构成曲径式通道。这种布局,能产生顾客形成的人流由入口经过布满商品柜台的曲径通向店铺出口的一种动力效果。给人以井然有序的印象。同时,格子式布局大多用于敞开销售,能让顾客进入自选,满足现代顾客对自由、闲适的购物环境的追求。

布局特色

服装店布局是一个常见的问题,如果你的服装店布局不合理,虽然一时意识不到其不利影响,但时间长了,你的效益必定会受其影响。有效合理的服装店布局能够恰当的展现服装的特性、质感与理念,帮助消费者全方位的感受服装信息,增加对服装店的印象,并形成潜在利润。由此可见,服装店布局十分重要,下面我们来介绍下如何实施合理有效的服装店布局。

1.高级品放最里面的布局

在服装店铺的经营策略中,店铺的经营者应该时刻关注顾客的心理变化,通过掌握顾客的"猎奇"想法,在店铺的布局上多下工夫,即能很好地激发其消费。

例如,根据很多商家的经验,商店若将高级的商品放在最里面,能达到较好的经营效果。为何会这样?

实际上,从更深层次上讲,经营者卖服装,卖的不仅仅是价值、流行因素,更重要的是激发顾客购买服装的创意和技巧。同样的服装,在不同的经营者手中,融入个人独到的想法,将带来不同的营业额。以高级品来说,首先,随着人们生活水平的提高,在越来越多的消费群体中刮起一阵"提档升级"的服装旋风,大家越来越注重服装的档次,不论是品牌、质地、设计样式,都逐渐形成对"高档服装"的青睐。也就是说,高档服装的消费市场正日益扩大。其次,存在具有潜在的消费能力群体还远远不够。服装销售的关键在于经营者如何引起顾客的消费欲望。

很多消费者都有这样的经历:如果店面在外面展示的都是些吸引人的高档品,看着服装款式、质量都挺上档次,但里面却是些嘻哈的休闲装或普通的服装。内外的反差太大,往往会令消费者对高档商品质量产生质疑。相反,如果两类服装的顺序颠倒,就可用渐进方式吸引顾客进入店内消费。

在店铺门口放置一些样式新奇、色彩绚丽或者低廉但个性鲜明的服装,可以先吸引顾客的眼球,打开顾客的心理防线。当然,这是第一步,也是非常有价值的一步。根据心理学,顾客的心理防线一旦被打开,其"购物欲"也被激发出来。然后经营者在店铺的中间可摆放中间价位、质量档次都更上一个台阶的商品。或许,顾客刚靠近店面是出于好奇和兴趣,但当他们看到质量更好的产品时,即使现在并不需要,只要感到性价比不错,就会"情不自禁地购买"。最后一步,就是将价格最高的商品放在店铺最里面、最显眼的地方。这样,可鼓励顾客深度浏览店铺,充分利用店铺深处的利用效率。况且,将高级服装布置在店面深处,让顾客有"探寻"的欲望,当这些商品被完全呈现在顾客平视同等高度的衣架上时,顾客就能集中精力地观察所发现的"探秘结果"。

所以,在很多店铺的陈列中,原则上都将服装商品按照低价、中价、高价摆放在室内的前部、中部、后部。

2."棒球场"式商品布局

在顾客渐入商店的过程中,店铺的经营者还应再动些心思,激发顾客消费的潜力。一般,顾客走入店铺后的观察角度是水平的,最佳的服装摆设位置在与顾客平视同等高度的位置,但若所有衣服都放置在这一水平线上,则商品的展示空间和效率将非常低。这时,仅仅利用店铺进行水平布置远远不够。最好的布置方法应当是,顾客在入口处就能够望到里面的商品,并对商品质量有初步的了解。

店内的商品布置得好坏直接影响顾客对商品的认知和评价。而这一切,取决于顾客能否用最大化的目光"接触"到服装。近两年来,越来越多的店家意识到这一点,在进行装潢和货架的摆设上,充分地考虑店铺空间的立体运用。最终得出这样一个结论,形似"棒球场"的商品布置将能最大化地满足顾客的需求。

所谓"棒球场"式的商品布置,即利用渐进的方式,将商品摆放的高度逐渐升高。而这个高度的区间一般在140~210厘米之间,即以顾客水平视线所接触的地方为中心和基础的位置,逐级升高,最后达到顾客伸手能触摸和拿取的地方。更形象解释为,商店的入口和店前部相当于场地,渐入的商品摆放方式是一层层的观众席。不过,经营者不需要必须将店内布置成扇状,根据店铺空间的大小灵活操作即可。同时,此类商品布置,根据其高度区间,还具有方便拿取的特点,适应绝大多数人的身高,方便顾客的自取自看。此点也是现代服装的店面应注重的人性化设计。

"棒球场"式样的商品布置中具有良好的计划性和层次感,既能提高店铺的立体感又能给顾客整齐、清晰的感觉。它引领了一种店铺布置的新转变。尤其在各种服饰越来越体现高格调、高品质的设计之下,它能将商品的档次逐级展现,给人耳目一新的感觉。

在服装店的商品布置上多费心思,将销售服装前的各项小环节做细致,这样当经营者再引导顾客购买商品时,一切自然水到渠成。可见,店铺布置的这些技巧,非常值得经营者思考和借鉴。

3.进口处宽敞的空间布局

绝大多数消费者认为,店铺的最初印象除了外在的装修外,入口给人的感受也很重要。特别对"感觉至上"的女性来说,如果店铺的入口处给人感觉极差,则进入店内的兴趣就荡然无存。再有,如果店铺的装修考究,从橱窗观察,里面的服装也不错,但就是入口太窄,则没人愿意走进这里。就像是一个卡住顾客的一个心理门槛,大大削减消费者的兴趣。根据心理学的解释,每个人都有感觉到舒适和自由的个人空间,一旦进入空间狭小的地方,或者与其他人距离过近,人们就会感到压抑和不安。

于是,要想让消费者感到轻松自在,就应当将店铺的入口设计得宽敞一些,为顾客扫清隐形的心理障碍。一般来说,对于零售的商店,顾客的入口处应当至少保留 1.5 米以上的距离,若是大型的卖场,具有购物车和手推车等配置,就应当保持至少 5 米左右的距离。如此,才能做到方便顾客进入,保证客流顺畅。

另外,宽敞的进口还能充分传达店铺内的服装信息,避免服装展示的死角。通常,顾客路过服装店时,都先在门口张望,通过所能掌握室内的服装样式和款式,迅速做出是否进入的决定。本质上讲,这是店铺给消费者提供视觉演示的过程,通过浏览,店铺在视觉上给消费者传递服装信息。在这个时候,店铺传递给顾客的信息越多,对顾客就越有吸引力。因此,入口处要足够宽敞。因为,作为一个房间,店铺会有视觉上的盲区,即因房子橱窗或者门的设计的阻碍所不能顺利看到的部分,而进口处的宽敞会大大减少盲区的面积。一些大型的服装店,就是利用这一诀窍,通过宽阔的正门来提高店内形象和整个卖场的销售业绩。

况且,作为服装店,相对其他店铺,客流速度快,行人多。为保证客流顺畅,也需要做到入口宽敞。否则,就可能让顾客产生"拥挤"、"混乱"、"幽闭"、"阴暗"等不佳心理感受,从而被拒于门外的感觉油然而生。

4.设计符合人们行走习惯的路线

引导消费者按照设计的路线走路,尽可能让他们达到卖场的每个角落,将为经营者争取到交易中的主动权。不过,前提是,经营者要掌握和尊重普通人的走路习惯。设计一条符合人们走路习惯的线路,就成为经营者必须解决的问题。

据调查数据显示,世界上绝大多数的人都习惯使用右手,走路时多倾向于右脚先走或者发力,因此,人的右侧是身体中的积极部分,左侧则通常被作为必要时的支撑和消极部分。(即,左侧一般不容易受力,是人们更倾向于保护的部分。这可能同人的心脏在左侧有关。)当进入某个空间时,人们都会习惯性地先向右侧走或看。这就提醒经营者,在设计店内的路线时,要考虑这一习惯。

建议服装店的经营者,基于尊重人们行走习惯,摆放服装的货架尽量摆在入口右侧,适当的摆设和装修则安排在店铺的左侧。若是服装数量大,可设计成半环形的卖场,中间适当添置摆放服装的展示台。如此,人们就会依照设计的顺序,从右侧开始浏览然后到中间部分再到左侧浏览。当顾客行为与商家行动路线做到有机结合的时候,才能让顾客感到商品容易被观察和被选择,从而营造一个轻松、舒适的购物环境。

需要注意的是,现实的卖场中,设计的路线因各自情况的差异而不同。例如,大型的店铺常为环形或井字形;小型店铺则为L形或反Y字形。尽管有形状上的差异,但从总体上都会照顾消费者的浏览习惯,将服装展示的主要路线设计在顾客的右侧。所以,设计合适的店铺路线很重要。它能够给顾客留下美好的印象,为店铺塑造良好的形象。倘若非要"逆其道而行之",将主要的货物都设计到左侧,在右侧只留墙壁或者试衣间。则人们在进入店铺的时候,本能地会多转180°的角度,甚至出现轻微的抗拒动作,远不如一进入店内就能接触货物的动作更顺畅、更有效率。可见,不同的路线设计,能让顾客感到轻松自然,也能让他们感到别扭和不适。两种截然不同的效果,完全取决于经营者如何选择。

5.环顾型的设计布局

分析顾客在店内行走的路线,让他们按照经营者的意愿进行购买,是商家的一种精心设计。如前面小节提到的,最合适人们行走和店铺展示的应属环顾型的设计,这样就能让顾客浏览更多的商品,也增加顾客的逗留时间。这比一些店铺中,直来直往的一条通道更能达到很好的效果。另外,环顾型的设计也可以避免顾客和营业员相互影响,当顾客在一侧购物时,营业员可以在另一侧工作。

具体来说,环顾型设计,又称回型通道,是以流畅的圆形或椭圆形按从右到左的方向环绕零售店铺卖场的设计。一般,环顾型设计根据适用范围有大小之分。

营业面积在1 600平方米以上的店铺的环顾型设计被称为大环顾型设计,依照这种设计,顾客在进入店铺后,先沿四周浏览,然后进入中间区域。通常,大环顾型卖场内部一侧的货位一通到底,并在中间没有穿行的岔路。

营业面积在1 600平方米以下的店铺的环顾型设计被称为小环顾型设计,同样是让顾客沿一侧前行,但比大环顾型设计路程短,并在进入中间场地时更容易。当然,对于绝大多数经营者来说,使用小环顾型设计的情况更为普遍。

值得一提的是,在个别大型的店面里,会设计多条入口,并形成相互连通的环型通道,以增加顾客来回行走的顺畅性,提高浏览物品的次数。这就是在具体情况下灵活运用环顾型设计而形成的,并不违背这类设计的原理和初衷。

无论是哪一种环顾型设计,其目的都是通畅客户的购物流程,加深物品给消费者的印象,并扫清卖场中的"死角"(即顾客不容易拿取物品和到达的店内空间),最终促进服装销售。此外,采用这种专业的方法,还能有效地增强店铺中的顾客群体流动性,即利于接受更多的顾客并便利顾客观察和选择四周的物品,从而打破店面中的静态格局,增强销售场地的活力与情趣。

综上可知,店铺的环顾型设计,以最大化地引导顾客感受店内的商品、激发他们的购买欲望及行为为最终目的，是服装店经营者经常采用的较有价值的设计方式。

6.卖场的棱角巧设计

一般,店铺中专用于服装或者货物销售的地方称为卖场,人们通常也将它们叫做店铺营业的面积。以往的理解中,一个卖场的利用价值就体现在它是否能摆满货架和商品,而现在的卖场,则更多地考虑到整个空间的利用价值。

依据常规,卖场的空间结构包括:正面位置、壁面、柱面、墙角以及组合于其中的展示台、陈列工具,等等。其中,卖场的墙角和具有棱角的结构部分,常常是经营者进行空间规划中的"难点"。但从空间规划的角度来看,这些恰恰是合理利用空间的必需要素。

不妨参看下世界著名设计师阿玛尼说过的这句话:"商店的每一个部分都在表达我的美学理念,我希望能在一个空间和一种氛围中展示我的设计。"作为服装店铺的经营者,同样也应有这样的理念,要全面、充分地利用空间来展示服装。

该如何利用这些空间? 如何提高室内角落空间的利用效率?

首先,经营者要先认真研究和利用这些空间的结构特点。一般,在墙角,因墙面或柱子的组合,通常会形成一个三角形的空间,若将其间放置一些展示台、货架,就能形成一个独立的展示区域。目前,市面上有很多异形柜架,有三角形、梯形、半圆形以及多边形等形状。布置这类异形柜架就可以塑造出风格别致的角落环境。或者,将三角形的空间布置成试衣间,墙上布置镜子,不仅利用空间,还能产生空间扩大的错觉。对于一些较为狭小的空间,经营者也不必发愁,可安装几个色彩柔和、富有情调的角灯或悬挂一些新潮、时尚的配饰,作为环境的点缀。

其次,经营者可以利用这些空间来做形象宣传。例如,在角落处放置休闲的椅凳或宣传杂志,为顾客提供可以休息的地方。让他们感受到人性化的体验,以提升对店铺的形象评价。

一家卖场空间的设计和利用,稍不留意,就会遗漏富有棱角的地方,使之成为积满灰尘的死角。这不仅影响整体效果,还会让卖场显得单调、平凡、缺乏吸引力。所以,对待卖场中的各处空间,都要认真地设计,并在规划时牢记"所有空间都是可以让商品表现的空间",一定要充分发挥任何一处空间的利用价值。

布局需咨询专业人士

服装店的布局设计，有时仅凭个人之力无法完成。经营者为追求更好的效果，还需要咨询专业人士。一般，下列人员可以为服装店经营者提供参考意见。

1.建筑业者

这类人属于建筑方面的行家，多对建筑物的构造、质量、设计有深入的了解和认识，可以为经营者分析店铺场地各处细节及总体特征，并能规划设计安装各种线路、金属管、水管、火板、水泥、油漆等。建筑业者的建议能提醒经营者在布局时，注意施工和装修的材料选择。

2.设备业者

店铺在装修布局的过程中，要购买很多设备。对于这些设备的摆放，建议经营者先向设备业者进行咨询，防止设备因放置不当而不能正常运作。尤其是空调、音响等设备，要仔细考虑它们的摆放位置。不过，要注意，设备业者有时出于推销目的会介绍并不合适的产品，经营者要警惕这样的误导。对设备业者的建议，要有所保留，经多方考证后，再决定是否听从。

3.服装设计师

一些品牌店的布局会参考设计师本人的意见。因为，设计师的思想是品牌服装的灵魂，他对服装有深层次的感情和认知。如果让设计师参与其中，让他从服装线条、色彩、色调、质感、光线、空间等各个方面来进行建议，将让空间的布局设计更有艺术美感。不过，毕竟设计师做的多是纸面上的构图，对立体空间的设计并不一定精通，对这点经营者要有所考虑。

4.服装店装修业者

这类人才是服装店铺布局中的专家，他们实践经验丰富，常和他们沟通，将可以使布局更符合经营者的标准，进程也更加顺利。他们能够将图纸上的设计，变成立体的空间存在，并让布局散发现代气息。事实上，该类人的专业意见和设计足以让店铺形成良好、优质的布局，但因其需要的装修费用较大，中小店铺往往不能承担。

总之，经营者可以根据自身的情况，选择咨询哪类专业人员。甚至还可以参考同行的经验，观察他人布局的成功之处，最终汇总成自己的布局思路。

服装店布局上的诀窍

成功的店内布局能提高顾客的进入率,进而形成较高的成交率。因此,内部的商品销售、业绩情况等均与服装店内部设计与布置相关。有人说,一个成功的服装店,一定掌握着不为他人所熟知的布局诀窍。

究竟店内布局的诀窍是什么?

经验丰富的经营者指出,所谓的诀窍就是利用商品布局中的亮点效应。

何谓亮点效应?它是指利用卖场中最能吸引顾客眼球的地方来激发顾客消费的欲望。一般店铺内的"亮点"是顾客进入店铺时的较容易观察到的地方,也是商品销售情况较好的地方。这种"亮点"并非天然存在,是依靠在整个卖场中创造视觉焦点形成的。有时,它还需要经营者人为主动地去创造。

通常,围绕着卖场主通道区域就是一个亮点地区。这里的货品最为显眼,也最能引发顾客挑选的冲动。此处配置的产品多为主打或者销售量大的商品。

第二个亮点区域位于主通道的后端,通常配置色泽鲜艳、引人注目的流行服装,以"诱敌深入",让顾客愿意深入探究店铺的内部。不过这一区域在店内较深处,光线有所减弱,应适当增加照明装饰。

第三个亮点区域在店铺中心货架处。它是顾客浏览的中间部分,也是可以伸手触及的地方。能让顾客和服装"亲密接触",所以销售的成功率较高。这里多放置高利润、样式新颖的服装。

第四个亮点区域在收银处前的中间卖场。这里是顾客前去结账的必经的地方,若能选择陈列部分物美价廉的服装,将能轻易地让顾客动心。

为能更加凸显店铺内的"亮点效应",让它发挥最大的功效,经营者还要注意其他细节上的布局规划。

例如,作为构造亮点区域的前提,店内应当有适量的特价服装。这些服装一般利润较低,购买率高,对顾客有较强的吸引力,能让亮点区域更为醒目突出。

经营者还要规划出最适宜的主副通道,让顾客能在事先设定好的亮点区域长时间停留。尽可能地让顾客接触商品,并对顾客形成心理与视觉上的双重包围,以促使其进行购买。

总之,经营者在设计服装店内布局时,应灵活掌握"亮点效应",充分利用各项因素来突出"亮点"的效果,最终赢得高额的销售业绩。

服装店空间上的讲究

服装店的空间结构可以将其划分为三个空间,即商品空间、店员空间、顾客空间。

经营者为更有效地利用这些空间,常会按照店铺的面积进行空间设计。室内空间设计是指运用空间限定的各种手法进行室内空间形态的塑造。空间设计应建立在充分利用空间的基础上,并能较好地规划空间的分布情况,设计出符合顾客活动规律的空间。常见的空间形态有:封闭空间、开敞空间、流动空间、动态空间、共享空间、虚拟空间、灰空间、母子空间、下沉空间、地台空间等。从规则性划分又分为规则性空间和非规则性空间。

对空间进行设计规划一定要坚持合理、清晰的原则。充分发挥和挖掘不同空间的形状、大小的特征,对其加以利用。例如,面对不规则空间时,如三角形、圆弧形、多边形等不规则的房间,它们的空间在使用上不方便。要想摒除它们的劣势,就要下足工夫,提升空间合理利用的效果。比如,改善三角形空间的使用时,可以使用填充法,用异形支架、展台等填充空间,使外部同室内墙面成一平面,以重整空间的视觉效果。

面对水平面积有限、竖向尺度却较大的空间该如何处理?可以利用隔板做分层。在纵向上拓展空间的面积,从而扩大使用面积。至于不完整的墙面和零碎空间,可以在墙上或空间上方安装小衣柜,充分布置起来。

因此,有效空间的大小不是固定不变的,只要使用适当的方法,因势利导,就能进行合理规划,使任意一块空间都有可利用的价值,从而让销售达到最佳状态。需要注意的是,这些空间设计,务必要符合当初预想的功能需要,符合人体空间尺度及人的心理上、生理上的舒适性。只有这样,进入店铺空间的人才会感到舒适方便,甚至产生温暖、亲切的归属感。

这里还强调,服装店的空间设计,要具有舒适的特点。即要有良好的空间感。所谓空间感,指的是立体空间给人带来的心理影响。它是室内的色彩、灯光、空间造型、配置以及装修材料质地等综合因素形成的结果。当所有的因素都得到合理的设计和调整时,人身处其中就会产生舒适的心理感受。

第一,舒适的空间需要色彩与光线合理配置。冷色调的色彩利用使人感觉宁静、凉爽,暖色调会给人温馨、甜蜜的感受。再引入外部的自然光和内部的人造灯光,各种色彩灵动,且相互辉映,将能极大地增强室内的动感。

第二,舒适的空间要有良好的空间造型。据调查,空间造型对人的心理活动有明显的影响。方形或长方形容易给人平衡安全的感觉,三角形和平行四边形显得新颖和别致,扇形面让人感觉有导向性。所以,空间造型决定了店内气氛营造的基础,是设计时要注意的要点。

第三,舒适的空间应处处体现人性化的设计。当经营者从顾客的角度来设计店铺空间,做到让空间为人服务时,顾客自然而然地就会感到舒适。所以,从顾客的购物习惯入手,创造流动性的空间,引导购物,空间可变而不杂乱,协调统一。最终,利用流畅的空间设计,让顾客"宾至如归"。这就需要经营者充分发挥主动、细腻的思维,考虑到顾客的总体特征、习惯、人文素质等来进行空间设计。

第四,舒适的空间多采用开放或半开放式设计。店铺内各个空间的格局不同,但彼此间相互连通,成为"一体空间",将能让空间显得更通透、更宽敞,在视觉上产生放大的效果。这种设计考虑到人们对宽敞空间的日益渴望,强化顾客在店铺内的舒畅感,因而广泛地被使用。

第五,舒适的空间设计体现协调统一。店铺内特定的气氛和意境,常是通过不同的空间衔接完成的。各个空间各有特色,但总体上仍要体现店铺的共同特色,也即店铺的空间设计要做到"有统一,有区别"。经营者可以利用装修材料来调整空间比例,或利用室内的环境气候、采光、照明、背景音乐等,最终进行调整和修缮,创造出功能合理、舒适美观的店铺环境。

服装店店铺分区技巧

通常,服装店的内部根据不同标准可以区分成若干个区域,便于经营者的管理。常用的分区方法主要有空间上的分区和色彩上的分区两种。

所谓空间上的分区,指从顾客进入店铺的角度,将店铺空间分为若干个区域。

1.黄金区域

面对门口主客流方向的区域即为黄金区域。它将在顾客进入店铺时首先进入顾客的视野,在这里陈列的物品多具有潮流和时尚的"闪光点",可以像磁石一样,吸住顾客的目光。

2.展示区域

以黄金区域为起点,沿着主通道深入店铺,这一路线中两侧的区域就属于展示区域。它们的作用是引导顾客在店铺内走动,按照经营者的设计通看全场。一般,这类区域的服装质量较优,手感上乘,是绝大多数顾客挑选的重点区域。

3.通道区域

该区域的划分主要是区别于前两者,是店铺中不具有实际销售价值,但却拥有重要作用的区域。该区域能保证店内宽敞、畅通,给顾客以流畅的动感和美感。有时,经营者为分流顾客,会在通道区域设置一些货架,将顾客自然区分,避免人员过度集中。

服装店同其他店面最大的区别之一,在于还能根据色彩进行分区。五颜六色的服装,可以在精心安排下成为一幅七彩的图画。若能被"有心"的经营者加以利用,就会形成店铺特殊的风格艺术。色彩的分区,主要有下列五种:

(1)红色区。分浅红、深红、枣红、玫瑰红、桃红、太阳红、中国红等色彩,颜色跨度逐渐增大。无论是将其布置成以淡色为主的温馨主题,还是以浓色为主的性感主题,鲜明亮烈的红色,都会传递出热情的气息。

(2)蓝色区。分湖蓝、碧蓝、藏蓝、孔雀蓝、天蓝、蓝黑、宝石蓝等。蓝色给人感觉平静、自然。呈现出更多的理性色彩,给人安宁、冷静的印象。可根据颜色的深浅设计成浅色为主的清爽主题、浓色为主的成熟主题。

(3)黄色区。分柠檬黄、鹅黄、深黄、黄绿、橘黄等颜色。给人轻快、透明,阳光、活泼、充满希望的色彩印象,还能带来明朗愉快的效果。无论浅色还是浓色,多布置为青春和喜庆等主题。

(4)绿色区。分橄榄绿、嫩绿、茶绿、苹果绿、暗绿等颜色。绿色是植物的颜色,具有春天的感觉。布置的主题多具有勃勃生机之感,为潮流服装所普遍使用。

(5)黑白灰区。该三色较特殊,它们是色彩中的无彩色,很少有明显的色相变化,但将三者衔接在一起,就能形成美好的空间感。形成像素描一样的场景。同时,这些色彩的情感信息不浓烈,也是经典高贵主题的首选。

窗户的设计技巧

服装店的设计,若想吸引顾客,就要突出本身特色和空间的开放性。让室内的服装尽量地"接触"到顾客,延伸店铺的整体空间。要满足这点,服装店的设计可在窗户上做些文章。

传统意义上的窗户设计,其目的在于传递室内信息、小空间地让顾客观察到商品、吸引顾客。而现代意义上的窗户还应做到营造整个店面的特殊格调,引起顾客的眷顾之情。所以,窗户的设计是否科学合理,赏心悦目,将对销售能否成功产生潜移默化的影响。

结合服装店本身的特点,窗户需要注重体现开放感。如何做到这点?

第一,窗户应保持洁净,光线应充足。在选择窗户时,应当选择略宽敞的类型,以保证容纳足够的光线。在平时,要做到定期擦拭窗户,避免出现破损和瑕疵。因为,窗明几净的环境、温暖柔和的室内环境,将优化客户对店铺的形象。另外,充足的光线,还有利于杀菌消毒。

第二,窗户应能同周围的环境相互融合,甚至产生借助外界空间做背景、引四周环境入内的错觉。这点,就需要经营者对窗户的形状、颜色做进一步考量。需要强调的是,并非窗户越突出,越另类,就越能吸引人。当窗户同外部的环境差异巨大时,缺乏和谐的美感,人们反倒容易感到店铺的怪异和低档。

第三,窗户要具有自身的特色,前提是不能同店铺风格差距太大。若一个高档服装的店铺安装一套具有涂鸦画的窗户,就会显得格格不入。经营者应恰当地设计独有的风格,例如,在窗脚上方添加柔色的角灯、窗框上雕刻独特的图案,等等,而不能片面追求个性和时髦,忽视了窗户与店铺的内在联系,避免给人不伦不类的感觉。

第四,可以在窗户上设计特殊标语。这或许是煽动顾客的一种有趣方式,例如,在小型服装店上设计"韩流来袭""潮流前线"等,都可以带给顾客视觉和心理上的冲击。同时,要清楚,这些特殊的标语应具有特殊营业内容和给人深刻印象的特点。

最后,可将窗户、突出墙面进行创意改装。这样的窗户,能拉近店面与顾客的距离。同时,还悄无声息地扩大了店内空间,增强顾客的舒适感。

以上这些细节上的设计,都可以增强店铺的开放感,为顾客营造一个宽松、舒畅的意境,并达到提高整个服装店形象的目的。

展柜设计的诀窍

展柜就是用于展示物品的货柜,又称货架,是商业中表现商品的主要载体,也是构成商业空间视觉的主要框架。服装店的展柜,功能主要在于向顾客"展示和推销"商品。展柜设计的优劣,对店面的销售有不同程度的影响。

展柜外观精美,结构牢固,拆装容易,普遍应用于展厅、展览会、商场、服装店等地方。颜色有金色、银白色、哑光黑色、灰色等多种色彩,还可以根据购买者的喜好进行专门的定做。所以,它能为商品提供一个非常好的展示其魅力的平台。

当前,展柜的设计发展逐渐凸显出对实用性、艺术性、经济性、安全性及人性化的功能的要求。作为服装店的经营者,在设计展柜时,要对能否体现出这些功能多做留意。

服装展柜的设计是否成功,主要依靠以下几个技巧。

1.能否充分利用特有空间

展柜在卖场的位置十分重要,能否形成一片醒目、别致的展示空间全依靠它的设计。如今时尚店铺中货物越来越多,空间越来越小,如何能全方面扩大展柜的空间面积,是经营者务必要关心的问题。

2.展柜的功能能否更好地实现

完成商品的陈列是展柜的基本功能。因此,展柜的设计需要体现对面积的高效利用,展示真实的商品。设计时,表现手法可以新奇、丰富,但对商品的展示仍要遵循真实的原则。换句话说,不仅注重发挥个人才能进行审美创造,又要保证其基本功能。

3.展柜是否具有时尚感,外观漂亮

如今顾客的时尚触觉越来越灵敏,对店铺内细节的关注也会越来越多。如果展柜在设计时能体现出鲜明的时尚特征,就可与顾客的潮流观念出现碰撞,产生深度的共鸣,加深顾客的喜爱。实践证明,具有时尚感的设计更具有视觉冲击力,能形成潜在的"商品推销力"。

4.展柜的形状是否适宜

不同的店铺,有着不同的设计格调。对于展柜形状的设计也有不同的要求。一般,展柜中常使用直线、曲线、圆形、三角形以及矩形等形状。其中,直线被展柜使用得最多,曲线则能创造出富于节奏和韵律的变化效果。圆形和三角形、矩形,能让展柜的设计产生更丰富的视觉效果。不过，即使设计得千变万化，最终仍需要经营者根据室内的格调来确定合适的展柜。

天花板,地板,墙壁的设计要点

服装店铺的设计不同于家居设计，服装店的设计要能满足顾客的需求，设计符合顾客喜好的布局结构，因此，在设计服装店空间的时候，要了解大多数人的审美观。在设计的时候，有一些细节部分，如天花板、地板、墙壁等都要注意是否能体现店面的风格、服装店的档次以及整体的特色。

1.天花板设计要营造一种购物的氛围

服装店经营的过程中，很多人在货架摆放、柜台的安排等设计上挖空心思，力求达到标新立异的效果，却容易忽视卖场内的上部空间，使这部分资源被闲置，结果设计出的卖场总让人有一种"残缺"的感觉。令人惋惜的是，这些经营者并没有意识到卖场的上部空间大有文章可做：不必劳师动众，就能利用它们给顾客提供更多、更好的商品，促进店铺的销售。现代天花板的美化效果越来越好，既能展现时代化的效果，又能体现不同的魅力。如能完美结合空间的大小、形态，就可以营造出一种美好的购物氛围。

天花板的选择要先从总体上着眼，色彩、色调应倾向素净，斑斓的上层空间会给人杂乱感。考虑到天花板的材料、高度，设计时要以浅淡的蓝色为主，塑造高空深远的印象。不过，针对不同人群，可以对颜色进行调整。例如，年轻的女性喜欢洁净的淡色，使用淡粉色能博得她们的欢心；年轻的男士则偏爱有青春魅力的设计，使用原色等较淡的色彩为宜；儿童对色彩的好奇度最强，使用彩虹桥或者浅黄色的设计等，都会让他们激动不已。可见，利用天花板的颜色创造室内的氛围的做法，常常事半功倍。

除此之外，天花板还是很好的广告载体。与地面上折扣商品相互辉映，能反复传递商业信息，加深顾客的印象。

每一种天花板的设计，都能带来不同的装饰效果。只要注重整体搭配，所营造的购物氛围的优势就将显露无遗。经营者不妨多加关注，也许就能塑造出动感十足的销售氛围，获得较好的销售业绩。

2.地板的设计要考虑图形和颜色

服装店在利用地板做装修设计时,重在考虑其平坦,保证通道的笔直、顺畅,让顾客在购物过程中能依货架的排列方式,顺利进行观察。但关于地板,还有两个细节值得关注,即地板的图形和颜色。作为空间整体设计的一部分,地板所带来的装饰作用亦不可忽略。

(1)不同图案的地板选择。不同图案的地板影响着服装店的外部效果。店面是宽敞还是狭窄、是宁静还是动感、是纯净还是缤纷,都将受到图案的影响。通常,大块的图案会对面积做"减法",让店铺的空间显得比真实大小要小;小块的图案会对面积做"加法",但容易让店铺的地面显得不干净。复杂的图案会影响整体设计的效果,也容易让人眼花缭乱,有"喧宾夺主"之嫌。由曲线构成的图案,给人以立体运动的感觉,使空间的无限感加强;几何图案拼成的图形有形状上的跳跃,如果不能形成某种顺序,将会因过度抽象而引起观看者的不适。

(2)不同颜色的地板选择。同图案一样,不同的颜色也关系到地板的选用。光泽和色调,能决定地板在整个房屋装修氛围中所产生的作用。通常,浅色并有光泽的地板让人感到精致,空间明亮,深色并有纹路的地板让人感到厚重,但吸光性强,也使房间显得过小或是过于幽暗。贴近自然的色彩能让空间具有良好的伸展性,可"延伸"视野内的效果图像。

3.墙壁的设计要突出装饰的特色和风格

服装店内的壁面装潢与其他零售店铺有所不同,处处流露出对美观的执著追求。对于对壁面装潢的这种需求,店内商品陈列与壁面配合的效果要比其他零售店铺高,对经营者投入的人力、物力、财力的要求也较多。

对墙面设计的建议,更是种类繁多,层出不穷,但浓缩成一项就是——墙壁的设计要突出其装饰性的特色和风格。

墙壁设计怎样才能做到这点?

(1)涂刷有色墙壁。在墙壁上涂刷上颜色,能够为空间增添色彩元素。尤其是当所销售的服装颜色较为单一时,例如,多为白色系或者灰色系的服装时,墙壁上的颜色能缓冲店铺内的沉闷和压抑感。有色墙壁不适合颜色充沛的空间。颜色有鲜明的变化和区分时,白色的墙壁就是最好的背景和陪衬。

(2)布置装饰墙画。近几年来,装修界逐渐流行起一股风潮,即"墙画风"。所谓的墙画,指以绘制、雕塑或其他造型手段在天然或人工墙壁面上绘制的画。它突破以往白墙的单调作风,用极高的艺术设计手法将墙面布置成具有"附加值"

的产品,提高空间的"软实力"。它着重渲染主人的个性和喜好,在众人都忙于追求时尚潮流的时候,成为独树一帜的设计方式。

(3)装点手工印染品。手工印染壁面装饰在服装店的设计应用中属于"新品种"。商业化的主题社会背景,还未能与其返璞归真的特点充分融合。很多人认为用手工印染品做墙壁的装饰尚处于大胆尝试阶段。服装店的特殊氛围,决定了它就是少数的例外。

通道设计的几种类别

通道指经营者为顾客设计的在卖场内购物行走的路线。根据通道的不同形状,主要分为直线式、斜线式、回型式三种。

直线式指货架与通道平行摆放,且始于店铺入口、终于空间深处的收银台的方式。它是一种单向设计,货架和商品在摆设时也以商品陈列不重复、顾客不回头为设计特点。顾客的购买过程直截了当,能在最短的距离和时间内完成购买行为。一些大型的服装店愿意采取这种形式。

斜线式是相对于直线式而言的一种设计,呈斜线型的设计,为卖场增加更多活跃因素,但存在不能充分利用场地面积的不足。

回型式指呈现环绕状态的通道,它的特点是货架布局灵活,气氛融洽,便于顾客浏览和购物。唯一不足的是占用较大面积,管理上不如直线式样便捷。

根据通道发挥的作用不同,可分为主要通道和次要通道两种。主要通道即卖场内顾客流动的主线,次要通道为顾客流动的其他副线。主、次通道的设置是预先根据卖场的商品结构布局位置、展示形式、来设计定位的。

以主、次通道为例,下面将介绍通道设计的具体方法。

1.主通道设计

服装店的空间设计是复杂的,既要考虑顾客走动的舒适性,又要强调通道设计的实用性。经营者要思考很多现实的问题,例如,如何让顾客尽量深入店内?如何让顾客关注到每样商品?顾客会按照怎样的路线进行浏览?一个服装店成功的主通道设计,应能引导顾客步入每个角落,用手触摸或用目光观察绝大多数的商品。

专家建议,主通道的设计应当遵循下列原则:第一,能有效地延伸到服装店内部,便于空间内全部服装的展示。第二,主通道地面平坦、道路宽阔、没有障碍物,利于主要人流的行进。

2.次通道设计

设计卖场途径时,次通道的设计有着举足轻重的意义。主通道承载近80%的顾客流,必须在适当的地点对顾客进行分流。次通道的作用就在于此,它要尽可能利用空间,让顾客能顺利游逛四周,看到每一种服饰。对次通道的宽度,一般有较为严格的规定,一般当主通道的宽度为1.5米至2米时,次通道应在1米以上,最窄不能少于0.9米,否则会让人产生强烈的不适和拥挤感。

橱窗设计要点

橱窗是服装店的窗口,橱窗中展示的模特会对顾客产生潜移默化的影响。它能带给顾客奇妙和兴奋的感觉,特别是在夜色里,在色彩斑斓的灯光辉映下,橱窗里那些奇妙的构思、时尚的元素和迷人的色彩,可以在一刹那抓住顾客的目光。可见橱窗的重要性。

有人称橱窗是缤纷多彩的时尚产物,是都市人的穿衣指南,潮流风向标。它们能带给顾客美好的心理联想,让人们梦想能穿着这样的商品,体会高趣味的生活。当下最流行的 Window Shopping,就将人们对时尚的渴望,对潮流的追逐展露无疑。所以,聪明的店主们经常将服装颜色对比强烈或色泽度要高的样品陈列在橱窗中,给人以"跃出"的感受,勾起顾客的观赏兴趣。

不过,很多经营者都感觉自己的橱窗陈列不够突出、吸引力不强。那么,如何才能让橱窗更好地发挥其展示的功能,达到最好的效果呢?

1.橱窗内的服装要常换常新

很多时尚店铺都会给模特频繁换服装,以保持橱窗内服装形象的新鲜感,让顾客认为店面内每天都有新的产品,带着不同的心情来进行欣赏。不过,不是什么衣服都能进入橱窗,衣服的摆设,一定要体现格调,经典的设计更是要有所侧重。根据现在服装款式的设计情况,每个季节都推出几款精美高雅的式样是完全能做到的。

2.应用一些时尚的设计元素

现代都市的时尚脉动越来越强烈,人们对流行季风的感受也越来越敏感。作为服装店的窗口,更是演绎时尚潮流的窗口,橱窗必然要拥有新潮的设计元素。

3.体现艺术和营销的结合

橱窗不仅是时尚气息的艺术存在,更是顾客用于推销的手段。它的根本目的在于促进店铺的销售,传播品牌文化。要实现营销的目标,经营者必然要结合商业的目的和手段,对橱窗中服装、模特、道具以及背景广告进行精心的组织和摆放,甚至直接使用POP海报,以实现立竿见影的"招徕"效用。

橱窗的艺术表现力强烈与否,将决定顾客是否会在店铺门口驻足。走在任何一条商业街上,都会看到有人在店铺的橱窗前围观、欣赏。特别是在某些品牌店的橱窗面前,常会聚集起一些人,就像是在参观难得一见的艺术品。

进行橱窗设计,要将其打造成让人赏心悦目的作品,经营者要掌握三个技巧。

1.立体化、多维空间的设计

别出心裁、立体的设计,能避免平面化设计带来的枯燥和乏味。多维空间的利用,从不同角度给顾客造成视觉冲击力,能充分展现经营者对动感和文化艺术色彩的追求。

2.生活化与故事情节的结合

调查显示,构思一些生活化场景能使顾客感到亲切自然,产生共鸣。无论是家居生活的再现,还是野外旅游环境的展示,都能最大化贴近顾客的内心,让顾客产生购买的需求。

3.争取做到让顾客过目不忘

顾客脑海中是否留有店面的印象,对以后是否会来消费有直接的影响,店铺的创意在此处发挥着举足轻重的作用。只有与众不同的创意才能让店铺形象"植入"顾客的大脑,带来持久的宣传效果。

关于橱窗设计的细节,主要需关注下面几个方面。

1.橱窗设计的类型

橱窗设计从风格上分,有追求美感的优雅型和追求奇特的夸张型两种。前者是走高雅路线的设计,对各项元素的组合和利用更体现上流社会的追求,具有较强的节奏感。这类设计还注意音乐的使用,用优美的旋律渲染服装的格调,甚至连服装的摆设,都能同音乐的节奏相呼应,让人产生极强的视觉变化。

后者是追求奇异和夸张的典型设计。体现经营者要打破平凡的周围环境、"脱颖而出"的想法。橱窗的设计具有非常规、视觉冲击力强等特点,具有叛逆的味道。例如,有的店铺将涂鸦的生活场景搬进橱窗,让店铺前的景象产生几分奇特的感觉。

2.橱窗的设计手法

普通的店铺,门的宽度在 8 米左右,按照正常人的行进速度,通过仅需要 10 秒钟。怎样能在 10 秒中抓住顾客的目光,就是橱窗设计中的重要问题。

(1)注重各项道具、模具的组合形式。

橱窗中模特、道具、服装是基本构成的元素。它们的不同组合和变化能产生不同的间隔、呼应和节奏感。即使非常简洁的设计,也能给人丰富的感受。现实中,人模和服装的组合分为间距相同、服装相同,间距不同、服装相同,间距相同、服装不同,间距不同、服装不同四种。

间距相同、服装相同。这种排列的方式,每个模特之间采用等距离的方式,节奏感较强,由于穿着的服装相同,比较抢眼。适合促销活动以及休闲装的品牌使用,缺点是有一些单调。为了改变这种局面,最常见的一种做法是移动模特的位置。或改变模特身上的服装进行调整。两种改变都会带来一种全新的感觉。

间距不同、服装相同。由于变换了模特之间的距离,产生了一种音乐的节奏感,虽然服装相同,但不会感到单调,给人一种规律整洁的美感。

间距相同、服装不同。为了改变上述的排列单调的问题,我们可以改变模特身上的服装来获得一种新的服装组合变化。由于服装的改变使这一组合在规则中又多了一份有趣的变化。

间距不同、服装不同。这是我们橱窗最常用的服装排列方式,由于模特的间距和服装都发生变化,使整个橱窗呈现一种活泼自然的风格。

当然,每种组合方式都有其优势和劣势,店家需要根据自身的经营规模、特点和风格来采取相应的组合方式。

(2)考虑橱窗的综合性变化。

根据橱窗的尺寸,能对橱窗进行综合性的改变。例如,从小橱窗到大橱窗,从封闭式的橱窗到开放式的橱窗。橱窗的灵活之处,就在于它能改变店铺与外界沟通的方式,让顾客从不同的角度来审视它的设计。

(3)组合时不违反色彩规律。

橱窗的气氛需要生动的颜色搭配,但颜色有其自己的搭配规律。使用浅色和纯度较高的色彩搭配容易营造轻松的购物气氛,使用暗色和浓度较高的色彩搭配则会形成压抑、沉重的氛围。

(4)橱窗陈列要周期更换。

为避免顾客产生视觉疲劳,陈列的商品、模特构图需要定期更换。更换的时间以一星期至两星期为准。太长时间不更换会让店铺缺乏新鲜感,特别是时尚店铺,更要保持替换的频率。

一个店铺的陈列设计,重点在于橱窗设计,而橱窗设计的重点,就在于作出有创意的橱窗。陈列设计师在做陈列时,往往会将最多的精力放在与众不同的橱窗设计上,这本是无可厚非的,但是,困扰陈列设计师的,往往也是怎样获得橱窗设计的灵感来源,并将其转化为通常所说的设计点。

服装店的陈列设计师在设计橱窗的时候,可以参考以上的技巧和注意事项,突出商品的特性,同时又能使橱窗布置和商品介绍符合消费者的一般心理行为,起到既可介绍商品,指导消费,促进销售的作用,又可成为商店门前吸引过往行人的艺术佳作。

灯光设计要点

在服装店铺中灯光起着关键的作用,同样一件衣服,打光和不打光的展示效果完全不同。服装店装修装饰灯光的设计应与商店整体形象协调一致。大型商店的灯光讲究富丽堂皇,中小型服装店则应以简洁明快作为灯光设计的标准。除此之外,服装店在灯光设计上还有很多因素需要考虑。

1.外部装饰灯照明

外部装饰照明指的是做外部点缀的人工光源的使用。它是霓虹灯在现代条件下的一种发展,其作用是吸引顾客视线,烘托店铺气氛、环境。一般装饰在店门前的街道上或店门周围的墙壁上。例如,有的服装店用多色的彩灯把门口的招牌缠绕起来,再如,将各种反映本店经营内容的多色造型灯装饰在店前的墙壁或招牌周围,这些都是装饰照明的应用。它不仅能辉映店铺门前的环境,还能增加店面的形式美。

外部装饰照明的设计在整体照明设计中占有举足轻重的地位。没有经过专业化设计外部照明,将让服装店外观看起来缺乏特色,难以带来充足的客流和良好的经济效益。因为,店铺是"静"的,不能给人以生动的感受,但外部装饰照明却能在与主光源的交替搭配下,传达给人亲切、温馨、神秘的信息。

　　为了强化店铺外观的美感,装饰照明的设计要满足一定的要求:

　　(1)外部装饰灯照明要与主光源相互呼应,并与周围建筑环境协调。服装店的地理位置一般在客流量较大的商业街,在五光十色的背景下,如何能让店铺"与众不同"?这就需要装饰灯和主光源的良好配合。一般,外部照明的主光源在门口部分,而装饰灯的照明则可以围绕在门口周围,用简单醒目的灯光吸引行人,从而削弱周围其他建筑上各种灯光颜色对其的影响。

　　(2)能抓住顾客的眼球,渲染店铺的外部氛围。一个有魅力的服装店,它的外部装饰照明必然也是形象突出的。对于没有进入店铺的顾客来说,能吸引其视线的外部装饰照明将对他产生更大的心理暗示和影响,至少能形成一个很好的"牵引作用"。

　　(3)色彩感强烈。装饰灯照明多为霓虹灯和橱窗灯,是外部装饰的主要光源。它们主要针对过往的行人进行设计,一般色彩感都较为强烈。例如,常被使用的玫瑰色光源、淡绿色光源、深红色光源等,都对人的视觉和心理产生强烈的刺激,容易让人产生购物的兴奋。

　　(4)与室内的风格、店铺整体形象保持一致。外部装饰灯光照明,对于协调店面内外部空间的设计风格、塑造店铺主体形象有着一定的影响。但它主要的作用是辅助装饰,所以必须服从室内风格、店铺形象的设计,最终让店铺照明设计收到良好的效果。

2.店内照明

　　随着照明技术的普遍应用,人工灯光照明在装修中逐渐占据主导地位。合理的照明设计将提高店容店貌的美观程度,能展示出商品的各种特质,从而引导顾客主动购买。可见,在设计服装店现场的照明时,要从凸显商品、招徕顾客的角度着手。

　　这就要求经营者对店铺内的照明进行严格的分区和恰当的管理,并灵活使用照明,为形成积极效果的照明做足准备。因为,据分析显示,分区的、有重点的照明,将能满足顾客在不同位置、不同购物阶段对视觉环境的不同要求。例如,卖场内色彩柔和的总体照明,将形成使人乐于接近的气氛;店铺深处角落的强度照明,可形成对顾客的强烈的吸引力;照在不同服装上的光线,会让顾客形成对各种服装的差异感知,为他们比较、选择、并做出购买的决定提供参考。并且,如果店铺内使用完全均匀和一致的照明会显得呆板和一般化,无法衬托出不同商品的特色。

由此可知,店内照明的分区和管理对商店的销售活动有着较大意义。通常,将店铺内各部分的照明分为三大类:

(1)基础照明。基础照明也即一般照明。它是保持店内基础光线的照明。能够让店铺从大环境上色调统一,让整个空间获得均匀亮度,显示整个店堂空间形态,保证顾客能方便地在店内活动。目前,多用吊灯、吸顶灯等灯具来打造店铺的基础照明,因为这些灯具发出的光能够使服装较为自然的展现其原貌。

(2)重点照明。重点照明又称特别照明,它是针对某些服装的特质,以吸引顾客注意为目的的店堂特殊照明。一般,重点照明都放在流行款及主打款服饰上。它会让被突出的重点部位和重点产品的亮度大大提高,明显区别于其他服装,让式样更有立体感和光泽感。光影的强烈对比,能给人留下高品质的视觉效果。其安装位置主要根据所要照射对象来决定,但通常不放置在服装的垂直表面,亮度通常能达到周围的 2~5 倍。

(3)辅助照明。辅助照明又称装饰照明,它主要的作用是填充服装店灯光设计中的死角,突出店内照明区域的层次感和色彩感,巧借光、色的功能,形成灵活、出色的装饰效果,以增强产品的空间感染力。不过,辅助照明的使用要与店铺情况相符,切勿滥用,流于俗套。

店内尽量避免阶梯,管线最好采用暗线

为避免顾客在室内行走遇到障碍,服装店内部不应设计高低不平的阶梯。因为,一方面,阶梯的存在增加顾客上下行走的困难,另一方面,在有雨雪的天气,因地滑,行人都不愿意走阶梯,所以使用阶梯或许是个空间创意的想法,却不是个实用的做法。

如果店内因装修已经出现阶梯,应当在阶梯上下方设置警示标志,提醒顾客注意安全。同时,阶梯不应太高,坡度也不宜太大。即使是一些平缓的阶梯也可能让顾客气喘吁吁,何况是又高又陡的阶梯,很容易打消顾客上去选购的念头。此外,为安全起见还要安装扶手,而且要注意阶梯材质选择,应当做到防滑。个别商店会临时使用活动台阶,这样的做法具有很大的隐患,曾经有顾客因走服装店安装的活动台阶而摔伤。所以,提醒经营者,店内布置各种阶梯时,务必要保证其稳固、稳定。无论出于怎样的目的和心理,都尽量少使用活动台阶,以保证阶梯的安全系数。

　　另一个会为顾客在室内行走带来障碍的因素,就是室内的管线装置。别小看这一根根线路,它的设置同样相当关键。不但要方便使用,还要考虑顾客购物时是否能够避开。若是室内管线暴露太多,顾客要处处防着它们,既耗费体力,又减弱消费的兴致。

　　市面上,管线的安装方式主要有两种,明线和暗线。明线一般指平行而相互绝缘的凸露在外面的裸线线路。暗线指埋在线槽里的强/弱电线,一般要包在电线管里。用通俗的话来说,暗线就是在墙里开槽,在槽里面的线;明线就是不用开槽的线。

　　相对来说,明线的特点是,方便检修,易于查看,但缺点是容易触电,占用空间。暗线的特点是,美观、安全,是目前流行的做法,但对墙体破坏较大,不易修理。尤其是当暗线出现故障时,要想查明原因必须凿开墙体。

　　从经营者来讲,使用明线或者暗线都是个人的选择。认为明线布置在室内是一种特殊的艺术美,就使用明线;认为暗线能让空间清净、整洁,就使用暗线。不过,布线的选择是要受到环境的影响。考虑到服装店的经营,经营者最好使用暗线。因为,大多数顾客在看到室内纵横交错的明线时,都会感到混乱。并且,前面也提到,管线暴露在空间内,顾客就需要耗费体力绕着走,极大影响消费的心情。所以从美观和实用的角度看,使用暗线更为明智。

凡事和谐才是美

　　20世纪70年代美国洛杉矶大学的心理学教授马瑞比恩博士曾提出,人们给予他人留下的印象有55%取决于其外表。这足以看出服饰搭配在人们日常生活中是多么重要。不过,在生活中,很多人都不懂得如何搭配服装,外在形象往往一塌糊涂。为解决这样的麻烦,他们常常从服装店中购买已经搭配好的成套服饰,没想到无形中却为服装经营者带来商业机遇。

　　如果经营者能够对服饰搭配多加重视,不仅能成套卖出服装,还能极大提高商业利润。因为,成套的服装常常能做到高价销售。从这个角度看,经营者应当不吝思考,掌握搭配服饰的技巧,训练进行新潮搭配的能力。

　　如何才能成为搭配衣服的高手?如何能创造服饰的风格?

经营者可以先从颜色的搭配入手,逐渐掌握搭配的规律。而且,利用色彩搭配来进行服饰混搭的方法,也是最为常用的方式。

第一,要分清楚服装颜色的种类。色彩可分无彩色系和有彩色系两大类。无彩色系是指白色、黑色和灰色。有彩色系指红、橙、黄、绿、蓝等颜色。

第二,会观察颜色的色相、纯度、明度。色相指能够比较确切地表示某种颜色色别的名称。纯度指色彩的纯净程度。明度指色彩的明亮纯度。

第三,选择服装的基调颜色和点缀色。在掌握第一、第二点后,可以进入搭配服饰的环节。选择一款服装做基础,根据它的色彩确定整体色调,然后再依据颜色搭配的原则来混搭具有点缀色彩的服饰。

怎样确定基调颜色?通常是以服装上颜色的主要面积为准。色彩的选用通常是按其所占据面积大小来决定的。色彩占据的面积越大,在配色中的地位越重要,就越起主导作用。在选定一款服装的同时,基本上也就能确定基调颜色。饰品的颜色属于用于点缀的颜色,只有不违反颜色搭配的规则,搭配出的效果就能突破基础色调的单独效果,形成主次分明,富有变化,具有韵律美的搭配。

如何进行配色?如何在色彩上让服装主体和饰品的搭配得到统一和辉映,是接下来要考虑的问题。

服装色彩的搭配通常被分为两大类。一类是对比色搭配,另外一类则是协调色搭配。前者指的是两个相隔较远或者相对的颜色相互搭配。例如,黄色和紫色,红色与绿色,黑色与白色等搭配。这类搭配具有对比鲜明的效果,尤其是黑白搭配,一直是经典的选择。后者指的是同类颜色或相近颜色的搭配,例如,青配天蓝,红色与橙红等。这类搭配色彩过渡轻缓,服装有柔和文雅的效果。

其实,不仅服装店的衣服讲究和谐之美,服装店的装修设计风格也讲究自身和谐,同时还需与衣物和谐。

第五章

服装陈列有技巧

　　服装店的陈列可用于体现品牌的潮流及风格,展示服装的未来流行趋势,体现季节气候的变化,以及品牌的系列化,等等。而成功的店铺陈列,不仅可以激发购买兴趣、购买欲望,还可促进顾客下定购买的决心。可见服装店的陈列对店铺的生意起着非常重要的作用。

服装陈列包含的基本要素

服装陈列在综合考虑其数量、方向等几个问题后,才能做出正确的陈列。这些基本要素也是不可缺少的执行业务事项。

1.陈列数量及颜色或样系

决定品目之后,接下来就要考虑陈列多少数量的问题。各种商品都会有所谓的"最低陈列量",陈列商品一旦低于这个数量,其销路就会极端恶化。因此,考虑陈列数量时,要以各商品的"最低陈列量"为前提。陈列要有一定的数量,这样才易增强顾客的购买欲,从而达到销售商品的目的。假如陈列未达到一定的数额,则销售量就会显著的降低。所以,要充分考虑陈列的数量,使其达到一定标准,既能吸引顾客,又不会显得商品不够丰富。

此外,在商品陈列时,除了数量之外,还应该同时注意到商品的颜色、式样、大小。这样才能吸引顾客的注意力,从而提高商品的销售量。

店员小王曾经做过如下的试验:她把红、黄、蓝、绿、褐五种颜色的特价衬衫,堆成一堆放在店门口附近,每个星期检查一次,想要看到底哪一种颜色的衬衫销路最好。过了几个星期后,她得到了一个结论,那就是红色衬衫最易销售。而且,当红衬衫卖完之后,其他四种颜色的衣服销售量就直线下降了。然后,她又做了另一个试验。将衬衫分成两堆,放在店门口的左右两边,其中一堆红衬衫加多,另一堆则没有红衬衫。经过比较之后,发现加多红衬衫的那一堆,销售量竟比没有红衬衫的那一堆高 6.5 倍。

为什么会出现这种结果?总结之后,她得出了两个结论:

(1)红色比其他颜色更引人注意。

(2)没有红衬衫的那一堆,显得黯然无光,使顾客的兴趣大减。

2.陈列方向

商品陈列时最不能忽略的一个重点即为陈列方向。因为商品的陈列就像人的颜面一样,是给别人的第一印象,所以在商品陈列时,方向是非常重要的。对于方向的选择,要考虑以下几点:

（1）迎合顾客对于商品的选购重点。商品标牌多半一面记录商品名称与商标图案，另一面则记录注意事项和成分计量。特别是毛料服饰，对于标牌的展示一定要明显。总之，要以顾客感觉具有吸引力的方向进行展示，这是陈列方向的重要所在。

（2）以宽大面示人。为了凸显商品"量感"，也有必要考虑向哪个方向展示才能让商品群看起来容量大的问题。若是毫无规则地堆放商品，尽管陈列量大，也无法给人商品丰富的印象。采用宽大的商品面向，利用内衬来陈列，才是具有"量感"的陈列法。

服装陈列的原则

现代服装店商品大多采用开放式陈列，消费者按照自己的意愿挑选商品，专卖店销售人员为顾客提供"对面销售"或"侧面销售"，详细地介绍或推荐商品。因此商品陈列应方便顾客浏览或拿取，突出特色产品或主题产品，并能让顾客获得必要的商品信息或知识。货品陈列的基本要求是商品资料齐全，陈列位置得当，商品特性突出，陈列商品整齐，陈列商品规律摆放等，做到既美观、有现代感，又容易挑选，使顾客能够产生购买的欲望。所以商品陈列要遵循以下原则。

1.醒目性原则

为了将各种系列的服装的最佳卖点展示给顾客，应根据服装本身的特点灵活选择货品的展示部位、展示空间、展示位置、叠放方法等。

2.丰富性原则

上架展示货品时，吊挂展示可按照系列、类别、颜色、规格等优先顺序，根据零售店的利用空间确定展示数量，叠放陈列则尽可能齐色齐码，对于色、码不全的货品可另类摆放，以免影响顾客的挑选。

分类的重点是让消费者方便选择和选购，设计出最适合该商品的分类方案。

3.合理组合原则

对同一系列的货品应在同一区位陈列展示，各个品种可按款式分组，并按颜色、规格顺序摆放，体现货品的层次感，杂乱无章地摆放往往会导致顾客视觉疲劳而失去浏览的耐心。服装陈列要做到进店的消费者容易辨别，必须注意商品的正面视觉效果。

4.艺术美原则

货品的摆设应遵循一定的审美原则,如颜色的搭配要和谐,空间分割要有层次感,货架的高度应符合人体动作习惯等。

5.真实性原则

上架摆设的货品与销售给顾客的货品要一致,货品的各种必要的资料如产地、价格、质地、面料、品牌等要真实。

服装陈列的规划

卖场的陈列能让服装分类清晰,让顾客能一眼看到自己喜欢并想买的衣服。我们可以从如下几个方面入手:

(1) 对服装进行分区域规划。在人流少的区域要适当增加比较有特色的陈列,尽可能吸引顾客的眼球,并让其产生好奇心。在设计卖场通道时还应注意不能给卖场留有"死角"。"死角"即顾客不易到达的地方,或者顾客必须折回才能到达其他货位的地方。顾客光顾"死角"的次数明显少于其他地方,就非常不利于服装的销售。

(2)每个单元区块应该有自己的主题、有自己的故事推广。展示时服装风格应该独特别致,陈列手法是为了生动表达主题内容。同时对销售做数据分析,寻找出店铺的主力销售点,将比较有潜力的系列服装陈列在这样的区域,当该系列产品生命周期到达峰顶时更换其他更有潜力的系列服装,从而循序渐进,推动店铺的销售业绩。单元规划的方式也有很多技巧,关键是在平时对陈列的钻研积累和总结。

(3)一个卖场就是一幅画。要画好这幅画,就必须要调配好这幅画的色彩,做好卖场的整体色彩规划。色系服装陈列一般分为渐变式、跳跃式和彩虹式。

渐变式是指运用同一色系不同深浅的产品组合服装陈列,富有层次感。如由浅至深,或由深至浅。

跳跃式适用于服装系列化、组合性较强的品牌。可以运用服装的深→浅→深→浅间隔服装陈列。

彩虹式适用颜色较多,风格活泼,年轻的品牌,可以将货品依照彩虹的颜色组合服装陈列。

(4)在服装陈列的颜色搭配上,我们也要讲究技巧。相近色搭配,即两个颜色之间比较相配,如米色和白色,红色与橙色等。对比色搭配,即两色之间有强烈的对比,此服装陈列手法会产生较大的视觉冲击,如白+黑,红+绿等。同类色搭配,即两色属于同一类颜色,只是深浅、明暗不同,如玫红与深红。强烈色配合,即两个相隔较远的颜色的相配,如黄和紫等。

(5)同样的商品、装饰、卖点广告等服装陈列主体或标志、广告等,在一定范围内或不同的服装陈列面上重复出现,通过反复强调和暗示性的手段,加强顾客对服饰商品或品牌的视觉感受。

(6)通过突出服装的特点,或利用广告、道具和移动造景手段,针对服装的目标顾客,使展示和宣传具有明确的目标,加强与顾客的沟通,提高自身亲和力,引起顾客的兴趣和好感。

(7)将同一卖点的不同服装、同一品牌的不同服装根据消费需要的不同,按照一定的分类方法,划分层次依次摆放,使顾客能迅速确定自己的购买目标,方便快捷地进行选择和购买。

(8)利用服装、饰物、背景和灯光等,共同构成不同季节、不同生活空间、不同自然环境及不同艺术情调等场景,给人一种生活气息很浓的感受,使人既得到启发和审美的享受,又有身临其境之感。

(9)将相关的服饰商品放在一起进行服装陈列,例如,西装和衬衣、领带、皮带以及其他相关的服饰品,可以作为成套的系列商品进行连带服装陈列。这样可以有效地进行对比和选择,从而使顾客产生成套购买的想法。

(10)用平面广告、各种类型的卖点广告、现场播放的影视广告和语音广告,来强调广告效应进行服装陈列。

(11)尺码由前到后,由大到小进行陈列。

(12)陈列时面料及款式的厚薄,长短,一般是由前到后,由薄到厚,由长到短,但有时候也常采用"梅花形"来营造不同的视觉享受和多角度展示货品。

(13)价格便宜的服装陈列在前面,价格昂贵的服装陈列在后面。

(14)同一品位的服装为一组服装陈列,如休闲组,商务组,运动组等。

规划服装商品配置表是前提

规划商品配置表是商品陈列的前期准备。在零售业相当发达的国家，如美国、日本，商品配置表运用得非常广泛，一般的服装店都有商品配置表。商品配置表是管理、控制商品最基本的工具，因此，店铺在陈列商品之前，先把商品配置表规划好，再进行一些硬件的设置与进货才是科学、合理的做法。

1.商品配置表的含义

商品配置表在英文和日文中的表述有一定的差异。英文表述的是恰当管理商品排面的意思，而日文表述的是商品在货架上获得适当配置的意思。因此，综合两者的观点，可将商品配置定义为"把商品的排面在货架上进行最有效的分配，并以书面表格形式规划出来"。

2.服装商品配置表的作用

(1)有利于服装定位管理。商品配置表是商品定位的管理工具。有了商品配置表，才能做好商品定位，如不事先妥善规划商品配置表就贸然进行商品陈列的工作，商品定位管理也就无法做好。

(2)实施服装品种控制。在有限的店铺卖场范围内，所能陈列的品种数目受到一定的限制，欲有效控制商品的品种数，发挥卖场效率，就要使用商品配置表。

(3)强化服装排面管理。现代店铺一个很大的管理缺陷是不能对商品的排面数进行有效管理。一般而言，店铺陈列的商品种类数少则上百，多则上万，而所陈列的商品中，有些商品非常畅销，一天能销售数十个，甚至数百个，但有些商品则可能一天只卖出几个，甚至无人问津。因此，安排商品的排面时，就需要根据商品销售数量的多寡，给予适当的排面数。即畅销的商品给予的排面数多，所占的陈列空间大；不畅销的商品安排的排面数则应相对减少，尽量少占陈列空间。这是提高店铺经营利润的有效途径。

(4)有效保护服装畅销品。畅销商品的销售速度一般都很快，若没有商品配置表对畅销商品排面的保护管理，则常会有这种现象发生：当畅销商品卖完了，又得不到及时补充时，就易导致较不畅销商品，甚至滞销品占据畅销商品的排面，从而形成了滞销品驱逐畅销品的状况。这种状况不仅会使店铺对顾客的吸引力减弱，而且会使店铺失去赢利的机会，从而降低竞争力。可以说，在没有商品配置表管理的服装店中，这种状况时常会发生。有了商品配置表管理，畅销商品的排面就会得到保护,有效控制和避免滞销品驱逐畅销品的现象出现。同时,畅销商品排面的空缺和不足,也是店铺检查商品补货与商品陈列质量的"重点",并成为店铺发现和分析畅销品断货现象的依据。

(5)提高服装店店铺利润。店铺经营的商品中,既有利润高的商品,也有利润低的商品。任何店铺都希望把利润高的商品配置在好的陈列位置,多销售一点,提高整体利润;把利润低的商品配置在差一点的位置,以控制销售结构。而要达到这一目的,就需要通过商品配置表来对各种商品进行妥当的配置。

(6)提高服装店整体营运效率。店铺扩大到一定规模时,通常会发展一些连锁分店。管理这些分店的商品,使陈列能达到一致性的要求,给总部人员带来很大的难度。如果能有一套标准的商品配置表来参照运作,整个连锁店的营运就会变得比较容易,从而提高整体营运效率。

3.服装商品配置表的制作程序

商品配置表的制作程序一般可以分为以下几个步骤:

步骤一:根据商圈调查及消费者的需求,来确定店铺的最佳经营范围,即对商品的构成予以确定。

步骤二:根据营业面积分配大类商品的经营配置图。

步骤三:将部门中的每一个商品都安排到配置表中。

步骤四:收集可能经营的单品品项,并将商圈调查及顾客需求作为商品选择的依据。

步骤五:确定了商品品项后,根据市场调查得来的商品畅销度和附近竞争店的商品结构做一个综合比较,初步形成商品配置的设想。

步骤六:将初步设想落实到货架上去,实地绘制商品配置表。

步骤七:将商品配置表落实到店铺经营中去,按表执行商品的上架处理。

步骤八:按照实际的经营状况,可对商品配置表进行变更或修正。

步骤九:对商品配置表进行定期修正、调整。已进入正常经营店铺的商品配置也不能一成不变地执行下去,要根据经营状况定期一个月或一个季度变动一次,一年大变动一次。这样才能确保店铺具有活力,增加店铺的新鲜感。

总的来说,店铺内有效、合理的商品陈列离不开全面、标准的商品配置表的指导。

4.服装商品配置表的制作

商品配置表的制作作为一项实践性和操作性很强的工作,需要店铺工作人员以认真、谨慎的态度予以对待。一般情况下,工作人员先要做货架的实验配置,达到满意效果后再制作商品配置表。各个货架是商品配置表制作的基础,通常,一个货架就应有一张商品配置表。设计商品配置表格式,要先确定货架的标准,再把商品的品名、规格、编码、排面数、售价表现在表格上即可。

服装陈列工作的实施步骤

服装陈列工作的程序和步骤主要有以下几个方面。

1.划分服装店内的服装商品类别区域

首先划分卖场区域,设定出重点陈列区、辅助陈列区、配饰陈列区、特卖区和展示位。合理搭配各陈列区,做到主辅相互陪衬、相互呼应,增加顾客浏览的趣味与层次感。

重点陈列区:以店铺正门后左右两侧墙面为主,并可视状况搭配附近货架组成。

辅助陈列区:以收银台左右两侧墙面为主,也可视情况由较零乱的分割墙面组成。

配饰陈列区:也属于辅助陈列区的一种。

展示位及特卖区:展示位以橱窗、精品柜及模特位等展示区域组成,特卖区可视情况单独开辟一块地方,并标以明显标志,与正价区有明显分别。

2.参考服装店服装商品的销售数据分类

商品陈列要以销售计划为基础,把公司的主推产品与当地、当时的情况相结合。对形象店铺陈列的主要服装,进行正确的分类摆放,达到宣传促销的效果。

3.设定区域内服装商品的主要颜色和主要款式

在分类陈列的基础上,要注意按颜色、尺码及系列化陈列,颜色由外场到内场或从左到右,以小到大的顺序陈列,同类产品集中陈列应将同款同色或接近颜色按尺码顺序排列。在重点陈列区与辅助陈列区中分别布置重中之重,以达到焦点的效果。注意营造主题、系列化陈列,突出故事性,唤起消费者认同,增加销售机会。

4.做好服装店内的陈列场区效果图

设计师在设计服装店店面时,首先,要考虑到你所设计的货架将来在陈列产品时相互之间的协调性,做好陈列场区的效果图。效果图要结合服装店的特点,用最经济、最节省时间的方法把服装介绍给消费者,使消费者能产生深刻的商品印象,进而产生购买的欲望。其次,在做效果图的时候还要考虑服装店陈列的节奏感,不能把色系分得太过死板,服装店的冷色与暖色搭配要协调。毕竟产品陈列要让顾客看到衣服。

在做服装陈列中,还应避免以下问题:

(1)卖点广告残损、过季但仍未替换。

(2)产品无系列化陪衬、单款零散销售、无故事性和感染力、未引发概念消费。

(3)硬性将无关联展示物、卖点广告和货品新展示空间喧宾夺主,主题含混、牵强。

(4)刻意营造均须广而"奏效",增加单元区域内商品数量和品种。

(5)刻意营造色块间隔,导致"琴键"反效果;在墙面、镜面、货架面、玻璃面随意贴饰纸质告示或卖点广告。

(6)太多的零散和独立的店缀式摆设且刻意营造"情趣"和"格调",太过夸张并失真,不产生感应。

(7)无明确界定特价品与正价品展示区域,且无明确标志。

(8)光源失调、残损,照明无自然还原效果,误导消费者;货架间隔小于120厘米。

(9)连续大范围、大跨度单一陈列展示方式,导致视感单调、疲惫缺乏重点。

(10)展示面罗列铺排货品无趣味、无焦点,无细节跟进。

(11)展示容量失调,多则拥挤不堪,少则寥若晨星,未经必要调整和变通。

(12)季末、季初产品陈列方位未经调整,陈列方式保持不变。

服装陈列应达到的效果

没有创意的服装陈列必然无法为销售带来动力。随着近两年"服装店铺陈列"概念的流行,国内很多关于陈列的培训机构迅速发展,他们对服装陈列进行了不同的诠释,其中有一些机构着重把陈列划归为漂亮、好看!事实上,这种理论与宣传倡导有着严重的误区。有着这种理念的人认为,把服装店铺陈列得好看、漂亮,就吸引顾客眼球,吸引了顾客眼球就自然促进顾客购买服装,当然销售业绩也就提升了。这其实是一种非常简单的一加一等于二的逻辑。

漂亮不是陈列的根本目的,陈列的作用在于提升销售,降低库存。大多数顾客到店铺不仅仅是因为被吸引或喜欢就冲动购买的,还涉及服装的性价比、服装的关联性、服装的主题性等。因此,陈列师不但要懂美学、人体工程学、色彩学,还要在服装企业磨炼多年,充分掌握服装从设计到生产到物流等各个环节,以及服装销售的特性规律,如生命周期、畅、平、滞销,对应库存分析等等。为了实现提升销售、降低库存的目的,具体而言,服装陈列应达到以下的效果。

1.突出陈列热点

现在顾客买衣服眼光越来越挑剔,服装陈列不协调,顾客容易失去购买的兴趣。对于陈列的背景颜色顾客们同样有较高的要求。这主要是因为顾客的欣赏眼光已逐渐改变。随着现在顾客审美眼光越来越高,这时候你就需要了解顾客的喜好,这样才能更好地提升自己服装店的竞争力。

显而易见,服装店的陈列必须尊重特定顾客的喜好。但是,从实际陈列来看,有许多服装店橱窗的陈列方式,其实是针对所有年龄阶层顾客的。不要以为将男女老幼都列为销售对象的想法能够招徕更多的顾客。在当今社会,无论是规模怎样的服装店,都应该对顾客做一个严格的分类,都应该拥有特定的受众群体。

2.陈列要给顾客以安全感

每一家服装店的店主都希望自己的店能吸引源源不断的顾客上门光顾。吸引顾客的因素有很多,就商品陈列而言,除去许多花哨的元素,安全也是一大要素。

从对消费者的心理分析来看,井然有序、整齐清爽的店面设计往往更能吸引他们停留关注,并进一步促使他们购买。究其原因,不外乎是这类服装店的空间设计能带给顾客一种舒服感,这种舒服感的根本来源正是安全因素。

人是非常善于自我保护的动物,不论在任何情况下,人首先考虑的都是自身的安全问题,然后才是其他方面。因此,即使是在服装店进行商品空间设计时,也应十分重视其有序性和安全性。

可见,如果一家服装店的空间设计混乱,商品摆放毫无秩序,给顾客的是一种摇摇欲坠的危险感,这样又如何能吸引顾客入店购买?

3.陈列要有美观性

爱美之心人皆有之,一个美观耐看的服装陈列和一个简陋俗气的服装陈列,两者产生的视觉效果绝对有天壤之别。毋庸置疑,美观的陈列会极大的调动顾客的购买欲望。这就要求店家要把最美的服装陈列展现出来,这里面需要店家个人对美的理解,同时也需要参考他人特别是顾客的审美心理和审美需求。

4.商品的陈列要从方便分类的角度出发

许多店铺的经营者认为商品种类越多,店铺就会越完美,于是想方设法在店里摆上各式各样不同种类的商品。其实,完美的店铺不是种类的堆积,店铺的经营者必须考虑自己店里目前已经有哪些商品,怎么分类,是否已经有确切的分类计划。只有有计划、有步骤地按照店铺实际情况,对商品进行合理分类才是最明智的。

一般来说,商品的分类要遵循方便的原则。何为方便呢,这其中有两点关键元素:其一就是对于顾客来说是方便的,便于顾客浏览服装;其二对于店家来说也是方便的,便于店家取、换服装。

5.商品的陈列要显得丰满

顾客进店的目的是为了浏览和挑选商品,所以一进门就会把目光投向陈列着商品的柜台货架。这时候,如果柜台货架上商品琳琅满目,品种丰富,顾客的精神就会为之一振,产生较大热情,无形中就会产生一种下意识:这么多的商品,我可以任意挑选,其中一定有适合我买的。因而购物信心大增,购物兴趣高涨。相反,如果货架上商品稀稀拉拉,购物大厅空空荡荡,顾客就容易产生消极情绪,会认为店铺要么经营不善,要么商品有问题。一旦产生这种情绪,便会对解囊消费造成极大阻力。

服装陈列时应注意事项

服装陈列是服装卖场设计的重要环节之一。在服装陈列中要注意以下几项。

1.分类是否合理

服装分类表示是否易懂、易于寻找,分区表示是否醒目,是否有不同种类的商品混杂在一起,不同类但有关联的商品在陈列时有无考虑到让顾客通过最近的距离拿到全套商品?

2.是否方便取放

通道是否有足够的空间便于顾客通过?有没有做到大件商品应放在陈列架下层,小件商品放在陈列架上层这一点?商品有没有放在手够不到的地方?有没有宣传广告牌过大、影响到商品的拿取的情况?

3.数量是否充足

陈列时是否考虑了最大限度地摆出商品,能否给消费者以数量充足感,陈列的绝对数量有没有不足,畅销品的数量能否满足顾客日常购买需要,是否考虑到平日和星期六、星期天购买量的不同相应调整商品数量?

4.种类是否齐备

有没有能给顾客提供尝试新生活的产品?商品种类的决定是否和主要顾客层相对应?有没有迎合特定季节的商品?有没有配合特殊节日而准备的商品?有没有流行中的新产品,是否给顾客以跟不上时代的感觉?

5.照明条件和色彩搭配如何

有没有考虑因商品而异的照明方法?店内整体照明是否充分?有没有商品摆放在黑暗处?聚光灯的使用是否合适?重点商品有没有得到足够的照明来突出?有没有考虑因商品种类和性质的不同而配以不同感觉的背景色和广告宣传品等附属品的颜色?同一类商品摆放在一起时是否考虑了花色、颜色的搭配?

6.是否美观实用

有没有摆放过于整齐、机械而给人以冷漠感的地方?有没有摆放过于变化多端而造成混乱的地方?有没有陈列架未摆满、露出空格,给人以商品感觉不足的地方?展台、陈列架有没有从规划好的整体布局中显著地突出出来,有没有尽可能地使用和商品匹配的陈列器具,以收到美观实用的效果,是否把同类商品按颜色、花样、尺寸整理出来陈列在一起?

7.服装陈列用具是否合适

服装店的服装陈列用具是否跟店内装潢、服装等级相匹配;衣服棚架是否过于陈旧,给顾客留下不好的印象?

店铺内家具的巧妙使用

在服装店内,经营者往往会陈列一些家具。别轻视这小小的家具,巧妙使用它们往往会增加服装店的人气,产生非常好的效果。

1.壁面柜的选择技巧

在服装店的陈列中,壁面陈列与中央部陈列有很大的不同。壁面陈列有极大的利用价值,顾客一进店首先看到的就是壁面陈列的商品。因此,服装店主需要在店面装潢时就对壁面柜的设计多花心思。

一般情况下,壁面柜分以下几种形式:

(1)一段式陈列。将同一类服装以模特儿或全壁面式展示。这种陈列较平凡,没有特色。必要时,可加一些装饰物以衬托服装主题。

(2)二段式陈列。将壁面柜分为上下两段,上下段陈列的服装相互有关联性。上一段可以是服装效果展示的陈列,下一段则大都使用量感陈列,也就是陈列出一定数量的服装。

(3)三段式陈列。凡是壁面过高的服装店,都可采用三段式陈列方式,会取得更好的效果。因为中段是最容易被消费者看到和拿到的,以中段作为促销展示最为合适,而下段可以做量感陈列。

2.店层板的选择技巧

服装店使用层板陈列比较多, 在卖场中陈列的服装或叠放的服装, 如轻便服、衬衫、棉毛衫等,平放在层板上。

层板陈列是一种感性化的陈列,在大型的服装店服装都是按照大小、色彩排列的量感陈列。使用层板陈列时,有以下的要求:

(1)层板上摆设服装的数量,春夏季服装以 6~8 件为佳,秋冬季服装以 4~6 件为宜。摆放的服装叠放的高度以层板上下间距的二分之一最为合适。

(2)在边柜层板及中岛层板上叠放同款同色的服装时,应从上至下,尺寸从小到大,每叠 2~3 件,叠放产品以 T 恤、毛衫和休闲裤为主。层板上还可以陈列关联产品,如衬衫、领带,还可以适当穿插辅助品(皮具)陈列。

(3)衣服按款式、颜色、种类等方式摆设。每类服装的黑灰白色放在最下层,将比较吸引人注意力的色彩和款式优先放在顶层,用以吸引眼球,较为保守的颜色放在下层。

3.橱柜的选择技巧

橱柜的设计及制作有很多种,一般分为 5 尺、6 尺等尺寸。设计分前开门、后开门、双开门等形式。采用的质料有玻璃、木材、石材以及金属等。

一般的橱柜都设有照明设备及上锁装置。橱柜的下部多用于储存销售的服装,中上部一般用以展示和陈列服装,兼做储存使用。

4.陈列柜和展示台的选择技巧

陈列展示材料可以是木制的、玻璃的或铁制的,形状可以是方柱形的,圆台形的,封闭或开放的,也可以根据具体展示场所的要求定制。

壁式陈列橱与墙面相连,材料用木质装修,陈列板的宽度应控制在 3.5~5.5 米。为了避免顾客注意力分散或疲劳、鼓励顾客浏览,陈列货架的宽度不可过宽,陈列商品最好不用包装或采用透明包装。

服装店内常见的展示台主要有台车和装饰台等。

5.吊架的选择技巧

现代吊架的造型逐渐由小型趋向宽大,风格由复杂趋向简洁。待售服装的吊架展示越来越趋向于以排满视线、具有较强的视觉冲击力、构成大的视觉面来吸引消费者。要注意吊架的造型、机能、色彩是否与展示的服装相统一。

6.衣架的选择技巧

衣架在服装陈列中起着举足轻重的作用。各式各样的衣架随着时代的流行、潮流的变化也在进行着转变。衣架的材质一般有木质、铁质和塑料质地的。衣架的种类分为单独的裤子衣架、单独的裙装衣架、单独的上衣衣架和组合的套装衣架。

裤子衣架一般采用悬挂式,裙子衣架一般采用夹式,上衣衣架一般会制作成肩部的曲线形,组合的套装衣架同时可以挂上衣和下装。

7.支架的选择技巧

服装店陈列的支架主要可分为:外衣型支架、女内衣型支架、T 形支架、衬衫形支架、头饰支架等。

8.人体模特和人台的选择技巧

人体模特和人台常用来展示最新流行款式或展示重点服饰。不同品牌的时装选择符合其品牌个性的模特和人台,能更好地表现时装的气氛和主题。

(1)人体模特的选择分具象和抽象两类。具象的人体模特形象逼真,头部、腰、手、脚等关节均可活动,容易摆出各种姿态配合商品展示。抽象的人体模特一般五官较为模糊,身体比例较为夸张,它主要是用夸张的艺术表现形式强调突出某种服装。

(2)人台形象比较抽象,只截取人体模特的躯干部分。目前市场上也出现局部的手臂或头部模型,展示手套和帽子。

橱窗布置不容小看

如果留意每家店铺的橱窗和销售情况，就会发现橱窗的设计与宣传对顾客的消费有着重要的影响。所以有人指出，服装店的外部设计陈列重点在于橱窗设计；而橱窗设计的重点就在于怎样做让人心动的橱窗布置。

前面提到过，橱窗陈列的目的不外乎展示商品和宣传商品，让服装更有吸引力，在顾客心中树立好的品牌形象。此处又提到要突出橱窗的布置效果。为了让两者能良好地结合，经营者必然要在橱窗设计中，对构思、构图等采用不同的表现手法，这样才能获得设想的设计效果。

首先，了解一下橱窗的种类。通常橱窗可分为透明橱窗和半透明橱窗、隔绝橱窗三种。透明橱窗是指没有任何阻隔，让顾客可以直接看到室内卖场的橱窗，通常选用玻璃做这类橱窗。半透明橱窗式指在橱窗的后面有一半与售货现场隔开。隔绝橱窗指橱窗与售货现场互相独立，完全隔绝，是现在卖场使用的主要类型。

其次，要布置令人心动的橱窗，就要灵活运用橱窗中的各种布置。通常，橱窗布置主要有四种，即系统式橱窗布置、专题式橱窗布置、季节性橱窗布置和综合式橱窗布置。其中，系统式橱窗布置是指按照服装的材料、质地、颜色等分类，分别组合陈列在一个橱窗内。专题式橱窗布置指围绕某个事情为中心组织商品摆放，比如节日专题的布置，爱情专题的布置，童话专题的布置，等等。季节性橱窗布置就是根据季节来进行的橱窗陈列，是最为普遍使用的布置方式。经营者一般会在每个季节到来之前，将应季商品陈列出来，带动顾客提前考虑，提前消费。综合式样的橱窗布置就是将各种不同商品陈列在一起，形成一种混合效果的布置。

最后，橱窗的布置和构图要遵循虚实、疏密、明暗、对比等原理，利用灯光、色彩进行协调的布局。橱窗里的照明和色彩能渲染主题，凸显氛围，整合各项空间元素，并且表达一定的情绪和商业信息。经营者在设计时，应当将其作为一个富有美感的艺术品来进行布置，无论是在色彩、饰品、背景上都应做到思考缜密，综合设计。尤其是在处理色彩搭配和照明的问题上，要多观察不同的搭配效果变化，从整体上更好地塑造橱窗布置的效果。

因此说，橱窗的布置要避免复杂、混乱，要追求完整和美感，满足最直接也是最深刻的视觉、心理等感官的要求。只有如此,才可能设计出让顾客心动的橱窗布置。

几种常见的服装陈列方式

服装陈列是一种技巧,给顾客好的视觉效果也是一种无形的服装营销方式,所以经营者千万不能随意陈列店铺里的衣服,掌握好陈列技巧会对服装店的生意起到推波助澜的作用。下面介绍四种常见的让服装店更加吸引人气的陈列方法。

1.叠装式陈列

作为服装来说,陈列一般分为叠装与挂装。

叠装:一般是通过有序的服装折叠,强调整体协调,突出轮廓,把商品在流水台或高架的平台上展示出来。这种方式的好处就是能有效节约空间。叠装陈列时应注意以下几点:

(1)强调视觉,在色块掌握上,原则应是从外到内,由浅至深,由暖至冷,由明至暗。这是人观察事物的习性使然,能使消费者对商品产生兴趣,从注意-吸引-观察-购买等几个环节进行购物行为。

(2)同季节、同类型、同系列的产品陈列同一区域。

(3)叠装要拆除包装,薄装每叠4~6件为宜,厚装以3~4件为宜,衬衫领口可交错摆放。每叠服装型号及尺寸系列为自上而下,由小到大。

(4)叠装区域附近位置尽量设计模特,展示叠装中的代表款式,以吸引注意,增进视觉。并且可以摆放相应的服装款式的海报、宣传单张,以全方位展示代表款。

挂装,顾名思义,一般是以衣架把衣服挂上,全面展示商品的特性,易于形成色块视觉冲击和渲染气氛,使消费者用眼就能认识了解该商品。但是,在有限的卖场,不可能过多陈列挂装,一般是挂装配合叠装。这样,一方面能合理运用空间,另一方面也使整个商品陈列显得有层次感。

2.悬挂式陈列

悬挂陈列法是指将商品展开悬挂,能使顾客从不同角度直接看到商品全貌或触摸到商品的方法。该方法主要用于纺织、服装类商品或一些小商品及扁平形、细长形等没有立体感的商品陈列。

悬挂陈列法的使用一般分为两种：

(1)高处悬挂。即在柜橱上方安放各种支架或展示网悬挂商品,此陈列法大多属于固定陈列,较少用于直接销售。其目的是使顾客进店后从较远的位置就能清晰地看到商品,起到吸引顾客、烘托购物环境的作用。

(2)销售悬挂。主要是用于敞开售货,悬挂的高度一般是以 1.5 米为中心的上下波动,是中国顾客选购、平视浏览和触摸商品的正常高度。

使用悬挂陈列法时应注意,悬挂起装饰作用的陈列商品时,体现商品悬挂的艺术性,或加入一定的陪衬物。如渔具店中,用蓝色丝带模拟的水纹,一条咬住鱼钩的大鱼,周围配以不同的渔具,悬挂在装饰网上,使顾客产生向往的心情。

3.叠放与平面摆放陈列

叠装陈列就是将服装折叠成统一形状再叠放在一起的陈列形式。

整齐划一的叠装不仅可以充分利用卖场的空间,而且还使陈列整体看上去具有丰富性和立体感,形成视觉冲击,同时为挂装陈列做一个间隔,增加视觉趣味。

4.模特展示

这种展示方式就是把服装陈列在模特人台上,也称为人模出样。它的优点是将服装用更接近人体穿着状态进行展示,将服装的细节充分地展示出来。人模出样的位置一般都放在店铺的橱窗里或店堂里的显眼位置上, 通常情况下用人模出样的服装,其单款的销售额都要比其他形式出样的服装销售额要高。因此店堂里用人模出样的服装,往往是本季重点推荐或能体现品牌风格的服装。

几种特别的陈列方式

服装陈列设计得当,才能营造出一种商业空间的销售环境,烘托自身的卖点氛围,从而为店铺增加光彩,也便于赢得消费者的青睐。服装需要不断地更新和改变,陈列的宗旨之一就是能准确、一目了然地表现这些变化。

对于服装店来说,陈列对销售的影响很大。浙江的一家女装专卖店,原来的月销售额为 7 000 元,后来在专业策划师的指导下,进行了合理的店面布局,将原来的店门死角变成活角。一个月后,销售额直线上升,达到了 20 000 元。一般来说,通过精致的店面陈列和布局后,可以使服装店的销售额提高10%~40%。所以我们必须得掌握一些服装陈列的技巧。

在陈列的手法、方案等方面,除了上面介绍的常见陈列方法外,还有几种特别的陈列方式。

1.敞开与展览陈列

这种方法就是指服装店采用顾客自选的售货方式。顾客直接就可以从敞开展示的商品中选择自己所需要的服装。所有的服装商品全部都悬挂或者摆放在货架或柜台上,价格也是公开标注出来的,顾客不再需要向店员反复询问,就可以按照自己的意愿进行自由挑选。这种方式与服装店的自由选购颇有些相似。这种方式可以最大限度地方便顾客,使顾客有一种自然和随意感,而且很容易激发顾客的购买欲望。

这样的陈列方式最大的特点就是,加大了选择性和自由性。对于服装的色彩、质感、款式、价格、合身度等都是一目了然。这样的方式可以给顾客带去很大的方便,他们可以选择自己喜欢的几件衣服同时进行对比,然后选择自己最喜欢的,简单明了。这就节省了顾客选择服装时候的耗时耗力的问题。同时,敞开和展览式的陈列也可以减少顾客在选择和购买服装时的心理压力,给人一种舒畅性。

2.专题与垂直陈列

服装店往往会结合一些特定的事件或节日,对自己的某一些服装商品进行集中的展示和销售。如在春末夏初时,把游泳服装及用品进行专题陈列等。这主要是迎合了一些消费者喜欢凑热闹、喜欢即时抢购的心理特征。

这种陈列方式必须突出“专题”的特点,不能够经常性地进行,否则反而失去了它本身的意义,也很容易招致消费者的反感。

3.季节陈列

在人们的日常生活中,绝大多数商品在销售规律上都有旺季和淡季之分,季节性对商品有很大的制约作用。不少商家都以季节为主要依据来制订商店的营销计划,服装店在这一点上尤为明显。

根据季节变化将应季商品集中进行陈列,比如春末夏初的夏装、凉鞋、草帽的展示,冬末春初的羊毛衫、风衣展示,等等。这种季节陈列方式可以满足顾客应季购买的心理特点,有利于扩大销售。

4.相关与联想陈列

相关陈列法是把一些有连带关系的商品陈列在一起的商品展示方法。服装店可以把所经营的主要服装摆在最好的位置，也使顾客对这家服装店的主打服装能够一目了然。但在重点陈列主打商品时，也要力求为顾客提供方便和扩大销售额。因此，与主要商品关系密切的其他商品，也应尽量按其关系有系统地陈列。例如，将领带和西装陈列在一起，丝巾和女套装陈列在一起，等等。

5.醒目与重点陈列

醒目，是商品陈列的基本要求之一。醒目陈列法就是依据这一要求来陈列商品，以引人瞩目的方法。商品是否能引起顾客的购买欲望与其能否引起顾客的注意有密切的关系，而要想引起顾客的注意，商品的陈列做到醒目是最直接的做法。

6.逆时陈列

逆时陈列法是把服装店经营的商品按逆时针旋转的方向有序陈列。

由于大多数消费者在逛服装店时总是有意无意地按照逆时针方向行进，为了迎合顾客这一心理需要，把服装按主次逆时针方向排列，这样有利于顾客更好地选购服装。

7.艺术陈列

在服装陈列时，店员要根据服装的特点，采取直线、曲线、梯形、塔形、交叉、对称、均衡、立体、形象、艺术字、折叠花纹、图案、单双层等方法，把服装的整体美、色彩美、质感美等都充分体现出来，以吸引顾客关注，使顾客在欣赏造型艺术美的同时也能激发起购买兴趣。

好的陈列，不但能够起到吸引顾客注意力的作用，还能使顾客得到美的享受。在服装艺术陈列时，对有些服装还要尽可能显示其全貌，以减少顾客的询问。

服装配套巧增陈列效果

不同的服装搭配在一起会产生不同的效果，服装配套展示发挥的效果往往是单件服装望尘莫及的。同时，如果服装搭配得好，顾客可能会因为喜欢而把配套的服装都买下。那么，如何才能让服装配套展示产生这种效果呢？

(1)将主力服装与辅助服装搭配在一起，摆在服装店入口或者是店前，以主力服装的强大吸引力带动辅助服装的销售。另外，我们也可以在顾客购物的行走路线上沿线连续摆设主力服装，引导顾客顺着主通道一直走到店内深处，并在回程的路上顺便也到辅助卖场区看看。

(2) 我们可以利用色彩学的原理让服装配套搭配看起来活泼大方，引人注目。在色彩搭配时，我们可以采取这些方式:从左到右、从浅色渐次陈列至深色，从暖色陈列至冷色。从左到右的颜色依次排列为深色、浅色、深色、浅色，呈跳跃式变化，可以同款也可以不同款，但是要注意下摆造成的曲线不要突兀。中间正挂，然后向西侧，颜色依次为浅色、中度色、深色。

(3)如果服装配套是黑白两色，我们可以采用琴键效应，从左到右以黑白相间依次陈列。也可以采用颜色渐变的陈列方式，颜色排列从左到右分别为白色、灰色、黑色。为了能给人统一、协调的感觉，我们还可以在期间恰当搭配驼色、米色、咖啡色等色彩元素。除此之外，我们还可以采取对称的搭配方式，从中间至两侧的颜色依次为:正面挂样同款同色四个号，此色为浅色，侧挂同款灰色，侧挂同款黑色。

(4)绿色服装不适合和驼色、米色、红色、咖啡色的服装搭配;橘红色的服装不适合和蓝色或者偏冷色系的服装相搭配;黑色的服装不适合只和黑色服装相搭配，白色、灰色亦是如此;浅色服装、明度不高的服装不适合搭配在一起;杏色服装不适合于绿色服装搭配在一起。

(5) 服装配套搭配的时候，通过色彩统一的方式让整套服装显得融合且高雅。例如，上下衣裙是白色，配上白色提包、白色皮鞋、白色眼镜、白色耳环，取得服饰色彩的统一，或是点缀着鹅黄色腰带、鹅黄色胸花、鹅黄色提包和皮鞋，别有一番韵味。

(6)通过服装对比起到调和的作用。例如，采用几何条格或块面图案的面料设计的服装配套，色彩搭配有对比，有调和，给人以艺术美的享受。

(7)前后上下呼应搭配，能显示和谐统一的美感。例如，上衣黑底红白花，黑色裙子，内衣是黑底白花，红直条花纹，配上黑细边的红色帽子，红色手提包和皮带，这种黑、白上下呼应，容易使人产生整体协调快感。

(8)如果三个美女穿着同一色系的衣服、发型相同、身高一致……她们的回头率会高很多。同理，同一色系的橱窗模特组合给人强大的视觉冲击力，从而能有效地提高顾客进店率。

(9)加入一点点缀，起到画龙点睛的作用。在统一色调中，如素净的冷色调中，点缀一点暖色调，穿着蓝地黑花的上衣和裙子，深蓝色帽子，帽边是黑色的，仅项链用金色和朱红鸡心来点缀装饰。

（10）缓冲过度，和谐衔接，调和统一。例如，一件红色衣裙，往往采用白色镶嵌袖口和领边，使之缓冲过度，红色冲淡，取得调和效果。

（11）模特的上下装、模特与模特之间的组合要形成一个定位非常明确的着装搭配，这能够很好地让顾客在店外就了解到品牌定位以及目前主推的产品，从而提高目标顾客群体的进店率。

（12）服装配套造型要人性化。比如，我们穿衣服的时候在膝盖处、腹部、肘部等地方都会出现褶皱现象，我们在服装配套搭配陈列中做出这些人性化的造型，会显得服装搭配的效果更加自然。总之，人穿在身上的时候是什么样的，服装配套展示的时候就应该是什么样的造型。

实物小道具烘衬陈列效果

道具是支撑陈列品的重要工具，其暗藏的玄机不可不察。对于一些常用的普通服装，道具的奇特构思会对吸引客户的视线起到至关重要的作用。

拉斯维加斯凯萨大酒店的商业街上有一家内衣店，店主在模特道具背后装上一对巨大的翅膀，使道具变成美丽的天使，这个"模特"被放置店面大门中央，吸引了消费者的视线，使没有购买内衣意图的人也走近欣赏，达到了宣传内衣的目的。

这里的玄机就在于：如果把内衣放在普通道具上，展出面积只有三个点，很难靠产品本身从远处把消费者的视线吸引过来，这时就要依靠道具。道具造型奇特而优美，就能够凝聚视线。

一些能衬托主体的实物小道具，不仅让人感到时尚，而且更加突出了产品本身以及产品的品质。比如，在韩国国际时装展览会上，有个专门销售丝绸方巾、编织围巾的摊位，用的道具就是在透明挺括的塑料模上勾画简洁的线描，照轮廓剪裁之后，用尼绒丝吊挂在展顶，道具位置的高低与人们的视线相平，将围巾披在肩上，通过这种透明隐形道具的支撑，将围巾材料美丽质感的肌理表现得淋漓尽致。

为了烘托出主题，我们可以使用如下这些小道具来营造店内的气氛。

1.与使用展示商品相关商品以及附属商品

与商品一起使用这些道具，可以引导生活新潮流，提倡一种具有新感觉的品位。使用的道具既可以是帮助展现展示商品使用场景的道具,也可以是与展示商品搭配起来表现相乘效果的道具。

2.使用一些饰品

可以用日本插花、西洋插花等插花系列来衬托服装,还可以利用石头、岩石、沙子、贝壳、干花等来衬托服装的美感。

3.使用具有时代特点的饰物或实物道具

这里使用的道具就是那些可以引起怀旧的古玩艺术品以及能引起追忆的纪念物。无论哪个时代都有令人回忆的可刺激追忆的物品,利用它们作为小道具的话,则可以吸引顾客的目光。美国比弗利山庄一家服装店,临摹世界名人油画,但色彩纯度降低,接近单色,形成非常和谐统一的色调,将道具人物穿上高档服装,穿插在欣赏油画艺术品的环境之中,使服装的艺术品位和格调达到新的高度并得以升华。当然除了名画外,文化娱乐用品也可以作为装饰,衬托产品的特色。韩国首尔文化街上的一个橱窗中就是用骰子做背景道具营造服装的休闲氛围。

4.使用不同颜色组合的道具

这是使用与主题商品完全无关的道具,通过刺激顾客的感官引起常识上的冲击,把商品展示形象根植于顾客脑中。

5.节日庆典和季节使用的道具

这是经常使用的方法,比如已经在人们生活中根深蒂固的圣诞节等全年各种节日的庆祝活动中使用的道具,店家经常用衬托商品的小道具来强调主题商品的形象。

陈列中空间巧放大

让店铺空间放大,还有一种方法就是改变商品的陈列方式,从而形成视觉面积,扩大店铺的空间感。经营者都知道,摆列服装的一大禁忌就是过于拥挤。如果服装陈列"扎堆",会挡住顾客的视线,影响顾客对商品的观察和评价。因此,无论是空间因素、服装数量因素,都应规避拥挤的感觉。

那么,营造一个"被放大"的空间,需要做什么?

1.斟酌店内商品的陈列数量

服装店里,如果商品到处堆砌,会给顾客留下非常糟糕的印象。空间狭小、东西凌乱的感觉会顿时涌现出来。所以,要控制陈列商品数量。在整体上规划要陈列的商品和各个样式的数量。可以根据以往的销售数量,计算平均的日销售,准备出 1.5~2 倍的数量即可。在周末或者节庆日,增加一定的数量即可。

2.思量店铺内各种类商品的陈列比例

受到空间场地的限制,店铺想充分利用空间,就应尽量陈列服装中的精品和高质量产品,其他角落或者不容易投射到水平视线内的区域可以布置普通产品。有重点的陈列,就能留出充裕的空间凸显店内的特点,也能节约空间。

3.降低店内的货架高度

在同一空间中,如果货架的高度相对降低,空间整体就会显得宽敞。拉长上下空间的距离,能减少顾客的狭小空间感,使得顾客购物时心情可以放松下来。

总之,商品的数量、陈列比例、陈列方式等,这些细小的设计,都是想让店铺产生更多的空闲空间,放大室内面积,以能让顾客感到卖场宽松、精神放松,从而促使顾客能感受到"购物的愉悦",最终达到双赢的效果。

独特风格巧增陈列效果

时装是一种追求风尚的物品, 它在极大层面上受到社会上前沿文化艺术的影响。有时,一部电影、一幅图画就会引起一阵时尚浪潮。例如,2010 年欧美流行的"海盗风",就是一种对电影和中世纪复古文化的追求。

人们发现,在一些服装店里,不仅服装出现"海盗"风格,就连各种饰品也显示出浓浓的"海盗气息"。例如,海盗船模型、海盗旗帜、海盗使用的刀具等。一进入店铺内,纷繁复杂的海盗饰品就已经让人精神为之一振,大大地激起了顾客对服装的兴趣。穿插在海盗服装里的海盗饰品,为人们打造了崭新的空间氛围,让人耳目一新。

可见, 有时候独特新奇的陈列装饰, 将会给经营者带来预料之外的销售氛围。例如,当高档服装店用油画艺术品做背景的时候,服装的高雅与油画的高贵,产品和艺术珍品融合在一起,就会促使顾客以欣赏的眼光去看待服装,从而带来更有效的销售。例如,当女装店里出现梳妆台、小香水、粉色窗帘等设计时,就会让女性顾客不由自主地放松,像回到家中一样轻松自在,悠然自得地选购商品。再或者,有些店铺会使用比较有个性、有趣的小物品——透明的烟灰缸、鲜艳的植物抱枕、抽烟者的专用手套、色彩艳丽的橡胶盆等,让顾客在购物之余,能顺便挖掘一下这些物件中的趣味。

最有特色、给人印象最为深刻的陈列装饰应当算是对某个时代场景的再现。比如,在某些店铺流行的"老上海"装饰就是非常典型的一种。

复古的情节和被拷贝的老上海的各种物品糅合在一个空间里,无疑是那个时代的再现。代表性的香烟广告、黑白照片、旧报纸等,在老式留声机放出的音乐背景下,再次恢复了活力。再搭配上金色、蓝色、及其他彩色高档丝绸服装,就会呈现出一个经典的怀旧环境。这样的设计和布置,让人忘记是在服装店里,而是产生了时光逆流的错觉。所达到的效果,让很多人都感叹不已。

陈列中的艺术

在这个品牌消费的时代,人们购物不只是为了满足生活的需要,更是一种享受生活、消费服务的生活态度的表现。卖场更承担起了传递品牌文化,引导消费理念的角色。因此,卖场的陈列方式就显得尤为重要。它既不能像仓库一样堆积货品,也不能像走秀一样让人眼花缭乱无从下手;而是既要考虑功能性,又要考虑艺术性。

1.空白艺术

如今,人们生活的简单化趋势普遍反映在室内设计上,装饰越来越少,预留空间越来越多。在现代陈列设计中借鉴空白艺术不但能使设计在视觉上给人轻松和愉悦感,在空间上让人想象和回味,还能更好地提升陈列空间的艺术感染力。

陈列设计中所表现出来的对空间、造型、色彩、虚实关系的简化设计,对设计各因素的反复推敲和综合处理,均要求艺术空间具有一定的弹性和可变性。设计中体现文化内涵的手法也有很多,其中"空白"所呈现出的空间意境带有浓郁的传统文化性。许多优秀的设计以深厚的文化底蕴为依托,从民族性、地域性等方面入手,兼纳并蓄多元文化,将传统的设计手法和意境与现代人的审美情趣和思维方法相融合,做到形神兼备,营造出一个安全、健康、自然、和谐的室内空间,满足人们视觉和文化心理上的追求,这也体现了"以人为本"的设计发展思路。

2.重复与渐层

重复是指画面中物体与物体之间有着完全相同的面目,分不清主次关系,不能造成等级观念。也就是说在画面中,以相同的形体、颜色和相同的位置、距离,做重复的并列。重复形式的特点是能使人类有一种单纯、清晰、连续、平和和无限的感觉。运用重复的形式,可把陈列的商品,均等地一一展现在顾客面前。例如,在陈列服装时,将不同款式的套装以相同的展示方法、相同的陈列形式,以互相间距离相等陈列在一条直线上。这样,橱窗陈列没有固定的焦点,而焦点放在每件商品上,就可以引导消费者依次观看商品。

渐层是一种含有等级渐变的表现形式,其特点是在运用的分量上渐次增加,或渐次减少的表现变化。如形体由小逐渐增大,或由大逐渐缩小;色彩由深色逐渐到浅色,或由冷色逐渐转到暖色,等等。像这样渐次增加或渐次减少的过程,就产生了等级层次的美,以此增强视觉印象,给人一种生动和活泼的感觉。

3.形式美

服装业是一门制造美丽的产业,卖场里的陈列规划同样要给人一种美感。从人们的审美情趣来看,人们一般喜欢两种形式的形式美:一种是有秩序的美感,给人一种平和、安全稳定的感觉;另一种是打破常规的美感,表现个性、刺激、活泼的感觉。

虽然两种形式美都在卖场中出现过,但从人们的审美习惯来看,有秩序的美感在卖场中应用得更广泛些,因为它比较符合人们的审美习惯。同时,在一个服装款式缤纷多彩的卖场里,我们更需要的是一种宁静、有秩序的感觉。

追求完美陈列

服装陈列不仅要美丽、艺术化,更要追求完美的境界,使顾客一到服装店就陷入美好的幻觉之中,达到美的享受和购买的愉悦感。

走进一个服装店,首先映入眼帘的是陈列的琳琅满目的服装,宛如舞台的布景一样,店铺成为一个幻想的美丽世界,放置其中的服装,就是实现梦想的道具。所以顾客看到就会掏腰包买回家去。那么,如何才能打造完美的陈列呢?

(1)要注意,通往内部的入口非常显眼,一些毫未经过点缀装潢的建筑物墙壁,是破坏顾客购买梦想的凶手。在这些地方放置店员的私人用品,也会破坏顾客的梦想。所以,我们要特别注意这些细节。其实只要稍微做一个屏风,或移动销售台,或放置观叶植物的盆景来遮住服装店内碍眼的场所,就能使内部的装饰有截然不同的感觉。

(2)如果服装摆设架上的服装不需要补充,就要将货架上的服装前移,填补空缺之处,以体现服装店内服装的丰富感。

(3)为了使顾客感受到品目的丰富,首先要收缩价格带的上限与下限。不管有多少品种和品目,如果它们之间的价格差距太大,那么顾客在挑选商品时不仅失去了可比较的对象,而且增大了顾客的购买风险。另外,价格的种类也不宜过多。如果价格种类过多,而且每个品目之间的差距只有1元或2元,那么就会给顾客的挑选带来很大的困惑。

(4)深挖顾客心理,缔造"休闲空间"。都市人劳累于商界及政界之中,其身心的疲惫不言而喻。在卖场面积阔绰的条件下,服装品牌完全可以巧妙地设置休息区来为顾客打造一个购物的"天堂"。其中,一个精致的吧台,几瓶高档洋酒,三五台连线笔记本及充满休闲与时尚气息的杂志完全能够缓解顾客绷紧的心弦。同时,巧妙地设置休息区还能够将不同风格的服装进行无形分割,而在休息之余顾客也能够对终端的广告及宣传画册进行欣赏,达到一举两得的效果。

(5)巧借音色功能,渲染店内气氛。为了凸显品牌文化及理念,网络及多媒体已经逐渐成长为展现卖场特色的利器。我们可以根据店内色调及服装特点播放不同的音乐。如充满青春朝气的服装店可以播放时尚流行音乐,复古情调的服装店可以播放古典音乐,正装及职业装店可以播放舒缓休闲的音乐。同时,店内还完全可以通过视频设备对企业形象短片及产品广告片进行播放,以使顾客能够对品牌进行深度了解。

(6)有序的色彩主题能给整个卖场带来主题鲜明、井井有条的视觉效果和强烈的视觉冲击力。服装陈列中较多把运用色彩对比设定为焦点,或营造货品陈列的色彩渐变效果,使顾客产生购物的冲动,并轻易锁定目标商品。

服装店的陈列技巧很多,关键是运用得当,即可为服装店锦上添花。

第六章

服装店的进货诀窍和仓储方式

　　如何实施整套的采购计划，是服装店经营上不可或缺的。同样，服装的仓储也是非常重要的，与进货是一个连贯的整体。本章主要为大家讲述服装店的进货诀窍和适宜的仓储方式。

服装店商品计划需提前做好

我们经常会发现这样的现状:某些服装店虽然挂满了服装,但是我们所需要的却往往缺货;或者是服装堆满了整个服装店,却因尺寸不全、搭配不易,造成消费者购买上的不便。造成这种情况的主要原因,就是店主未能做好店内商品计划。那么如何才能做好商品计划呢?

1.选择好服装定位

我们要先选择好服装定位,是做女性品牌服装还是学生服装、中老年服装,亦或是童装,在心里都要有个明确的定位。有了定位也就有了进货方向。不要一到服装批发市场看什么都好,什么都想做,除非你的店很大,可以男装女装一起做,否则最好还是根据自己事先的定位来选择性的拿货,切忌让别的东西影响你的进货思路。

2.掌握当地市场行情

比如出现了哪些新品种,销售趋势如何,社会存量多少,价格涨势如何,购买力状况如何? 大体上心中有数。

3.把握好拿货季节

一般来说,卖家是不用注意什么时候该上什么货的。因为你到了批发市场,就会看到该拿什么了。一般市场的季节会比实际中季节早 1~2 个月,冬天还没到,棉衣、羽绒衣已经全上架了。如果你拿不准该买什么的时候,到市场去转一下吧。

4.确定服装的价位

衣服的定价,跟服装店的定位有着直接的关系。如果你做的是白领回头客的生意,一般的定价方法是在进价的基础上翻倍再加一点,也就是不到进价的两倍即可。如果你做的是寻常大众百姓的生意,定价则不要追求太高的利润,薄利多销,大打低价战是你的价格策略。

5.确定服装的款式

时装潮流变化又相当快,选择什么样的款式最好卖?我们可以考虑以下几个方面:

(1)经典的款式总有市场。

(2)潮流元素体现在服装细节以及配饰上,不要多,点睛就好。

(3)再好看的衣服也要人穿出来的,所以衣服要以能够修身为主,不要只是看着好看。衣服上身效果非常重要,女人往往只要穿上去、感觉好看,一般是很难放弃的。

(4)一些公司规定女性上班是不能穿无袖的衣服,如果你的这类顾客多,对于无袖的、吊带等衣服,一定要想好是否有西装或者毛衣开衫等与之搭配。否则,顾客认为没有机会穿,就会放弃购买。

6.确定服装的品质

服装的款式和流行元素只是表象的东西,好的品质才是根基。成功的服装店并不是靠独一无二的款式,而是服装的品质和服务。有些新手,没有经验,看到什么好看就拿什么,看到价钱便宜的也心动,结果搬回来发现整个服装店的档次降低了。而且大部分货家家都在卖,品质差不多,彼此只能依靠血拼价格,最后不得不以亏本价抛售。进货必须首先看品质。当然品质这个东西是要靠经验来分辨的。新开店的人可以多跑跑批发市场,从一楼的市场货到四、五楼的品牌货,一家家看过去。看裁线是否直,是否平整;有衬里的看腋下的缝合是否均匀;休闲裤看口袋是否有加固,等等。这里面的学问很多,是经验的积累。开店的朋友要多比较,多和供应商聊,有些供应商会告诉你什么是好货。

找货源必备知识

这里主要分两大进货源来介绍。

1.国内产品

(1)生产厂商。国内有许多品牌生产制造商也自己掌握售货通路。一般,服装店可经过和这些厂商的业务部门接洽,从而直接购得货物。

(2)经销商。有一些服装厂商将各地的经销通路交由几个区域的经销商,负责业务推广。服装店可向这些经销商直接进货。

(3)批发商。到大型的服装批发市场,那里品种较齐全,且价格较低廉。对于不是专卖店的一般店铺而言,是很合适的。

2.进口产品

(1)进口代理商。国外许多中小型品牌在国内均有代理商代为接单。服装店向进口代理商进货,必须提前下单,而且要预付定金,但成本较低。

(2)进口品经销商。经销商是国内较大的中间商。用这种方式采购,交易方式弹性较大。

通过以上两种货源店主都能在国内取得进口商品。采购金额较大的服装店可自行开发国外货源,以求取得专卖品,这样有利于树立权威形象。方法有以下几种:

(1)可在货源地找一家可靠的贸易商代为寻找货源,进行沟通、谈判、购货、验货等。

(2)可通过各国驻华办事处取得厂商资料,然后与厂商联系。

(3)直接参观国际级的大型服饰展,可一次接触到半数以上的知名厂商,可直接与其洽谈购物。

选择了用哪种渠道进货,接下来就要考虑用什么方式进货。订货方法有业务员订货、电话订货、传真订货等。

采购员必备素质

采购是一门专业,应有相当的经验和理论基础才能胜任。采购人员应具备下列的素质和能力:

(1)能充分认识到采购是以市场为导向,采购顾客想买的商品,而不是销售店家采购的商品。

(2)保持客观,不主观地以个人的好恶或者过去的经验,来揣测今日消费者的需求。

(3)要有敏锐的观察力,以掌握市场的变化、流行的走势,来察觉消费者的需求。

(4)有较强的亲和力,尊重第一线销售人员的意见,并能由销售人员的反映中,正确地判断顾客的真正需求。

(5)有高度的工作热情,乐于将商品资讯和知识充分传授给销售人员,以协助销售人员顺利地完成销售任务。

(6)要有丰富的商品知识,并有强烈的求知欲,不断汲取新知。

(7)要有冷静的头脑和清晰的数字运算能力,以期能正确地执行预算,来控制成本。

(8)有良好的沟通协调能力:对外可与供应商周旋,对内则可将商品的精神正确地传达给相关人员了解。

(9)要有干净、宜人的外表。

(10)要有良好的职业道德,不贪污、不徇私,公正、公平地进行采购任务。

由上述十项可知,要成为一位合格、专业的采购人员,需要投入极大的心力去自我训练。

此外,优秀的采购员还必须掌握一些先进理念。

1.在本季销售结束后完成明年本季订货

有些店主认为,订货要看到当季的产品,是在当季产品订货会上完成的,产品开发得好就多订一点,不好就少订一点。但是,其实在本季销售完成的时候,明年本季的产品订货就应该完成了。

认为订货是在订货会上完成的店主,是把店铺的命运压在产品和品牌公司身上的,属于被动的经营管理;而认为订货是要在上一年本季销售完成后就要下单的,才是把服装店的命运掌握在自己的手中。这样的店主经营更为积极,受到客观因素的影响较小,对一些突发事件的应急能力也较强,能够自己控制店铺经营的状况。

2.订货多比订货少要好

有些店家在总结以往的订货数据认为,为什么每一次的订货都不准确,要么多了,要么少了。其实,对于同一家店铺而言,订货是没有标准答案的。不论你订货多少,库存与断货都是不可避免的,这是服装零售店铺货品管理中的必然现象。当你的货订的越多的时候(当然不是无限的多下去,而是比你所谓的销售能力多出一定的比例以内),你的实际销售就会越高,此时的库存虽然会增加,但库存并不表示没有钱,店家也不必看到仓库里去年的库存就心里不舒服,这要看整体的利润的。 就断货与库存危害的对比来看,显然店家更倾向于库存而不是没货可卖,那么就应该是宁愿多订也不要少订。

3.面积决定款式量,销售决定总数量

服装店面积的大小其实和订货量的多寡是没有必然联系的,订货量的多少是要通过上一年同期的销售数据来分析决定的。

在服装店的商品管理中,款式的多少也会影响到销售业绩。事实上,很多服装店恰是因为款式订得太多而导致店铺的商品陈列非常凌乱,使得整个店看上去水准下降了好多。

如果店铺面积小,由于各种有利因素销售量非常好的话,就应该款式数量少,单款平均件数多,从而使得总量多;如果店铺是面积大而销售一般的话,就应该款多量少了。

4.订货不能单靠眼光

店主自身的眼光只代表着自己的喜好,并不能代表该品牌的主流顾客群体的爱好,况且不同地区的人对服装的审美观点都存在着很多的差异。

在款式的挑选上,还要结合当地同类品牌的竞争情况,要做到扬长避短,不可莽撞打硬仗。订货时要注意区分相似款式的选择,要尽量避免自己品牌的内部竞争。

5.让店长参与订货决策

店长每天直接面对顾客,对顾客的需求以及款式的畅销与否掌握着第一手资料,且他们能够了解畅销款之所以畅销、滞销款之所以滞销的详细原因。所以,让店长参与订货决策会有效地提高服装店进货的质量。

6.关注稀有服装和季节服装

人对待事物的一个本性,就是"喜新厌旧"。现代社会的大多数人都偏好用"新、新颖、最新式、新鲜"等词来表示新生事物或不易到手的限定商品即珍品等。这样的形容也经常会用到一些尚未面世的产品,或当季最适宜、具有稀有价值的商品上。

虽然这类商品的市场一般比较小,但是因其能够给予顾客以新鲜的感受,所以也能通过它在销售上取得一定的业绩。

不过,近年来,随着商品市场的过度充盈,消费者需求水平的步步提升,非常畅销的商品变得越来越少。小商品千变万化,如果服装店主还是按照求新求奇的标准进货的话,也很有可能出现服装卖到中途突然陷入滞销状态的情况。因此,即使是稀有服装或当季服装的进货时,也不能贪大贪多,从而违背服装原本的进货理念。

服装采购必备知识

随着人们经济水平的提高和审美观的不断发展，服装业凸显其强劲的发展势头。服装市场花色品种和新产品的不断涌现，给广大的服装采购人员在采购中增加了难度；另外，服装的质量、规格、档次和款式的差别也日益扩大，给服装采购人员提供了更大的选择范围，但同时也增加了采购的难度。

在服装采购中服装采购人员不但要掌握采购的技巧，以保证以后的经营活动顺利进行，还要做到采购效益的最大化，不断降低采购成本，以最少的成本获得最大的效益。而做到这一点，关键就是必须具备服装采购的基本知识。下面介绍一些服装采购的必备知识，以便于你在采购中运筹帷幄。

1.服装采购必备的基础知识

(1)精心挑选颜色。根据自己服装店的款式、风格来选择颜色。可以是时下流行色，也可以是经典色，而在选择这些颜色时，也要参考消费者自身的审美和喜好。

(2)服装换季进货要谨慎。

①不能一次性一个款式进好多件，而是卖完了再进。宁可多跑几次，也不要有太多的存货。

②配合季节特点进货，比如夏季要少进长袖，或者较厚的款式，要多进那些轻薄的款式。

③换季的时候，有的供应商那里会清仓，可以去找一些数量适当的尾货、存货做甩卖。这个时候的批发价是刚上市时候的一半左右，即使是做甩卖也可以赚到不少。

④进下一季度的新款服装试销。换季的时候，一方面要甩货，另一方面要先进少量的新款进行试销，销路好的话再逐次推进。因为换季的时候还没有到旺季，所以这个时候订货在价格上会有一定的优惠，到旺季时就没有了。适当淘一点下一个季节的货品作为储备是很有必要的。

(3)处理好与批发商的关系。和批发商打交道也是技术活，店主要熟悉和批发商打交道的注意事项，这样才能避免言语失误造成意外的损失。

①在调换货的问题上，与批发商一定要事先达成一致，以免日后造成纠纷。什么可以换，什么不能换，换的周期是多长，自己和批发商都要做到心中有数。

②作为新手，一定要通过交流看清批发商的性格特点，进而选择你认为可以信任的批发商合作。如果发现批发商太狡猾，要及时脱身，以免因为对行业不熟悉等原因受骗。

③不要过分相信批发商的话。他们为你推荐的款式，总是说销量很好，或者某商品马上售空，这其实是批发商的一种手段，如果因此而轻信，很容易造成货物积压。商场上只有永远的利益，不要轻信任何人。

④批发商的每一次货款交易，都要保留凭证。如进货时对方开具的发货单、向对方欠款时的欠条等，最好用专门的夹子存放。如果与批发商有欠款，一定要在还清欠款后请对方开具收条，收条更要妥善保管。对方如因忘记对账再次要求还款时，要有依据说明货款已经还清，否则容易造成经济纠纷。

⑤尽量成功地能保持与至少5个批发商的联络，才能保证充足的货源，也可以在对比中降低进货成本。

2.服装分类相关知识

服装商品由于种类多，功能、用途皆有不同，所以只有进行了分类才能对采购者提供方便。

在长期的实践中，服装商品已形成了多种的分类方法，不同的分类方法从不同的侧面反映了服装商品的各种特点，对服装店的经营也有特定的指导意义。主要的分类方法大概有以下几种：

(1)按季节分类。我国幅员辽阔，大部分地区一年四季的区分都非常鲜明，人们的衣着也随着季节的变化而有很大的差异。而根据这一特点，服装的生产销售也通常依照季节分为春、秋、夏和冬四季。不同季节的服装，面料薄厚、款式等都有所不同。

(2)按性别和年龄分类。由于社会的传统习惯和男女长幼的体型差异特征，一般的服装都可按照性别分为男装和女装，如果按照年龄分，则可按照各年龄段消费和对服装要求的不同将服装商品进行的细分：

①童装：从0~12岁的孩子都可称为儿童，但由于儿童阶段的体型变化也很大，所以，童装又可以分为婴童装、小童装和大童装。

②少年装：指13~15岁初中年龄层的服装。

③青年装：指16~22岁年龄层的服装。

④年轻淑女装：指20~25岁年龄层的女性服装，以年轻的女性上班族为主要对象。

⑤淑女装：指 25~35 岁的成年女性服饰。

⑥中年妇女装：一般指 35 岁以上年龄层的女性服装。

⑦银发族服装：一般是指 60 岁以上年龄层的服装，这个市场是服装市场的潜力市场。

(3)按照服装穿着场合分类。在人们的生活中，往往要在不同的场合以不同的形象出现，这种不同形象的造型就要依靠不同式样的服装来衬托了。

一般情况下这种分类分为：

①休闲服：包括家居服、运动服、运动休闲服、旅游服和校服等。

②上班服：即是商务服装。

③社交礼服：女性主要为无领无袖、低胸长衫的华贵型样式；男性主要以燕尾服式传统衣装为主。

(4)按尺寸长短大小来分类。我国服装企业在设计生产服装时，按规定应统一使用国家技术监督局发布的成年男女服装号型系列标准 GB1335.1-2-97 和儿童服装号型系列标准 GB/T1335.3-97。

(5)按照服装名称分类。常用的服装名称有：西装、中山装、夹克、背心、衬衫、T恤、大衣、风衣、西裤、牛仔、工装裤、沙滩裤、连衣裙、裙裤等。

(6)按照服装价格分类。服装可按价格分为高价服装、中高价服装、中价服装、中低价服装和低价服装。

(7)按服装材料分类。根据采用的不同面料，服装可分为以下几类：纯棉服装、呢料服装、丝绸服装、化纤服装、毛皮服装、羽绒服装、皮革服装、毛线编织服装等。面料的差异，往往也会直接影响服装的价格、档次、消费个性化等营销因素。

3.服装组合知识

服饰商品构成的要素不外乎色彩、素材与款式，我们以上述各要素来探讨服装商品的组合与运用。

(1)色彩。色彩是服装构成上最明显的要素之一，任何一件服装最容易映入眼帘的就是色彩。

①每一个色彩都有自己的感情与象征，同时由色彩与色彩之间的互相组合，可营造出各种不同的形象与风格。例如，红色通常可诠释热情、喜气，也可代表危险等，但红色若将色调降低，并与橙、褐等色系互相搭配，则会产生民俗的气氛，所以色彩在流行商品的组合上，具有重要的位置。运用流行色彩的配色法则同时会提供每一季合适的配色，根据流行的配色法则发挥产品的色彩搭配，使服装更

符合潮流与新鲜感。

②同色系不同色调的配色组合。例如,鲜红色与暗红色都属于红色系,但鲜红色属于亮色调,暗红色属于暗色调。将鲜红色与暗红色,甚至咖啡红搭配,即是同色系。

(2)素材。

①素材主题运用:素材也是服饰商品构成的要素之一,素材的特色在于其布料表面的质感与触感,如厚薄、粗糙、柔软、透明、硬挺、重性等。

②不同质素材组合:在线条、款式愈来愈简化的趋势之下,再加上科技发达,为凸显设计新意,素材质感的表现也愈趋重要。目前比较常见的质感多强调不同质对比组合。如自然感与人工感的对比组合,复古感与现代感的对比组合,透明感与不透明感的对比组合等。

(3)款式。

①流行主题与款式运用:消费者的个性与生活方式,决定了其对服装的需求,而服装业者也必须提供与竞争品牌有差异的商品,才能取得顾客的喜爱。一般不同的年龄,喜欢的流行感觉也不同。例如,年轻、个性、前卫的淑女喜欢自由、前卫的组合装。保守、稳重的中年女性喜欢的款式则是端庄、成熟又稳重的套装组合。所以,商品组合应从流行趋势中寻找适合品牌形象的主题,就市场定位与流行风格设计合适的款式。

②服装单品组合的比例一方面要与同类竞争品牌相比突出商品差异性并制造新鲜感,但又要避免风险太大。在单品组合中,不妨将最流行的款式与上季畅销款式、基本款式,依不同比例组合,如15%、35%、50%。但此比例对于时髦的品牌,其流行新款比例可弹性增加,保守、传统型顾客为主的品牌,流行新款则可以弹性减少。

进货十条黄金准则

服装店的经营状况如何,跟商品的定位和进货的眼光有关系。要做好一家服装店,除了要有良好的销售方法外,最关键的一点是要"懂"进货。这个"懂"字包含的内容非常多,不仅要知道进货的地点、各批发市场的价格水平和面对的客户群,还要了解小店针对的客户群的喜好、身材特点,更重要的是要会淘货,要练就一双选货的火眼金睛。当然,这种历练需要时间和经验的不断积累,而抓住进货的十条黄金准则也可以帮助经营者在进货的时候少走误区。

1.抵制批发商的蛊惑跟甜言蜜语

多数批发商都混迹江湖多年了,他们那三寸不烂之舌一下子让你晕头转向,只要你进了他们的店,他们的推销就会像"轰炸机"一样向你袭来,有一个服装店店主经过长时间的观察说:"批发商的推销词中有一个经常出现的词语——爆款。什么叫爆款啊?当然就是卖得很火爆的款式啦!你要小心了,这个爆款,那个爆款,不可能个个都是爆款啊,进购衣服是需要进货人的眼光的,有些好的款式确实是爆款,拿回去会很好卖,但如果是假的"爆款"拿回去就等着压货吧。

2.进畅销货

对于什么服装是畅销货,除了可以从服装店本身销售情况得出结论以外,关键还要考虑服装流动的时间、对供应产品的全面考虑等,因为消费者的口味变化越来越快且呈多样化趋势。

(1)服装进货发现新产品,不可盲目一时大量购进,新产品可能是畅销货,也可能是滞销货。应先少购一点,试销后再定,不要占去大量资金。

(2)对流行服饰,应充分考虑到流行时间,从而在进货数量上准确把握。

3.要相信自己的第一直觉

第一眼看过去觉得好的款式,可以拿。同时,只相信自己的第一直觉,第一眼看过去没感觉,看了多眼才发现很耐看的款式,慎重拿。因为没有顾客跟你一样有时间和耐心来多看几眼的。所以对于可拿可不拿的款、没有把握的款不要拿。

4.学会卖中、小尺码,这样生意会越来越好

学会针对女性顾客对于苗条身材的追求,中、小尺码的衣服相对会更有美感。

5.多家选货优于一家

精明的服装店家是不会只在一家批发商那里拿货的。很简单的道理:你老去一家摊子买水果,老板刚开始的时候会以便宜的价格给你,但是时间慢慢长了,对方就不会便宜批发给你了——反正你都会来我这里买水果不去问别家的价格的,我为什么要老给你便宜呢?所以,我们在进货的时候,先要多到市场上转一转,多比较一下各个市场和批发商的价格。这样才能进到价格最便宜、款式新颖的服装。

6.对于一些便宜货,千万不要仅仅因其便宜就拿

除非你有足够的把握一定能在其身上赚到钱,否则千万不能拿。因为,虽然货很便宜,可你最终发现由于便宜,可能其款式或质量并不那么好,甚至你突然发现它原来是有瑕疵的(拿货的时候并不一定检查得那么仔细),由此最终就成了鸡肋,因为你的顾客也不会喜欢这种仅仅只是便宜而没有特别款式且质量不好的服装。

7.要仔细检查服装的吊牌、商标等标志

要仔细检查衣服的吊牌、商标、水洗标(成分标)和尺码标等,特别是如果你的顾客很在意这些的话。有些厂家能把明明成分是 100%SILK(丝)的衣服,标贴成 100%COTTON(棉)。也许还有一些看上去款式和做工都还不错的服装,掀开衣服的底下你却发现它居然没有水洗标(成分标)。这些缺陷都会令服装在你的顾客那里贬值甚至产生纠纷。

8.服装的尺码方面,需结合不同的地域城市而论

就北方而言,中、大码可以拿多些就南方而言,中、小码相对多些。

9.欲擒故纵

三十六计里的欲擒故纵在商场上同样适用。具体方法是:砍价-不成-不买-调头走人。

10.批发结束的时候,清点好你的进货数量

这个情况基本上有部分粗心的服装店主会忽略掉。假如你回家之后才发现少货的问题,任何批发商都不会承认少给了你货的,当然绝大部分批发商都不会故意少给你货,但是假如你遇见了 100 里面的那一个,你就亏了。事实上,店家之所以没有点黑色的马甲是因为黑色的马甲店里有好几件,而灰色和咖啡色则卖断货了。结果店家没有拿到自己需要的衣服就匆匆结账了。这实在是一种人力、财力的浪费。

可见,店家一定要仔细查看所购货物后再结账。

进货需要注意的事项

服装店的经营中,进货是个重要的环节,能够找到合适的货源,接下来的销售工作也就会顺利不少。那么作为一名服装店经营者,在进货时应该注意哪些问题呢。

1.以顾客为中心

主要分为两个步骤来行动：

(1)倾听顾客的声音、观察顾客的行为。要善于倾听顾客的建议，锻炼观察顾客行为和心理的眼力，这不但是对服装店店员的能力要求，也是对服装店店主的能力要求，因为这恰恰是进货能够成功的事前基本功。

如果注意留心顾客的说话内容以及顾客经常关注的问题等，你就可以逐渐发现其中很多有助于成功进货的启发性话语。

顾客购买服装的品种和数量也是顾客无言的声音。此外，通过仔细观察顾客在店内的行为以及所持商品，甚至通过对店前行人(潜在顾客)的观察，也可以得出"到底要进什么样的货"这个问题的答案了。

可以说是否具有这种读懂顾客的感性能力是商店进货、乃至是商店经营成功与否的关键所在。另外，也要经常注意观察同行其他店以及竞争对手店面的情况。

(2)以特定顾客为对象筹备商品。顾客的兴趣爱好多种多样，想要准确把握顾客的要求真的不是件容易的事。若是小型的服装零售店，就需要确定本店的固定消费者群体，然后根据这一情况进行备货。这样店内会逐渐备齐能满足顾客要求的服装商品种类。

以往的服装店总是倾向于大量进货，结果服装店变成了失去顾客信任的杂货店。

服装店的进货，主要是瞄准商店顾客的需要。而观察顾客群时并不是只看他们的年龄层和收入水平，而更应该关注顾客的穿戴和兴趣偏好，总结拥有共同生活模式的顾客群体，以他们的需要作为进货的参照依据。

而顾客除了共同需求之外，现在越来越多的人倾向于在购物时突出自身的个性。

突出个性，并不是说在意外界的眼光，或者一定要将自己的生活同他人的生活做比较，而是指通过明确个人目的，确认自己的实在感以及存在感，以追求个人价值的实现。如果你注意观察一下周边的人群，就可以发现持有这样想法的人已经是越来越多了。

服装店必须把这类顾客特定化，然后根据他们的生活模式来准备进货的商品种类。每个服装店筹备的商品拥有自己明确的生活概念将是其吸引顾客的关键。

2.把握进货五原则

有时店主面对低折扣的诱惑而一次性地采购大批量的服装，这种做法是不可取的，严重时会导致库存大量积压，资金周转不灵。采购时过于小心翼翼，也有可能造成缺货的窘状。由于服装的时尚性强，流行周期也较其他商品短。这就要求店主对于服装市场的潮流走向要有细致而准确的把握，紧跟流行趋势，采购随潮流而变。把握好如下几点采购原则，对店主的采购工作大有帮助：

(1)时尚原则。时尚是服装永远的话题，直接影响着服装店的兴衰。所以在进货的时候，店主要具备极强的时尚敏感性。平时多看一些与时尚相关的咨询。在市场潮流中发现流行的主题，紧随市场畅销服装品牌的产品特点，做出自己的选择。在此，顺应有模仿的意味，是带有一定主见的模仿。由于已经有可以借鉴的成功品牌服装当例子，采用这一原则比较保险，可以规避市场风险。

(2)适时适量。商场如战场，错失良机的背后总是失利的痛苦。只有把握当前最主要的流行趋势，紧趋形势进货，才能抢占商战中的先机。服装店自然不能随时进货随时到货，从进货到入货上架需要一定的时间，如果商品无法及时上架，缺货的局面就不可避免，不仅影响了服装店的销售业绩，也不利于服装店的形象。

进货数量的拿捏也是进货的重要考虑方面。一旦拿捏不好进货数量的分寸，就可能产生进货多或进货少引发的不利影响：一次进多了，就有可能导致服装周转速度下降，库存增大，加大资金消耗；进少了则会影响折扣，造成缺货，增加进货费用等。

(3)遵循销售规律。任何事物都有其生存发展的特定规律，销售也不例外。服装店的店主要熟悉并遵循服装店销售的规律，在其引导下引进适销的服装。对于热销的服装，可以适当提高每次进货的数量，以节省精力并获取更多折扣。对于销售缓慢的服装，则尽量减少进货量，以免积压。

(4)配合季节特点。服装店经营的服装许多都具有极强的季节性。在销售形势随季节的转变受到影响较大的情况下，店主要尽量做到"季初多进、季中少进、季末补货"，常年经销的商品则要"淡季少进，旺季多进"。

(5)广罗货源，精益求精。只有稳妥而质优价廉的货源，才能保证服装店的生意欣欣向荣。寻找货源，大致有以下几个渠道：

①去当地批发市场批货。

这是经营服装店最常见的进货渠道，批发市场能提供多重选择，不仅是在价格上,也在商品质量和批发商的服务上。比如,开家服装店,店主就可以去周围一些大型的服务批发市场进货,力争将批发价压到最低,同时要与批发商建立好关系。

②直接从厂家成本价进货。

厂家进货也是一个常见的渠道。去厂家进货,可以拿到更低的进货价,但是一次进货金额通常要求会比较高,这不免就增加了经营风险。最好认识在厂家工作的朋友,或者自己直接就是在厂家工作的,这样才能顺利从厂家进货。

③外贸产品或 OEM 产品是热销货源。

OEM 的英文全称是 Original Equipment Manufacturer,简称为代工生产或贴牌生产,这种经营模式在国际上已运作多年并行之有效。目前许多工厂在外贸订单之外的剩余产品,或者为一些知名品牌的贴牌生产之外会有一些剩余产品,价格十分低廉,通常是正常价格的 2~4 折,这也是一个不错的进货渠道。

④库存积压或清仓处理产品也要适当引进。

因为急于处理,这类服装的价格通常是极低的,如果店主有足够的砍价能力,可以用一个极低的价格吃下,然后转到服装店销售,利用差价获得足够的利润。这要求店主要经常去市场上转转,密切关注市场变化。另外,店主要经常去相关网站上搜寻一些价廉物美的库存产品。

⑤国外打折商品价值高。

在国外可以拿到诱人的打折名牌产品,即使售价是传统商场的 4~7 折,也还有 10%~40% 的利润空间。一些英语能力强的店主还可以通过代购外国网站商品赚取差价,这种方式无须资金的投入,也没有积压货物的风险。

⑥利用特别的进货渠道。

店主也可以找自己在境外的亲戚或朋友帮忙,进到一些国内市场上没有的商品。在深圳珠海地区则可以办一张通行证,自己去香港、澳门地区进货。

3.熟悉拿货小技巧

(1)拿货最适合的时间。周一到周五的上午是拿货的最好时间。一般的服装批发市场都是凌晨四点左右开业,如果你起不了这么早,七八点的时候去也可以。但是最好不要周六和周日去,因为那个时候人多,价格也会高。通常情况下批发市场关门都较早,大都在下午五点之前,所以中午就是人最多的时候了,要早点去拿货。

(2)批发主打服装。每个批发商都会有主打类服装,这些服装一般都是从关系好的厂家直接进货,价格上具有一定的优势。他们往往会把这些服装中的一部分定价较低,以此来吸引客户的注意力,从而带动其他产品的销售。如果店主不嫌麻烦,可以多找几个批发商,分别批发他们那些用来吸引顾客的服装。

(3)批发服装的时候要说"拿货怎么拿?"、"怎么批?",不要问"怎么卖"——"怎么卖"是在零售店才有的问法。如果你去批发市场的时候问"怎么卖",批发商肯定会认为你是个新手,"宰"不"宰"你只有批发商说了算。

(4)批发市场给服装店批发的价格一般都很便宜,不会一开口就那么高,毕竟人家也是靠向服装店批发他们的服装赚钱的。所以说,新手批发能拿到他们开口的价格应该很知足了,因为真的非常低(除非你被别人宰了)。等合作时间长了,价格可以再好好谈。这样才能建立起长期的合作关系。

(5)先去一家店批发一些服装,不要太多。这样你手上就有了批的货物了,等到你去下一家,人家看你手上有货物,肯定知道你的来意了,甚至会感受到你批发的诚意与实力。这样很少会轻易"宰"你。

(6)如果你一次无法批发大量的服装,但又不想放弃这家店,那么就先看看店里哪些服装是你要批发的,把你要批发的那些告诉批发商,即使你现在不拿货,他们也会很认真地把价格一一报给你听,你就把他们报的价格和信息一一记录,记录好后,告诉他们你的来意,以后异地批发快递价格能否优惠他们都会给你满意的答复的,并且告诉他们批发的时候会电话联系他们的,这样他们一定不会放过这样的商机,会非常高兴地为你服务解答。最后,别忘了索要一张名片,批发商肯定都有的。这样,你无论在哪里,一个电话联系他们,告诉他们你去过他们的店,他们就会以当时的价格批发给你,慢慢就会建立起长期合作的关系。

(7)批发商的态度好,你的态度也自然表现的不能太冷漠,当然也不能太过火。总之,让他们感觉你是愿意长期和他们合作的那种就差不多了。要知道,批发商靠我们赚钱,我们的货物靠批发商提供,我们和批发商的关系是相互的,谁也离不开谁。假如因为一些态度上的争执弄得彼此不开心,对双方都没好处的,切记和气生财。

服装运输的要点

采购完后,要把服装商品运到店里,就要使用合理的运输方式,这样可以缩短服装的待运时间和在途时间,节约服装流通费用,降低物流过程中的损耗,以及加速服装周转,保证经营活动顺利进行和提高服装店经济效益。所以,合理的运输是十分重要的。

一般,服装运输中重要的两个环节是服装发运和服装接收。

1.商品发运

服装发运是将所采购的服装,按交通运输的计划和运输的业务程序,通过一定的运输方式,运往目的地的一系列具体业务工作。在发运前要做好服装交付运输的各项准备工作,做到服装包装牢固、标记清晰、凭证齐全、单货同行,为收货或运输中转的衔接提供条件。

发运期间要选择合理的运输路线、交通运输工具、运输方式,从而达到以下运输原则:

(1)及时。要不失时机地把服装从产地或供货地运到销地,通过选择最合理的运输方式、运输路线,以缩短服装待运时间和在途时间,及时满足市场供应。

(2)准确。要做到不错不乱、手续清楚,切实防止各种差错事故,准确无误地把服装运到目的地。

(3)安全。要注意在运输过程中,不发生毁损霉烂、燃烧等事故,确保服装安全到达目的地。

(4)经济。要尽可能正确采用运输工具,选择最短运输路线,尽量减少运输环节,尽可能提高装载量,以最经济合算的办法调运服装,节约运输费用。

2.服装接收

服装接收指服装从发运地到达收货地,收货人在接到承运单位的到货通知后,持到货通知单,向承运单位办理接收货物的手续,交纳服装到目的地所发生的费用,凭提货凭证,到指定地点验收服装。

接收服装时,应按照提货凭证所开列的名称、件数,验看单货是否相符,包装是否完好。如果发现差错、毁损、水迹、污迹、失窃等运输事故时,应立即与承运单位的理货人员当场填写详细货运记录或事故记录,以便办理索赔手续。如果是汽车货车发运,由货车驾驶员直接运送到收货方指定地点交货时,收货人在接收服装的过程中,如果发现运输差错事故,则应和驾驶员清点货损货差情况,做好事故记录,并要求驾驶员签写证明,以划清责任,作为索赔依据。

为了经济安全,最好是店铺人员亲自提货,这样可减少出现一些不必要的错误和麻烦。

把住服装质量关

质量是服装采购的获胜之宝。服装经销商在采购服装的时候如果不能把好服装的质量关,服装就难以实现商品价值和使用价值,就会损害消费者的利益,这就势必会影响服装店的信誉。

如果经营假冒伪劣服装,即使欺骗顾客而暂时赚到一点儿钱,但失掉的却是信誉。一旦失掉信誉,企业就难以生存,就等于自己害自己。因此,服装店的经营者一定要把住服装的质量关。

1.严把进货验收关

服装的进货验收是一个相当关键的过程,整个程序需要十分谨慎,万不能敷衍了事。

(1)检视运送到的商品时,首先应确认本服装店是否为接收单位,箱数是否正确,外包装是否完整。如果不完整,则应与承载货运者当面清点,确认正确的商品数量与内容。

(2)清点商品时,首先应确认商品是否与货单相符,然后清点数量,再清点款式、色系、规格等明细。清点如有问题,应立即电话告知总部配货中心,并在发货单上加注并签字。

(3)"无单不收货,无货不签单。"单随货走,货随单去。

(4)签收后的货单应作为做账凭证归档,并立即填写库存记录。如果服装店是采用销售点管理系统及货品条码作业,则可以在进货前事先查询应该进多少货,可以进什么货,出货或进货验收时,也可以用条码阅读机来进行点收,这样除了处理迅速之外,还可以保证商品的正确无误。

如此一来,进货的批号、花色、尺码明细等以此就可以处理完毕,读取的资料输入电脑更新之后,便已直接完成配货中心出货及营业店的进货作业了。

2.把握质量关

(1)不同衣服的检验。外观质量检验是服装检验的一个重要内容,各类服装外观检验程序应按"先上后下,先左后右(先右后左),从前到后,从面到里"的原则进行。

首先来看外套、大衣的检验。品质优异的外套和大衣,一般以毛织物为原料,应有优美的立体造型,能很好地体现健美的人体,甚至可修正人体的某些缺陷。

男装在外观上强调严谨、平挺;女装则较注重柔和及平服。

外套上衣和大衣的检验关键部位为领面、驳头;裤、裙的检验重点在于裤腰、门襟和袋口部位。总体要求是:

①造型优美、平服、挺括、饱满。除个别部位外,应以前中心线为基准,左右对称。

②面料无明显疵点,领面、驳头面不得存在任何疵点。

③整套服装不得存在影响外观的污渍、水迹、粉印、烫黄、极光及线头等疵点。

④使用黏合衬工艺的部位,不得存在脱胶现象。

⑤各部分线路顺直,松紧适宜;针迹密度符合合同或标准要求。

⑥锁眼、钉扣位置准确,大小适宜。钉扣牢固,锁眼整齐、光洁,用线应符合要求。

⑦滚条平服,宽窄一致。

⑧各部位套结定位准确,平整牢固。

⑨商标、洗涤说明、尺码标等位置准确、美观牢固。

⑩倒顺毛面料及图案、花型有方向性的面料,应顺向一致。

⑪同套服装要求顺色。

其次看衬衫的检验。衬衫由于具有优良的穿着舒适性和典雅的外观而成为人们普遍喜爱的服装之一。衬衫按包装方法分为叠装衬衫和挂装衬衫。叠装衬衫主要以传统的立领男衬衫为主,挂装衬衫以女衬衫为主。

总体要求是:

①折叠端正,熨烫平服,外观整洁。

②面料无明显疵点,无色差。

③各部位路线顺直、牢固。

④规格尺寸准确。

⑤对条、对格、对花部位符合规定。

⑥商标标志准确、端正、牢固。

⑦包装完整。

(2)不同材质的检验。纯棉。纯棉的服装光泽比较淡,反光不强,看起来比较柔和,摸起来手感比其他质地的要柔软和舒服。用手捏紧后再松开,纯棉的服装会有很明显的褶皱,并且不容易恢复原状。我们可以从布边上抽出几根经、纬纱捻开观看,纯棉的布料纤维长短不一。

真丝绸。真丝绸的光泽柔和且均匀,虽明亮但不刺目。人造的丝织品虽然也明亮,但是不柔和顺目。涤纶丝的光泽虽均匀,但有闪光或亮丝。锦纶丝织品光泽较差,如同涂上了一层蜡质的感觉。当我们手摸真丝绸的时候会有拉手的感觉,而其他化纤品则没有这种感觉。当我们将真丝绸用手攥紧后铺开,回弹柔和迟缓,褶少或不明显。而人造丝织品在松手后会有明显的折痕,且折痕很难再恢复原状。锦纶丝绢虽有折痕,但也能缓缓地恢复原状,故切莫被其假象所迷惑。

我们还可以在服装边缘处抽出几根纤维,用舌头将其润湿,如果润湿的地方容易拉断,说明是人造丝。丝绸服装还有一个特点是,由于蚕丝外表有丝胶保护,所以干燥的真丝织品在相互摩擦时会发出一种声响,俗称"丝鸣",而其他化纤品则无声响出现。

(3)羽绒服的检验。

①看:看羽绒服有无商标、厂名厂址,有无合格证、质量等级、含绒量等。

②拍:用手拍几下,如果没有粉尘桑蚕丝溢出则为质量可靠的产品。

③摸:仔细触摸,看手抚摸时的感觉如何。如果手抚摸时的感觉绵软,基本上摸不到毛梗,说明含绒量较高,质量较好。

④捏:含绒量越高的羽绒服,其收缩性就越大。

⑤闻:质量好的羽绒服应该闻不到异味,如果有明显的异味,则说明羽绒没有经过严格的工艺流程和水洗消毒,质量欠好。

(4)皮衣的检验。

①外观鉴别。真皮的服装在外观上有很明显的毛孔,有一定的规则,但规则性不强,表面粗细也不是很一致。有的甚至能看到动物皮本身的伤痕痕迹。除了特别高级的皮衣,皮衣的不显露补位,如领子里、兜盖下、腋下等,多使用质量较差、与正身部位明显不同的皮革。

②断面和革里鉴别。真皮服装的皮子断面为无规则纤维状,指甲抠其断面时,会出现蓬松变厚现象。假皮的断面是有规则的有纺布纤维,比较死板。从反面看,真皮里面表现不均匀状,无纺纤维状。假皮反面多数有纺织的布基,即使无纺织布基,基质地也非常均匀一致。

③手感鉴别。真皮服装手感舒适,有丰满、柔软和一定的温暖感。假皮服装手感近于塑料,丰满、柔软性差,无温暖感。

④吸水鉴别。真皮表面的吸水性较好,而假皮与此相反,有较好的抗水性。可

用手蘸水,抹在服装表面上,观察其吸水性,如吸水性好的,为真皮;如吸水性差或根本不吸水的,多数为假皮。

3.勿贪小便宜

服装外贸尾货便宜却要小心触碰。

在这里为大家介绍一下做外贸"尾货服装"的几个注意点:

(1)不要贪多。刚开始做还不能完全把握顾客的口味,所以最好多款少量,多拿几个款,每个款少拿一点,看顾客的反应再补货。不要怕你看上的货没有了就多进,放心,这个款没有了,类似的很多款会出来。

(2)不能盲目相信商家退换货的承诺。有的商家也是可以全部退换的,但是价格会很高,自己的利润就小得多。有些批发商是事前声明不退不换的,价格已经做得相当低,即使不退不换,利润空间这么大,也足够平衡了,相信服装店按照进价处理是绝对没问题的,如果这个价格都出不了,那就没法做了。

(3)不要贪便宜。刚开始做服装店时,对整个市场的行情还不能完全把握,自以为这家的货很便宜,货也不错,这只是你个人的感觉,实际上往往不是这样(做久了把握得会好一些),所以还是控制自己,不贪这个便宜。以后你会发现有很多更便宜、更好的货。当然有好机会也不要错过。

(4)一定要仔细检查。不要被商家的花言巧语迷惑,杂款一件件地看,整款也要抽检;没有特别的把握,不要拿打包货,新手更是不要碰看都不让看的打包货。残次量太大的,不要轻易拿,不然到最后你肯定会后悔莫及。

进货六大忌

许多服装店的经营者在经营了一段时间店铺后,都感觉很纳闷:自己店铺的位置,装修、店员素质和别人一样,又一起进货,为什么别人都赚了,而自己却赔得非常惨? 其中的奥妙很简单,极有可能问题出在你的进货上,总结一下服装店进货的六大忌讳,希望服装店的经营者在进货的时候引以为鉴。

1.忌按照自己的好恶进货

有些服装店的店主有着一种对服装选择的优越感, 进货时不去分析市场走势,完全凭着自己的好恶来选货,常常忘记自己进货的最终目的是要卖钱,而不是自己来穿。这样的进货方式虽件件都质量不错,但是缺少一个整体风格,会降低整个服装店的层次,也不会讨得顾客的欢心。

市场是最残酷的,不遵循市场规律,你的服装店最后就只会走上绝路。

2.忌小富即安

很多服装店店主在事业小有所成之后,便产生了倦怠心理,对事业不再有所追求,慢慢的整个生活节奏偏向享受,再也不去对店铺的未来发展操心费力。

崇尚小富即安,实际就是一个字——懒。殊不知,成功在于积累,小富即安的后果,就是迟些时候被市场吃掉。在你原地踏步的同时,你的竞争对手都在拼命往前跑。在市场上生存并不是件容易的事。需要你时刻向前看。

3.忌被批发商"忽悠"

有些服装店店主的决心和立场都很不坚定,进货前明明有着自己的整体打算,一进市场,却被批发商的三两句话忽悠得神志不清,也不管什么进货标准了,倒像是购物狂去替批发商扫货。最后只能落得个库存积压、卖不出去的下场。

要做一个聪明的店主,不仅仅是在面对顾客时心中有数,在面对批发商时更要保持清醒,因为此时你的身份已经变成了顾客,要谨防被"忽悠"。

4.忌审美疲劳和身体疲劳

一到批发市场,各种服装琳琅满目,几乎要晃花你的眼睛,不管是谁都难免会失去判断的标准,总觉得这也不错那也不错。但是作为一个服装店店主,你一定要坚定自己的信心,相信自己的直觉,把持住自己的标准。

同时建议服装店店主们在身体不适的时候也不要去进货,身体的不适会直接导致情绪不佳,影响正常的判断,从而增加进货的风险。

5.忌一次性携带太多资金

在做好理性的进货计划后,按照制订计划的最终结果携带相应的资金去进货,尽量不要多带钱,这样能够强制性的控制你的非理性购买行为。避免你因"一时兴起"而购进了一些会让你之后后悔的服装。

6.忌不注意季节性

进货时间一般会比市场销售旺季提前1~2个月。如果不注意这个时间特征的话,服装店就极有可能受到换季存货的威胁,直接影响服装店下一个阶段的营业。所以一定要注意进货的季节性。

利润最大化才是最重要的

做服装生意,说白了就是买卖服装并从中赚取差价的过程,但里面也关系到很多学问,就拿进货来说,进货的数量、质量、种类该如何确定,进货资金和流动资金的比例该如何确定,什么时候补货及如何确定补货的数量,作为经营者都应该了解,而不是随心所欲,想怎么进货就怎么进货,或者是看到什么进货价便宜就进什么货,凭自己主观臆断进货的人,往往都会比较容易失败。下面,我们就把这些商业中常用的基本知识介绍给大家,希望能对一些刚入门的服装店经营者有所启发。

1.批发和零售的利润模式

批发和零售最大的区别是:批发商卖单个商品的利润低,只有通过大量的出货才能赚钱;而零售商卖单个商品的利润高,但出货量要比批发商少。

开店初期,大多经营者由于不想压太多的商品,因此他们会选择每种商品都只进一小部分作为样品,通过样品去渐渐了解消费者的市场需求,如果发现该商品的需求量很大,再做决定去补货,因为这样做相对稳妥,风险要小。

但这种方式也有一个缺点,就是当你向批发商提出购买单件产品时,要不就是没有人愿意给你货,即使给你货价格也要比批发价格高出很多。这样一来,这件商品较高的进货价格加上你所需利润,必然会导致你的商品出售价格没有竞争力,很多顾客都会放弃购买,无形中干扰了你对这个产品市场前景的判断。

所以当你做之前需要深入了解客户人群的需求,对自己的选货眼光有绝对的信心(如果对自己选货的信心都没有,那还进什么货呢),进货过程中给予批发商足够的诚意和信心,用数量来为自己争取到好的批发价格。

2.进货的数量

进货数量包括多个方面,如进货金额、进货商品种类、单个商品种类及数量等。

进货商品种类第一次应该尽可能地多,因为你需要给顾客各种类产品的选择。当你锁定某些种类的产品时,单个商品种类的数量可以细分为陈列数量、库存数量和周转数量。陈列数量就是你放在货架上的数量,库存数量就是你仓库里面备货的数量,周转数量就是你在两次进货期间实际的出货数量。从有多年服装店经营经验的经营者得出的结论看,起码每个单品要有3件才能够维持一个比较良性的商品周转。

当你进了一件商品又出现了热销，你很快就需要为这个商品单独补货，这时无论从所花费的时间和资金上看，都是得不偿失的。而你不补货，又只好眼睁睁看着顾客失望地离开。但如果你进了3件同样的商品的话，在销售完这3件产品的期间其他的产品也很可能需要补货，这样你就可以一次性去补货来提高补货的效率，从而节约补货开支。

3.如何获得批发商的支持

能影响到批发商对你的支持有两个因素：第一是你的首次进货金额，如果你首次进货金额太少，批发商就会认为你没有进货实力，或者认为你对他的产品信心不足。第二是补货的频率，如果你经常到批发商那里去补货，即使数量不多，但批发商还是认为你的货物周转快，能够为他带来长期的效益。批发商对你的支持表现在一旦有新货会尽快通知你，而且可能下次进货的时候他会自动把价格调整下来。还有就是批发商如果认为你是重要客户，一般都会向你透露近期哪类商品热销，了解这些行情会让你对市场和客户判断更准确。

4.批发市场的规则

(1)不要在批发商店慢慢检查你的产品。当你提到货后，只要把数量点清就可以了，一般回去发现产品有问题后再要求更换(当然离进货时间不要太远了)。若你提货后就蹲在批发店里面点货，会让批发商觉得你是个很麻烦的顾客，从而不愿与你长期打交道。

(2)不要指望通过批发商换货来降低风险。进货时，千万不要对批发商提出如果产品不好卖能不能换成好卖的商品这类问题。如果你这样问，会被批发商认定你以前没有做过生意，是生意场上的新手(如果做生意风险可以控制到这种地步，可能谁都发财了)，接下来不用说你都猜到批发商会给你什么样的报价了。批发商没有义务为你承担进货的风险，他能够为你更换次品已经是很好的支持了。

(3)批发市场里面价格的调整很小。前面提到，批发商单件商品的利润很低，商品价格的下调不可能像零售商一样，一般调整都在2%~3%，能够降个5%就已经很厉害了。如果你死缠着批发商要求在批发价上再打个8折，就会让批发商知道你很少到批发市场混了。另一方面，在批发市场里，一般货物都是通过汽车或者铁路(因为运输成本比快递低得多)运输，而且都是买家自己负责，碰上个好的批发商的话，他最多愿意帮你去托运，但是搬运到货场的费用和运费肯定都是买家自己付的。

以上几点,不管是你做服装也好,做加盟也好,都是非常重要的。其实很多时候,加盟就像是一个比较负责的批发。所以,想开服装店,但是又实在是没有经验的话,是可以选择加盟来做的。

仓储管理四步骤

服装存货管理常被认为是不及现场销售管理重要的后台管理,因此容易被忽视。但仓库的租金是固定的,如果没有做好库存管理,就可能导致资源浪费,无形中给服装店销售带来巨大的压力。库存管理主要起着配合现场销售工作的作用,包括以下内容。

1.库存分区

大多数服装店对库存分区将服装按部门或类别分区存放,也可按厂商划分。这样,便于员工了解各类服装的存放位置和存放数量,以便及时补货。

2.库存更新

并非所有的区域一旦划定就不变,因为服装结构的变化,各部门不同服装的贡献度不一样,随环境、季节的变迁,有些类别的服装会相应增加而另一些则相应减少,因此必要时还得对各区域进行重新界定。

3.存货盘点

存货盘点属于定期工作项目,主要目的是确保服装店的利益。经营服装店的最大目标是获取利润。在日常营业中采取的各项措施,例如,销售、展示、宣传等,都是为了提高业绩,创造利润。但此阶段的利润还不算是真正的利润,必须实地盘点存货,将实地盘点的存货与账面上的存货相比较,相差不多,才能确保营业利润。

一般服装店盘点以一年两次较为恰当。盘点存货必有损失,损失金额的大小可作为该服装类别的考核项目之一。计算盘存损失金额公式为:

损失金额=账面库存金额−实地盘存金额,账面库存金额=期初存货+本期进货−末期销售+移入金额−移出金额−退货金额+提写金额−降写金额

4.库存分析

良好的库存管理不是只有在库存盘点时才知如何分析,而是在平时就要一目了然。分析库存量是否合理,哪些部分应该减少,哪些部分应该增加,以免造成

压货或缺货。一般而言,远距离采购的库存可适当多一些,近距离的则少一点;周转率高的多一些,周转率低的则少一些。

库存控制方法

通常服装店越做越大,仓库也越建越大,销售额翻了几番,账面上的流动资金却没见增长多少,几年辛苦的积累,都跑到仓库去了,这是服装企业最普遍的现象。

一般来说,企业都有成品仓库,原材料仓库,大一点的企业加上分公司、办事处的仓库,代理商仓库、经销商仓库、光仓库数量就已经不是小数目了。现时,服装企业都不约而同受库存所累,那么一般情况下企业是如何处理库存,降低风险的呢?

库存服装,在北方称为尾货,是指那些剩余的、积压的、过季的服装。由于我国是一个服装产业大国,国内很多厂家连市场调查都没有做就匆匆上线生产,生产出来的服装可能由于价格、款式、色彩、季节、地域等原因滞销,形成库存。还有的服装厂家盲目加班加点生产,导致生产出来的服装因为不合格而卖不出去。由于服装行业的季节、地域、流行等特殊性,不管什么服装都会有一些库存。

如果服装店的库存出现大量的积压时,不仅会占用店里的运作资金,耗费人力、物力,也使服装店的管理成本和获利成本同时增加,拉长了服装的周转周期,降低了服装店的整体利润,影响服装店的发展,严重的还会让服装店陷入"青黄不接"的危险地步。巨大的库存量是众多服装店多年来面临的一个难以解开的死结。

可以从以下这些方面进行服装库存控制。

1.及时了解市场信息,采购适合市场的服装

由于服装行业的季节性特别明显,服装产品的变化也特别快,消费者今天喜欢的颜色和款式不代表明天还会喜欢,这就要求我们要充分收集并了解一线市场信息,批发符合市场流行潮流的服装。

2.准确预估销量,以此来锁定批发量

由于每天的客流量和销量不同,所以我们要根据每天的销量以及预计销量进行准确的销量预估,以此来锁定批发量。

3.加强服装店的销售能力

无论你批发进来的服装是多么漂亮多么流行的新款，最终还是需要通过导购人员将之销售出去。导购人员的能力强弱，直接关系到服装在市场上的销量。所以我们要对导购人员的销售技巧进行培训。导购人员的销售技巧不能只停留在销售语言上，还要做好顾客的服装顾问。要对店内服装的风格、面料，以及如何与其他服装搭配才能穿出最佳效果，有一个很清楚的了解。

4.适度特卖

服装店想要做到零库存是不可能的，当我们遇到部分服装断码、过时等情况的时候，可以在店内专门开辟一块促销区，这样的话不仅能消化服装的库存，还能为服装店带来人气。

5.进行品项（品类）管理

当服装店里有几十款甚至是上百款的服装，如何做到库存最小又不影响店内的正常销售？根据80/20法则，有20%的单品销售占了80%的销量，而80%的单品销售才做了20%的销量。面对这种情况，我们要进行数据分析，将那20%的单品给找出来，扩大那20%单品的库存，减少那80%单品的库存。经过调整，你会发现库存少了，销售额却令人欣喜地上去了。

存货管理细节

服装行业的三个特点：服装行业产品的同质化比较严重，竞争相当激烈；服装季节性比较明显，且市场变化快；服装在设计上日新月异，消费者在服装款式上要求越来越高，特别是女装。由于服装行业的特点，要想跟上市场的变化，不可能要求做到零库存管理，那也不代表着库存过多是正常现象，就是有也控制在一定的比例范围内那才合适，存货放在仓库那不能算做是银子，要想法将存货变成银子才行，对于这些我们可以从以下几个方面着手改善。

1.理货

店主要随时注意卖场的服装陈列情况，发现存在服装摆放凌乱的情况，要及时理货，将服装归回原位，确保服装店陈列的整洁。店员只有把握好理货的基本原则，才能灵活把握理货的时机。

（1）要及时将零星散货收回与归位，理货时，需检查服装包装、条形码是否完好，缺条形码应迅速补贴，破包装要及时修复；退货服装及破包等待修复的服装，不能停留在销售区,只能固定存放于本部门某一库存区。

(2)遵照"端架—堆头—货架"、"快讯商品—主力商品—易混乱商品——般商品"、"从左到右,从上到下"的先后次序进行理货工作。

(3)区分服装的货号,将服装与其价格标签的位置一一对应起来理货。理货时,每件服装有其固定的陈列位置,不能随意变动。做到非销售单位、非销售包装的服装不得零星停留在销售区域。

(4)补货的同时进行理货工作。

(5)要在每日销售高峰期前后做一次比较全面的理货。

(6)每日营业前理货时,做服装、货架、通道的清洁工作。

及时理货后,服装店的服装要达到陈列整齐、标签正确干净、零星散货归位、缺货标签正确放置、服装的破损包装已修复等效果,同时陈列还要注意安全因素。

2.补货

要随时注意服装店内的各类服装的数量,定时或不定时地补货,以免给顾客留下缺货的不利印象。在补货时也要注意补货的几个基本原则。

(1)服装缺货、营业高峰前、结束营业前必须进行补货。

(2)补货以补满货架或端架、促销区为原则。

(3)补货同理货一样,也要遵循"端架—堆头—货架"的区域先后次序和"促销品项—主力品项——般品项"的品项先后次序。

(4)当服装缺货但又无法找到库存时,必须首先通过对系统库存数据的查询进行确定,确定属于缺货时,将暂时缺货标签放置在货架上。

(5)补货时不能随意更改陈列排面和陈列方式,应依价格标签所示补货。

(6)补货时所有放货卡板均应在通道的同一侧放置。补货时同一通道的放货卡板,同一时间内不能超过三块。

(7)补货以不堵塞通道、不影响卖场清洁、不妨碍顾客自由购物为原则。货架上的服装补齐后,第一时间处理通道的存货和垃圾,存货归回库存区,垃圾送到指定点。

(8)促销人员可以进行补货,但不能改变陈列的位置和方法。补货时必须检查服装的质量、外包装以及条形码是否完好。补货时必须检查价格标签是否正确。当某类服装缺货时,不允许用其他服装填补,或采用拉大相邻品项排面的方法填补空位,要保留其本来占有的空位,除非新的陈列图到位。

同时,补货的流程也是补货时关注的要点,要熟练掌握补货的流程,适时抓住补货的时机,保证销售的正常进行。

补货极为注重细节,但人无完人,难免会有疏忽之处。这不仅需要店员努力提高做事的谨慎度,也需要店员在实践中积累经验,尽量扼杀疏忽于萌芽之中。

细心在仓储管理中十分必要

服装店经营过程中要尽早发现损失,迅速采取相应的对策,力争将损失扼杀于摇篮之中。可往往由于人们的疏忽,服装损失产生了较为严重的后果,甚至到无法挽回的时候才被发现,因此对服装店产生不小的经济损失。服装店最好将经营过程细化分为进货、陈列和销售三个阶段,分阶段制定出相应的管理办法,这样才能有效地降低甚至避免损失。

1.进货阶段

(1)查看进货票据与服装的实际数量是否有出入。如电话订货,容易出现进货票据记载的服装种类、数量与送来的服装不符的现象。尤其是向服装批发商订货时,由于品牌、大小、包装的错误,导致价款与实际进货不符。

(2)没有验收或者验收不够细致可能造成损失。这种情况大多见于生意繁忙的时候,店员忙得不可开交,在店员对订货数量和规格没有进行详细验收核对的情况下服装直接被搬入仓库。这种服装未经检验就进入库存,到要出货或店铺的货源需要替补时,直接从库中取出来卖,可能发生短缺、污损等情况。

(3)店员在进货记账时,如出现小疏忽也可能导致损失。虽然进货票据记载无误,服装的验收也正确,但是把进货记入账簿时,由于记载的失误,也会造成损失。

(4)仓储场所管理不良也可能导致损失。仓库等保管场所不良、温度管理不良也会造成服装的损失,尤其值得注意的是光线的照射、水的侵蚀、虫害、变质、防火不当、包装破裂与堆积方式的欠妥等造成的服装损失。

为及时发现和防止进货时的服装损失,店长应注意核对清楚进货的服装和票据,特别是数量、单价、订货的单位等。尤其是与进货传票有关的记账,应同时做好检验工作。另外,保持仓库的良好存储条件更是不容忽视。

2.陈列阶段

(1)诈骗或偷窃是服装店经营中经常遇到的情况,如果店员发现和阻止不及时,往往会给服装店造成直接的经济损失。据统计,服装店遭窃的比率约占销售额的0.6%,而且有逐渐增加的趋势。

(2)店员要注意店内是否留有儿童恶作剧的痕迹,比如衣服被小孩子沾上墨水,包装好的服装被偷偷打开或被顺手牵羊等。

为了尽早发现并防止陈列时的服装损失,一般应多提防那些调皮的小孩子。为了防止盗窃、诈骗、顺手牵羊等行为,可在店内设置防盗器、闭路电视或在服装上做暗号等。

(3)店员要注意每件服装的陈列注意事项,查看是否存在陈列场所不当的情况。这种情况很多,如个别服装被太阳照晒,易导致某些衣服变色、变旧等。

3.销售阶段

(1)价格错误是最常见的服装损失情况。如成本100元、售价150元的商品,误把它当80元卖掉。

(2)付账或收账的错误,也会造成服装损失。

(3)顾客在试衣过程中不小心把衣服弄脏或弄破了。

服装库存品的处置思路

库存"坏品"是指变质、包装破损而不能贩卖的服装或因停电、水灾、火灾、制造不良或保管不良而造成的瑕疵品。对待库存坏品的时候,我们要坚持以下几个原则:

(1)不论是由卖场自由检查、消费者退货或因意外灾害产生的坏品,均应由营业现场主管再度确认是否真的无法再贩卖。

(2)营业现场人员确认坏品后登记,将坏品集中装箱保管,同时通知采购人员,洽询换货的可行性。

(3)若是厂商的责任,且仍有业务往来,则可换货或退货,否则须由服装店业者自行承担损失。

(4)做好坏品的销毁工作,坏品销毁最好由验收人员会同进行,确实核对检查记录。

为了让库存管理更加合理,我们应该遵循以下的制度:

(1)仓库划分为待验区、合格品区、不合格品区,各区应放置明显标志。

(2)所有入库的服装应分区、分类摆放在规定的区间,出入库账目应与货位卡相符。

(3)应合理使用仓容,堆码整齐、牢固,无倒置现象。库存服装应按进货时间长短依序存放,先进先出,不同批号服装不得混垛。

(4)仓库内应保持干燥、整洁、通风,地面清洁,无积水,门窗玻璃洁净完好,墙壁天花板无霉斑、无脱落,防虫、防鼠、防尘、防潮、防霉、防火设施配置齐全、措施得当。

(5)仓库应定期做好清洁卫生消毒工作,每日进行防蝇、防鼠、防蟑检查和打扫卫生,并做好记录。

(6)非仓库员工不得进入仓库。进出仓库要换仓库专用鞋以预防灰尘的进入。

(7)仓库内不得吸烟、喝酒、进食,不得存放与服装存放无关的私人杂物,不得存放易燃、易爆和有毒物品。

服装店仓库出现坏品说明仓库的管理不到位。良好的仓库管理不仅在月底盘点时清楚如何分析,而且在平时也要一目了然。做好仓库管理应做到以下几点:

(1)库存服装要定位,即将不同的服装按分类分区域管理的原则来存放,并用货架放置,不要在指定的场所外放置。仓库至少要有三个区域:第一是大量存储区,即以整箱或者栈板方式存储;第二是小量存储区,即将服装放置在陈列架上;第三是退货区,即将准备退换的服装放置在专门的货架上。区位确定后制作一张配置图,张贴在仓库的入口处,以方便存取。

(2)补货工作需花较多时间的服装应该优先放在仓库的入口处,以缩短补货路线。

(3)要注意仓库区的温度和湿度,保持干燥、通风良好。

(4)要注意严格管理,任何人不得随便出入仓库,管理人员下班后需锁好仓库大门。

(5)仓库存取货原则上应随到随存,随需随取,但出于效率和安全的考虑,应对作业时间进行规定。

(6)服装存取要考虑省力与效率,最好购置台车、推车等。

(7)订货人员要与仓库管理人员及时进行联系,以便货到及时存放。此外,订货人员还要及时提出存货不足的预警通知,防止缺货。

(8)定期对仓库进行检查、消毒,发现坏品要及时清理,并填表上报。

库存品的处理方法

据了解,温州服装企业正常的库存比例为 20%,而其他许多企业却远远高于这个比例。库存问题已经成为众多服装企业或服装店加快发展的绊脚石和拦路虎。

服装店越做越大,仓库也越建越大,销售额翻了几番,账面上的流动资金却没见增长多少,为什么?原来都跑到仓库去了。有服装店主称,服装店管理落后点的,甚至根本不知道自己的仓库里到底有多少价值的货品。特别是一些对流行特别敏感的服装,更新淘汰很快,一不小心就会带来大量的库存。一些休闲品刚上市的时候卖一两百元左右,到换季的时候却经常几十元一件疯狂大甩卖。更可怕的是女装库存,由于女装款式、面料更新很快,女性消费者谁也不愿意落伍。今年卖不出去的服装到第二年恐怕连处理都难了。

那么,一般情况应该如何处理库存,降低风险呢?

1.开设折扣店

像美特斯·邦威、高邦、森马、拜丽德等休闲服,开设专门特卖场处理库存,不失为一个好办法——既不影响新货,又很快处理了存货。

2.举行展销会

比如上海的一些羊毛衫企业喜欢通过经销商在各大中城市组织、参加一些产品展销会,其主要目的也是清理其巨大的库存。展销会主要依靠价格优势吸引顾客,因而能吸引到购买库存品的特定消费群体,直接将库存品展销出去。

3.拿到农村地区处理

农村地区对流行趋势相对不太敏感,他们最看重的就是价格和质量。因此只要服装的价格便宜,质量还过得去,一般在农村都能销售得很好。

4.做好调解工作,尺码颜色不齐的款式要集中销售

对于尺码颜色不齐的服装款式,可以将其集中在一起处理。比如,换季折扣时,小号尺码或者颜色单一款式的服装可以在花车上直接降价处理。这样的话,以折扣的手段可以让这些服装销售出去,不至于成为积压品。

5.淡季时要进行多种经营

每个服装店都会遭遇淡季的时候,既然我们无法改变这个事实,就要找准应对的方法。比如说把一些小饰物或者漂亮的包包摆到显眼的位置,虽然这些赚的不多,但是就单个利润来说,还是很高的。而且,这些小饰品小饰物很容易吸引顾客,当顾客被吸引进店的时候,自然会对里面陈列的服装驻足观赏,甚至激起购买欲望和兴趣。这种经营模式利用得当的话,会帮你安全的度过销售淡季,甚至把淡季转化为旺季。

6.及时调货

在进货时,要坚持少量多款,并且给店里的导购定下规矩,只要新进的款式在 3 天内没有人询问,或者在 5 天内没有售出,便迅速返回批发商那里调换其他颜色或款式。目前服装批发市场的竞争非常激烈,批发商为了尽量多卖货,一般都允许调换同款的其他颜色或款式。

7.转变员工观念,树立全员对减少库存的认识

应对全体员工广泛宣传教育,形成推行零库存管理的良好氛围。

8.合理的正常库存控制

假定服装店每日正常出库量为 120 件,即日最低安全库存量为 160 件,如果服装店经验是每 6 天向供货商订一次货,而路途运输时间是 7 天,那么合理的正常库存控制数应该是:$120 \times (6+7)+160=1\ 720$ 件,公式:

合理的正常库存控制数=日销量平均数×(订单间隔天数+运输途中天数)+日最低安全库存量

根据这个合理的正常库存控制数,店主就能做到心中有底,但这仅仅是一个标准的参考数,具体情况还应考虑一些变数问题。比如遇到五一、国庆的时候就必须得考虑节假日的促销情况,情况好的话销量可能是正常日销量的 2~3 倍,所以我们要在节前就做好充分的存货准备。

避免内外损耗

服装进货植入率与服装实际盘存后所得的毛利率之间的差距叫做损耗,主要表现为账面库存额和实际盘点库存额之间出现差距。服装损耗是一种无形的资产流失,极易被店主忽视。如能及早发现服装损耗,就迅速采取措施,从而明显

减少操作失误。服装损耗主要分为外部原因和内部原因两大类,它们分别存在不同的具体特征。

1.内部损耗

内部损耗主要是由于服装店自身管理不力造成的,主要包括订货不当、验收不当、价格变动和不明损耗四个方面。

(1)订货不当。要避免订货不当产生的损耗,就需要店主把握好订货的时机和货物的数量。时间过早或过晚都可能导致服装滞销,订货的多少则直接影响服装店的库存。

进货前要确实检查卖场及仓库的存货状况。订货时要参考以前的进货数量、单价及回转率。订货时严格控制低利润服装的品种数,高利润服装的构成比自然就会增加。订货要适量,不然退回货品时,不但要花费时间、金钱与人力,而且无形中也增加了营运成本。单笔大量订单,或一个月内订货量超过某一标准者,应将该服装列为重点采购商品,店主须掌握其销售情况。

(2)验收不当。验收时要仔细核对送货传票与服装,确认本店的订货无误。

检查服装名称是否与规格、大小吻合。

以箱为单位来核对,但对于打开的箱子,要检查里面的服装数量。

打开检查外表有破损或污垢的服装,对于破损的服装要当着送货员的面,确认破损的数目。

对于某些急需的服装,店主要事先和供应商约定好送货时间和详细的验收细节。

由厂商直接送来的服装,不用传票,而是附上送货单。验收人员必须仔细检查送货单登载的品名、数量有无错误,然后先将送货单保管起来。日后,当供应商的进货传票送至时,拿送货单来对照,没有问题后,才可在验收栏上盖章。

(3)价格变动。服装具有很强的流行因素,时效性较强,市场波动较大。市场的波动最直接的体现在服装的价格。服装周期的规律往往带来由上而下的价格变动趋势,这就会给服装店带来直接的利润损失。

服装价格变动更常见的因素是服装店由于刺激销售的需要,对服装进行价格下降调整,主要表现为各种促销活动。

(4)不明损耗。一些细节因素也可能导致服装的损耗,比如店员贴错价码等。

2.外部损耗

外部损耗往往不是店铺主观作为,而主要是由客观因素引起的损耗,主要包括供货商不良行为和顾客的不当行为两个方面。

(1)供货商不良行为。人们常说："树大有枯枝。"许多商人的本性中隐藏着贪婪,一些不良的批发商贪图利润,非法牟取利润的事情也时有发生,在客户的订货单上做手脚就是他们极为常用的方式。批发商做手脚的具体表现主要有：

①涂改发票,或者不出具发票原件,只提供发票复印件。

②用变换服装代替有争议账目,以先前的服装项目代替后面的服装项目,或以低价服装代替高价服装。

③在未盘点验收之前,带走新服装。

④在进货登记簿上,并未填明正确的进出时间。

⑤供货商离开时带有未拆封的箱子,却不让任何人检查。

针对供货商这些心存不轨的行为,要采取有效的措施。限制供货商进入服装店的人数和时间,进入时要办理进出登记手续。店员要根据进货单据对服装进行仔细核对和验收,签收后保留原始的发票备案。同时店主也要防止店员与供应商相互勾结牟利。

(2)顾客的不当行为。顾客的不当行为主要表现为顾客强硬要求退换货、造成服装污损、拿走服装只留包装袋等情况。服装店要针对这些具体行为制定相应的预防和阻止措施,这样才能有效减少服装的损耗。具体方法可以参考以下几点：

①店员要留意携包入内的顾客。

②提高店员的监管、防范意识,加大对服装店死角的监管力度。

③尽力防止顾客的偷窃行为的发生,并合理处理顾客的偷窃事件。

上面集中为大家讲述了服装店进货渠道及仓储方式的重要性, 及其一些实践技巧,希望能为服装店的运营提供更实际的借鉴意义。

第七章

精明店主要掌握的定价策略

本章集中讲述服装价格的几大主要影响因素,以及一些不可忽略的因素,再针对这些因素,找出合理的定价策略。在现实销售服装的过程中,会遇到各种情况,该如何应对,本章均有讲述。

影响服装价格的几大主要因素

影响服装价格主要有以下几大因素。

1.成本

服装店在制定服装的价格时,应以成本作为其下限。正常情况下,如果服装的价格低于服装的成本,这就意味着经营服装的店铺所付出的资本无法得到补偿,经营过程将失去意义。因此,从店铺的角度来看,服装的价格应该高于成本。但是,从顾客的角度来看,顾客接受价格的依据有时并不是服装的成本。

服装店在制定价格时应主要考虑固定成本和可变成本这两个因素。如果店铺与竞争对手相比是低成本的经营者,店家将通过保持与竞争对手同样的价格水平来获取超额利润,这部分额外收入可被用来进行改良经营状况,以提高店铺整体的竞争实力。

如果与竞争对手相比,店铺的服装成本高于竞争者,店铺将没有更多的价格选择余地,为了店铺的长远利益,店铺只能降低服装价格,哪怕甚至是减少当前收益。

(1)可变成本。主要包括交易税、增值税、零售税及流通、运输费用以及一定的价格风险费用。

(2)固定成本。固定成本是店铺制定价格的临界点,是产品价格货币表现的主要部分。因此,服装固定成本的高低,对服装店制定价格影响最大。固定成本主要由几方面构成:燃料和动力费用;原材料和辅助材料的费用;工资及各种福利;包装及装潢费用;店铺管理费用;固定资产折旧费用。

2.市场需求

一般情况下,商品的价格受商品成本的影响,而商品的需求又受商品价格的制约。经济学原理指出,如果其他因素保持不变,消费者对某一商品需求量的变化与这一商品价格变化的方向相反。如果商品的价格下跌,需求量就上升,而商品的价格上涨时,需求量就相应下降,这就是所谓的需求规律。需求规律反映了商品需求量变化与商品价格变化之间的一般关系,是店铺决定自己的市场行为特别是特定价格时,所必须考虑的一个重要因素。店铺的"薄利多销"就是这一道理的充分体现。又如某一时期市场上某服装的需求量增加时,适当地提价可以获得较多的利润;反之,适宜采取降价措施。因此,市场需求状况常常是店铺制定商品价格时的主要参考因素。

3.市场特点顺序重排

(1)服装的应季性。季节性强的服装一般情况下价格波动会比较大,在季节适宜之时,价格较高;错过季节之后,价格会迅速下降。

(2)购买频率。对于购买频率高的服装,一般采用薄利多销的低价格策略,反之,对于高档耐用型、购买频率低的服装,其利润率应高一些,采取高价格策略。

(3)标准化程度的高低。非标准化产品的价格变动的可能性一般较大,标准化程度较高的产品价格变动的可能性一般较小。

(4)商品的特性。具有易腐性、易毁性等特性的商品,其价格变动性较大。通常是刚开始时价格高,随着时间的推移,价格会逐渐下降。

(5)服装店规模和竞争格局。经营规模小的服装店往往很难依据自己商品的成本及预期利润自主定价,而是依据大型店铺的同类商品的价格定价。如果在竞争中处于优势,店铺可以适当采取提高价格的策略;反之,则应采取降低价格的策略。

(6)服装的品质。一些以新、名、优等特征来满足人们心理需要的服装,价格需要适当高一些,否则,可能失去购买的动力。

4.竞争状况

服装店定价的自由程度会随市场的竞争状况即客观环境的不同而有所不同。西方经济学认为,按竞争程度的不同,可以将竞争分为四种类型:完全竞争、垄断竞争、完全垄断和寡头垄断。

5.对时间的敏感性

商家可以根据不同季节、不同购买时段、不同经济社会环境的市场变化规律和消费者行为规律,制定相应的、有效的、可行的价格策略。

(1)换季大减价策略。对于季节性强的服装,利用季节转换的机会实行大减价,以吸引广大消费者选购。在国外,百货公司每年通常都有两次换季大减价,即冬季和夏季大减价,甚至各厂家也利用此机会实施减价促销策略。

(2)需求季节差价策略。根据服装在一年四季中的不同需求程度和需求量,实行季节差价,即服装价格随着季节的变化而做出相应的调整。典型的如冬季服装到了冬季末、春季初就要大幅度降价促销,否则过了一年款式可能就被淘汰,不符合消费者需要了。

(3)生产季节差价策略。有些服装的生产受服装季节的影响,不同季节的服装供应量呈周期性波动,因此要根据一年四季的市场供求关系定价。

(4)阶段定价策略。根据服装所处的市场生命周期的不同阶段,制定不同水平的价格。通常价格的变化幅度与服装市场需求量的变化幅度相一致。例如,引入期的服装定价较多应用撇脂定价策略,成长期的服装定价较多应用渗透定价策略,成熟期的定价较多应用让利促销策略,衰退期的定价较多应用减价或折扣策略。

(5)新货上场市价策略。通常新货上市的时候,会针对消费者求新、好奇、从众的心理将其价格定得比较高。如每一时期的新款手机上市,售价都很高,只有少数潮流带领者购买,随着该款式的大面积推广流行,其价格不断下调以吸引众多的跟随者购买。

(6)周末特价策略。为了吸引周末休息的人们踊跃购买,许多商家采用周末特价或周末大酬宾的策略招徕平时无暇光顾的顾客。

(7)每日特价策略。对于服装种类和系列比较多的卖场还可以实行每日特价策略,即星期一到星期日每天有一种款式的服装以特别优惠的价格出售,因此每一天都能够吸引相应的消费者购买。

(8)不同时段的优惠价策略。针对某些服装的购买或消费过于集中在一定的时段,可以采用不同时段实行不同价格的策略。

服装价格的定价方式

服装价格的定价方式主要有以下几种。

1.成本导向定价法

这是一种以服装成本为基础的定价方法。主要包括:

(1)成本加成定价法。成本加成是指服装价格的制定是建立在单位商品的完全成本加上一定比例的利润的基础上。其计算公式是:商品售价=单位商品完全成本×(1+成本加成率)

采用这种定价方法必须了解不同时间、不同地点、不同市场环境,加成率是不同的。有时即使在同一类型服装店中，加成率也可能不同。加成率的确定是定价的关键。

这种定价方法的优点是计算方便，而且在正常情况下，按此方法可以保证服装店获得预期的利润。因此，在市场环境稳定的情况下，成本加成定价法被许多服装店所采纳。

(2)保本点定价法。保本点即损益平衡点，指投入与产出平衡、赢利为零时的经营时点。按此方法定价，找出店铺的损益平衡点是首要的任务。

其计算步骤是：

确定单位可变成本，并以此作为估算商品价格的依据，然后加入固定成本费用的分摊额，计算达到损益平衡点所必须具有的销售量。

损益平衡时的销售量=固定成本/(单位商品价格-单位可变成本)

在此价格水平下实现其销售量，表明店铺刚好做到不赔不赚，该价格实际上是保本价格。

保本价格=固定成本/损益平衡销售量+单位商品变动成本

在保本价格基础上加上预期利润，便可得出商品售价。

商品售价=(固定成本+预期利润总额)/销售数量+单位可变成本

(3)零售定价法。店铺出售产品种类繁多，价格变动频繁，在其变动价格之前，应考虑价格变动后是否仍可维持利润。此时，可用简单的成本加成公式进行计算：

$P=C+M$ 又因为 $Mk=kP$

故：$P=C/(1-k)$

式中：k——零售价的加成百分比；C——单位成本；M——加成绝对值

(4)边际成本法。采用边际成本法的目的是力求迅速增加市场占有率，或利用空闲设备，或淘汰滞销服装，或谋求资金周转。在这种价格观念下，只要所增加的销售收益足够收回该单位变动成本便算达到目的了。

2.需求导向定价法

成本导向定价法不考虑市场需求状况，是一种内向型的定价法。而需求基准定价法(也称需求导向定价法)，所考虑的却是需求强度，而非成本水准，是一种外向型的定价法。当市场需求强时，定价就高；当需求弱时，定价就低。差别价格又称价格歧视，是常见的一种需求导向定价法。在这种定价法之下，一种商品以两种或两种以上的不同价格出售，而价格上的差异并非反映成本上的差异。差别价格依差异基准的不同而异,最常见的有顾客、商品、时间及地点这四个基准。

(1)以顾客为基准的差别价格。我们以汽车的售价来对以顾客为基准的价格差异予以说明。在同一段时期内,有的人按照营销商的公告价格买到汽车,有的人以低于公告价格买到,但两辆汽车完全相同,其交易成本也完全一样。两者售价不同的原因是由顾客的"需求"强弱不一样导致的。

(2)以商品为基准的差别价格。一般情况下,同等质量和规格而花色或式样陈旧的商品,价格可以定低一些,而花色或式样新的则可以定高一些;快到保质期的商品价格会相应较低。

(3)以时间为基准的差别价格。店铺常常会利用节假日、店庆等,在一定时间内对部分商品或所有的商品规定一定幅度的折扣。随着我国经济的不断发展,平日快节奏生活中的消费者逐渐热衷于在节假日无拘无束地购物、休闲。店铺这种以时间为基准的折扣定价正是抓住了这一点,因此往往能起到很好的促销效果。

(4)以地点为基准的差别价格。地点经常会起到很重要的作用,因此可按照不同的地点制定不同的价格。例如,电影院、演唱会的座位会依位置的不同而有不同的定价,尽管所有座位的建造成本大致相同。同样,服装店所售商品的价格,很大程度上也会受其所处地理位置的影响。繁华商业区的价格会高一些,反之会低一些。

尽管差别价格的基准各不相同,但要切实可行,以下条件是必须共同具备的:

①价格差异必须遵循相关法律的规定。

②市场可以细分,且每个细分市场的需求强度均不相同。

③竞争者不曾在高价的细分市场中采取低价倾销的策略。

④将市场细分化的执行成本不会大于其收益。

3.竞争导向定价法

商品最高价格取决于该产品的市场需求,最低价格取决于该商品的成本。在这两种价格之间,店铺商品的价格究竟定多高,则取决于竞争因素。凡是以竞争因素作为定价主要依据的定价法都属于竞争导向定价法。竞争导向定价以随行就市定价法最为突出。

随行就市定价法的优点首先体现在可以简化一些成本和需求难以估算的商品的定价程序,而且可能获得适中的利润;其次是减少了同行之间的价格战,店铺间有较多的协调,使每个店铺都增加了安全感。现在很多服装店尤其是中小服装店都愿意采用这种方法。

定价除了有方式,还有一定的技巧,下面就列举了 4 种定价技巧。

(1)安全定价法。服装定价是个难题,因为价格定得过高,可能不利于销售,造成无人问津的局面;价格定得太低,则可能出现亏损。因此,最稳妥可靠的是将服装的价格定得比较适中, 市场风险相对较小, 既可以在一定的时期内回收投资,并有适当利润,又可以使消费者有能力购买,店方也便于推销。所以,这种策略又被称为"满意价格策略"。

安全定价通常是由成本加上正常利润构成的。例如, 一条牛仔裤的成本是 80 元,根据服装行业的一般利润水平,平均每条牛仔裤能获 20 元的利润,那么,这条牛仔裤的安全价格为 100 元。安全定价,价格适中。

由此可以看出,真正安全的定价法,是以服装店的完善经营和贴心服务作为后盾的,这样的定价法,才真正令人满意。

(2)统一定价法。近年来在我国的一些大城市,10 元店、5 元店甚至 1 元店纷纷涌现,场面异常火爆。这也说明了一点:统一价格具有广泛的市场。因为全部的商品只有一个统一的定价,能给顾客一个充分的挑选余地和心理满足。

有一家服装店,它面向占人口比例最大的蓝领阶层,专门经营服装大厂因生产多余、规格不配套的零头单件服装,其尺码、颜色、式样包罗万象,成本却少于成套服装进价,对中下等收入的家庭具有巨大的吸引力。这些零头单件服装,一般的服装店都不愿或不屑经营,在这个层次上,此服装店的竞争对手也不多,这样就抓住了一个难得的商业机会。

这些零头单件的服装进价十分低廉, 而且它们的目标顾客对价格的高低十分敏感。统一定价法充分抓住了顾客追求平等的心理,更利于商品的出售。

(3)弧形数字定价法。据国外市场调查发现,在生意兴隆的服装店、超级市场中,商品定价时所有的数字按其使用的频率排序,先后依次是 5、8、0、3、6、9、2、4、7、1。这不是偶然出现的现象,是和顾客的消费心理有渊源的。从顾客的消费心理来讲,带有弧形线条的数字,如 5、8、0、3、6 等对顾客没有刺激性,容易为顾客所接受;而不带弧形线条的数字,如 1、7、4 等比较而言就不受欢迎。所以在服装店、超级市场商品销售价格中,8、5 等数字最常出现,而 1、4、7 则很少出现。

在经营一家服装店的时候,应该充分利用顾客的消费心理,定价时尽量有意识地采用弧形数字,同时尽量回避用 1、4、7 这类数字。例如,一件标价 1 000 元的服装,顾客看后可能产生贵的感觉;标价 997,有削价之感,但 7 这个数字感觉不舒服;如改为990元或980元则会产生便宜和舒服之感,促使顾客产生购买欲望。

在价格的数字应用上,还应当结合我国国情。如广东话中"8"与"发"谐音,所以广东人特别喜欢"8"这个数字,认为会给自己带来发财的好运。所以定价的时候,一定要符合一些特定的习俗,同时也符合顾客的购买心理。这样生意才会越做越顺畅。

4.九九尾数定价法。服装销售价格的尾数采用99,是西方零售商根据顾客消费心理采用的定价方法。九九尾数法对于顾客来讲,可以产生以下两点感觉:一是该服装店核定销售价格认真、准确,即使差这么一点也不将其凑成整数;二是感到服装"比较便宜"。如99元是几十元钱的东西,100元是上百块的服装。采用99尾数可以促使顾客产生购物的欲望。

所以现在商家定价的时候,基本都是以"9"结尾的,价格一般从"29"开始,这样给顾客带来了一种错觉,拿"29"来说,顾客会觉得这是20几块钱的东西,很便宜,心理上也比较能够接受。

但是在服装销售中采用九九尾数法时要注意:

不能任意抬价,而要适当让利。顾客购买尾数99的服装有一个求廉心理,针对这种购买动机,让利是非常有效的。

单价不一的服装可以组合定价。如服装店可以将上衣与裤子配套,成套定价。

在此,需要特别强调的是新店有其独特的定价技巧。

作为开服装店的新人,在一年之内,千万不要考虑价格是高还是低,而是要考虑自己服装店的定位,这才是核心。接下来最重要的问题就是你店里的服装如何标价了,或者说应该怎样标价才算最合理。价格标得太低,就会赚不到钱;价格太高,生意又不好。

这就要考虑一个定价的因素,进价并不是最重要的因素,最重要的因素是风格定位,还有就是衣服品质的定位。但是不管你做哪个风格,价格都不能离你的服装店定位太远。而且,价格一旦确定,不能轻易变动。这是因为价格是你最后的生命线,任何人都不能触动这个底线。一开始你宁可变着法子亏本赚吆喝,变相降价也不能轻易变动价格,你可以采取送礼物买一送一,或者办理会员积分等活动来变相降价。

在实际生意交易过程中,不要轻易降一分的价格,因为有了第一次,就会有第二次,有了第二次,以后连你自己都觉得便宜是正常的,所以不要轻易破坏原则。

定价,还需大打"心理"战。

心理定价策略是指根据消费者不同心理和不同需求来定价。主要有以下几种情况:

(1)对于名优产品、紧俏产品采取整数定价策略。例如,一件裘皮大衣定价9 998元,不如定价10 000元,对于有能力者来讲,多付两元钱根本不在意。

(2)对于有信仰或图吉利的消费者来讲,定价应有个吉数。如一件裙子64元,不如定为66元(民间习俗指"六六大顺"之意)。

(3) 心理学家研究认为:大多数消费者对于奇数价格比偶数价格更乐意接受。如一件牛仔衣220元,不如定价219元。在市区各大商场走一圈,不难发现我们被包围在一个"9"的世界里:不少鞋柜、服装及其他专柜铺天盖地出现这样的价格。如一条休闲裤为99元,一条普通腰带为59元,一双女式皮凉鞋为129元等,尾数上都差个"1"就凑成整数。

这就是心理战术,让人觉得就是不到100元、不到200元,很便宜的样子。商场搞活动通常都是满200送100的时候,为了凑够那1块钱,你还要再去买其他东西,商家正是利用顾客的心理做促销的。

鉴于服装成本、需求、竞争等多方面的影响,服装店的经营者在具体定价时,要根据服装的目标客户、风格、成本等确定采取哪种定价方法。

定价重要方法

商业的现实是竞争。在现代的商业经济里,服装厂商间的信息是比较对称的,你会的技术我也会,你能卖的东西我也能卖,触目所及皆是红海,而蓝海就好像是海市蜃楼,远远沉浮在黄沙漫天的地平线上若隐若现,就和梦中的乌托邦无分别。

当产品愈来愈同质化、差异化战略行之无效的时候,服装厂商间只好通过定价这一法宝,天女散花般地撒出银两,这就是商业竞争的现实。服装厂商通常采用时间价格差和依照顾客能力对服装进行定价。

1.时间价格差

如果你是一个经验十分丰富的商人,那你一定要十分重视定价策略,因为准确的定价往往决定着商品的价格。而商战中的重要武器就是价格,所以一定要随着市场的变化顺应顾客的需求。在德国多特蒙德有一家这样的公司,其成功之处就在于灵活的定价策略。

在多特蒙德的商贸活动中,有一家叫威斯登的服装公司。这家公司所售的任何服装都很热销,资金周转非常快,平均不到20天,就成为全多特蒙德首屈一指的快速销售公司。

有一次,威斯登推出了约1万套内衣外穿服装,这在德国其他大城市中也刚刚上市,这种时装一反过去内外有别的穿着特色,顾客感到新鲜,对其有极强的吸引力。威斯登对这种服装的定价之高,超过普通内衣价格好多倍,但照样销售见旺。可是当德国各大城市相继大批推出这种内衣外穿服装时,威斯登却一反常态,在继续推出2万套这种服装时,将价格一下骤跌到只略高于普通内衣的价格。这个消息传到邻近城市,商贾、顾客都闻风而来,仅用了2天时间,就一售而光。这样,又过了8个月,当内衣外穿服装已经不那么吸引人时,威斯登又以"成本价"出售,每套服装的价格还不到普通内衣的60%。这时一些经济拮据的顾客竞相购买,这种过时的服装在威斯登仍然十分畅销。

由于威斯登充分分析、了解市场行情,所以灵活的定价策略促进了销售,使畅销、平销、冷销的服装都成了畅销货。这就是充分利用时间差来打价格战,每次都稳赢稳赚。

学会根据销售时间制定灵活的策略是在商战中取胜的重要武器。一定要操作得当,学会随"市"应变、顺应顾客,这样你才能够在激烈的商战中立于不败之地,而打好时间差是最重要的一种竞争武器。

2.依顾客能力而定

众所周知,给服装定价是服装市场竞争的重要手段之一,尤其是对于定型服装的销售,价格更是影响销售的决定性因素。价格竞争并不仅仅是"跳楼价"甩卖或者什么高价政策,而是以价格为杠杆来调节销售。价格水平同时也反映着一家企业的经营水平,价格竞争实质上又是产品价值的竞争。同一款式和质量的产品,如果能在市场上以低于对手的价格出售,就能够击败对手,占有更大的市场份额。

曾经有一位很有才华的青年设计师将服饰上传统的古典图案变化革新为现代艺术,精美与典雅并存、秀丽与大方共有。他设计的服装很受妇女的青睐,有不少国外游客慕名而来。

一位日本游客与年轻的设计师交谈,建议他把这种服装拿到日本去销售。第二年,这位青年设计师带着他设计的服装来到了日本,并举办了一场颇具规模的时装展示会,许多日本上流社会的妇女应邀光临,但令其大失所望的是并没有人愿意购买。年轻人困惑之余,请来日本专家进行咨询。专家说:"你的问题出在价格上,你把价格定得太低了,这些上层社会的妇女如果买了便宜货穿在身上,如有人问起,她们就会感到脸上无光。"设计师闻言回国重新设计,再次拿到日本展示后将标价大大提高了,这一次他的服装受到异常的欢迎,几天内便销售一空。

所以,定价的时候,一定要考虑目标顾客的实际情况,要是面向工薪阶层的,定一个很高的价格是不合适的,面向富人销售的高档服装定价一定要高。只有把握住消费者的心理,才能使你的服装卖出一个更好的价钱,你的生意也才会越做越好。

折扣定价有技巧

现在折扣服装店几乎到处可见,他们销售的是不知名的进口货,但是他们广泛采用折扣策略引起消费者的心理错觉,使其认为该服装是从高价降为低价的,从而达到刺激消费者购买的目的。折扣策略通常有以下几种方式。

1.流行折扣的策略

流行折扣即根据款式的流行程度和流行周期来进行折扣定价。如果一个款式已卖了相当长的一段时间销售状况仍然不好,就要降价,以免滞销造成积压。个体批发商会根据服装的紧俏情况,甚至根据不同的颜色、图案、花样来定价。好卖和不好卖的服装各有不同的定价方法。对于不好销的款式,他们宁可赔本销售,以尽快收回资金,加快资金周转,否则会赔得更惨,服装店经营者可以借鉴。这种灵活多变的折扣策略,确实为个体经营者扩大了销售网络。

2.季节折扣策略

服装与季节和时令的关系非常密切,尤其是时令及天气。天气变化或时令一变,要想出售,就必须折价。

某年的春节刚过,广州一家服装店货架上的春装货源充足,琳琅满目。可是天公不作美,不到一个月的时间,天气骤然转暖,人们的穿着已显示出夏季即将来临。这时店外传出阵阵"降价促销"的叫卖声。尽管人们知道春季衣服要放上半年才能派上用场,但是"一贱惹得众人爱",人们纷纷前往购买。有一位记者问店老板："这样卖不是赔本了吗?"对方回答说:"做生意要算大账,算活账,不能算小账,算死账。这批春季套装眼看就要过时了,不处理就会积压。现在卖掉它虽然会赔1元钱,但我可以用收回的资金再去进合适的时装卖,说不定还可以赚上3元钱。"

3.数量折扣的策略

数量折扣是指店铺对顾客的购买达到一定数量或金额时,给予一定折扣的策略。数量折扣分为累进折扣和非累进折扣两种。这种折扣实际目的是刺激顾客进行大批量购买。累进数量折扣是指,如果顾客累计购买量(或购买金额)在规定的一段时期内达到一定标准,就给予折扣。规定期限的长短,可根据店铺具体情况来制定,如一周、一月、一季、半年或一年等。累进数量折扣的优点是鼓励消费者长期购买某一店铺的商品,成为其长期、忠实的顾客,有利于店铺预测购买量,确定进货量。缺点是有些顾客在规定的期限即将结束时大量购买,使销售不能平缓进行。非累进数量折扣是指顾客在某次购买中,当购买量达到一定标准时,给予折扣,购买量越大,折扣越大。非累进数量折扣的优点是有利于店铺加快资金周转。

价格促销有秘诀

一般情况下,关于价格促销的常见策略有如下8种。

1.打折策略

打折是在商品促销中采取的最常见、也是最有效的促销策略,是指厂商通过降低售价的方式进行销售。这种促销策略一般是适用于刚刚上市、急需打开市场销路的产品。采取此策略的优点非常明显,就是生效快、在短期内可以快速拉动销售,增加消费者的购买量,对消费者最具有冲击力和诱惑力。同时,采取打折策略可以快速反应,令竞争对手措手不及,可以使自己处于比较主动的竞争地位。此策略的缺点主要表现在:不能从根本上解决营销困境,只可能带来短期的销售提升,而且产品价格一旦下降,想要恢复到以前的水平较为困难,也会引发竞争对手的反击,容易导致价格竞争,不宜长远使用。

2.返还策略

返还策略是指在消费者购买一定数量的服装后给予一定金额的退款或返

券,包括购买单一服装的返还策略、购买同一服装的返还优待、购买同一品牌的多种服装享受的返还优惠、联合返还优惠等形式。采用此策略的优点表现在对品牌形象影响较小,可以刺激消费者再次购买和重复购买,便于培养消费者对品牌的忠诚度,实现服装的快速销售。

3.赠品策略

赠品策略是指消费者在购买产品的同时可以得到一份非本产品的赠送。这种促销策略可以适用于不同状况的服装。赠品策略可以创造服装的差异化,增强服装吸引力,增加消费者尝试购买的概率,加速消费者对服装的重复购买,以促进服装的销售循环率。采用这种策略时要注意赠品的质量,不要因为赠品品质影响服装的口碑。

4.会员策略

会员策略是指企业以某项利益或服务为主题将人们组成一个团体,开展宣传、销售、促销的营销活动。会员营销充分利用人们的从众的心理,满足人们对品牌的渴望,最终产生对品牌的拥有感和归属感。会员营销的基本手段主要为价格优惠及方便购物等。

5.兑换策略

兑换策略是指商家在促销过程中,采取的让消费者依据某种认可的兑换券享受购买时的优惠。这种促销策略往往出现于联合促销活动中。两家公司优势互补,实现各自产品销售的最大化。采取兑换策略便于有针对性地开展促销活动,对有相应需求的消费者的效果比较好。但这种促销策略不适合于新的品牌,因为新的品牌对消费者的吸引力不大,消费者的参与度较低。

6.产品累积策略

产品累积策略是指消费者收集产品的购买凭证,达到商家活动规定的数量,到商家指定的地点换取不同的奖励的促销策略。该种促销策略适用于品牌知名度高、消费频繁的快速消费品。这种策略的可以刺激消费者建立多次购买行为,培养品牌忠诚度,而且在活动中可以制造产品差异性,提高产品竞争力。该种促销策略的运作成本低、收效佳,因而成为商家经常采用的促销策略。

7.赞助策略

当服装产品进入成长期,品牌广告和公关活动担负着提升品牌形象的任务,此时销售促进应以建立品牌偏好为主,通过赞助某一活动来开展一系列营销宣传,借助赞助项目的良好社会效应提高企业品牌知名度和品牌形象营造良好的生存发展空间。赞助形式主要分为体育赛事赞助、公益活动赞助、文艺活动赞助三种。赞助类活动的最大优点就是能迅速提高品牌知名度，塑造良好的品牌形象，它是商家进行品牌积累的一条捷径，同时也有利于促进产品的销售，能给商家带来名利双收的效果。但开展这类活动必须善于抓住机会，也要充分做好事前的调研准备工作。

8.抽奖策略

此策略是利用人追求刺激"以小赢大"的心理，通过抽奖赢取现金或商品强化购买产品的欲望。抽奖活动方式主要分：回寄式、即开即中式、多重连环抽奖式、抽奖活动与其他促销模式的组合运用。抽奖活动的最大优势就是能最大限度地满足更多目标消费群的需求，同时能直接促进销量的提升。令人心动的"抽奖活动"会使消费者更加关注此类商品，刺激吸引新老消费者尝试或重复购买。应用此种策略时需要制定好项目的成本预算、巧制活动流程、设计好奖品体系，因为这些因素直接影响人们的参与度。

做服装批发的个体商贩们非常懂得这种定价的策略。他们根据客户购买数量的多少，按批量定价，分别给予不同的价格折扣。购买数量越多，给予的折扣越大，以此来鼓励客户大量购买或集中向自己一家购买。有的个体老板，为了拉住老客户，即使一次购买的数量不大，但只要在一定时间内购买达到优惠某一数量，也同样给予相同的数量折扣。

消费者购物都讲究一种实惠心理，折扣价实质上是商家的一种促销手段，这样才能够吸引更多的顾客，刺激顾客购买，从而提升短期的销售业绩。

降价有秘诀

降价是有技巧的，并不是想降就降，降得不恰当，可能给顾客一种错觉，那就是"物有所不值"，反而出现了越降价顾客越少的怪现象。

降价只是一种手段，只是给顾客一种便宜的感觉，而并非实质上降到商家无利可图的地步。

南方有个小老板开了一家小服装店，开始时，生意萧条。后来经过他精心研究计算，决定只要顾客拿出10元，便可以任意选购店里的一件商品，于是招来了大批顾客，销售额超过附近几家大的服装店。后来他改行经营绸布后，又出新意，决定凡是在该店购买 30 元绸布的赠白券一张，积白券 5 张可兑换蓝券一张，积蓝券 5 张可兑换红券一张，积红券 5 张则可任选价值 100 元的商品作为酬谢。

这个老板通过这种神奇的促销方法，将自己的生意做大做强了。

在美国有家零售服装店，定价非常灵活，因此生意很好。该店总是挨着个儿对店里陈列的服装做减价处理，每次减价出售的服装大约有三四种。服装店并不考虑这种服装是否应该减价、减价后亏不亏本，只是把减价当作招徕顾客的手段。减价期间，服装店大做广告，或在门前张贴海报，或在街头巷尾散发传单，以招引远近顾客前来光顾。等到这批服装减价后卖得差不多了，或者顾客的兴趣减退了，再换另外几种服装减价销售。

该店的减价销售是实实在在的，并不是以减价为幌子实则卖高价。店里凡是减价的服装，大概只能赚得微利，有的只是保本。但是实行减价销售后，来光顾的客人比平时大大增加，于是带动了其他服装的销售。这就是用降价的方式让顾客激增，然后带动别的服装的销售。可以看出，降价并不比定价简单，主要是体现"巧"字。随便降价，即便是降到商家无利可图甚至赔本也未必受欢迎。因此，你一定要掌握好其中的尺度，既让顾客觉得赚了便宜，又使你的生意更加兴隆。

月月降价法是瑞典古玛时装的经纪人安德烈·古玛根据自己多年兜售服装的经验制定的。古玛是个懂得经营的人，在研究了服装的上市规律之后，她推出了这个法则：每月降价的比例为服装上市后第一个月 97%，第二个月 92%，第三个月 90%，第四个月 85%，第五个月 80%，第六个月 65%~70%。

这个结论的理论依据就在于最好的、最受欢迎的服装，一般"寿命"总在 3 年以内；"短令"时装一般只有几个月时间，之后就成了"明日黄花"。

降价也要抓住顾客的心理，不能不讲时机、不讲方法地降价，否则会让顾客觉得你的商品很低廉才会低价甩卖，从而会使顾客产生望而却步的心理。让顾客觉得物有所不值，就会降低其购买的欲望。

主动降价

通过对消费者进行调查发现，很大一部分消费者对服装店采取的降价行为基本上是持消极态度而非积极态度。他们并不认为降价是对自己的优惠，而是店铺另有目的。店铺的竞争对手也有可能利用店铺的降价而开展大规模的宣传攻势,对你所经营的服装的降价行为进行负面报道。所以,服装的降价要特别慎重。

1.降价的影响因素

服装店主必须明确,降价不是应付竞争、摆脱商品滞销状况、提升经营利润的万能钥匙。降价策略有其自身适用的条件和范围。以下三个因素是服装店主采用降价策略时必须考虑的:

(1)服装的属性。服装如按需求的价格弹性程度分类,可分为需求富有弹性的商品和需求缺少弹性的商品。服装的需求弹性是大还是小,是考虑店铺能否对该种商品采用降价策略的前提条件。只有需求弹性大的服装,才能通过降价销售,增加销售量,增加利润。

(2)消费者的类型。消费者大致分为求实型、求利型、求名型、求美型、求新型等几大类。在这几类消费者中,只有求利型消费者对服装的价格比较关心。降价服装的价格,往往可以刺激求利者的需求,促使他们采取购买行动。但对求名、求新、求美、求实型消费者来说,降价销售服装,非但不能引起他们的兴趣,反而会引起他们的反感,最终会导致他们退出购买者的行列,从而使服装店失去这些顾客。因此,降价销售必须考虑到消费者类型,有侧重地实施,否则很难获得成功。

(3)服装店本身的状况。服装店能否降低服装的成本,能否实现规模经济,是店铺实行降价销售能否成功的一个有力经济保障。许多大型店铺之所以能够实现降价增销、增利的目标,店铺能够实现规模经济就是其中一个很重要的因素。

2.降价的策略

服装降价既要适应内外条件的变化,又要考虑消费者对降价的反应,科学运用服装降价策略。经营者采取降价措施时,应注意降价的幅度、降价的时机和频率。

(1)合适的降价幅度。降价幅度过小,不能引起消费者的注意和兴趣,达不到降价的目的;降价幅度过大,则会引起消费者对服装或服装店的猜疑,同样达不到降价的目的。根据经验,消费者对价格降低10%~30%,能正常知觉和理解。因此,消费者对降价客观存在一个知觉"阈限",经营者降价应在此阈限范围内。当然这一知觉阈限并不是一成不变的,它会依经济环境和服装特性的不同而有所差异。服装店应视具体情况把握。

(2)准确的降价时机。对于季节性大的服装,当时至季中仍然库存过大时,应立即采取适当的降价措施;流行性服装,当流行高峰一过就要马上采取降价策略,否则,失去时机后即使降价也难以收到预期效果;对于一般性服装,降价的最佳时机是在进入成熟期后的峰点临近时，因为此时消费者对此类服装的评价尚高，降价有可能刺激需求，从而使服装的生命周期得到一定的延伸。

(3)相对稳定的降价频率。由于服装价格降低幅度把握不准，而造成多次降价，会使消费者产生不信任的心理效应。为避免这种情况的发生，经营者必须保持降价后的相对稳定；否则，店铺的降价计划就会落空。

3.降价的方式

保持原先价格不变，事实上就是维持自身品牌的尊严，就是守住自身的销售阵地。但为了扩大市场占有率，为了和竞争对手周旋而必须有降价的情况之时，店铺可采取一定的方式。一般来说，降价有两种方式，一种是明降，另一种是暗降。明降是直接将服装的标价降低，如从200元降低到180元。这里主要介绍一下暗降，因为与明降相比，它是更为有效的方式。暗降的方式主要有以下几种：

(1)发行优惠券。即发放或在报纸广告栏中刊登优惠券，并告诉消费者持此券可以到指定的店铺去购买指定服装，可以享受几折优惠。这也是促销活动中常用的一种方式。这种做法会让消费者感觉，该服装并非滞销，并非过时，并非质量差，它不是降价，而是对部分人实行优惠。因此，消费者就会踊跃地持券购买。这里应当注意的是，优惠券的发放面不应过大，报纸上刊登的优惠券应有较强的时间限制而不能期限过长，这样才能促使人们尽快采取购买行为。

(2)退还部分购买款。即消费者如果将证明购买特定的服装的证件或标签交给服装店，店员可直接或通过其他方式将一定的金额退还给顾客。

(3)给予实物馈赠。英国一家油漆店为了加大油漆的销售量，采取了这样一种策略：给1 000名顾客邮赠漆刷，并附言："你似乎需要油漆房子，让它焕然一新，为此，特赠送你一把油漆刷子。凡是持此信前来我店的顾客，油漆一律八折优惠。请勿错失良机。"这一策略的实施不仅使油漆的销量增加了5倍，还获得了远近闻名的效果。所以，有时你施予一点小小的实物馈赠，却能得到意外的大收获。

(4)更新服装面貌。所谓更新服装面貌是指经由简化包装，更换品牌，使之以"新面貌"出现。这种更新面貌后的服装比原来的定价要低，容易销售。也许有人会认为，降价就降价，何必老是遮遮掩掩？毫无疑问，店铺费尽苦心，想出这样或那样的主意绝非心血来潮。可从以下几点来考虑暗降的必要性：

首先，现有服装如果直接降价，今后欲使价格回升就显得非常困难。采取以上几种暗降的方法则非常灵活，价值随时可放可收，游刃有余。

其次，价廉，尤其是降价后的价廉往往给消费者的感受是商品卖不出去的无可奈何之举。降低现有服装价格,会使产品的形象受到损害。采取上述种种方法降价,无损于店铺与商品在消费者心目中的形象。

最后,采取暗降的方式,可避免与竞争者的直接冲突以及不必要的价格争斗。

服装降价必守法则

服装降价促销是指服装店一定时期内为扩大销量,迫于市场压力,如消费者、竞争对手、产品更新换代等原因,利用服装降价快速占领市场、提升市场占有率的促销行为。降价促销是一门深奥的学问,不是单纯把价格降低那么简单。针对许多服装商家都打出了降价优惠的旗号,服装商家在竞价促销的时候到底该注意哪些事项呢?

1.降价要"师出有名"

现实服装店降价的名目、理由通常有:

(1)季节性降价。

(2)重大节日降价酬宾。

(3)服装店庆典活动降价。如新店开张、开业一周年、开业100天、销售突破若干万元或若干万件等,都可以成为降价的理由。

(4)特殊原因降价。如商店拆迁、服装店改变经营方向、柜台租赁期满,等等。有的服装店虽然一年四季降价不断,但每次都是名正言顺,事出有因,降价次数虽然多了点,但也没有损害服装店的形象。

2.制定长远的价格竞争策略

为了摆脱价格战的侵害,我们可以为自己制定长远的价格竞争策略,为自己寻觅一个新的可替代商品,参与价格战,制止价格战的蔓延,及时有效地避免现有品牌受损。

3.在降价的操作技巧上,要注意以下问题

(1)根据经验,降价幅度在10%以下时,几乎收不到什么促销效果;降价幅度至少要在15%~20%以上,才会产生明显的促销效果。但降价幅度超过50%以上时,必须说明大幅度降价的充分理由,否则顾客会怀疑这是劣质服装,反而不敢购买。

(2)一家服装店少数几种服装大幅度降价,比很多款服装小幅度降价促销效果好。知名度高、市场占有率高的服装降价的促销效果好,知名度低、市场占有率低的服装降价促销效果差。

(3)把降价标签直接挂在服装上,最能吸引消费者立刻购买。因为顾客不但一眼能看到降价金额、幅度,同时能看到降价服装。两者相比较权衡,立刻就能做出买或不买的决定。

(4)在降价标签或降价广告上,应注明降价前后两种价格,或标明降价金额、幅度。有的服装店会把前后两种价格标签挂在商品上,以证明降价的真实性。

服装降价的四大要点

降价是受消费者欢迎的,因为它迎合了消费者的求实求廉心理。每一个消费者都希望能以有限的支出买到更多的消费品,即使一部分收入较高或很高的人,也希望以自己的现有财产获得更多更高的享受。在服装降价时要注意以下策略。

1.降价的幅度要适宜

心理学研究表明,并不是任何刺激都可以引起人们的感觉,刺激物必须达到一定的量,感觉才能产生。对于降价商品,消费者最为关心的就是它的降价幅度。如果降价幅度过小,就不能引起消费者的注意和兴趣,尤其是一些错过供应季节或式样过时的服装和保管不当而使品质下降的服装,降价幅度过小,消费者更是不屑一顾。

那么,降价幅度越大就越好吗?也不是。因为降价幅度过大,消费者在"比值比质"的价格心理作用下,会对服装的价值和质量产生较大的疑虑,也同样达不到促销的目的。根据很多服装店的实践经验得出,当服装的价格降低10%~30%时,消费者都会感到这些服装还存在价值,购买不会冒很大的风险。如果服装降价幅度超过50%,消费者就会对降价商品的质量产生猜测和顾虑,丧失购买信心。

2.价格要相对稳定

价格降低能够刺激购买,这只是问题的一个方面;另一方面,如果连续降价,会引起消费者购买欲望的减退。因为消费者本来就对降价商品有一定的顾虑心理,如果短期内连续降价,就会使消费者的顾虑心理加重,不信任感加强。较为理想的办法是一次刺激,刺激得恰到好处,然后让价格稳定较长一段时间,这样销售量才会回升。同时,也能让消费者从一定程度上产生"机会难得"这一心理效应,从而珍惜机会,提前购买或多买。

3.降价一定要一步到位

如果要将服装降价,必须遵守的一个原则就是一定要一步到位,切不可出现价格不断下降的情况。消费者的基本心态之一就是"买涨不买跌"。时隔不多日,而多次降价,消费者不由自主地产生等你再跌价的期待,而不会争先恐后抢着购买。如果是这样的话,企图通过减价而促进销售的计划也就全盘落空。

4.要准确地选择时机

现在,有些服装店一年四季都在变着花样减价。其结果,这样的价格就变成了习惯价格,已很难起到促销的作用。因此,降价时机选择的好,会大大刺激消费者的购买欲望,选择的不好,就会达不到预期效果。另外,如流行服装的降价时机最好选择在流行高峰刚过;库存较大的季节性服装的降价时机最好选择在季中;一般性服装,则应在商品成熟期的后期开始降价,等等,这些都可能产生较好的促销效果。

主动降价的影响

我们常看到有的商家打出的降价招牌上写着"清仓大甩卖"、"降价处理"等字眼,但是如果见的次数多了就容易贬损店面及品牌形象,让人感觉是在处理廉价低档商品。因此商家在降价的时候,也要预想到降价所带来的影响。即使降价,也应尽量使用"折扣优惠价"、"商品特卖"、"让利酬宾"等给人较好印象的字眼。

1.观察顾客的反应

无论是提高价格还是降低价格,都必然会影响到顾客的购买,进而影响到服装的销量。一般来说,服装降价时,顾客的购买量会增加,但顾客也可能因为有以下几种看法而影响购买量:

(1)这种服装有某些缺点,销售不畅。

(2)降价的这种服装的式样老了,将被新款服装代替。

(3)现售的这种服装的质量下降了。

(4)价格还要进一步下跌。

(5)服装店企业财务困难,难以继续经营下去。

价格的提高通常会使服装的销售量减少,但是购买者也可能因提价而购买。其原因在于,顾客会认为:

(1)提高价格,表明这种服装很畅销,不赶快买就买不到了。

(2)提价表明这种服装很有价值。

总的来说,顾客对价格变动的反应会因服装价值大小和购买频率的不同而有所不同。顾客对于价值高又是必需品的服装的价格变动比较敏感。对价值低、不经常购买的服装的价格变动不大注意。

2.观察竞争者的反应

服装店面临的主要竞争者可能是一个、两个,也可能是多个,竞争者对服装店调价可能有完整的对策,也可能对每次价格调整采取不同的对策。所以了解竞争者的反应要比了解顾客对服装店调价的反应更加复杂。

要了解竞争者的反应,可假设服装店只面临一家大的竞争者,竞争者的可能反应可从两个不同的出发点加以理解:一是假设竞争者有一组适应价格变化的策略;二是假设竞争者把每一次价格变动都当做单一的挑战。对每种假设,都要有不同的研究方式。

对于假设竞争者有一组价格反应政策的情况,可通过内部资料和借助统计分析来了解它们。内部情报的取得方法有好几种,有些是可接受的,有些则近乎刺探。如从竞争者那里挖来经理,以获得竞争者的考虑程序及反应形式等重要信息,或者雇用竞争者以前的职员专门建立一个单位,其工作任务就是模仿竞争者的立场、观点、方法思考问题。另外,还可以通过顾客、供应商等各个渠道来获取竞争者的信息。

服装店如要估计、预测竞争者对本店的产品价格变动的可能反应,可从以下方面进行考虑:

(1)如果竞争者对付本店的价格变动仍是原来的老办法,在这种情况下,服装店可对竞争对手的反应进行准确的预测。

(2)如果竞争对手采取的办法是把每一次价格变动都看做新的挑战,并根据当时自己的利益做出相应的反应,面对这种状况,店主就必须断定当时竞争对手的利益是什么。服装店必须调查研究竞争对手目前的财务状况,以及近来的销售和生产能力情况、顾客忠诚情况以及自己服装店的目标等。如果竞争者的店铺目标是取得最大利润,他就会采取增加广告预算、加强广告宣传或者购进高质量服装等对策。如果竞争者的目标是提高市场占有率,他就可能随着本服装店商品的价格变动而调整价格。总之,当你的服装店的价格变动时,估计出竞争对手的价格变动反应对策是确保服装价格变动成功的关键。

当你的服装店铺面对多个竞争对手时,如果要变动价格就必须估计每一个竞争者的可能反应。在所有的竞争者反应大体相同的情况下,就可以集中力量分析典型的竞争者,因为典型的竞争者反应可以代表其他竞争者的反应。如果由于各个竞争者在规模、市场占有率及政策等重要问题上有所不同,它们的反应也会有所不同。在这种情况下,就必须对各个竞争者进行逐一分析。总的说来,服装的价格变动是一个比较复杂的问题,店主只有认真、谨慎地对待,才能取得良好的效果。

为什么要主动提价

对于服装的提价,消费者一般都不会持肯定态度。即使店铺有一千条理由、一万个原因,消费者在心理上都会产生一种不平衡感。实践证明,某款服装提价后,在很长一段时间内都比较滞销,只有等到人们从心理上渐渐适应了以后,市场才能慢慢复苏。有鉴于此,精明的店主都尽量避免提价。但是,有时由于通货膨胀的因素,市场物价水平持续普遍上涨,店铺的成本开支不得不随之增加,迫使店铺只能提高价格来维持经营。然而,价格的提高是有技巧的。这种技巧如果运用恰当,可使店铺不受或少受因涨价而带来的不良影响。如果根本不讲技巧,或者技巧拙劣,则会对店铺的经营造成很大的影响。

无论什么原因造成的提价对消费者利益总是不利的。因此,必须注意消费者的心理反应,采取恰当的提价策略。

(1)如因服装成本上升而造成的提价,要尽量降低提价幅度,同时努力改善经营管理,减少费用开支。

(2)如是为获利而提高价格,要搞好销售服务,改善销售环境,增加服务项目,树立良好声誉。

(3)如因供不应求而造成的提价,切忌哄抬物价招致消费者抱怨。要在充分考虑消费者承受能力的前提下,适当提价。

店铺提高服装的价格与降低服装的价格一样也有两种方式,即明调或暗调。明调就是把服装的标价直接提高。例如,某种品牌的服装,原来卖 350 元,现在提高到 380 元。暗调就是服装的标价不变,从服装的其他方面进行考虑,来实际提高服装的价格。

服装店最好避免明调,在没有选择的情况下,也应说明并尽可能大范围地宣传调价的实际原因,如原材料上涨、加工费用提高、销售渠道费用提高等。如有可能,服装最好是以暗调的方式进行涨价。暗调的方式多种多样,这里仅介绍有代表性的两种方式。

1.减少服装数量,达到实质上涨价的目的

有些服装已经有了习惯定价,稍有变动消费者便会产生不满情绪,对这类服装可以通过减少数量来达到自己的目的。这样,当竞争对手提价的时候,本店铺却可以大力宣传价格不变。尽管从实质上来说,本店铺和竞争的对手所获实际利润别无二致,但消费者更能接受你的商品而非竞争对手的商品。这与消费者的习惯定势有关,也与消费者厌恶涨价有关,但必须谨慎处理数量问题,让消费者不会有太大的察觉,否则,消费者很可能产生受骗的感觉。

2.更换产品型号种类

不难发现,国外的服装往往都是一系列若干种型号。这一做法实际上是善于经营的体现。因为从价格角度而言,这类服装如要提价,只需更换一种型号就行了,内在质量几乎完全一样,个别部位的款式略作改动即可。这种提价既方便,又隐蔽,消费者很难觉察,也就谈不上心理上不能接受的问题了。应当说,这是一种极为科学与艺术的提价方法。

服装提价的五种策略

从经济学的角度讲,物价指数总是呈上升趋势,价格上涨是一种正常的经济现象。同时,由于消费者收入也在不断增长,所以,一般来讲,价格上涨不会造成消费者实际生活水平的下降。但商品提价对广大消费者的经济利益总是不利的,因为商品价格上涨意味着购买同一商品需要支出更多的货币,所以,消费者心理上自然对商品提价有一种不愉快的反应或本能的反应。因此,服装店就应该尽量避免提价。非提不可的,则可以考虑以下心理策略。

1.选择合适的时机

如逢年过节,人们的心情好,购买欲望旺盛,承受能力较强,这样,就能在一定程度上缓解人们对提价的心理反应。另外,当相关商品,特别是同类服装店的服装纷纷降价时,也是提价的好时机,它往往通过顾客的"求异心理"而奏效。

2.提价幅度要尽可能小,必要时可分若干次提价

提价幅度小,不超出消费者的感觉阈限,引起的心理反应就行。分几次提价比一次涨很多效果要好。从消费者心理的角度看,消费者能接受降价的事实,但是不能接受涨价的事实,因此,只能采用类似"慢火煮青蛙"的策略,通过每次小幅度加价的模式,让消费者逐步接受涨价的事实。提升价格时,不是所有的服装都提价,是通过对各个产品的分别提价来实现价格最后的整体提升。在操作过程中,尽量加长两次涨价的间隔,使消费者有心理上的承受与习惯。

3.更新产品线

更新产品线是涨价最常用的策略之一。因为产品的更新,使更多的消费者被迫接受新品,而成本提高,或者形象优化等都成为新品价格高于老品的理由。

比如,本次涨价,如果是各服装店自己的经营行为,可以将服装逐步淘汰,然后以新品出现替代为由,将市场逐步替换,让消费者在不知不觉中,选择新品。

4.提出令人信服的涨价理由

涨价的理由要根据各自情况进行提炼,最合适的理由不是说得最动听、最能博得同情,而是能转化为正面宣传,使更多客户理解,是一举两得的事情。最好的理由就是让消费者感觉涨价并没有损害消费者利益,而是真的获得了更多消费回报,这样不但没有负面影响,还能带给消费者"一分钱一分货"的感觉。

5.不可轻易涨价

要认清这样一个概念:降价不仅容易损伤整体品牌形象,而且一旦降价就很难再涨回去,而涨价也容易降低消费者对品牌的好感度,甚至产生严重的拒买现象。很多服装通过涨价成功地提高了其价值感与品牌价值,但注意一定要制定科学的定价策略并谨慎地进行价格调整,防止这柄利剑伤到自己。

调整服装价格的必要性

服装市场瞬息万变,服装价格的制定不是一劳永逸的。服装店必须根据市场环境的变化,不断地对价格进行调整,发动价格进攻战略。价格进攻战略包括两种情况:一是根据市场条件的变化主动进行调价,即主动变价战略;二是针对竞争对手的价格变动进行调价,即应对变价战略。

对价格经常做或升或降的调整,这是价值规律的客观要求,也是服装店的一种重要定价策略。它的意义主要体现在以下几点。

1.有利于服装的销售

在市场环境中,商品价格同市场需求是紧密联系在一起的,一般情况下,当商品价格上升时,市场需求就下降;相反,当商品价格下降时,市场需求就上升。有时候,由于商品自身的特点,即使商品价格不断上升,市场需求不但不会下降,还会有上升的趋势。所以,对服装价格的不断调整,只要掌握好时机,看准市场,那么不论上升或下降,都不会影响其销售。

2.反映服装的价值

价格是以价值为基础的,价格的确定要正确、及时地反映服装的价值。通常,服装的价值越大,其价格也就越高;反之则低。通常所说的"一分钱一分货"就是价值的大小在价格上的反映。

3.掌握服装经营的主动权

服装店必须把握好价格调整的时机,只有这样才能使店铺主动适应市场。该升则升,可以使店铺得到更多的利润;该降则降,可以使店铺扩大产品销售量,加快资金周转速度,同样可以增加利润额。所以,服装的价格升降合理,进退有据,是服装店居于主动经营地位,在市场竞争中成为赢家的重要条件。

4.适应服装市场的形势

市场的供求关系是在不断发生变化的。所以,服装的价格也要适应这种变化;在畅销时上升,在滞销时下降,以尽量达到供求的相对平衡和稳定。

价格的被动升降

前面提到的是服装店依据各种情形进行的主动调价,另一种是由于竞争者首先调整了价格,迫使本服装店必须采取适当的价格对策。被动调整价格,也包含被动降价与被动提价两种方式。但从策略上讲,两者都是为了对付竞争者的调价而及时做出的一种反应。

然而,被动调价不是毫无主见地看到竞争者怎么变自己也跟着怎么变。服装店企业在对竞争者价格变动做出反应之前,应该调查研究和考虑竞争者为什么要变价;竞争者的变价是权宜之计还是永久性的;如果对竞争者的变价置之不理,将对服装店的市场份额和利润有何影响,其他服装店是否会做出反应;竞争者和其他服装店对于本服装店的每一个可能的反应又会有什么反应;竞争者目前的财务状况如何,经营能力怎样,销售目标和顾客的忠诚程度如何等问题。在对竞争者调整价格的目的及同行业的反应进行研究的基础上,根据本服装店的具体情况,采取相应的对策。

在经营同类商品的服装店中,如果竞争者降价,本服装店也必须随之降价,否则顾客就会购买竞争者的商品而不购买本服装店的商品。如果某一些服装店提价,其他服装店在认为提价对自己有利的前提下也可能会随之提价,但是如果有个别服装店仍然维持原价,那么最先发动提价的服装店和其他服装店也无法成功提价。

在经营不同类型商品的服装店中,服装店对竞争者的价格变动的反应有更多的自由。在这种情形下,购买者选择服装时不仅会考虑服装价格高低,而且会考虑服装质量、服务、可靠性等因素,因而在这种情形下,购买者对于较小的价格差额一般不会太在意。

在市场经济条件下,服装店之间的竞争往往会相当激烈。为了提高市场占有率,在市场上站稳脚跟,面对竞争者的价格攻击,服装店可选择以下策略。

1.价格不变

当服装店认为跟随竞争者实施削价会减少太多利润,而保持价格不变,市场占有率也不会下降太多,必要时也很容易夺回来,而借此机会,正好摆脱一些对自己而言不太重要的顾客,并且也有把握保留住较多的顾客时,可采取价格不变的策略。

采用这种策略时,必须考虑到竞争者会因为初战告捷而更有信心,自己的店员会士气下降,最终可能损失比预期更多的市场占有率。等到服装店被迫最终采用降价来收复市场时,会得不偿失。

2.运用非价格手段反击

非价格手段即保持价格不变,同时通过改进商品包装、服务和市场传播,使顾客认识到他们支付的每一分钱,都能买到比竞争者那里更多的东西。经过比较发现,这种策略往往比削价和低利经营更有利可图。

3.降低价格

服装店采取这种策略的原因是他们认为降价可以使销售量增加,从而使成本费用下降;市场对价格很敏感,不降价就会使市场占有率下降;市场占有率下降之后就难以恢复。必须注意,服装店的降价不能建立在降低商品质量和服务水平上,而应保持原有质量和服务水平,甚至更好。

4.提价并以商品反击

有的服装店,不是维持原价或削价,而是提高原来服装的价格,并推出新的品牌,围攻竞争者经营的品牌。

服装店要视具体情况来确定价格变动的最佳策略。受到进攻的服装店要考虑竞争者的意图和资源,市场对价格的敏感性,成本费用随销售量变化的情况,以及服装店的其他因素。

在竞争者已经发动了价格变动时,服装店花很多时间去研究最好的反应方案是不可能的。服装店要在短时间内,明确果断地做出反应。唯一的办法是事先预料竞争者可能的价格变动,准备好适当的对策。这需要服装店的经验积累。

价格根据市场灵活波动

在市场竞争激烈的情况下,服装店为保存实力通常会采取按同行竞争者的产品价格来定价的方法。随行就市的定价方法主要适用于需求弹性比较小或供求基本平衡传统行业的商品。这种情况下,如果某服装店把价格定高了,就会失去顾客;而把价格定低了,需求和利润也不会增加。所以,随行就市是一种较为稳妥的定价方法。也是竞争导向定价方法中广为流行的一种。

服装店在竞争中采用这种方法有以下几个原因:

(1)避免竞争激化。

(2)有些服装的成本核算较难,随行就市定价是本行业众多服装店在长时间内摸索出来的价格,与成本和市场供求情况大体符合,容易得到合理的利润。

(3)如果制定与其他竞争店铺不同的价格是希望比其他竞争企业得到更多的利润,但能否如意却没有很大的把握,就贸然制定不同价格,可能会弄巧成拙。

随行就市定价法定价的具体形式有两种,一种是随同行业中处领先地位的大服装店价格的波动而同水平波动;另一种是随同行业产品平均价格水准的波动而同水平波动。在竞争激烈、市场供求复杂的情况下,单个企业难以了解消费者和竞争者对价格变化的反应,采用随行就市的定价方法能为服装店节省调研费用,而且可以避免贸然变价所带来的风险;各行业价格保持一致也易于同行竞争者之间和平共处,避免价格战和竞争者之间的报复,也有利于在和谐的气氛中促进整个行业的稳定发展。

采用这种方法既可以追随市场领先者定价,也可以采用市场的一般价格水平定价。这要视本店服装的特征,以及服装的市场差异性而定。比如,在类似于完全竞争的市场上,服装店只能按既定价格出售商品,而毫无控价能力。此时,服装店多采用随行就市定价法,即将自己的价格始终与市场价格水平保持一致,并通过数量调整的方式来追逐市场价格的变化,通过降低流通费用来获得必要的利润。

产品价格不仅能体现产品价值,还能体现许多社会心理特点。一直以来,消费者都对价格特别敏感,再加上有些人喜好攀比,喜欢通过产品档次来体现自己的社会地位、文化修养和生活品位等,这就必须要求店主们认真了解大众的需求特性,积极采取不同的对策。

生活中有很多人都有"购物狂"倾向。但这并不成为一些服装店对商品随意定价的理由。要在服装店市场深扎下根,需要服装店根据多方面的具体情况进行灵活定价。具体服装定价的高低与个人意愿、情感、个性、环境等紧密联系,它不仅是服装本身的价值体现,还应符合社会的心理价值。不能机械化地理解消费者对价格非常敏感的特征,要知道并不是所有人都喜欢购买物美价廉的服装。不同身份的人有不同的价值观,进而决定了他们的购买欲望和购买需求。所以,服装店要在具体位置、关键时刻深刻捕捉到消费者的心理特点,然后合理地制定价格,促使大众放心购买。

在市场经营过程中,定价是非常灵活的市场策略,需要根据不同消费地区而灵活定价;也可能被竞争对手逼迫而开展一些促销活动,实行促销性定价;也可能为了巩固某一市场,如高端市场,需要采取与中低端市场有差别的定价策略,让广大消费者感知品牌档次的不同。如果市场手段不断翻新,也需要针对产品组合进行定价,也可采取直接打折或赠送礼品的方法进行定价等。在具体定价过程中,需要确保成本,有效地迎合竞争,灵活制定相应的价格策略,才能顺应长远的服装市场的发展,这是商品市场定价方法的重要原则。

逆境而上,积极推销滞销品

在进行服装店的业绩分析时,我们肯定要对畅销品和滞销品进行一个详尽的分析对比。因为这能让我们对库存有一个很清晰的了解和把握,同时也让我们对销售重点做到心里有数。

但奇怪的是,经常会发生这么一个现象:有些畅销的服装永远畅销,而其他的款式却好像总是没有动静。除了有限的那几款服装畅销之外,其他的好像都是滞销品。这样就会直接导致货物失衡的情况出现——畅销的那几款服装经常处于缺货状态,其他的却长期处于滞销状态,甚至越积越多。这会让店主非常的为难。补货,那些滞销的服装老是卖不出去,资金流动不起来,库存也会越来越多;不补货,销售额又上不去。

于是很多店主就会让导购们向顾客主要推荐那些滞销的款式。这会让导购们开始抱怨:不是自己的销售能力不行,而是那些滞销款设计的不够好看,顾客的确是很不喜欢。深层次的原因是陈列的时候没有把滞销服装款式当成主打商品,没有将之放到最好的展示位置上,没有做好广告宣传。这时,店主需要采取以下几方面的措施进行补救。

1.给滞销的款式找一个好的位置

再好的服装款式如果摆在了一个很不起眼的位置,也会很难被顾客发现,何况是滞销品。好的位置通常会给顾客带来更多的关注,会让顾客发现它的美和价值所在。

2.给滞销的款式更多的关注

给滞销品更多的关注,最简单的方法就是让导购们了解、发现此类服装的价值并真心喜欢上自己所卖的服装。而且,导购还要把它们喜气洋洋的穿在身上,这种做法对顾客来说很具有杀伤力,经常会有顾客因为导购员穿在身上的衣服而引起购买欲望。

3.对导购进行销售模拟训练

当导购爱上了滞销的款式,店主可以在店里比较淡场的时候,组织导购进行一些滞销款式的模拟销售训练。这就好比是战前练兵,事前练熟了,才能在打仗的时候取得更好的成绩。

4.对导购进行压力与奖励并行的奖惩手段

比如卖出一件滞销服装奖励多少钱，没有按照规定卖出去则给予小小的惩罚。激励和压力其实都是动力，想让滞销品脱销，必须要靠这些动力来改变导购的销售习惯，销售习惯不改变，销售也就很难有突破。

一般而言，服装店中有 80% 的服装是卖不动的，服装店要靠剩下的 20% 的服装赚取 80% 的利润。上面的那些措施虽然会有一些的作用，但是只是治标不治本的一些皮毛工作。投入大量的广告和促销费用来宣传滞销品，投入相同费用对畅销款式进行宣传可以获得 10 倍的宣传效果。从成本分析上来看，我们应该把心思全部投入到畅销款式的采购和销售上，卖不动的滞销款式应该尽快割舍掉。

打造高性价比的商品

性价比是服装生产、营销和顾客购买所考虑的最重要的指标。高性价比的服装能够最大程度的满足顾客的需求。毋庸置疑，性能价格比是性能与价格的比值，它的比值越大性价比越高。通俗地讲，就是"这件衣服/裤子物美价廉"。

消费者最关心的事情就是花钱买来的服装是否物有所值或物超所值。所以为顾客精心挑选价廉物美的服装是建立价格形象的第一步。在价格战打得一塌糊涂的今天强调采购物美价廉的产品有点老套，但是这种定价策略的确是价格形象的基础。只有建立严格的质量监督体系并落实到各个运营环节才是提高性价比的有效方法。

如今，购买服装已经不是买到衣服那么简单的事情，消费者还会关心到购物体验。他们希望这种体验是：在这家商店购物很便捷；我想要买的服装从不缺货；这家店的货架陈列便于选择和购买；我总能在里面发现最新款式的服装；导购员很友善地为我服务。

消费者这种期望的实现程度决定了他们对这家服装店的性价比的评分。所以在库存和货架管理、服饰布局和陈列、新款式引进、销售人员的微笑服务和收银设施等方面做得更出色都能有效提高"性价比"分数。消费者的可支配收入越高，对"性价比"的重视程度越高，而这部分消费者正是很多商家的重要目标人群。

性价比的有以下几种变化情况。

1.性价比上升

性能上升、价格下降;性能上升幅度大、价格上升幅度小;性能下降幅度小、价格下降幅度大。例如,电子商品和信息产品,随着科技的进步,电子商品的性能上升飞速,但由于制造水平的提高及成本的下跌,同型号产品的价格不断下跌,造成了性价比的提高。

2.性价比下降

性能下降、价格上升;性能上升幅度小、价格上升幅度大;性能下降幅度大、价格下降幅度小。则与上述关系相反。

3.性价比不变

性能和价格变化幅度一致;说明性能和价格的变化率相同。

维护服装的价格诚实度

价格诚实度指的是该店铺在价格方面是否诚实可信, 是否用低价把消费者吸引到服装店,结果却发现特价产品早已经卖空。

一项针对中国消费者调查的结果显示影响店铺价格形象的三种因素权重如下:性价比43%,价格优势40%,价格诚实度17%。价格诚实度虽不是影响价格形象最重要的因素,但也占了不小的百分比。

要维护价格的诚实度至少要注意三条:不要让消费者担心假货;不要让消费者担心实际收款和标价不符;让消费者容易退换货品。当然,价格诚实度的建立不是件容易事,需要长时间的积累,在这个过程中有力的公关活动能促进消费者的加深印象,千万别因为一件小事破坏很长时间建立起来的诚实度。

"不是最低价退款"是一种不错的宣传方法,但你在准备运用它之前先必须想清楚,你是否已经具备这种实力,并且无论在什么情况下都100%承兑。企图通过给"认真的消费者"设置圈套的想法可能会最终把自己"套"了进去。

规避价格战

盲目压缩成本的后果只能是逐渐无利可图,更难以在服装的款式、质量的研发上有所突破,久而久之就会降低产品的质量,在竞争中逐步位居劣势,最终反而会被顾客抛弃,因而服装店会陷入一片迷茫的境地。

价格战不到逼不得已不能参与,除非你有必胜的把握。为了应对愈演愈烈的价格战,服装店主要需要采取这样几种抵御战略。

1.坚持发展品牌战略

未来全球化的竞争不再是产品的竞争,而是观念和心智的竞争。能够在市场上获胜的服装店,必定是拥有强势品牌的。

品牌的正面作用力越强,服装店的生命力就越强;反之,服装店很难获得持续的成长。只有坚持发展品牌路线,才能直接针对消费者产生巨大的拉力,并且可以在任何逆境保持顾客的忠诚度,提升自身的效益,达到可持续发展的目的。

2.制定长远的价格竞争策略

为了摆脱价格战的侵害,你可以为自己的具体情况制定长远的价格竞争策略,为及时有效地避免现有的品牌受损,就不要盲目参与价格战。

3.调整产品系列

一般来说,价格的下降意味着成本的减少,这会减少服装店的赢利能力,并且需要提升价值链的竞争力,给服装店造成不少麻烦。但如果竞争对手们非要逼迫你降价,你可以调整系列产品,减少产品的量,从而减轻顾客的支付压力,确定新的价值取向。

4.增加服务的附加值

在竞争对手降价的时候跟着降价不是明智之举,而是要增强自身的服务,提高服务质量,这才是应对价格战的良策。

这样不仅避免给消费者造成质量下降的错觉,还能更好地保持店铺的形象和品牌效应。

5.捆绑商品团体出击

让产品捆绑销售,团体出击也是一种典型的促销技巧,它是在价格不变的基础上,与其他商品捆绑在一起销售,也可能将几件服装一起以更实惠的价格出售。通常打折会容易损坏品牌形象,但捆绑销售能给一个类似批发低价的理由,从容应对顾客的质疑,这是许多服装店可以考虑的方向。

相信大家已对服装价格的影响因素,定价策略都有了比较全面的了解,关键是学以致用。学以活用。创造出价值,获得利润,经营好服装店,才是重要的。

第八章

扩大服装店人气的广告宣传技巧

在服装店销售中，那些提供服装信息的横幅、标语是引导消费者进入服装店的最好广告,醒目的品牌名、柔和的灯光、漂亮的氛围设计等都是服装促销的有利手段。

广告的适合性选择

有一家刚开业不久的服装店,它的店址不在繁华商业区,附近也无大的居民区,更没有固定的顾客群,但是这个服装店却以"亏本生意"打开了经营局面。

该服装店开业后的第一招是广发广告传单,宣称优惠大酬宾,特别突出某几款相对于其他店的同类款式便宜了50元。这种优惠,对于善于精打细算喜欢货比三家的顾客来说,无疑是一个好消息。有的顾客还主动为服装店当起了义务宣传员,一传十,十传百,服装店便在市民中有了物美价廉的口碑。

虽然广告在服装店经营中所占的位置并不像大企业那样突出,但是恰当的广告宣传的确可以给服装销售带来极大的动力,帮助服装店吸引潜在顾客,增加销售额。广告对服装店的意义主要表现在以下三个方面。

1.提高服装店的知名度

服装店刚开业的时候,需要伴随着强劲的广告宣传。否则顾客不知道、不了解服装店的信息,也就谈不上有购买行为,也很难在市场上崛起。

2.巩固市场地位

服装店开起来之后,我们会发现由于利益的驱动,很快就会出现一大批同行的竞争者,或者原本就有很多的竞争者。服装店只有通过不间断的广告活动,宣传自己与众不同的优点、特色,以及它给消费者带来的特殊利益,才能增强市场的竞争力,保持和扩大服装店的市场份额。

3.保障服装店的合法权益

当服装店遇到恶性竞争的时候,除了采取必要的法律手段之外,还应该尽快地利用广告向顾客详细说明情况及辨别真伪的方法,以保障自己的正当权益。如果服装店不懂得利用广告,就很难向外界公开相关信息,服装店受到的损失会更大。

创意源于生活,要做出好的广告首先要研究目标顾客的心理,尤其是情感需求,在把握消费者情感定位的时候,我们应该注意以下几条。

1.一定要有真情实感,避免虚情假意

情感广告依靠的是以情动人,如果广告中没有真情实感,只有冠冕堂皇的空话或者虚情假意,那么这样的广告不做也罢。

2.把握感情表达的限度,避免广告中出现不道德的内容

中国传统的情感表达方式都是比较含蓄和内敛的, 表达爱情的时候或许只是一个充满爱意的眼神或者是一个拥抱,远远没有西方人那样奔放。所以在学习西方创意的时候一定要把握好一个度的问题。

3.避免文化冲突

广告创意人员在做广告创意的时候,一定要先彻底了解当地的风俗人情,不要做出一个被消费者唾弃的广告。否则不仅会损害广告主的利益,也伤害了消费者的情感。

广告费的适当选择

服装店的资金有限,但是要扩大自己的销售量,有时候还是需要利用广告来宣传一下自己。正如一位资深的美国记者曾说的:"只要有足够的经费,我能使一块砖头被选为州长。"广告的威力由此可见一斑。

做广告要不惜本钱。舍不得合理的广告投资,不善于利用一切宣传自己的机会,那么你的服装只能堆积,不能很快地变成金钱。

同时,做广告要量力而行,看看应投入多少广告费用才合适。在做广告之前一定要学会合理的预算。在广告促销中,有一句名言:"我知道我的广告费一半浪费了,可是却不知道是哪一半。"这句话背后就是说明了广告投放策略的重要性。那么如何才能找回浪费掉的"另一半"呢?

1.定位目标群体

在进行广告投放时,我们的头脑中一定要有一个清晰的目标顾客定位。虽然我们不能指望广告能打动所有的人, 但是能精准地打动目标群体就是成功的广告。如果一个做少女服装的广告让老头老太太们喜欢得不得了,那么这个广告就白投了。因为广告已经错位了,老头老太太再喜欢这个广告,也不可能去买少女的衣服来穿。

2.选准传播媒介

很多企业倾向于将电视广告、广播广告、报纸广告、杂志广告和促销等放在一个盘子里搅拌，然后一股脑洒向市场，对消费者进行强行灌输，以为这样就能产生最佳的广告效果。殊不知，不同的媒体，具有不同的作用，虽然不分青红皂白的广告轰炸多少也能带动销售，但这其中又浪费了多少血汗钱。我们应该根据不同媒介的优缺点以及服装店的特殊情况进行择优选择。

3.强调独特的销售主张

要想让广告在消费者的心中扎根，需要感念聚焦法则，使潜在顾客对服装店的服装具有精准的记忆力。所以，每一条广告都必须要向消费者提出某种主张，这个主张不仅仅是对服装自吹自擂的炫耀，最重要的还是要向顾客传达这样的一种理念——"买下这件衣服，你将会获得这些好处"。

另外，这个主张应该是竞争对手还未提出来的、能强有力地吸引大量受众注意的广告主张。

4.利用音乐传播效果

音乐无国界，音乐是世界上唯一不用翻译的语言，它总是能很轻易地吸引不同国籍、不同民族、不同肤色、不同性别、不同年龄的人。在广告传播中，借助音乐歌曲的传播，可以大大增强传播效果。一般情况下，歌谣、童谣为主的广告音乐更容易记忆，也容易流传。轻松愉悦的广告歌曲能减少收听者的抗拒心理，是记忆度极佳的诉求工具。

广告预算支撑着广告计划，关系着广告计划能否落实和广告活动效果的大小。专家曾系统归纳了制定广告预算的各种方法，包括：

(1)全年销售额的一个固定百分比，这是比较方便管理的一种方法。

(2)如果外在环境变化不大，要维护往年的预算，然后按通胀率调整。

(3)与竞争对手的预算持平或是更超前的时候，意味着假设竞争对手是正确的。

(4)直觉判断，单凭感觉及经验的经营者不少，这在国内成为感性投放。这尤其需要看经营者的"胆略及高见"。

(5)视利润状况而定——决定预算多少的焦点是资金的来源，而不是目标，因此往往并不能达到很好的效果。

(6)量力而为——以所能负担的做到最好，虽然有些本末倒置，但不少经营者只能以此做预算。

(7)以每个顾客的成本需要计算,即目标先定,然后看能否达到结果,这亦会受成本所限。

服装店广告的要点及分类

服装店通常会采用广告的方式向消费者传达服装品牌独特、鲜明的个性主张,使产品得以与目标消费群建立某种联系,顺利进入消费者的生活和视野,达到与之心灵的深层沟通,并在其心中树立某种印象和地位,使品牌变成一个有意义的带有附加价值的符码。

服装店的经营者或通过品牌创立人独具人格魅力的形象代言,给目标受众以鲜明的品牌个性和信心;或通过影视明星、社会名人极具亲和力的广告代言,令品牌产品迅速对目标消费群的购买施加影响;或通过虚构人物演绎品牌叙事,传达品牌理念与价值取向,赢得目标受众的认同;或通过漫画式卡通动物的形象代言,塑造活泼可爱、耳目一新的品牌形象,让人在相视一笑中对品牌产生美好的联想和印象。在日常的广告经营中,服装店的广告经营也有自己的要点和分类。

1.服装店广告的制作要点

服装店广告设计的要求就是独特。无论是采用陈列的形式,还是发放的形式,都必须新颖独特,能够很快地引起媒体受众的注意,激起他们"想了解"、"想购买"的欲望。具体来讲,零服装店经营者在设计服装店广告时,有以下几个要点:

(1)造型简练、设计醒目。服装店广告要想引起媒体受众的注意,必须以简洁的形式、新颖的格调、和谐的色彩突出自己的形象。否则,就会被消费者忽视。

(2)重视陈列设计。服装店广告不同于节日的点缀。服装店广告是商业文化中企业经营环境文化的重要组成部分。因此,服装店广告的设计要有利于树立服装店的形象,要注意服装陈列、悬挂以及货架的结构等,要加强和渲染购物场所的艺术气氛。

(3)强调现场广告效果。由于服装店广告具有直接促销的特点,经营者必须深入实地了解服装店的内部经营环境,研究经营服装的特色(例如,服装的档次、服装店的知名度、质量、工艺水平、售后服务状况等),以及顾客的心理特征与购买习惯,以求设计出最能打动消费者的店面广告。

2.服装店广告的九大种类

(1)挂旗广告以布、塑胶布为材料,装饰在服装店内、外,在短期内使用,最适合用在促成广告活动的高潮,及塑造季节的气氛。

(2)悬挂式广告从天花板梁柱上垂吊下来,引人注目,而且从各个角度都能看清楚。

(3)壁面广告以海报、装饰旗为主,除具有商品告知的功能外,亦能美化商店的壁面。

(4)落地式广告放置在服装店内、外的地板上,材料可使用纸、厚纸板、塑胶、压克力、金属等。

(5)柜台广告陈列,最能吸引消费者注意力。因此,最能产生让顾客购买的效果。

(6)价目表及展示卡是指价目表上写明标价,展示卡上说明服装的特性。此种属于小型的卖点广告放置的服装旁、橱窗内,或是直接与服装附着一起。视觉效果极佳。

(7)光源广告是指在广告内部放入荧光灯,利用其光源商品的文字、图形照亮。

(8)动态广告是以服装店广告里面隐藏的马达产生动作,例如,上下、回转等运动,以造成有趣的动作。

(9)贴纸是粘贴在服装店壁面、橱窗玻璃上的小型印刷物。大多以平面印刷,或以合成纸压成凸形。它小巧、不占空间、价格便宜,极具广告宣传效果。

服装店广告主要的三种类型

一般情况下,服装店的广告分为以下三种形式。

1.通知性广告

适用于新装刚上市的时候,其目的是激发顾客的初级需求,告之顾客新进的衣服,倡导消费的新时尚、新理念,引导顾客的消费观念。

2.说服性广告

适用于服装的竞争阶段,其目的是满足对某一特定品牌服装的选择性需求,培养顾客对连锁店品牌的偏好,改善顾客对服装品牌的不良印象,让顾客对服装的品质放心,说服顾客马上购买。

3.提醒性广告

这种广告通常用来保持市场份额,维系老顾客。老顾客的流失无形之中会给服装店造成较大损失,加之吸引新顾客的成本远远高于维系老顾客的成本。所以服装店应该考虑怎样抓住老顾客的心,使他们依然保持对服装店的忠诚。

小丽在街边开了一家服装店,为了加快店内的资金运转,小丽决定将自己前段时间进的衣服每件降价100元出售。可让她非常纳闷的是:引人注目的海报都贴出去好多天了,可顾客们居然连一点儿反应都没有。

一天下午,终于有几个二十多岁的女孩子进入了小丽的服装店。小丽赶紧上前接待,热情地对她们说:"本店品牌服装出血大甩卖,这款原价280元的衣服现在已经降为180元了,亏本甩卖。"小丽刚说完,其中一位女孩漫不经心地答道:"降价的没啥好货。再说了,就你这衣服,进价最多80元一件,这哪里是亏本甩卖呢?"女孩的话把小丽呛得一句话也说不出来,因为这件衣服的批发价是60元一件,这个女孩还多说了20元。

这几个人走后,郁闷的小丽陷入了沉思。第二天,小丽更换了广告,去除了降价的字眼,将海报的内容改为:"为了答谢新老顾客,本服装店从即日起进行名牌服装优惠促销活动。两周内,凡是持有1元券,编号内含有3个6的人民币来本店购物,每张可抵100元,但每件衣服只允许用一张1元券。"

小丽开始的广告就属于典型的通知性广告,这对于已经经营了一段时间的服装店不大合适,随后,小丽改变了广告形式,把通知性广告和提醒性广告巧妙的糅合在一起,广告风格新颖奇特,抓住了消费者的购买心理。
所以,店家不要小看广告的类型,要给自己的服装店选择合适的广告类型才能达到最佳的销售和收益。

广告一换,马上引来了不少围观的人。大家都觉得非常新奇,纷纷翻钱包找带3个6的1元券,找不到的找熟人找。很快,这个广告还真收到了奇效,小丽店里的旧货一扫而光。小丽的奇妙广告勾起了顾客的好奇心,收到了很好的效果。

广告宣传的四要素

要把服装宣传广告设计得引人注目,广告就一定得有自己的主题,在第一时间内强有力地植入消费者的内心。广告的主题贯穿整个广告的灵魂,它在很大程度上决定广告的格调与价值。

广告的主题必须与想要宣传的服装有关,两者的关联性越大越好,只有这样,消费者才能充分体会到自己的利益所在。如果广告与服装的关联性不强,就很难引起目标受众的共鸣,广告创意也就失去了意义。

如何把服装店的平面广告设计得更容易引起人的注意?其实对广告主题的把握至关重要。主题是广告受众接纳的主体信息,贯穿整个广告,是主宰广告作品的灵魂,它在很大程度上决定广告作品的格调与价值。广告主题从社会、心理、文化和审美等方面进行提炼,借助图形、文字、色彩、音乐等元素进行表达。

在个性化突出的服装行业,消费者选择服装其实就是选择一种生活主张、生活态度,一种自我个性的展现。一个准确有效的广告主题定位能使服装快捷、长久地进驻消费者的心灵。所以一个有主题的服装广告所传递的个性,已经逐渐成为消费者选择它的核心因素。

在突出广告宣传主题的时候,可以从以下几个方面入手。

1.鲜明的广告主题语

没有鲜明的广告主题语,服装的竞争力也是苍白的。精准的广告主题语总是能轻而易举与受众的心理产生共鸣。比如,耐克在 1988 年推出的经典广告主题语"JUST DO IT",一举奠定了耐克体育用品第一的品牌地位。虽然耐克在 20 世纪 90 年代中期曾采用"I CAN"的新口号,但是耐克并没有想用它来代替"JUST DO IT"这一永恒的经典主题语。因为正是这个广告主题使耐克以潜伏的精神力量鼓舞和激励着人们运动的内在美。

2.服装的主题卖点

在服装同质化、概念被模仿的今天,提炼一个好卖点在服装广告中有着举足轻重的作用。因为好的卖点能让消费者眼睛一亮,引发他们潜在的购买欲望。比如,美特斯·邦威为自己的服装提炼的核心卖点是:时尚、个性、自然。这个卖点显然是成功的,它能够契合现代消费者的气质与品位,而不是虚无缥缈的很俗气的卖点。这个卖点令美特斯·邦威在休闲服装业内独树一帜。

3.有的放矢的品牌形象策略

根据营销学上的 4C 理论,即消费者(Consumer)、成本(Cost)、便利(Convenience)和沟通(Communication)。它强调服装店首先应该把追求顾客满意放在第一位,其次是努力降低顾客的购买成本,然后要充分注意到顾客购买过程中的便利性,而不是从服装店的角度来决定销售渠道策略,最后还应以消费者为中心实施有效的营销沟通,产品需要瞄准消费者的欲望和需求、满足欲望和需求的成本以及与消费者的沟通。美特斯·邦威开设品牌形象店,正是对 4C 理论的实践。一般来说,品牌形象店的好坏也是一种潜在的广告,因为它直接决定着消费者对服装品位的感知度。

4.震撼的创意感

一个没有强大品牌创意感的公司,其生命力往往是脆弱的。一个成功的广告除了在内容上要求有震撼性、吸引消费者的眼球外,还需要有独到创意的平面设计。有的广告在设计上花里胡哨,堆积了太多的元素,甚至堆积了很多与广告内容一点关系都没有的元素,让消费者分不清楚广告的主题是什么,甚至搞不清楚是哪个品牌的服装……这样没有主题的广告肯定是失败的。

广告无论大小,创意才是硬道理。广告的创意包含产品概念的提炼、视觉标题的创意、形象的独特设计、主体内容的客观描述,以及精准的计划和执行力。

卖点广告的概念

POP 是英文 point of purchase advertising 的缩写,意为"卖点广告"。其主要商业用途是刺激引导消费和活跃卖场气氛。它的形式有户外招牌、展板、橱窗海报、店内台牌、价目表、挂旗,甚至是立体卡通模型等。常用的 POP 为短期的促销使用,其表现形式夸张幽默,色彩强烈,能有效地吸引顾客的视点唤起购买欲,它作为一种低价高效的广告方式已被广泛应用,卖点广告也是最受店面经营者大力欢迎的一种广告方式。在店内外所有能帮助促销的广告,或者是其他可以提供商品相关情报的服务、指示、引导等标示,都可以称为"卖点广告"。

卖点广告的概念有广义和狭义两种。凡是在商业空间、购买场所、零售店的内部、周围及商品陈列的地方所设置的广告物,都属于广义的卖点广告。比如,店铺的牌匾、装潢、橱窗,店外悬挂的广告、条幅,商店内的陈设、招贴广告、服务知识,店内发放的广告刊物,进行的广告表演、广播、录像、电子广告牌、广告等。狭义的卖点广告仅指在购买场所和零售店内部设置的展销专柜以及在商品周围悬挂、摆放与陈设的可以促进商品销售的广告媒体。

就其形式来看,卖点广告早在我国古代已经出现了。比如,古代酒店外挂着的酒旗、酒葫芦,饭店、客栈外面挂着的幌子、幡旗等,都可谓卖点广告的鼻祖。现代卖点广告起源于美国的超级市场和自助商店里的店头广告。1939年,美国卖点广告协会正式成立后,卖点广告获得正式的地位。20世纪30年代以后,卖点广告在超级市场、连锁店等自助式商店频繁出现,于是逐渐为商界所重视。20世纪60年代以后,超级市场这种自助式销售方式由美国逐渐扩展到世界各地,所以卖点广告也随之走向世界各地。

卖点广告的任务主要在于介绍商品特质,并由卖点广告将全店统一的气氛活性化,以促进卖场的活性。一般而言,卖点广告有如下功能。

1.吸引顾客进店

在实际购买中有2/3的人是临时做出购买决策的。很显然,服装店的销售与其顾客流量成正比。因此,卖点广告促销的第一步就是要引人入店。

2.新产品告知的功能

大部分的卖点广告,都属于新服装的告知广告。当新款的服装上市时,在店内使用卖点广告进行促销活动,可以吸引消费者的视线,以此来刺激他们的购买欲望。

3.引顾客驻足

卖点广告凭借其新颖的图案、绚丽的色彩、独特的构思等形式引起顾客的注意,使他们愿意驻足停留进而对广告中的商品产生兴趣。别出心裁、引人注目的卖点广告往往能起到意想不到的效果。

4.唤起消费者潜在购买意识的功能

尽管很多厂商都已经利用各种大众媒体对本企业的服装进行了广泛的宣传,但有时候当顾客进入服装店的时候,他们很可能早已将那些宣传广告忘得一干二净了。此时利用卖点广告在现场的展示,可以唤起消费者的潜意识,使其重新记起那些吸引人的服装广告,以促成购买行动。

5.取代导购的功能

在服装店里,当顾客面对五花八门的服装无从下手时,摆放在服装周围的卖点广告可以起到吸引消费者促成其购买决心的作用。所以,卖点广告又被称为

"无声的导购"、"最忠实的导购"。

6.创造销售气氛的功能

卖点广告强烈的色彩、美丽图案、突出的造型、幽默的动作、准确而生动的广告语言,可以创造强烈的销售气氛,吸引顾客的视线。

7.假日促销

卖点广告能营造出一种欢乐的气氛, 在节假日销售旺季起到了推波助澜的作用。

8.争取销售的时空

争取销售的时空即争取销售的时间与空间。比如,服装店的橱窗设计、天花板的空间就是一个良好的销售空间, 但一般的店主反而容易把这个绝佳的演出空间给遗忘了。虽不实际摆上产品,但挂上一个创意杰出的卖点的话,也许销售效果会更好。

市面上所能见到的卖点广告种类很多,下面主要介绍三种不同的分类形式。

1.按照时间将卖点广告分为长期卖点广告、中期卖点广告和短期卖点广告

(1)长期卖点广告是使用周期在一年以上的卖点广告,主要包括门店招牌卖点广告、企业形象卖点广告等。因为长期卖点广告在时间因素上的限制,所以其设计必须精巧、有品位、与企业形象相符,在设计成本上也相对较高。

(2)中期卖点广告是使用周期为一个季度左右的卖点广告。中期卖点广告的设计与投资,可以在长期卖点广告的档次下,作适当的考虑。

(3)短期卖点广告是使用周期在一个季度以内的卖点广告。如卖点广告展示卡,展示架以及服装的大减价、大甩卖招牌等。由于这类卖点广告这是为某一款服装而存在的,只要该服装一卖完,该卖点广告的价值就荡然无存了。所以这类卖点广告的投入一般都不太高,只需在尽可能的情况下符合服装品位就够了。

2.按材料的不同来进行分类

卖点广告使用的材料包括金属材料、木料、木材、塑料、纺织面料、人工仿皮、真皮和各种纸材等。其中金属材料、真皮、真丝、纯麻等多用于高档商品的卖点广告。塑料、纺织面料、人工仿皮等材料多用于中档商品的卖点广告。而纸材一般都用于中、低档商品和短期的卖点广告材料。当然纸材也有较高档的,而且由于纸材的加工方便,成本低,所以在实际的运用中,是卖点广告大范围所使用的材料。

3.按陈列的位置和陈列方式的不同来进行的分类

(1)贴纸卖点广告是粘贴在橱窗玻璃、墙上的小型印刷品。大多为平面印刷,

或者是压成凸型的合成纸。

(2)展示卡卖点广告。展示卡可放在服装的旁边，主要功能是标明商品的价格、特点等，其文字的数量不宜太多，以简短的三五个字为好。这种小型的卖点广告放置在服装的旁边，从而展示出良好的视觉效果。

(3)悬挂式卖点广告从天花板梁柱上垂吊下来，而且从360°各个角度都能看清楚。

(4)壁面卖点广告以海报、装饰旗为主。除具有服装告知的功能外，亦能美化服装店的壁面。

(5)落地式卖点广告放置在服装店内、外地板上，材料可使用纸、厚纸板、塑胶、亚克力、金属等。

(6)吊旗卖点广告装饰在服装店内、外，是短期内使用的广告，此类广告最适合用在促销活动的高潮及塑造季节的气氛。

(7)标志卖点广告其实就是商品位置指示牌，它的功能主要是向顾客传达购物方向的流程和位置的信息。

(8)招牌卖点广告包括店面、布幕、旗子、横(直)幅、电动字幕，其功能是向顾客传达企业的识别标志，传达企业的销售活动信息，并渲染这种活动的气氛。

(9)动态卖点广告以店面广告里面隐藏的马达产生动作，造成有趣的动态广告。

(10)光源卖点广告在广告内部放入荧光灯用其光源将商品的文字、图形照亮。

卖点广告的设计和摆放

1.卖点广告的效果的影响因素

在了解卖点广告设计之前，先了解一下影响其效果的影响因素主要有以下几点：

(1)对顾客购物有帮助吗？卖点广告的设计要简单、明了、有重点，对服装有点缀作用，能使顾客花最少的时间去认识和理解商品，并决定是否购买。

(2)能引起顾客购买衣服的兴趣吗？制造出衬托衣服销售的氛围，吸引顾客的注意力，改变顾客原先的购物流程，愿意驻足观看你店里的衣服，并对其产生购买欲望。

(3)能使顾客觉得便宜吗？利用卖点广告尽量地将商品的特色、价值、功能、用途表示出来,使顾客感觉到这是自己需要的服装,感觉到"物超所值",值得花钱去买它。

(4)卖点广告的大小合适吗,有必要设置卖点广告吗?卖点广告的大小要根据服装的具体情况如陈列方式,陈列的空间相搭配,将服装衬托得更有美感,更有品位。需要注意的是,凡事都得以合适为宜,卖点广告不是越多越好,也不是越大越好。太多的卖点广告只会画蛇添足,如果不需要卖点广告的时候,多余的卖点广告只会显得累赘。卖点广告一定要精巧,太大的卖点广告掩盖了服装的优势也未必是好事。

(5)制作是否精巧?卖点广告的设计直接关系着服装的品位。一件再好的衣服,如果配上一个粗制滥造的卖点广告就会让人觉得那件衣服也是没有品位、是粗制滥造出来的。

(6)卖点广告是否脏了、褪色了、破损了?不仅粗制滥造的卖点广告会让顾客对服装的质地、品位、感觉大打折扣,那些又脏、又旧,甚至褪色、破损的卖点广告也会让顾客对服装产生低视的感觉。所以,给顾客一个干净、舒适的购物空间,是经营者应尽的义务。

2.卖点广告的设计技巧

卖点广告只有设计得新颖独特一些,才能很快吸引住顾客的注意力,激发他们"想了解"或者"购买"的欲望。那么,如何才能设计出新颖独特的卖点广告呢?

(1)造型简约、设计醒目。人们对繁琐的事物总是有着本能的排斥,所以服装店要想让自己的服装在琳琅满目的服装中引起消费者的注意,就必须以简约的形式、新颖的格调、独特的色彩突出自己的卖点广告,营造出卖场所特有的艺术品位。

(2)强调现场广告效果。根据服装店的服装特色以及顾客的心理特征与购买习惯,力求设计出最能打动顾客的广告。

(3)卖点广告制作要独具匠心。卖点广告制作要便于阅读,明确广告的诉求点,要有创意和美感。说明文字在 15~30 字之间,文字内容必须能清楚地表明促销服装的具体优点以及独特之处。

(4)请专业设计人员或者公司进行设计。如果卖点广告用来对服装及服装店形象进行宣传,并由此来促进销售的时候,一般要聘请专业设计人员或委托专业的广告公司来完成。所以,这类广告的质量一般都相当精美,对服装及企业本身也具有相当的针对性,且大批量的生产,并投入与服装销售有关的所有环节,进行大范围、大规模促销活动。在国外,卖点广告完全通过专业的软件产品由电脑实现。方便快速、成本低廉的机打制作方式使卖点广告满足现代化的零售需要成为可能。

(5)卖点广告的色彩使用要恰到好处,突出季节感。春天用粉色调渲染阳光明媚的气息,夏天用蓝、绿等冷色调带来清凉一夏的独特感觉,秋天用橙、黄等色调表现秋天的浪漫华美,冬天用红色驱散千里冰封万里雪飘的寒冷感。

在色彩方面还需要注意的是,卖点广告应该重点突出文字部分的内容,避免底色太过于花而导致喧宾夺主。

(6)卖点广告设计风格尽量避免与竞品雷同或者相似。终端卖点广告视觉设计没有自己的独特个性,这是卖点广告设计中的通病,类似的设计到处可见,无法与竞品产生有效的区分,从而造成资金浪费。我们不能脱离消费者而空想,要多考虑顾客的感受,不能因为其他服装店用红色的卖点广告自己就不考虑本店的服装风格跟风采用红色的卖点广告。在字体选择上,很多服装店喜欢使用特别粗大的字体,但是一堆粗大的字体摆在一起毫无冲击力可言。比如,我们可以考虑把一个画面发展出一个系列,这样可以对消费者形成一种强制性阅读,让消费者眼前全是同一产品的卖点广告,减少传播环境中竞争产品的干扰,以加强宣传的效果。

(7)必备元素不能少。在制作卖点广告的时候,我们要努力从旧有的思维模式中跳出来,注意记忆识别点的使用,给消费者充分的联想,能让消费者看到卖点广告就能与这个品牌服装在广告电视报纸、杂志上的广告相对接。

3.卖点广告的摆放技巧

要想让卖点广告达到理想的宣传效果,仅靠广告物品自身设计的成功还不够,还必须得有科学合理的安置和摆放才能发挥应有的效果。有不少服装店,虽然卖点广告设计得非常合理,但是因为摆放得不合理,所以没能发挥应有的效果,甚至适得其反。那么,如何摆设卖点广告才能发挥应有的效果呢?

(1)不要把卖点广告与服装摆得太远。

(2)卖点广告不能遮挡、影响服装的展示。

(3)卖点广告摆放的时候要与顾客的视线成直线,这样才方便顾客一眼就看到你的服装和卖点广告。

(4)卖点广告不能妨碍顾客触摸服装。

(5)特卖活动告知的卖点广告在服装说明要注意方法,比如,放一些装饰和插图让卖点广告更为活泼;标明原价,让顾客通过价格的比较觉得实惠,从而提高服装的销售额。

(6)在特卖期间要写明确,否则会让顾客弄不清楚这款服装是否还在特卖,从而影响销售。

(7)卖点广告的设置时间要跟服装促销活动的时间保持一致。如果过期的卖点广告没有及时清理掉,很可能会给消费者造成消费误导。

(8)卖点广告设置的高度要合适。如果卖点广告采取的是悬挂式,它的高度要避免因距离该款服装太远而影响促销效果,又要防止遮挡消费者的视线。如果卖点广告采取的是张贴式,张贴的高度要距离地面70~160厘米的高度范围内比较合适。

(9)卖点广告设置的数量要适中,过多的卖点广告会让人产生厚重的压抑感,遮挡通道内顾客的视线,影响其购买的心情。

(10)卖点广告在使用过程中需要保持清洁整齐,如果有被撕毁的情况,应该及时进行更换。

(11)卖点广告的摆设要有重点,要具有美感、韵律感及统一性,让顾客想去读它、看它。

(12)利用装饰图案辅助平面卖点广告的不足,提高平面的造型效果,强调服装的新颖感。

(13)告知性卖点广告可以挂在正门左右侧的玻璃门、墙或者宣传栏上。

终端服装广告的六重点

一个城市的服装终端几乎都集中于商场、服装店、百货店、步行街、服饰商城、服饰批发市场等主流商业场所。要想在众多的竞争者中被顾客选择,终端的广告表现就显得非常重要。那么,我们如何才能让服装的终端广告发挥临门一脚的威力,吸引消费者直接产生购买冲动呢?具体要把握以下6个重点内容。

1.把握消费者的认知元素

服装广告要着力把握消费者最认知的几个元素,并将其深化。自始至终统一地宣传这几个核心的元素,使消费者对品牌产生认知,从而产生购买欲望。

2.着重突出品牌的内涵

终端广告有些像快餐,感性的成分往往大于理性成分,所以我们要简约而不简单。着重突出 LOGO(商标),着重突出我们花重金聘请的品牌代言人,着重突出自己的品牌核心价值。

3.发挥好户外广告牌的特殊效果

户外广告对于宣扬服装店实力、树立品牌知名度都有着明显的作用。对于高端的服装品牌,步行商业街、市内繁华街道、知名百货商场等广告位是首选。中低端的服装和新品牌,将户外广告放到服装批发市场往往能起到最佳的广告效果。随着新型广告工具的运用,如国内新开发的两面翻、三面翻广告牌的效果往往比寻常的平面广告效果更显著。

4.将卖场广告和卖点广告的作用发挥到极致

店铺可以在卖场的楼层之间、试衣间附近、立柱以及服装的附近放置广告宣传画,这些广告就像卖场中的指示牌,使顾客远远就注意到了你的服装品牌。因为卖场广告对畅销款和流行款有着明显的推介作用,所以卖场广告的设计一定要精致,以使其具有强烈的视觉冲击力。

麻雀虽小,却五脏俱全,包括挂旗、画册、展架和手书促销页等在内的卖点广告,一样可以形成强大的牵引力,对服装起到很大的促销作用。我们在设置卖点广告的时候,一定要注意技巧。比如,促销挂旗要简单明了,富有视觉冲击力。画册要放在顾客能轻易拿到的地方,以供顾客翻阅和了解服装的品牌信息。灵活摆放展架能争取到最大的宣传效果。我们还可以把手写促销页放到中低端服装的上面,甚至放到促销员的身上。

5.店头招牌形象广告要有风格和档次

在商业街上闲逛的顾客,进入服装店的行为很多时候都是很随意的,就像跟顾客打照面一样,最初映入顾客眼帘的是服装店的店头。据研究表明,初次见面的最初 20 秒就能决定 80%的印象,所以我们一定要注意店头招牌的形象广告。我们可以采用高档的水晶字、有机字、金属字搭配各种颜色的铝塑板饰面。店头招牌的制作要符合这个服装品牌的特色,统一的形象和格调才能加深消费者对服装店的记忆。

6.促销员的口头推介是终端广告最为关键的一环

在与顾客面对面的交流中,机灵的促销员往往能很快洞察到顾客的心理状态。根据顾客的不同心理顺藤摸瓜地去引导、去暗示,促成销售行为的发生。

店铺广告的诀窍

现在的店铺中,装饰常使用流行的卖点广告。其主要商业用途是能给顾客强烈的视觉刺激,利用别出心裁的设计引导消费和活跃卖场气氛。具体的形式有户外招牌、展板、橱窗海报、店内展台、立体卡通模型等。它结合服装店的特点,用新颖独特的方式呈现出来。一般表现形式夸张幽默,色彩强烈,能有效地刺激吸引顾客的神经。作为一种低价高效的广告方式,它被很多经营者采纳。

根据外表样式的不同,可以将它分为4类。

1.柜台式样

柜台式样的卖点广告指将服装放在舒适的环境中,拍摄大的图片,制作成柜台式卖点广告,放在同类产品的旁边,让顾客在挑选产品的时候,对产品的特性、款式、外形、效果有清晰的了解。

2.悬挂式样

悬挂式样的卖点广告指将宣传物料悬挂起来。包括挂旗、悬挂灯箱、产品图片等。服装店无论大小,上方空间一般都较为空闲,悬挂适当数量的卖点广告并不破坏整体销售氛围,相反还能给人完整的空间享受,创造出一个清新怡人的购物环境。

3.粘贴式样

粘贴式样的卖点广告主要指宣传海报。其主要被用于促销,发布打折降价信息等。使用有一定的期限性,在活动结束后,卖点广告将立即被拆除。店内为保持清洁,应避免使用这种粘贴式样的物品,贴在外部更能渲染热销的氛围。

4.立地式样

立地式样的卖点广告通常是立体式样的塑料或纸板模型等,它可以将特别时尚和流行的服装宣传给顾客,并让产品生动形象,效果比前几种都好。

通常,前两种卖点广告,主要针对各系列产品中的重点产品,配合重点产品的陈列;立地式样的卖点广告,主要是针对个别产品,做突出展示,以有针对性地促进这类商品的销售。

卖点广告展示物,被广泛用于服装店、个性店等终端销售领域。很多大型的服装店用印刷成统一模板后由美工根据要求制作,批量订购。中小型的店铺则多使用手绘的卖点广告,运用独特的文案和形式来推出商品。

一张精美的卖点广告海报不仅能让店内的商品熠熠生辉,其制作还很简便,能够节省成本。尤其是在琳琅满目的商品中,穿插醒目、鲜艳的卖点广告,常常在宣传具体产品的同时,也宣传了企业的形象,进一步提高店铺的品牌形象和美誉度。

网络广告的诀窍

张爱玲说:"每个人都住在自己的衣服里。"这句话很耐人寻味,她所谓"住"多指服装对性格的张扬。在我们这个信息满天飞的社会生活环境中,服装也要住进广告宣传的光环里,才能引起消费者的重视。

网络广告对中小型服装店的影响是不言而喻的,网络广告是目前网络推广手段中最为常用的一个手段,其在目标受众定位、效果分析上要求很高,只有这样的网络广告才对企业的网络广告效果有保障。而想要学习优秀的网络广告技巧,可以借鉴一下网络店铺的宣传手段

1.发帖

精华的帖子能给服装店带来大量的人气。要发帖就要发一些对大家有帮助、有意义的好帖子,既帮助了别人,也结交了朋友。发帖要发自己专业、懂行的帖子,让网友感觉到你是很专业的。如果一个帖子被推荐了,浏览帖子的人就多了,到这个店铺光顾的人也就多了,卖出服装的机会就多了。

2.回帖

要回帖首先就要弄清楚回帖的关注对象,一般看回帖的人就是楼主本人。楼主要了解一下哪些人回帖和回帖的内容。其他回帖的人,一般是不会看回帖的。现在弄清楚回帖给谁看了,在回帖时就要仔细认真阅读楼主的主帖,在回帖的时候真实地写出你的感受、看法和建议。切勿不留痕迹地路过,这样很容易让人产生反感。回帖时,"沙发"(第一个回帖的位置)、"板凳"(第二个回帖的位置)和第一页都是很好的位置,只有尊重别人才能让别人尊重你。

一定要把自己的签名做得漂亮一些,让别人看到你的签名就知道你的经营项目,也可以把你服装店的优惠促销信息也设置在签名档里面,让别人可以通过签名直接进入你的店铺。

回帖时也要注意这些方面:发对别人有用有帮助的帖子,被别人阅读或者

转载的几率就高了,你服装店的知名度和浏览量也就高了;发帖要充分的显示出自己很专业;悄悄告诉人家,你店铺就有这服装;利用签名档和回帖,让别人相信自己。

3.参加活动

积极参加这些时尚圈和社区举办的各类活动,不但可以宣传推广店铺,还可以结交更多的朋友。比如,淘宝的"限时抢购"和"一元专区"就是很好的选择。密切关注淘宝的公告和各个板块的置顶信息,不要放过任何活动。在"我的淘宝"—"我是卖家"—"活动报名专区"就有很多活动。注意参加活动时一定要遵守活动规则,将自己的服装加上当期活动的关键字。

4.与其他商铺友情链接

与其他网店友情链接,联合其他店铺一起进行推广宣传,是网店一种重要的宣传推广方式,主要细分为两种方式:

(1)店铺的友情链接。朋友多了路好走,友情链接出客源。把一些和自己店铺相匹配有兼容性的、浏览量高的、信誉度高的店铺设为友情链接,这有利于扩大店铺客源。比如,服装店可以和一些饰品店铺、化妆品店铺做友情链接,因为有些买家在别人的店铺购买好饰品或者化妆品后,顺便也来你的服装店里逛逛,然后再选上一件或是几件衣服。

(2)联合促销。联合促销就是几个比较互相了解的店铺相互联合,在甲店铺里购买商品就可以在乙的店铺里享受到几折, 或者可以在丙的店铺里添加几元换购商品。联合促销可以发布在店铺公告里也可以发布到宝贝描述里,把联合店铺的地址或者联合的商品链接写上,以便买家直接进入。

联合促销也有许多要注意之处, 主要要尽量找一些和自己店铺商品有兼容性的店铺和一些比自己级别高的、浏览量高的店铺做友情链接;不要贸然要求和级别高的店铺交换链接。

5.优化关键字,增加搜索机会

关键字是能够引人注目、能让买家搜索到的醒目字或词语。现在好多买家在选购商品时,都是用关键词来检索的。因此,在发布店铺服装的时候一定要多设置几个关键字,增加商品被搜索到的概率。但关键字不可滥用,一定要符合网站制定的关键词使用规则。好的关键字主要具备这样几个特点:

(1)符合真实信息。关键字不能乱用,一定要符合服装的真实信息。

(2)挖掘买家喜欢的关键字。关键字不能滥用,要学会换位思考,从买家的角度上设置关键字,根据买家的喜好和需要来设置关键字。

(3)和服装紧密结合。关键字要和服装有密切的结合,不能随便设置。

广告单的投放技巧

小广告单因为比较小, 不是很容易引人注目, 所以应该放在比较显眼的位置,让顾客能看到这个广告单,进而产生购买欲望。

在制作小广告单时需要注意的是,横向书写的广告语最好使用横向的纸张,纵向书写的广告语最好使用纵向的纸张, 这样的话不仅容易排版、版面比较紧凑,而且顾客看起来也比较舒服,能引起顾客的好感。根据心理学的观点,顾客在面对纵向书写的小广告单时,眼睛会习惯性地落在右侧。所以我们在摆设小广告单的时候最好摆在服装的右侧。还有当顾客看完服装之后眼睛视线会落至对角线的左下方,所以服装的左下方也是小广告单摆设的第二个受瞩目的关键点。如果小广告单是横向书写的,顾客的眼睛会很自然地落在左上方,所以服装的左上方是最容易吸引顾客注意的位置。另外一个绝佳的摆放位置是其对角线的右下方。小广告单通常会使用大量的照片,我们在使用照片的时候需要摆放好合适的位置,让顾客一眼就能看到这个小广告单,进而引发对服装的兴趣。使用照片的时候我们可以参考电话购物和网上购物所使用的商品目录。挑选好的照片在色彩方面一定要具有美感,让顾客能够动心购买。

在制作小广告单的时候, 为了方便顾客阅读,颜色应该控制在四种以内。因为色彩使用过多会让人感到杂乱无章,整体上非常涣散,不仅难看而且很难读。在制作小广告单的时候,应该根据服装店的形象颜色和服装颜色选择纸张的整体颜色,然后再选择文字的颜色和插入颜色,因为基底的颜色最终会影响到卖场的形象。之后我们可以配合小广告单把想向顾客传达的信息,用线条把文字凸显出来,或者用别的字体强调需要特别引起注意的文字,或者是放入插图或者是漫画。

小广告单的内容一定要简约,便于顾客记忆。过于繁杂的内容顾客不仅看不懂,还可能根本不会扫上一眼。除此之外,字体一定要书写得漂亮,排版要整齐清晰,不要整版都写满了内容,要有留白以提高顾客的关注度。

把握开张时的宣传机会

好的开始是成功的一半。服装店开张第一天,生意的好坏直接关系到服装店生意是否能步入良性循环。所以这一天的重要性不言而喻。要做到开门大吉,前期准备工作必不可少,以下就来谈谈开业前必做的几项工作。

1.广告准备

为了使更多的人知晓新店即将开张,必须借助媒体扩大影响。首先,开业前一个月就可在各小区、电梯上做广告,也可利用服装店外墙做大型彩喷,内容除了预告新店即将开业外,还须点明有低价折扣或赠送等优惠措施,以便圈住附近的消费群体。其次,开业前一周通过电台、网络进行宣传。最后,开业前两天开始登报。可选择当地知名度较高的生活类报纸,半版甚至整版,详细介绍开张当天的优惠措施,打折幅度一定要大,要有震撼性,一般为五折至六折并仅限一天。除了打折还可以采用满就送的手段进行辅助促销。总之,媒体宣传是至关重要的一环,千万不要图省钱而人为削减广告的预算,准确的广告营销投入,必起到事半功倍的作用。

2.营销准备

为了聚集人气,一般选择双休日或节假日作为开张首日。开张当天,店面外墙可张贴大型彩喷宣传画,同时在店面上悬挂彩球,门侧摆设花篮,室内播放背景轻音乐,以营造热闹的气氛及轻松的购物环境。

3.营业准备

主要分硬件和软件两部分。硬件包括预定单、笔、纸、计算机、尺、车辆等计算测量工具;POS 机(一种读卡器)、验钞机等收款工具。软件既是人员配备,首先门店店主或店长必须到场,店员须经专业培训,业务精通,为顾客推荐服装产品;相关人员,如收银员做好本职工作。总之,工作做得越细越好,各种问题都要在前期工作中有所准备,以免开业当天手忙脚乱,应接不暇。

广告牌的六字箴言

"花小钱，穿名牌"六个大字，是福州一家叫"衣时代网"服装折扣店所打出的广告牌。虽然这家店刚开业不久，但是由于这六个字，很多行人都禁不住走进去看个究竟。所以这家店里选衣试衣的客人络绎不绝，店主忙得不可开交。

这个广告出奇简单，只是在店铺的玻璃窗上挂了一个广告牌——一个只有红底白字组成的广告。这则广告虽简单，但却分外的显眼，具有很强视觉冲击力。

服装店利用玻璃窗做广告是很普遍的事情，我们也经常看到"新款上市，全场XX折"、"拆迁特卖，最后XX天"、"清仓甩卖，亏本销售"、"跳楼大甩卖"等促销广告，这些广告直接表达了服装的促销信息，是很多商家惯用的招数。但是这个招数仅仅表达了商家的做法，在消费者眼里既没有新意也没有吸引力，也就很难让客人见到广告后就产生进店的念头。

而"衣时代网"品牌折扣店的店外广告之所以产生了这么神奇的效果，最主要的还是"花小钱，穿名牌"这六个字正好满足了顾客的利益，契合了消费者既想要买便宜货又想买上档次名牌的心理，并将消费者的这个诉求通过广告表达出来，说出了消费者的心里话。

大多开店的人很少在店外下工夫伤脑筋，甚至连起码的店外工夫意识都没有，特别是一些在繁华地段人流多的服装店。但是，服装店门前人流量大不等同于店内交易量就大，因为繁华地段的竞争者众多、同质化的竞争也左右了消费者的选择。

有的店主虽然也懂得广告的重要性，但是他们的方式太过于普通。比如，他们以为严守"橱窗和店内灯光一定要明亮"这个放之四海而皆准的真理就能吸引顾客进店。但事实上并非如此，因为这样的灯光效果所有的服装店都很容易做到，街头也不乏灯光明亮的服装店，消费者习以为常怎么可能仅凭这个原因就进入你的服装店呢？

广告的创意就是一种创新，不是所有的服装店在橱窗上贴上"花小钱，穿名牌"就管用，但是根据店内服装所对应的消费者去挖掘消费者的需求，说出消费者的心里话就非常管用了。

快讯商品广告绝招的关键要素

DM 是英文 Direct Mail 的缩写,即快讯商品广告,通常由 8 开或者 16 开广告纸正反面彩色印刷而成,采取邮寄、定点派发、选择性派送到消费者住处等多种方式广为宣传,常见形式有:销售函件、商品目录、商品说明书、小册子、名片、明信片以及传单等,是店铺最重要的促销方式之一。

快讯商品广告除了邮寄之外,还可以用传真、杂志、电视、电话、电子邮件、直销网络、柜台散发、专人送达、来函索取、随商品包装发出等方式。快讯商品广告与其他媒介相比,最大的优点就是,快讯商品广告可以直接有针对性地将广告信息发送给真正的受众,而其他广告形式只能将广告信息很笼统地传达给所有受众,而不管那是不是真正的受众。快讯商品广告的受众在做出最后决定之前,可以反复翻阅广告信息,直到最后做出购买或舍弃决定。快讯商品广告是一种深入潜行的非轰动性广告,不易引起竞争对手的察觉和重视。但是快讯商品广告广告的缺点是,如果目标受众选择不精准,势必会让广告的效果大打折扣。

由于使用快讯商品广告没法借助电视、广播、报纸、杂志等在公众中已经建立的信任度,所以快讯商品广告的广告就必须得用各种方法来吸引顾客的注意。

(1)快讯商品广告的设计要新颖别致,要有创意,制作要精美,内容涉及也要让人舍不得丢弃,确保其有吸引力和保存价值。

(2)主题广告一定要在第一时间内抓住消费者的眼球,进入消费者的心智,产生较强的诱惑力,吸引消费者爱不释手地看下去,使快讯商品广告的效果最大化。

(3)快讯商品广告的纸质一定要好。一般画面的可以用铜版纸。文字信息类的可以选新闻纸,新闻纸的规格最好是报纸一个整版的面积,至少也要有半版。采用彩页的快讯商品广告面积不能太小,不要小于 B5 纸,一些二折、三折页更不要夹,因为顾客拿报纸的时候很容易将他们抖掉。

(4)在制作快讯商品广告时设计出引人注目的形状,或者是辞藻华美的文字引发顾客的兴趣,吸引读者的阅读兴趣。

(5)在信息选择上一定要精练,即使服装店有很多广告信息需要传递,但也不能一拥而上。要进行选择,最多集中有三条信息就足够了。因为提供的信息越多,顾客阅读的概率就越低。

(6)并不是发出的快讯商品广告数量越多就越有效果,我们在发快讯商品广告的时候一定要有针对性,要有创意。比如,近年来很多店铺并不是投递出快讯商品广告后工作就结束了, 他们还在快讯商品广告投递后的时间里打电话给对方请对方来店,而且快讯商品广告还附带着优惠券、兑换券等采取多种促销活动进行宣传。

(7)随报投递的时候应该根据目标受众的习惯来选择恰当的报纸杂志。如针对男性可以选择新闻和财经类的报刊。

(8)建立高档人群数据库,把杂志投放到高档社区,每个进入社区的人都可以拿一本,或者是放到高档消费场所等。

在促销中,必须要提高商品陈列的视觉效果。但仅仅通过陈列来提高是不够的。为了传达强烈的视觉效果,直接刺激消费者的购买欲望,为了满足消费者购物的乐趣与享受,服装店的布置最好能够让消费者一目了然。而本章讲述的广告宣传技巧可以为大家顺利开店提供更好的保障,起到锦上添花的作用.

第九章

服装店面日常流程和盘点管理

　　本章主要讲述服装店面日常流程的管理，从制订流程计划，营业前该做的准备，营业中的主要工作，营业结束后的盘点等各环节，详细介绍管理工作的相关知识。

服装店营业前的准备工作

　　服装店店员在开门营业之前,要事先准备好当天售货所需的物品和事项,为开门营业售货打好基础。营业前的准备要做得充分、细致,开门迎客和售货过程中就能从容不迫地集中精力接待好每一位顾客,提高工作效率,保证服务质量。营业前的准备工作是服装店店员做好售货的重要环节。因此,服装店店员应在开门之前到达店内,换好工作服,佩戴好证章,开始准备当日的工作。

　　1.参加早例会

　　柜组长要向全柜组成员布置当天应完成的工作计划以及当天的工作重点。每位营业员向柜组长汇报前一天的销售情况、遇到的问题以及解决的情况,并大声背诵营业礼貌用语。

　　2.做好服装店和所辖营业区的卫生

　　清洁明亮的营业场所给顾客以好的印象,经常保持服装店和所辖营业区的卫生,使室内几净窗明,保证服装店内外保持无垃圾、无杂物、无污迹、无纸屑等,门窗玻璃明亮,服装店室内空气新鲜流通,广告招牌擦洗洁净明亮,在顾客进服装店时就给其留下好印象,进店后就能心情舒畅从而有利于买卖的成交。服装店卫生的好坏,标志着服装店的店貌和文明经商的水平。因此,服装营业员不可等闲视之,要尽力清扫擦洗服装店的各个角落。

　　3.检查商品,备齐备足商品

　　服装店店员在检查核对前一天所剩服装的基础上,应根据自己经营的服装特点,备齐备足当天所需的服装,经常保持货架品种齐全,数量充足,在添补货时,一定要认真检查服装有无残损变质等现象,避免出售后造成退货的麻烦。

　　4.整理陈列商品

　　商品陈列是为了达到醒目、美观。橱窗、柜台和货架上陈列的商品,在每天营业前都要整理一下,使其保证主题鲜明、重点突出、感染力强、宣传效果好。橱窗陈列要体现经营特点,并有指导消费者的作用。柜台和货架的服装摆放要丰满整齐,色彩协调,布局均衡,让顾客一目了然。有关联的商品要连带摆放,以方便顾客选购。对时尚和应季服装,要尽可能地摆放在显眼之处,使所有品种能和顾客见面。应根据季节变化、顾客购买习惯把时令适销的服装放在醒目和方便拿取的地方。在整理陈列服装上,要注意凡是陈列的服装,都必须有货可供,否则就把陈列品撤下换掉,不出售的服装不能陈列。

5.检查服装的价格标签

服装店陈列的服装都要明码标价,有利于顾客参观、选购和监督,并减少顾客和服装店营业员的问答,可以帮助服装店店员熟悉各款服装的价格,在营业中做到准而快地计算货款,避免卖错价等事件发生。服装店里的价格标签,应采用国家规定的价格标签,一般是由服装店的物价员或服装店店长进行标注并核对。开始营业前,服装店店员要认真检查服装的价格标签是否齐全,有无缺签。经营的服装与标签上的货号、品种是否一致,标签上的字迹顾客是否看得清楚,标签上所要标明的内容是否完整,如所经营商品的产地、品名、型号、规格、颜色、款式等。在检查中如果发现错价或缺签,要立即改正和补上,并将标签悬挂或安放在服装上。避免出现有货无价,或有价无货情况。要保证有货有价,有价有签,有签到位,标签齐全,货价相符。

6.搞好服装的拆包分装和配套

服装店店员在出售商品时,为加快售货速度,节省顾客等候的时间,开业前或在营业空闲时间,要对有此需要整理和分装的商品进行拆包、分类、挑选、整理配套等。如面料要摆放整齐,外贸服装要熨烫平整,检查扣子有无脱落的情况,衣缝有无开线,衣缝有无线头,拉链有无缺牙,如果发现问题要及时修理补救。内衣棉毛衫裤等一般都是大包,为了方便顾客选购,提高售货效率,服装店店员在服装店开业前,要把大包拆开,把每小包整理好。

7.准备好售货所用物品

为了能在接待顾客时操作快速,方便顾客,服装店店员在开始营业前要把营业所需的物品准备齐全,放在方便拿取的固定的位置上。如包装用的塑料袋、捆扎绳、胶带纸等都要按照使用习惯,放在顺手易拿的地方,做到工作中需要什么有什么,使经营工作顺利进行。

8.备好开票用具和零钱

无论服装店是实行开票集中收款的营业方式还是实行服装店营业员售货并收款的经营方式,为了提高工作效率,方便顾客购买,服装店店员都需要在营业前准备好开票用的工具,如圆珠笔、复写纸、开票本等。收款员要准备好备足小面额的零钱,以备找零,避免找不开零钱,让顾客换零钱、让顾客等候或搭配其他商品等情况发生,这些情况都容易引起顾客的不满。

9.准备包装物料

在营业前,服装店店员要根据自己经营服装的特点和需要,准备不同规格的包装物料,以备销售所用。服装包装是服装流通不可缺少的条件,尤其是现代社会,人们越来越重视外包装,服装的包装除了起到保护商品的作用外,还起着美化作用。因此,服装店营业员在准备包装用的塑料袋、手提袋、包装纸时,要使它们整洁、整齐、不折皱,既可起到美观的作用,又可有效地节省流通费用的开支。

10.检查仪表

服装店店员在做完营业所需的一切准备工作后,要检查自己的仪容仪表是否有不妥当之处,如发型较乱、化妆脱落、工作服有污渍、鞋袜有灰尘、女店员的长筒袜出现破洞等,若有这些情况要及时补救,保证给顾客一个好印象。

服装店营业时的工作

服装店店员不仅要有热爱本职工作、全心全意为顾客服务的愿望,而且要有丰富的业务知识和熟练的操作技术,只有这样才能在接待工作中熟练地介绍商品,为顾客当好参谋,帮助顾客挑选称心如意的服装,也才能达到工作效率高、服务质量好的目的。服装店店员在售货过程中有一套工作程序虽然是连贯的,但也可分为若干个环节,在每个环节中有不同的操作技术和要求。售货技术的基本要求是熟练、准确、快捷和优美。

1.准备和接待

服装店店员要以饱满的精神、优美的仪表,随时准备接待顾客。要做到人在岗、心在岗、不办私事、不干私活、不脱岗。当顾客走进服装店时,店员要以微笑的表情表示对顾客的欢迎,主动热情礼貌地打招呼,说好第一句问候语——"您好,欢迎光临。"第一句话要问得亲切,称呼恰当,不然会引起顾客的反感。在接待顾客时,应根据顾客的不同年龄、性别和当地习惯,使用不同的称呼。在接待顾客的文明用语中,一般应用"欢迎光临、请、您好、请您稍等、好的、没关系、对不起、很抱歉、谢谢、再见、欢迎下次再来"等。这些随口的话尽管平常,但却体现了礼貌待客的道德风尚,使顾客有被尊敬的感觉。在接待过程中,服装店营业员要善于观察顾客的一举一动,了解顾客的购买心理,根据顾客的需要,向顾客推荐商品。

2.出样展示介绍

当顾客停立在服装前的时候,当顾客好像在寻找什么的时候,当顾客与服装店员目光相遇的时候,当顾客用手指某款服装的时候,就是店员向顾客介绍的最佳时机。

店员要不失时机地向顾客展示并介绍某款服务,此时店员要特别注意顾客的表情,根据顾客的喜好,不厌其烦地向顾客出样,以引起顾客的兴趣,唤起顾客对某款服装的欲望和热情,使顾客为选中的服装感到满意高兴。如果店员缺乏这种观察力,或者不乐意多次展示商品,就会使顾客感到受冷落,而放弃购买。售货过程中的介绍展示是一个很重要的环节,顾客在购买时,挑挑拣拣是合情合理的,这也是顾客的应有权利,为顾客挑选提供服务是店员应尽的义务,店员要理解顾客的这种心理,热情礼貌、亲切周到、不厌其烦地为顾客展示介绍,使顾客买到称心如意的服装。

3.拿取商品

店员在向顾客介绍展示服装,从货架或柜台内拿取商品的操作环节看似容易,做起来却难。店员在拿取服装时动作迅速,拿取准确,摆放得当,就能向顾客展示服装的全貌,从而吸引顾客。如果拿放不当,动作缓慢,拿错率高,就会给顾客形成店员工作不熟练、不认真、不负责任的印象,进而使顾客怀疑服装的质量、品质与价格的可信度。因此,服装店员要掌握业务技术,熟悉服装知识和服装存放的位置。在拿取时,要做到十拿九准,手脚麻利、动作协调优美。服装店营业员要练就一套过硬的本领,不但对服装的款式、规格、型号、存放位置熟悉,能够随手正确拿取,而且在拿取服装时要注意礼貌,要先拿货后报价,以免伤害顾客的自尊心,引起误会。拿取服装时动作要轻巧,轻拿轻放,放回时的位置要符合其特性要求,便于顾客观赏和鉴别。

4.售货计价

售货计价是指服装店店员在售货过程中的计算工作。算账收款,是交易过程中的一个重要环节。算账的本领对服装店店员来说十分重要,如果店员计算水平不高,计算不熟练,就可能影响售货的速度,降低工作效率,也有可能出现差错,会给工作带来影响,给顾客带来不便。这就要求店员苦练基本功,掌握熟练快捷的计算方法,熟记各款服装的价格,认真细心地计算好每笔业务,避免因工作时精神不集中,工作态度不认真而出现差错,造成服装店或顾客的损失,给服装店的形象带来不良的影响。

5.成交时的开票

顾客挑选并确认购买服装时,店员要及时地开出购物交款票或发票。在开票时要再一次认真核对服装的价格是否正确,以免看错价格标签而开错票,按票中的要求认真填写每栏的内容,把服装的名称、产地、价格、质量、货号等认真地填写清楚,不能遗漏。所写字迹不可潦草,要容易辨认,不得任意写简化字。特别是数字,大小写一定要写对写全,票面不能涂改。如有退货一定要收回原发票注销作废,并开红票冲回。发票的领用存要严格按一定的程序办理手续,做到领用时有登记,检查发票本是否存在缺页、编号不对等现象,如若发现及时采取措施。用完交回时,要核对票与款是否相符,登记还回。发票要仔细保管,以防丢失给坏人以可乘之机,从而造成意外事故。

6.售货款的收缴与找零

收款和找零钱是服装店员一个重要工作,如果收银员思想不集中,行动迟缓,动作不礼貌等也较容易引起差错或顾客的不满。对收银员的收款找零钱工作的要求是准、快、忙而不乱。大中商场设有收款台,服装店店员只开收款票,由顾客自己交款,后验单取货。小服装店一般有服装店营业员自己开票自己收款,而无收银员收款。无论采取哪种收款方式,应从方便顾客和有利于服装店管理和经营的目的出发,根据服装店的具体情况而设置。采用一手交钱,一手交货的营业方式的服装店,收银员要认真计价,仔细收款。反复核对然后找零,收款找零时唱收唱付,便于顾客记忆,其他顾客监督,也便于服装店店员核对服装价格。设置收银台的服装店,服装店店员要核对商品单价、数量,填写交款单,并热情地指引顾客到收银台交款,然后凭收款凭据付货。付货时店员一定要认真辨认交款单上的印章是否真实清楚,防止伪造和冒充,检验交款单上的号码,以免拿错。

7.包装

包装是为了确保顾客购买的商品整洁、完整、避免污损、方便携带、外观优美、提高服装身价,是售出的标志,起到广告效应等目的。因此。包装服装是服装店店员售货过程中最主要的技能。服装店店员要勤学苦练,掌握包装技术,提高服务质量。包装商品是要求较高、技术较强、标准较严、技术复杂的工作,服装店店员除掌握一般的包装技术外,还要根据服装的体积、重量、形状、用途的不同,注意合理使用包装用品,注意包装的牢固、节约和美观。包装时要检查物品是否有污损,不然不能包装出售。对包装材料要根据服装的不同合理利用,防止浪费。

对不同的服装采用不同的包装方法,能合并包装的物品,要妥善整理,一并包装,目的是美观、节约和方便。

服装店营业间歇的把握

在营业过程中,顾客多时店员要精神集中,全力以赴地为顾客服务,做好接待售货工作;顾客少时,除了稍做休息,缓解一下紧张的精神之外,还需要做一些营业的辅助性工作,做到忙时心不乱,闲时保证心不散。做好辅助性工作,以便更好地进行下一轮售货。

1.整理和添加商品

服装店店员要对营业过程中顾客挑选的服装进行整理、归类、放置。由于顾客的挑选,势必使服装摆乱,店员要利用短暂的空闲时间,快速地把乱放的服装归类放置好。检查服装的销售情况,如发现货架上或柜台上的服装已售完或将要售完,应及时补足,使所售的服装保持数量充足,花色品种齐全。要清理货架上的灰尘或污染物,还可利用空闲时间盘点所销服装,为交接班做准备。

2.练习基本功

服装店营业员可利用营业的空闲时间练习服务的基本功。学习关于服装知识,熟记其名称、价格等,学习计算技术方法,熟悉商品陈列位置等。只有勤学苦练才能掌握服装售货的技巧。

(1)整埋货款及票据。店员可利用空闲时间整理清点货款或销货单,做好发票的汇总工作,清点货物与销货票并进行核对,避免错收错付货物。

(2)核对进销手续和货款。店员要利用空闲时间进行核对进货与销售手续,根据进货单据上的品名、款式、数量、价格,核对销售所剩实物,计价是否正确,检查价格标签与售出服装是否相符,汇总销售数量,与销售货款核对,保证服装数量与货款收入无差错。

(3)拆装分装商品。在营业空闲时,店员要检查服装的销售情况,如发现有些服装货架存货不多或已销完,要利用空闲时间及时补上,以便快速接待顾客。

(4)要先对外后对内。店员利用营业空闲时间做一些辅助工作,目的是为了更好地、更快地为顾客提供服务。接待好每一位顾客是服装店营业员应尽的义务,因此,无论在什么情况下,都要把接待好顾客始终放在各项工作的首位。店员不可以因为正在忙辅助工作,而怠慢顾客,即使是柜组领导视察,也不应冷落顾客。店员在工作中除了做好自己的本职工作,尽职尽责、全心全意地为促进顾客购买而做好工作外,还要团结好同事,与同事搞好关系,齐心协力搞好服务,为服装店创造良好的经济效益和社会效益。

服装店营业结束前的工作

营业结束,店员要对一天的销售情况进行全面的检查、清点和总结。因此,营业结束工作与营业前的准备工作一样不可忽视。结束工作做得好坏直接影响服装店的经营管理,还有可能影响次日的营业。所以,营业的结束工作,一定要做好做细,为次日的营业打下好的基础。

1.清点商品

当营业结束时,无论是实行售货兼收款还是集中收款的服装店店员都要全面清点当日所剩的服装数量,计算销货款,并与售货单相核对,检查有无差错。要认真核对所售服装与收款单或货款是否相符,核对所剩服装与售出服装的销货单是否相符,核对所售服装与收款单是否相符,要确保三项核对相符。

2.填写交款单

营业结束后,当店员把当天所收的货款或收款单及货款核对无误后,连同填写好的交款单一起及时上交财务部门,结清当天的销售款。

3.登记账簿做报表

店员把当天的所收货款上交后,还要把当天的进货、销货登入账簿,结出当日的库存,并填写各项营业报表。记账和填写报表有利于清查核对服装,便于发现差错,并可为月终等盘点货物做好前期工作。

4.酌情增补货物

记账清查完后,如果发现某种服装已售完或数量较少,为减轻次日营业前的准备工作量,可适当增补一些服装。畅销服装如果库存无货,应及时向采购员反映,积极组织进货,不影响次日的营业,尽可能满足顾客的需要。

5.整理摆放服装

营业结束后,店员除了做好清查、核对工作外,还要把营业过程中由于顾客挑选所摆放错位或散乱的商品摆放整齐。把陈列的服装放在固定的位置,按其陈列的格式摆放整齐,并把营业场地打扫干净,清除垃圾,将柜台擦拭一遍,掸去商品上的灰尘。缩短次日营业前的准备工作,为次日的营业做好准备。

6.检查安全设施

店员对所管理的发票、收款单据、个人名章、营业用章、账本等物品要妥善保管,确保安全。要注意熄灯,关掉电源,锁好门窗,保证安全,防患于未然。

7.班后留言

实行一班制隔日轮休的服装店营业员,要把当班时的一些未了事项或价格、服装的变动等情况记录在留言簿上,并告诉下班的同事,提醒注意并要求协助处理。

8.开好班后会

当店员把当天的工作全部结束后,柜组负责人要召开小组会,总结当天营业情况,处理当天营业中出现的问题,布置次日的工作,通报顾客对店员的批评和表扬意见,并记入功劳簿,作为评先进的依据,店员提交当天的销售报表。班后会要力求时间短,把该说的事情说完,不拖延时间,速度快,尽量不占用店员的休息时间。

营业结束工作非常重要,店员要认真仔细地做好,但并不是说为了结束工作做得好,做得快,在营业时就开始准备,而不接待顾客,板着面孔接待或催促顾客的现象绝不能出现。即使下班铃打过,也要热情耐心地接待好最后一位顾客,然后准备营业结束工作。绝不可为了尽早下班而不管顾客的感受,手脚忙乱地准备结束工作。

服装店要做好排班工作

怎样有效安排服装店工作人员的排班,也是一项艺术。一个服装店营运绩效是否优良,除了服装店店长的营运管理经验和水平高低外,更重要的一点就是能否进行科学合理的排班。

要合理安排排班,首先要寻找一定的依据。一般来说,是以服装店的营业时间、营业业态特点来制定,有的比较简单,有的比较复杂。所以排班的时候每家服装店的排班必须根据营业时间长短、营业面积和营业额的大小以及门店的人员总数等基本条件决定班次的排定,进行合理科学列班、分组。

制定员工排班的目的是为排班提供工作依据,确保排班工作规范,确保服装店营运正常进行。其适用范围是服装店主对员工进行排班的过程。

具体的工作流程、工作要求是有以下几种。

1.排班

店长根据营运状况,在每月1日之前通知各区主管进行当月排班,排班要合理安排休息与上班的时间及人员的配置情况;主管对班组进行编排,编排时参考上周排班内容,在排班过程中,对有实际困难的员工,经店长与主管讨论后,可适当调整安排;主管排班由店长安排。

2.上报

主管将排班表上报给店长审批。

3.执行

店长审批后,由主管将排班表张贴在公告栏或打卡钟处,并分发给各区主管一份;主管每天监控员工是否按排班表上班;是否有中途离岗现象;主管收集在执行中产生的排班问题,提出修改意见,并经店长审批后进行调整。

服装店要做好交接班工作

一般服装店都实行二班制营业方式,从早晨9点至晚上9点30分,营业时间长,为了保证店员的工作时间和休息时间,采取中午13点交接班的方法。实行交接班制度是为了满足消费者的需要,又能使店员的劳动时间不至于过长。各服装店根据自己的实际情况,合理安排轮班、串班、交叉上班或连带上班等办法。无论采取何种方法,上下两班都要履行交接班手续。交班店员应把工作中的所销货物名称、数量、价格、货款和所剩余货物的数量、品名、款式、型号、类别以及进货、退货、发票、票证等,清楚地填写在交接单内,并协同接班的店员一一核对,经接班店员检查无误后,交班店员方可离开服装店。

1.交接班制度的实行

服装店员实行交接班制度,从表面上看虽然是增加了工作量,但却有许多好处。填写交接单可以分清交接班店员的经济责任,加强每个人的责任心,避免差错发生,即使发现差错也容易核对查找。交接班时的商品点查、销售数量的核对以及销货款的计算都为营业结束后的结账工作提供了方便,并为盘点工作节省了时间,提高了工作效率。

2.实行店员售货收款的交接班方法

实行售货并收款的服装店,店员在交班时,应该把所经营的服装整理、清查、盘点,把销货款和销货票清查并核对,做到货款、票款两相符,并填写在交接单内。把整理清点清楚的服装数量、品名、价格等项目填写在交接单内,并把当班时间内的进货、验收、服装登记以及服装变价等情况记入交接单或交接手册上。接班的店员要根据交班店员所填写的交接单内的内容,逐项核对,检查无差错后,交接店员双方在交接单上签名或盖章。如发现不符要及时查找原因,对不可弥补的差错,交班的店员应负全部的经济责任,在交接单中注明,并向柜组负责人汇报,做出处理决定。交接班时不能影响营业,要正常接待顾客,妥善安排交接与售货的情况。

3.实行收银台方式的交接班方法

实行货款分开、集中收款的服装店,售货店员在交接班时,只清点服装和发货票及余留发票。基本程序与实行店员售货收款的交接班方法相同,只是少了销售款的交接。收银台的收银员在交班时,要清点整理销货款,并与收款单核对正确。接班的收银员要核对收款单和发票,并计算出交班收银员应收的货款,并进行核对。如票款相符,双方即可在交接单上签名或盖章,要分清责任,查找原因,及时处理解决,在交接时不能影响正常的收款工作。在交接班过程中,如果存在货款的溢缺与票证不相符时,接班收银员应协助交班收银员查找原因,不能及时查到原因的长短款,除了记入交接单外,还要报告上级领导,并在月终或季终盘点时填报商品盘点长短货款处理表,请示领导酌情处理。

服装店要处理好投诉问题

在服装店遇到顾客投诉时,一般通过以下程序来解决。

1.顾客投诉的分类

(1)按投诉的性质。

①有效投诉。消费者对服装店在管理服务、收费、经费管理、维修养护等方面失职、违法、违纪等行为的投诉,并经过有关行业主管部门查实登记的,或是消费者向服装店提出的服装店或店内人员故意、非故意,或失误造成消费者或公众利

益受到损害的投诉。

②沟通性投诉。沟通性投诉主要包括以下三种类型：

求助型：投诉者有困难或问题需给予帮助解决的。

咨询型：投诉者有问题或建议向管理部门联络了的。

发泄型：投诉者带有某种不满，受委屈或误会等造成的内心不满，要求把问题得到解决的。

(2)按投诉的内容。

①对设备的投诉。在顾客观看、试穿、购买服装的过程中，因为设备的关系造成的障碍，以至于给顾客带来不便或者伤害。

②对服务态度的投诉。服装店员对顾客态度出现差别待遇或者冷漠、忽视等情况，甚至和顾客发生口角争执。

③对服务质量的投诉。没有及时或者没有得到客户认可地处理售出、售后等，以至于让客户受到冷遇或者感到不满意。

④突发性事件的投诉。在顾客进行购买或者欲购买行为时，出现了意料之外的突发性事件，给顾客造成了不便或者损伤。

2.顾客投诉时的心理分析

(1)发泄的心理。顾客有时候的投诉就是为了把自己心中对服务、服装质量的不满意发泄出来而已。

(2)尊重的心理。出于对店铺或者服装品牌的一种喜爱、尊重，顾客会把自己的意见讲出来，以加强其改进。

(3)补救的心理。当对于顾客的不便或者伤害已经造成的时候，顾客的投诉就是一种补救机制了，及时地挽回因问题造成的损失，把伤害降到最低。

服装店的营运管理

服装店的营业管理主要分为三个方面：营业前的营业管理，营业中的营业管理，营业后的营业管理。

1.服装店营业前的营运管理

为了确保开店的过程能够准确无误地进行，同时，在开店后能有十分干净安全的环境、亲切专业的店员素质、轻松和吸引人的氛围，需要在服装店营业前做好一切准备及防患措施,防患于未然。所以,无论是在对店面的整理,对店员素质的培训,对店内制度的制定,等等,都需要在营业前完全做好一系列的准备,这是一个比较复杂的过程,但却是十分重要的开店的第一步。如果要做好服装店营业前的营运准备,需要注意以下九点:

(1)开启店门、安全门、照明设备、音响设备、空调设备。

(2)巡视店内外各角落、更衣室、卫生间、仓库等有无异状。

(3)督查店员上下班秩序及出勤情况。

(4)带领各工作岗位人员领取工作用具。

(5)主持早会,清点人数,检查服装仪容,进行职员训练,重点工作安排。

(6)督导职员清点陈列商品数量,卖点广告张贴布置等情况。

(7)检查各职员到岗位置和站立姿势。

(8)核实到货、出货陈列情况。

(9)督导收银台业前工作准备情况。

2.服装店营业中的营运管理

当服装店正式运营时,就是一个考验的过程了,考验的内容有针对服装店本身的地理位置安置、店面设计和陈列、服装风格,还有店员专业素质和服务态度,同时还有服装店店内的营业制度,等等。所以,正式运营中,更是需要细心的营运管理,以保证客户对于服装、店员、店面、服务等的满意度,而正式运营的起步阶段更是最起码也是最重要的阶段。只有完成了这个阶段、确保服装店在顾客心中的良好印象和口碑才能在以后更长时间的营业中获得更好的评价和回头率,从而使利益最大化。具体来说,营业中的营运管理需注意以下几个方面:

(1)检查当日服装的陈列和销售情况。

(2)检查服装是否应补充,及时联系配送中心送货,迅速点收并上架。

(3)督导更衣室、卫生间、仓库等店内外的清洁及整理工作。

(4)巡视更衣室、卫生间、仓库是否有人无故逗留或零乱不堪。

(5)检查服装定价牌、吊牌、外包装是否有掉落及破损。

(6)巡视收银台、包装台的用品整理及损耗品控制情况。

(7)督导店员销售服务态度和礼节等情况,及时纠正其工作失误。

(8)处理顾客投诉,做好售后服务工作。

(9)接待大宗客户购物和咨询,并及时推荐通知相关部门或呈报上级主管。

(10)督导销售交款程序和过程。

(11)随时合理调整店员岗位。

3.服装店营业后的营运管理

(1)督导店员接待最后一批客户,到达店门口欢送顾客,并提醒进店购物的顾客营业时间将结束。

(2)督导店员回到各自岗位位置,整理清点各自管区服装。

(3)注意提醒并疏导客户。

(4)督导店员、收银员完成接待最后一批客户,店门口欢送顾客,提醒将进店购物的顾客已停止营业,表示歉意并欢迎下次光临。

(5)验收店员清点报表并同收银员所统计销售报表对账签字。

(6)检查店员整理所属区域内商品是否整洁。

(7)督导职员重要物品收拾及上锁。

(8)督促店员最后消防安全巡视。

(9)督导明日促销商品的陈列以及卖点广告张贴等情况,并通知与店内有关的新决定。

(10)集合职员重点谈话,互道晚安,主持下班。

(11)督促保洁员清洁卖场、值班安保人员到岗并暂时店门上锁。

(12)督导收银员清机、结账及缴款,合计每日之营业额呈报分析。

(13)填写店长工作日记,总结一天的工作。

(14)制作销售统计报表、下订货单以备第二日通知配送中心补货。

(15)督导值班保安最后巡视卖场、安全门、仓库、办公室的消防安全及上锁情况。

(16)注意电源开关、消防器材、上下水开关、店内日光灯及店外照明的关闭情况。

服饰数量管理技巧

经营服装店,经营者的管理并不只局限于盘点和做账目,更应该积极做好服装和服饰的数量管理,分析存货的构成及特性,以达到良好销售的目的。

要知道,如果服饰数量管理失调,就会造成巨大机会成本,例如,增加仓储费用,加重资金负担,增加服饰管理费用,增加服饰发生质量变化的风险,等等。这些都会减少经营者净赚毛利的机会。因此,服饰数量管理的平衡具有重要意义。那么,对服饰数量进行管理可从以下几个方面入手。

1.避免存货过剩,树立零库存的观点

经营者最头痛的问题莫过于存货有大量剩余,这些剩余既无法快速流通,又占用成本。由于对服装市场的错误判断、对顾客需求的错误认识、服饰质量的参差不齐、销售方法不正确等,都会造成存货过剩。解决这一问题的主要方法是,树立零库存的观点,即最好为销售定下"最大化的销售,最小化的剩余"、"可以卖空,不可卖剩"等理念,无论进入多少货物,都要合理规划出销售计划,以达到良好的销售业绩。

2.定期整理存货,减少货物积压

经营者还要定期确定存货的数量,在每次获悉数量后,适当调整销售策略,以加速服饰的出仓,减少剩余的情况。若出现货物积压,经营者就应查明存货增加的原因并加以预防及改进。

3.提高服装的行销和规划

俗话说:"没有卖不出去的货物,只有不会卖货的人。"无论是怎样的商品,认真发掘,都能找到其卖点。服饰也是如此,若能提高其行销和销售规划,使用丰富并有效的销售技巧,做到在销售环节的畅通无阻,自然就会减少存货的数量。

4.根据不同货物情况"随机应变"

如果出现库存积压,还可以根据不同的情况采取折扣方式、卖给切货商、以特价促销等方式来处理。例如,对于本身无能力处理的服装,随着其不断积压,会带来极大成本,还不如去除商标后便宜卖给切货商;而对于换季时的剩余服装,则可以以各种活动的名义,在季末以特价促销。

5.关注在途中的货物

"在途中的货物"指的通常是经营者已经购买的,但尚未入库的商品。它们也是服饰数量管理的一部分,是潜在的库存。所以经营者在计算现有库存时,应当将这部分考虑在内,全面制订销售计划,并时刻注意在途货物的费用情况,尽可能节省运输、装卸费。

数量管理从盘点开始

1.盘点的重要意义

运营一家服装店,必然要对其货物存量、销量、毁损量了如指掌,这样才能适时调整产品种类、销售的方法和手段,以达到创造良好的销售业绩的目的。因此,管理服装商品,首先要从重视盘点做起。

通过盘点,服装店真实的存货、费用率、毛利率、货损率等经营指标都会得到清楚的展现,从而体现店铺的运营业绩。盘点结果既可以作为服装店运营业绩的证明,也可作为某年段时间产品销售的考核标准。同时,在盘点中发现的各种问题,将反映出店铺经营的失误与漏洞,从而督促店主及时改善经营、解决不足。

盘点对商品管理和店铺的运营具有重要意义。它为店主掌握各种商品的准确信息提供直接途径,也为其熟悉店铺资产情况、物流运转提供及时的材料,是店铺运营中最主要的、最关键的信息。

通常,服装店的盘点方式分为定期盘点与临时盘点两种。定期盘点指在一定时间内(每季度、每半年或一年)进行一次全面的盘点;临时盘点指在较为特殊的情况出现时(如仓库发生货损事故、店铺关闭、更换保管员、店主认为有盘点的必要的情况),进行的局部性或全面性的盘点。相对来说,定期盘点较为固定,适合做长期市场销售情况的参考和对比资料;临时盘点较为灵活,适合在短期内做产品销售调整时的决策资料。在不同的情况下,店主可以自主选择合适的盘点种类进行操作。

盘点的内容主要包括:数量盘点、重量盘点,货与账核对,账与账核对四个方面。其中,核对账目的环节较为关键,应当采取多人共同参与和核对的办法,谨慎进行,以减少误差。

同时在进行盘点时,要密切关注服装是否存在短缺、是否需要补货、是否存在质量的变化、有无因服装滞销而导致长期积压、是否需要集中处理等。在进行仔细的盘点后,店主便能对服装的库存和销售情况有更加清楚的认知,以利于在今后选择销售策略时做出更准确、更及时的决定。

2.盘点的目的

(1)把握服装店在一定期间内整体的损益、业绩情况。服装店在某盘点期内的亏盈状况将引导店主做出不同程度的调整,改变今后进货和销售的渠道与方向。

(2)把握服装店当前的库存资金、库存的各类数据。利用电脑对所有资金、商品进行统计和管理是目前的主要趋势。因为,建立起的电脑数据库,将提供更简洁明白、清晰准确的信息,有利于经营者观测经营效果,确定经营绩效。

(3)针对损耗较大的服装进行重点管理。在货物运输和存储的过程中,有时会出现某些服装因质量问题、保存不当或者其他原因造成的货损较大的情况。经营者需要对这些情况进行分析统计,并应及时找到解决的方法。同时也要对受损的服装进行分门别类,尤其要学会针对各种质地、款式类别的服装货损形成不同的管理和保护方法,并加强易损耗服装的重点管理。

(4)清点服装中的滞销品、残次品等。作为一种带有较强流行因素的产品,服装虽不会过期,但却常常会因为不再流行而滞销。然而,流行的趋势常常难以捉摸,所以每个服装经营者的库房内都或多或少地存在一定的滞销品。对它们及时进行清点和处理,可以为经营者减轻运营负担、加速资金运转、保证物流顺畅提供便利。同样,对残次品的处理也是同样的道理。由于这些服装可能带来资金周转风险,经营者必须早作打算,及时处理,以防范经营中的风险。

(5)积极为补货做准备。经过详细的盘点,经营者将对哪些服装比较畅销有较好的了解。特别是当货物在市场上还在热销的时候,经营者就要果断地做出补货的决定,以创造更好的业绩,获得更多的利润。

熟悉盘点的基本知识

盘点就是要盘查账簿上所记载的库存服装与实际服装之间数字是否吻合,是定期或不定期地对店内的服装进行全部或部分的清点,以确实掌握该期间内的实际损耗。盘点是衡量服装店营运业绩的重要指标,也是对服装店营运管理的综合考核和回顾,由此可看出,盘点是一项兴师动众、操作严密细致的管理工作。

1.盘点目的性强

盘点工作的好坏往往决定着服装店经营状况的好坏,因此,称之为衡量服装店经营状况的最标准尺度也不为过。通过盘点不仅可以控制存货,以指导服装店日常经营业务,还能够及时掌握损益情况,以便真实地把握经营绩效,并尽早采取防漏措施。

盘点的目的性很强,最主要的目的是了解服装店某一周期的营业状况,一切细致而具体的盘点工作的目的都是得出服装店某一周期内或亏或盈,或不亏不盈的营业状态,以利于具体制定应对措施。为了获知这个状况,就需要提供服装店最详细的真实数据。

2.盘点的六大原则

服装店在进行盘点时,还要遵循相关的原则来保证盘点工作快速而有序地进行。这些原则主要分为真实、准确、完整、清楚、团队合作等五个方面。

(1)完整。盘点要覆盖服装店的方方面面,完整的数据才利于服装店盘点的总结。所有盘点过程的流程,包括区域的规划、盘点的原始资料、盘点的点数等,都必须完整,不要遗漏区域、遗漏商品。

(2)真实。盘点过程中产生的一切数据都必须真实。盘点所有的点数、资料必须是真实的,不允许作弊或弄虚作假,掩盖漏洞和失误。

(3)准确。盘点容不得一点小差错,以避免出现"差之毫厘,谬以千里"的状况。盘点的过程要求准确无误,无论是资料的输入、陈列的核查、盘点的点数都必须准确。

(4)清楚。盘点过程属于流水作业,不同的人员负责不同的工作,所以所有资料必须清楚,人员的书写必须清楚,货物的整理必须清楚,这样才能使盘点顺利进行。

(5)团队协作。服装的盘点工作是一项需要团队协作的工作,这要求服装店内部有着良好的配合协调意识,以大局为重,使整个盘点按计划进行。

(6)高效。盘点是一项兴师动众的工作,往往要求服装店的全体人员参加。为减少服装店停业导致的经济损失,盘点工作要求节省时间、高效率地完成。为了确保盘点的效率,主要有四种具体的操作方法:

①即时盘点。在营业过程中要根据具体情况随时进行盘点,以保证销售的有序进行,并非一定要等到"停止营业"以及"月末盘点"时才整体盘点数据。

②实地盘点。可在服装店实地针对店内未销售的库存服装进行存货数量实际清点,主要是掌握服装店的实际存货状况、店内坏品、滞销品、存货积压或服装缺货等真实情况。实地盘点时最好以账面的盘点为对照进行。

③售价盘点。可把服装的零售价作为盘点的基础,库存服装以零售价金额控制,通过盘点来确定一定时期内的服装损益和零售差错。

④自动盘点。随着科技的飞速发展,服装店运用到的电子技术也越来越多。

一些店铺就利用掌上型终端机一次完成订货与盘点作业，或利用收银机和扫描器来完成盘点作业。

3.盘点的类别

盘点不仅是兴师动众的事情，也是一项极为细节化的工作。在开始盘点之前，店主或相关主管人员要对该次盘点进行一次全面规划，并制定详细而具体的盘点清单，对服装店内部进行分类规划，让店员各司其职，细致而快速地完成盘点工作，获得最精准的盘点数据，以利于总结出最真实的经营状况。一般来说，盘点前主要对盘点进行五个方面的分类。

(1)账、物分类。在服装店的经营过程中，账、物具有实质的一致性和彼此独立的存在方式，参照性极强，服装店可分别对账面存货和实际存货进行盘点。账面存货盘点是根据数据资料计算出服装存货的方法；实际存货盘点是针对未销售的库存商品进行实地清点统计。

(2)盘点区域分类。服装店可将盘点区域分为全面盘点和分区盘点来进行盘点。全面盘点是指在规定的时间内，对店内所有存货进行盘点；分区盘点是指将店内服装以类别区分，每次依顺序盘点一定区域。

(3)盘点周期分类。定期盘点和不定期盘点是盘点周期分类的主要方式。定期盘点是指每次盘点间隔时间相同，包括年、季、月度盘点、每日盘点、交接班盘点。不定期盘点是指每次盘点间隔时间不一致，是在调整价格、改变销售方式、人员调动、意外事故、清理仓库等情况下临时进行的盘点。

(4)实地盘点时间分类。根据服装店的营业规律，可针对实地盘点时间来进行盘点分类，分别对营业前、营业中和停业进行盘点。营业前盘点即在服装店开门营业之前或关门之后盘点，这种方法可以不影响服装店的正常营业，但有时会引起店员的消极抵触。营业中盘点也称及时盘点，即在营业中随时进行盘点，营业和盘点同时进行。这种盘点虽节省了时间和加班费，但有时也会影响顾客购物，会造成顾客购物的不便，影响服装店的正常营业。

(5)阶段分类。服装店盘点工作也可以分为初次盘点阶段、复次盘点阶段和和抽查盘点三个阶段。盘点作业就分为初点、复点和抽点三种方式。初点是在盘点时按照负责的区域，由左至右、由上而下展开盘点；复点是在初点的基础上再次盘点，是对初点的复查；抽点是店主对盘点结果进行不定时不定区的抽查。

盘点的三种形式

盘点工作在各种类型的企业、店铺中普遍存在。因为，物账合一是店铺管理中的关键一步。

有人认为，盘点得越频繁、次数越多越好。殊不知，每次盘点都会耗损一部分资源，个别大企业的盘点还会引起暂时的停业。所以，经营者需要理性地分析自身情况，分别决定进行日盘点、月盘点、年盘点的时机。

在决定盘点顺序和时间时，经营者要尽可能控制盘点时间，并考虑到服装季节性强、流动速度快的特点。判断出不同服装的特性、价值大小、流动速度等，从而确定盘点的顺序和重点。

具体操作如下：

日盘点：一般在每日交接班时。每天闭店前，由盘点人员对当天销售和剩余的货物进行数量盘点，核对数据，并留下盘点记录，由盘点人签字确认。待到次日，由接班人员按照记录核查商品后，签字确认。

一般，为加强日常管理工作，中小规模的服装店较青睐日盘点。应注意的是，若要使用日盘点，应先做到服装的布置、陈列与存放利于拿取和盘点。应根据货物的多少、类别、货架等的情况，为不同服装固定货位。保持服装摆放有序，并尽量和盘点表中的服装分类目录排列一致。如此，既能提高盘点效率，又能避免出现失误，保证了服装信息的准确无误。

月盘点：一般在每月最后一天，由经营者组织，统一盘点。首先，应在盘存前汇总一个月的单据和票证，做出详细整理，对账单、账账之间的情况进行核对。然后再根据服装类别分别进行盘点。盘点结束时，需要盘点的主管人员签字确认，并统一上交。

月盘点的优势在于能及时发现管理和销售过程中的不足，迅速调整销售方法，并减少因日盘点过于频繁带来的损耗。在服装销售旺季，人力、物力资源都有限时，可以选择盘点。

年盘点：时间一般选在年底。具体过程同月盘点类似。不过，需要更多的人参与，共同协作，以提高效率并互相监督。由于盘点盈亏的关键在于货物出入库的次数和盘点时间的长短，一般来说次数越多、时间越长，引起失误的可能性也会随之增加。因此，要避免货物出入库，并尽可能将全面盘点限制在一周之内。

日盘点,月盘点,年盘点,反应的是不同的问题,店长应针对不同的目的合理设置盘点类别。

避免盘点损耗的相关方法

盘点中做到效率最高、损耗最小是每个经营者的希望。但很多时候,由于缺乏经验会使盘点的过程乱成一团。怎样做才能减少服装在盘点中的损失?一般而言,要减少损耗:

第一,要做到盘点有计划。即在盘点之前拟订计划,然后严格按照计划进行盘点,避免工作的无序性。否则,到盘点时就可能越点越乱,拖延盘点时间。盘点计划在制订的时候应对工作展开时的各个细节有周详的考虑。要对如何盘点、盘点大约需要多久时间做出初步的估计。也只有较为明晰的计划,才能让盘点人员根据服装店的经营情况对盘点的各项内容进行控制,从而真的达到高效。

现实中,很多经营者对盘点计划没有足够的重视,忽视计划的指导性和明确性。在盘点中,不仅耗费大量人力资源,还容易出现重复劳动等低效率的现象。

第二,要做到在平时就规范服装的摆置。并尽量实现其位置的固定化和数量的固定化。经验证明,当服装在摆放时能够一一对应,能够在横向纵向上数量固定化,则盘点时就会轻松很多。就算以后再补货,甚至可以通过目测来得知要购进的服装数目。这样的方法,不仅减少盘点的工作量,缩短盘点时间,还能较大程度降低服装因盘点时的移动、触摸等造成的损耗。

第三,要做到各参与盘点人员之间的高度配合。盘点商品常常需要几个人、甚至全店人员的参加和协作。如果各人员之间合作协调情况不佳,将直接影响盘点工作的质量。为减少不必要的时间浪费,各人员间应当增强配合意识,积极实施盘点计划,共同快速、有效地完成盘点工作。

第四,要做到盘点有秩序。盘点多是实地进行,在有关人员具体操作时,应当保持好现场的秩序。由主要负责盘点的人掌控人员的调动和盘点进度,合理安排服装的存放。并且,在盘点中维持良好的秩序,将有利于及时处理各种突发事件,保证盘点工作顺利进行。

第五,要做到服装存储和管理漏洞的及时修补。盘点过程中,若存在正在被毁损或者有较大被毁损可能的衣物,应当机立断,对货物立即处理。至于遇上管理上的漏洞,就需要相关人员在短期内解决,从而为盘点扫清障碍,减少损失,降低盘点的损耗。

盘点的相关重要事项

服装店盘点在具体展开时,有如下几个方面需要注意。

1.盘点前的准备工作

(1)清理盘点现场,就是要清理仓库,整理内仓、货架上的服装,将各类服装归类存放,清拣出较为明显的残次品。

(2)暂停仓库提货、补货,是指在盘点进行时,为避免因服装商品出入仓库引起的混淆,应当暂停仓库的提、补货行动。

(3)整理需要的单据,为方便盘点,防止盘点出现失误,有关人员应事先核对好账目,将相关单据、凭证整理妥善。

(4)事先确定参加盘点的人员,其中应必须包括的人员有——负责盘点的人员、查账人员、财务人员和实物保管员。

除了上面四点以外,有时个别库存较大的店铺会在正式盘点前,进行一次预盘,预先知道可能出现的亏空,然后根据亏空补充市场上正值流行的服装。

2.清楚盘点的重点

对于库存量较大的服装店来说,有时进行全部盘点将耗费过多的人力、物力,所以可能会选择、有重点地盘点,即侧重对部分重要服装进行盘点。

如何判断某款服装是不是应被盘点的重点?可以参考几个问题来做出判断,即该服装是否被盘点过,销量和账面反映是否一致,是否属于当前流行的高价商品,是否在库存总额中占有较大比重?若对这几个问题的回答都是肯定的,则该类商品需要成为盘点的重点。

3.保证盘点的效率及准确性

首先,应确保盘点高效率、持续时间短,尽可能减少在盘点过程中的人力和物力损耗。通常,经营者应考虑在销售淡季进行盘点,趁业务不繁忙,人力调度轻松的时候进行。同时,也能控制因为盘点造成的机会成本。

其次,盘点应由专业人员进行,并由其他人进行指导和监督。由于盘点的过程不仅琐碎且工作量大,所以应主要由有经验的专业人员进行,其他人则可在一旁引导和监督盘点。

最后,为确保盘点的准确,应对盘点进行复查。对于库存较大的服装,一般需要盘三次,即初盘、复盘和三盘。当这些都结束后,盘点的数据就不可以再做涂改,并按照实际情况入账。

服饰盘点的相关事项

作为服装店的经营者,在购销服装的时候,还可能经销同服装有关的服饰。同服装相比,服饰体积更小,也更难摆放和盘点,容易混乱。如果要对其盘点,该注意哪些?

对于服饰盘点,首先是要有足够的耐心和细心。出现服饰凌乱的情况,往往是由于盘点者和店铺经营者的粗心。在这点上,经营者需要反复强调,并向盘点人员讲明利害关系和问题的严重性。特别是在大规模的服饰盘点的时候。

其次,由于服饰较成套的服装更难盘点,所以经营者最好聘请一个有经验的人专门负责服饰的日常管理和盘点。在经验丰富者的指导下,服饰的盘点才能更有方向性和效率。

另外,服饰盘点时应当根据仓库或店铺的构造,对其进行不同的款式、类别的分类。例如,先将全部服饰进行最新款和老款的区分,一般将新款放在较靠前的位置,过时的款式放在较靠后的位置。然后,最新款的区域内做简便款、复杂款式的区分,在过时款式的区域内也同样……依照这样的顺序逐级细化分类,就能将服饰整理清楚。而当服饰都分类妥当后,必须要把它们的位置都固定和明确下来,以防止因盘点时的乱放、错放引起混乱。

还有,服饰细小繁杂,在盘点时需要比盘点服装时更多的人手。各人合理分工,共同努力才能提高办事效率。如此,服饰的盘点工作也才能更轻松。此外,随时的抽查也十分必要。盘点工作不是一个人在进行,参与人员多固然能提高速度,但也容易造成错误。很难保证每个人都能按照要求对服饰进行盘点。所以,与盘点服装不同,服饰盘点中必须要进行抽查。还要将每次抽查的结果记录在账簿上,以备确认。

最后,在服饰盘点结束后,要做好表据。以后再购销服饰的时候,都做上详细的记录,这样,日后的盘点就不容易出现问题。并且应当对有关负责人员进行提示,若在后续的盘点中,再出现缺损问题,就应当明确责任,由个人承担,以增加相关人员的责任心,使其认真对待盘点过程及其结果。

服装连锁店的盘点工作

库存服装是服装店的存货,为了行之有效地保障存货的安全,更好地为服装店创造经济效益, 我们应定期或不定期的做好货物盘点检查工作, 及时发现问题,查明原因,总结工作中的失误和漏洞,切实有效地改进工作,保障货物安全。

连锁店化的盘点会比单店的盘点复杂些。注意事项如下:

(1)为了使货物的盘点数量准确无误,首先要做好入库时的货物堆码工作。整齐,有条不紊地堆码,既保障了服装质量上的安全,也使其在数量上清晰可见,且便于清点。

(2)做好每日的销售报表,对每日的出库、入库服装明细要记清楚。

(3)做好每月的账目工作,准确无误的账面结存数量是检验实物数量的一个标准。要使仓库的服装账准确无误, 就要认真仔细登记好每笔进出库的准确数据,积极主动地和会计、统计核对结存数量,做到账账相符,账实相符。

(4)做好每月的服装清点工作。每月定期或不定期地由仓库保管员和仓库负责人对每一存货分别进行逐一清点,逐一核对流动标志数量,记在纸上,最后和账面数量进行一一比对,发现问题,及时查明原因,向上汇报。

(5)连锁经营后,会涉及服装店之间的调货问题。由于不同区域的销售情况不一样,商品畅销款和滞销款也会有差异,因此会经常在不同店之间进行服装调配。这时候一定要做好调货记录,对于入库的服装一定要知道是从哪里来才让入库;同样,出库的时候一定要知道这批货是往哪里去,不管是一件还是一百件,一定要知道其来龙去脉,而且要保留好原始单据,做好明细账。

服饰盘点的方法

对于服饰的盘点,通常使用的有三种方法。

1.按照货架表盘点

这种盘点是指在盘点前对各个货架及其存放的服装都做出详细的定义,然后利用电脑根据仓库的货架情况制做出货架库存商品手工页表。一般,每个货架需要一张空白的页表和一张空白明细表。打印时,依次按照默认的货架来分页打印空白的盘点表,以备盘点人员在输入结果时使用。

由于盘点时有电脑做辅助,数据的输入便捷,所以工作效率较高。但其前期准备较为麻烦,需要预先定义货架及服装的分布表。

2.手工表盘点

这种盘点是指对区分完类别的服装分别盘点,并将数据输入电脑,汇总数量。该盘点方法的特点在于准备工作较少,只需提前打印空白盘点表即可。但由于电脑打印空白表的顺序是按照条码或服装编码进行的,往往和服装实际存放的位置有出入。盘点人员查找和核对实物时非常不方便,既耗费人力,工作效率又低。

3.盘点机盘点

这种盘点是指购买专门用于盘点的机器,使用特定的盘点软件,进行电子化盘点。随着电子化产品的普及和应用,在盘点服饰时,盘点机的使用也逐渐普遍。利用盘点机盘点,操作起来要比前两种简单,且盘点结果更精确。不过需要注意避免重复盘点,建议盘点人员在盘点部分服装后,就将其单独放置或者做出区别。

既然是利用盘点机盘点,就需要使用一定资金来购买盘点机。对于中小型服装店来说,这笔提前支付的费用较高,不宜使用,而更适合采用前两种。

需要注意的是,使用上面某种方法进行盘点后,其后续工作也很重要。盘点人员在对货账核实时,要密切关注服饰盘点的差异率。因为服饰盘点容易出错,所以预先应为盘点设定一个合理的差异率。若账物的差异在该范围内,可忽略其影响,不追究原因;若账物的差异超出范围,就必须作业务复查和调整。

盘存的相关知识

如果说盘点是对实物进行清查,核对店铺中货物的数量,那么盘存就是盘点的进一步深化和总结,即服装店的经营者对其实物、现金进行实地盘点和对银行存款、往来款项进行查对,以确定资产的实存数,查明账实是否相符的一种会计手段,又称财产清查。换句话说,盘存就是将盘点所核对的实物和银行中、账簿中所存在的虚拟资产共同进行清查。

盘存是服装店更为全面检查经营状况的手段,能够摸清经营的各项情况,为积极进行库存调整、资金调拨提供可靠的依据。

盘存可以根据清查对象和范围,分为全面盘存和局部盘存。全面盘存是指对服装店的财产进行全方位的盘点和核实;后者是指在清查对象、范围上只做局部的盘存。根据盘存进行的时间,又可分为定期和不定期两种。通常,服装店铺多使用局部盘存和定期盘存。因为盘存的工作比较繁杂,一般只在年终决算前,或单位撤销、合并或改变隶属关系时,以及破产清查时,才会对全部财产进行清查。

进行盘存时,经营者需要做到以下几点。

1.查明库存,确定实物数字

账簿记录与实物一致时,才能确保统计的材料准确,所以彻底清查库存,核对货物是盘存者必须做到的。

2.查明财产、物资的利用效率

盘点完物资后,接下来的活动要关注已经运用的各项账面资金、各项实物物资是否得到充分的利用。是否存在资源浪费的情况,如果存在,该如何改善使用的方法或者途径。

3.查明服装店的各项往来款项及结算

店铺有多少货物,有多少在途的商品,有多少待收的进货,这些都涉及往来款项的资金结算。并且,在这些往来项目中,是否存在资金漏洞、是否符合相关规定,这些都对资产核查非常重要。针对上述问题,盘存时务必要对往来的款项做出结算,并反复核查。

4.查明财产和物资在保管、调拨、运输、及现金出纳等手续上的情况

在保管、调拨、运输等过程中,如存在因保管员调动或者服装商品在途中丢失、被窃等引起服装减少的情况,经营者可通过盘存立刻获悉,并迅速进行处理。

所以,盘存有利于加强服装店全部财产的管理,发掘企业尚未充分利用的各项资源,有利于资金、物资的合理调配和顺畅周转。

服装店在进行盘存工作时,为让盘存结果更加准确,应提前做好一些准备工作。其要点包括下面几点。

1.盘存前做好人员的任务分配

在没有特殊情况下，一般盘存需要充足的人手和明确的奖惩制度。特别是具有较大店铺的经营者，在盘存前，需要通知有关人员，让他们做好充足的准备。必要时，还可以对参与盘存的人员进行动员，提高其工作热情，减少在盘存中由于人为原因造成的错误。另外，可以配备专门人员随机进行抽查，时刻监测盘存的效果。

2.总结往次盘存的效果及出现的问题，提早做出预防

有经验的经营者清楚，每次盘存都会出现一些的问题，其中有很多在以前出现过。所以，在盘存前做好预防，以免犯同样的错误。

3.公布盘存日期及盘存计划

盘存的时间通常应选在业务量较低的时候。着手盘存前，需要制定出盘存各个阶段需要的工作时间和工作量，以保证盘存工作稳步进行。

4.对服装店和仓库的商品整理，形成良好的货位系统

整理不同类别服装的标价牌、所存放的位置，并为相应的货架编号，构思出盘存的位置图等，这一系列的活动，都有助于形成良好的货位系统和盘存环境。要注意的是，在货架位置相对确定、编号之后，经营者不应再随便移动已完成位置定位的商品。

5.暂停或减少现金业务

由于盘存根据不同的清查要求，需要对财产物资的总体情况进行盘查，例如，在全面盘存的时候，各项目现金、有价证券等都需要集中统计，所以在盘存时，需要适当减少或者暂停现金业务。

6.填写盘存前的各项表格

对于库存较大或者业务繁忙的服装店，可能需要预先填写好表单，以缩短正式盘存时间。盘存人员可预先将部分材料填写完。

7.注意盘存中发生的特殊情况

盘存中，对于服装行业来说，可能会遭遇市场调价，出现对自己非常有利或者不利的情况。这时，无论经营者是否愿意，都应尽量做一次临时、快速的彻底盘存，从而在应对变化时做到防患于未然。

盘存人员的职责

盘存的时候,按照责任的不同,可分为盘存人员、填表人员、监督核对人员三大类。其中,盘存人员主要负责实地操作,汇报数据;填表人员负责填报数据;核对人员负责监督和核对数据的准确性。

可见,盘存人员是盘存工作展开的关键性人员,他们的职责是否明确将关系到盘存的效果。所以盘存人员应当清楚个人的主要职责。主要包括:

(1)盘存人员在盘存前在盘存表上签名。进行盘存的过程,一般以盘存人员和其他参与盘存人员在盘存表上签名为开始的标记。这既是严肃盘存的过程的需要,又是盘存形成有效结果的前提条件,更是日后核对账目的责任证明。

(2)盘存人员在某个货架前进行盘存前,需要与参与盘存的人员核对货架的编号、盘存表的号码等内容。双方在核对无误后,再开始盘存,避免因货物和人员的原因造成盘存数据错误。

(3)一般盘存服装的时候,要按照服装的大类别——不同规格服装——不同档次服装的顺序进行盘点。并遵守由左而右、由上而下、依顺序盘存的原则。这样要求是为确保盘存的有序进行,亦方便其他人员的核对与监督。

(4)盘存者对某一服装进行具体操作时,应按照服装货号——服装名称——价格——季节代号——数量的顺序进行。不得随意改变顺序,防止形成错误的数据。

(5)盘存者要注意服装店和库房的各个角落,不要留死角。盘存时,出现遗漏,将对经营者造成不必要的损失,所以盘存前、盘存中、盘存后都应对盘存地点仔细观察。

(6)盘存者在盘存服装和汇报数据时,要咬字清晰,认真谨慎,让填报者和监督核对的人员都听清楚。

(7)盘存中遇到没有标价或者标价不明的情况,盘存者可以通过查找同类服装、询问库存人员或销售人员、查询电脑记录等方式解决。

除此之外,盘存人员必须做到工作细致、观察仔细,防止出现漏盘、重盘、串号或看错单价等错误。无论货物数量大小,都逐一盘存入账。

及时处理盘存问题

在已熟悉盘存损失原因的情况下,经营者该如何处理盘存中的这些问题?

第一,针对服装的物价问题。一方面,经营者要对服装的定价错误等进行及时的纠正;另一方面,经营者在以后进行的盘存前,应注意对服装价格的核实。尤其是对价格高、占成本比例较大的服装,更是要重点核查。

第二,对于特殊服装的问题。经营者应在以后运营中,对折价服装及时清查和盘点,并注意在盘存时加以特殊标志。而盘存时,盘存者可将它们先剔出盘存范围,等其他货物都盘存完毕后,再进行盘存。

第三, 由于日常作业造成的服装损失, 就需要经营者加强对各类人员的管理。例如,进出货错误、单据填写错误、清点货物错误等都是属于员工业务能力问题。若要避免,就要从平时入手,加强对员工业务技能的培训和业务管理,甚至建立起一定的激励机制或者考核机制,以规范员工操作,提高盘存质量。

第四,意外原因导致的损失,如火灾、水灾等,通常被认为是非正常损失,因无法预料和避免,一般计入营业外支出。而虫蛀、鼠咬等情况,则要求经营者注意存储和货物放置的细节,不断改善仓储环境,以更好地维护服装的质量。

第五,人为原因造成的损失,要区别对待。如果是内部员工所为,就应考虑员工的素质问题, 强化对员工的管理, 必要时对个别行为性质恶劣的员工进行辞退。如果是顾客偷盗,就需要强化对服装店、仓库等地的安全性管理。如果是供应商的问题,经营者则应调集有关数据和证据,及时与供应商沟通,并在双方确认后达成解决协议。

此外,盘存的周期和方法使用是否得当,也应受到经营者的重视。因为,在有些情况下, 盘存损失的产生是由于盘存过于频繁或者盘存方法不当造成的。例如,频繁地盘存,频繁的用手或机器碰触衣物,有可能导致服装的破损和折旧。

由此可见,处理各项盘存问题的根源还在于人员管理和日常的预防。经营者应当从这两方面入手,逐渐完善自身的管理情况,消除各项不足。

盘存的注意事项

盘存工作较为明显的一个特点就是彻底。只有对现金和货物进行彻底清查，才能算是真正的盘存。所以，这也成为服装店盘存中不得不强调的要点。有人甚至将其比喻成如同军队打仗后要彻底清查战场一样，不能存在任何盲点、放过任何死角。

彻底盘存需要做到哪以下几点。

1.要彻底收集仓库和店铺内的服装等货物

在盘存进行前，服装店的经营者应详细排查店铺和仓库中的各个角落。尤其是墙角、货架下方、仓库内较为暗僻的地方、有货物长期堆积的地方等，都是重点排查的对象。并且，要想收集彻底，经营者要做到至少两次的排查，并在排查时考虑是否还有其他遗留的地方。

2.要彻底地汇集各类单据

汇集单据一直是盘存准备工作中的重点。具体来说，服装店运营中会出现的进出货单、发票、统计报表、现金交易单据、票据、结算单据等，都需要汇集在一起，然后分清类别、分清会计计算期，最终将同期的票据统计并存放在一起。这项工作的进行较为复杂和繁琐。特别是区分单据的会计期，是否是本次盘存计算期内的单据，是否涉及以前盘存期内的货款、账目等，都需要经营者或者会计人员做出辨别。所以，彻底汇集单据的过程通常需要多人协作，并视情况不同可复查一至两次。

3.要对盘存区域划分彻底

一般，在盘存时，根据店铺或者仓库的大小，可以划分出几大区域。在不同的区域里存放不同的服装。这些区域，若都属于盘存范围，则应将各类服装分类、标志归放到特定的区域，并制定相互区别的编号、标示卡。若只是部分属于盘存范围(尤其是进行部分盘存时)，则要对盘存和非盘存的区域进行划分彻底。尽量减少介于盘存范围和非盘存范围的灰色服装区域。到底要盘存多少，盘存什么物品，经营者应在展开行为前就规划好，而不要一边盘存，一边增加盘存的物品。除非出现特殊情况，经营者在划分盘存区域后，就不能再轻易变动盘存区域。

4.盘存的规划要彻底

盘存前，建议经营者规划一幅盘存顺序图。根据服装店空间、库存量来制定相应的盘存顺序,为能充分利用空间、时间,盘存的规划必须要全面、充足。例如,盘存中应先进行怕受压、受潮的高价服装,并尽量放在距离店铺或者仓库门口较近的干燥处,以便于其快速流通,避免因长期积压引起服装的质量问题。

第十章

服装店人员的招聘和管理

服装店管理的核心在于，只有发现每个人的长处，因才适用，相互取长补短，实现优势组合，才能发挥每个人的优势，让其在工作中做出突出的业绩。管理者只有把店员的长处充分发挥出来，才能让他们为店铺创造更大的价值。

店员招聘的重要性

招聘是开服装店中一个很重要的环节,其实招聘不只是一个环节,在店铺经营中还有其他方面的意义,主要表现在以下几个方面。

1.招聘结果决定了服装店是否获得所需要的优秀人才

人才竞争是现代社会竞争的制高点。只有拥有高素质的人才,才能建立竞争优势,取得长足的兴旺和发展。

2.招聘工作有助于宣传店铺形象

服装店的招聘工作涉及面广,招聘方式多种多样,如利用电视、报纸、广播等媒体开展招聘活动。它可以使服装店获得所需要的人才,同时也可以起到宣传店铺形象,扩大其社会影响力的作用。

3.招聘工作直接影响到服装店的人事管理费用

服装店在招募新员工时,会面临如何在众多的应聘者中挑选出合格的有工作热情的应征者。尤其是在我国现阶段劳动力大量过剩的宏观环境下,那些经营业绩出色的服装店将面对一个应聘者的汪洋大海。如何以经济的方式从众多的应聘者中选择出符合企业需要的最优秀人才,将是招聘工作的重点。有效的招聘工作,一方面能使招聘活动的费用尽量节省,另一方面又能招收到符合需要的优秀人才;而且因为招收的人员适合本工作,具有较高的工作熟练程度,就可减少培训费用支出,为服装店节省费用,创造效益。

4.招聘工作直接影响服装店的人员管理

有效的招聘工作在使服装店吸收到符合需要的高素质人才的同时,还应该使这些人员了解服装店的真实状况。因此在招聘时不应该只宣传好的一面,还应该让应聘者了解服装店不好的一面,从而使应聘者对服装店有一个全面的了解。

例如,在招聘过程中,可以通过真实工作预览的方式使应聘者对于服装店的真实状况有一个了解。这样,应聘者可以进行自我筛选,判断自己是否与现在的要求匹配,同时应聘者又可以知道在这个服装店中什么是可以得到的,什么是不可以得到的,使他们对于未来的工作有一个思想准备。这样就能使服装店获得胜任工作并对所从事的工作感到满意的人才,减少人员的流动。相反,如果在招聘过程中只向应聘者展露店铺好的方面,在以后的工作中可能会带来许多麻烦,从而增加服装店的人员流动。

需求岗位的职务分析

当服装店拥有更大规模和形式的时候, 为了方便管理, 就需要运用职务分析。职务分析是人力资源管理的基础工作,它为人力资源管理的其他工作,如规划、招聘、绩效考评、培训、报酬等提供重要的依据。这些依据包括岗位与职务的内容、职责、工作特征、关键业绩指标、劳动条件及任职所需的资质等信息。

通俗地讲,职务分析就是通过一系列科学的方法,把服装店职位的工作内容和职位对员工的素质要求弄明白。因此,职务分析的结果提供了与职务本身的要求有关的信息,职务分析的成果最终汇集为职务说明书和工作规范,又称为职务描述和职务资格要求,它们也通常被合称为《职务说明书》。

人力资源部门应通过职务描述和职务资格要求来指导人力资源管理工作。职务描述规定了对"事"的要求,如任务、责任、职责等;职务资格要求规定了对"人"的要求,如知识、技术、能力、职业素质等。

1.职务描述的具体内容

基本信息包括职务名称、职务编号、所属部门、职务等级、制定日期等。

工作活动和工作程序即该职位员工的基本职责和行使职责所赋予的权力时所设定的活动范围,包括工作摘要、工作范围、职责范围、工作设备及工具、工作流程、人际交往、管理状态等。

工作环境即该职位员工从事相应工作时对环境条件的明确规定,通常包括工作场所、工作环境的危险程度、工作时间、工作环境的舒适程度等。

任职资格即从事该项职务工作的前提条件,包括年龄要求、学历要求、工作经验要求、性格要求等。

2.职务资格要求的具体内容

基本素质通常指从事某职务所必备的专业素质,如最低学历、专长领域、工作经验、接受的培训教育、特殊才能等。

生理素质即某职务对从事人员的基本生理要求,通常包括体能要求、健康状况、感觉器官的灵敏性等。

综合素质多指从事某职务所需的社会经验和处世能力，如性格、气质、兴趣、语言表达能力、合作能力、进取心、职业道德素质、人际交往能力、团队合作能力等。

做好岗位价值评估分析

店铺的经营者或者是管理者，在对店铺的人员进行岗位设置之前，要对其进行一个岗位价值评估。

什么是岗位价值评估呢？所谓岗位价值评估又称职位价值评估或工作评价，是指在工作分析的基础上，采取一定的方法，对岗位在店铺组织中的影响范围、职责大小、工作强度、工作难度、任职条件、岗位工作条件等特性进行评价，以确定岗位在店铺组织中的相对价值，并据此建立岗位价值序列的过程。

开服装店中为什么要对岗位进行价值评估呢？主要有以下3个原因。

1.帮助店铺建立岗位价值级别的统一标准

通过岗位价值评估建立店铺的薪酬层级关系图。在一个企业店铺中，岗位的名称很多，同时，在不同的店铺中，相同的工作可能有不同的岗位名称，或者相同的岗位有可能从事的工作又是大相径庭，各不相同。而店铺出于各种需要，通常要确定不同岗位之间的价值比较。比如，店铺在确定报酬水平的时候，需要知道一名销售人员与一名采购人员相比，究竟谁对店铺的贡献大，谁应该获更高的薪水，一般情况下，解决这个问题需要店铺有一套科学合理的岗位价值评价系统。

2.建立薪酬分配的客观基础

员工在店铺当中，随时都会拿自己的收入跟别的员工相比，如果他觉得不平衡，就是说薪酬的内部公平性出了问题。岗位价值评估就可以帮助店铺解决这一问题。

3.为员工职业发展提供指引

岗位价值评估不仅能使企业店铺内部各类工作与企业店铺为此支付的报酬相适应，使员工与员工之间、管理者与员工之间对报酬看法趋于一致。岗位价值评估使企业内部建立起一系列连续的等级，便于员工理解店铺的价值标准，从而使员工明确自己的职业发展和晋升途径,引导员工朝更高的目标迈进。

一般来讲,常用的岗位价值评估的方法有岗位分类法、简单排序法、岗位参照法、因素计分法和因素比较法等。

1.分类法

分类法是指将店铺所有岗位根据岗位工作职责、任职条件等方面的不同要求,将其分为不同的类别。比如,按照岗位层级可以分为经营层岗位、管理层岗位和基层操作层岗位;然后根据每一类岗位确定一个岗位价值范围,并且对同一类岗位进行排序,从而确定每一个岗位的相对价值。

2.简单排序法

根据一个简单的标准,如工作复杂性或工作对店铺竞争战略的重要性,把所有的岗位从高到低进行排序。这种方法需要对每个岗位完整地进行考虑和分析。适用于岗位比较简单的店铺企业。对于很多大店铺来说,采用这种方法需要以部门为单位给每个部门的岗位进行排序,再对每个部分进行排序,并确定相应的系数,通过系数进行转化,确定每个岗位价值的大小。简单排序法需要参与排序的人要对所有岗位的情况非常了解,排序结果的处理可以用简单算数平均,也可以根据评分人对岗位的熟悉情况进行加权平均。

3.岗位参照法

岗位参照法是指企业店铺事先建立一套较合理的标准岗位价值序列,然后其他岗位比照已有标准岗位来进行评估的方法。

4.因素计分法

这是一种应用非常广泛的岗位价值评估方法,它的最大优点是不直接对每个岗位的具体职责、工作内容、工作环境和任职资格等进行相互比较,而是将所有岗位的工作特性抽象成若干个计酬要素,再将岗位的具体内容与这些要素标准相比较,从而得到每个岗位的价值分数,然后通过分数排序就得到了岗位价值序列。

因素计分法是一种定量分析岗位价值的方法,在目前店铺经营的人力资源管理中,是一种运用非常普遍的方法。

5.因素比较法

因素比较法最初是计分法的一个分支。因素比较法不须关心具体岗位的岗位职责和任职资格,而是将所有岗位的内容抽象为若干个要素,根据每个岗位对这些要素的要求不同,从而得出岗位价值。评估小组首先将各因素区分成多个不同的等级,然后再根据岗位的内容将不同因素和不同的等级对应起来,等级数值的总和就为该岗位的岗位价值。

店员招聘的前期准备

一般情况下,在服装店员工的招聘过程中,需要做好以下准备工作。

1.员工招聘决策

员工招聘决策,就是指对员工招聘的决定过程。招聘决策主要是决定招聘数量,自己招聘还是委托招聘,招聘预算、进程计划以及招聘信息发布的时间和渠道。

(1)招聘决策原则。

①少而精原则:就是可招可不招时尽量不招,可少招可多招时尽量少招。招聘来的人一定要充分发挥其作用,因为企业是创造效益的集合体,不是福利单位,要保证所招聘来的人员精干有效。

②公平竞争原则:招聘过程中的基本条件就是做到公平竞争,从而使人才脱颖而出,只有公平竞争才能吸引真正的人才,才能起到激励作用。

③宁缺毋滥原则:也就是说,一个岗位宁可暂时空缺,也不要让不适合的人占据。

(2)招聘决策程序。

①提出人员需求申请。需要增加人员的部门负责人向招聘部门提出需要人员的人数、岗位、要求,并解释理由。

②招聘部门进行复核。招聘部门应该到用人部门去复核申请,查实是否一定要这么多人员,并写出复核意见。

③店铺高级管理层决定。根据企业的不同情况,可以由总经理工作会议决定,也可以在部门经理工作会议上决定。

(3)招聘决策的主要内容。企业员工的招聘决策应包括以下内容:

①什么岗位需要招聘,招聘多少人员,每个岗位的具体要求是什么。

②何时发布招聘信息,运用什么渠道发布招聘信息。

③委托哪个部门进行招聘测试。

④招聘预算多少。

⑤何时结束招聘。

⑥新招员工何时到位。

2.招聘人员的确定

服装店对招聘人员进行选择是非常重要的。通常而言,招聘组成员除了应包括店铺人力资源部门的人员以外,还可以包括用人部门的主管、招聘工作部门的同事和下属。应聘人员会将这些招聘人员作为服装和店的一个窗口,由此判断店铺的情况。因此,招聘人员的表现将直接影响到应聘人员是否愿意接受服装店提供的工作岗位。有研究显示,招聘人员的个人风度是否优雅、知识是否丰富、办事作风是否干练等都将直接影响应聘人员对店铺的感受和评价。一些服装店在组建招聘组时,由经理人员指定人选,然后对他们进行有针对性的培训,如仪表、提问方式、店铺情况介绍、交谈语气等,并且还要进行模拟面试,同时进行录像,再放给这些人员观看、研讨,以便矫正。

3.聘用人员职位与数量的确定

(1)职位确定。对于服装店而言,最基层的职位就是一般的店职员,其中又可细分为正式的专职人员以及兼职人员两种,再往上就是服装店的各级管理层。在所有店职员之上的则是店长或者总经理,店主是处于最顶层的,有的服装店是店主兼店长或总经理。

对各种职位进行划分,除了可以划分清楚各人的权责之外,还可以建立人才培育、晋升的良好通道,从而使整个服装店的人才应用制度规范起来。

(2)数量确定。每一家服装店的营运状况并不相同,因而所需人数也不可能是固定的。对此,我们可以利用一种比较合理且科学化的评估方法进行衡量。

这套评估方法的应用原理就是根据店内每一个人所能创造出来的毛利额的多寡,来对每一个人的生产力进行衡量。

下面我们以一个服装店为例加以说明:假设店主每天工作 12 小时,店长 1人 10 小时,副店长也是 1 人 10 小时,其余各正式店职员 15 人各 8 小时,兼职人员 8 人各 3 小时,加起来一共是 176 个小时,除以每人每天平均时间 8 小时,则可以得出这个服装店总运用人力为 22 人,再以每天毛利额除以人力,最终可得出每个人的生产力。

这套评估方法实际应用起来相当简单,店主可以清楚看出每个人生产力的多少,以此来分析雇用的人力是否恰当。不过此法存在较大缺陷,它没有将不同营业时间内所应用人力的多少考虑进去,会不可避免出现有时人力过剩、有时人力吃紧的窘境。

4.聘用人员申请资格的确定

对于服装店内一般的员工而言，服装店员工招聘要求不像别的企业要求那样高，学历方面的限定并不严格，初中以上即可。但是对于管理层诸如副店长、店长之职，最好要求有大专以上学历，以便能训练其处理一些技术性的工作。

至于年龄要求，年满18周岁的人，才可以前来面试。对于工作经验，这一项主要是针对管理人员而定，尤其是在较高层管理人员以及急需应征人员上手的情况下，招聘时就必须在资格条件上加以特别注明。

5.店员招聘的指导原则

招聘工作是保证员工队伍素质的重要一环，是保证服装店经营顺利进行的前提。在招聘工作中，必须遵循下列原则：

(1)公开原则。在招聘之前，应把服装店名称、性质、用人岗位、应聘的资格、条件和面试时间均面向社会通告，公开进行。一方面，给予社会人士以公平竞争的机会，达到广招人才的目的；另一方面，使招聘工作置于店铺全体员工的监督之下，防止营私舞弊。

(2)公正原则。对所有应聘者一视同仁，努力为所有人提供平等竞争的机会，选拔录用符合员工要求的人。

(3)竞争原则。通过面试，鉴别人品和能力，以确定人员的优劣和人选的取舍。为了达到竞争的目的，要加强招聘前的宣传工作，让更多的人前来应聘。

(4)全面原则。一个人能否胜任某项工作或者发展前途如何，是由多方面因素决定的，特别是非智力因素对其将来的作为起决定性作用。因此，必须对应聘人员从品德、知识、能力、智力、心理、过去工作的经验和业绩等方面进行全面考试、考核和考察。这也是为了确保服装店本身的安全。

(5)择优原则。择优是招聘的根本目的和要求。只有坚持这个原则，才能在应聘者中选择各方面条件都较为出众的人为店铺和将来的顾客服务，为服装店铺引进或为各个岗位选择最合适的人员。

(6)量才录用原则。不同的岗位对于相关人员的要求是不同的。因此，必须根据岗位情况进行考核，做到量才录用。招聘工作，不一定要录用最优秀的，而应量才录用，做到人尽其才，用其所长。这才是发挥员工潜能的有效途径。

店员招聘的渠道选择

服装店要做好招聘工作、招到想要的人才,必须利用正确的招聘渠道。就像在某个规定时间内要我们到达目的地,行动之前一定要选择好路径。如何建立招聘渠道呢？服装店可从几个层面去分析,根据不同层次的需求寻找不同的招聘渠道。

店铺员工的来源可分内部和外部两种渠道,从何种渠道选择人员是由企业的人力资源政策、技术特征、对人员的要求等多种因素决定的。

下面将主要讨论店铺如何在诸多的人才中,招聘及采用适合本店铺经营形态的人才。

1.内部招聘

当服装店出现职位空缺以后,一般是首先看店内部是否有合适的人员填补空缺,即通过内部各种招聘渠道来寻找合适的候选人。以下几种内部招聘方式应用得较多:

(1)内部媒体。服装店一般都有自己的宣传栏、墙报等内部媒体。店铺在确定了空缺职位的性质、职责及其所要求的条件等内容后,直接在店前或店内使用传单刊登,这样的方式,还可就近招募到商店附近的人员。这种途径既为有才能的员工提供成长、发展的机会,又体现公平竞争的原则。然后人力资源管理部门要对应聘人员进行科学而公正的考核和选拔,这样可以使员工意识到绩效与晋升、加薪之间的密切关系,从而得到较强的激励。这种方式对于店铺而言,是一种非常经济实惠的方式,对店铺及员工都是一件好事。

(2)员工推荐。服装店员工的内部招聘主要是指内部员工引荐其亲友,也可以是上级引荐下级,是一种非常普遍的方式。这一方式优点是,引荐人对企业较熟悉,对空缺职位的职责、要求等也较了解,并在引荐某人之前,对某人的能力和愿望等都进行了考虑和了解,因而成功的可能性较大,且能节省部分获取程序时间和费用,但这样的方式可能在人员素质及工作能力上无法严格要求。同时,采用这一渠道时要注意避免或克服"帮派"或小团体现象,排除人性包袱,从而做到唯才是用。

(3)档案记录。服装店人力资源部门大多配有管理人员及普通员工的个人资料档案,从中可以查找到店铺现有人员的教育、培训、经验、技能、绩效等素质情况,帮助服装店管理人员及招聘者确定符合某空缺职位要求的人员。员工档案对于服装店确定现有员工素质状况及内部晋升是非常重要的,但是此档案中的个人资料必须是可靠、尽可能详细的,需不断地加以补充,才能真正起到作用。当然,在确定了人选以后,还要征求本人的意见,看其是否对新职位感兴趣。这一方法通常与内部媒体、员工推荐等方法结合使用,以起到相互补充的作用。

2.外部招聘

外部招聘是相对内部招聘而言的,又称社会招聘。往往是在内部招聘不能满足店铺需要,特别是在服装店处于初创期、快速成长期,或者因发展迅速而需要大批中高层技术或管理人才时,通过外部招聘渠道招募到服装店所需人才。常用的外部招聘方式主要有以下几种:

(1)广告招聘。这是目前最常用的一种外部招聘渠道。它以报纸、杂志、广播、电视等为媒介,广泛告示,吸引应聘者。利用广告进行人员招募的一个关键问题是广告内容的制作。研究表明,广告内容本身具有粗筛求职者的功能,在广告中清楚而具体地说明工作任务、工作职责以及任职者应具备的学历、经验、能力等,就能自然减少一些不够资格或不想承担相应的工作职责、义务和风险的人来求职。同时,招聘广告又能树立服装店的良好形象,提升其知名度。为保证应聘者数量和质量的适当性,在撰写招聘广告时应充分利用"以利相引"、"以责相斥"的技巧,尽可能明确、详尽、真实地说明工作的责、权、利以及任职资格要求。广告招聘的一个重要问题是广告媒体的选择。对于服装店而言,报纸是人员招聘广告的首选媒体,因为报纸不仅能及时、广泛地传递信息,而且其所传递的信息便于保存;对于招聘高级管理人员,还可选择专业期刊等其他方式。为了突出招聘广告的视觉效应,可以附加设计意义深远的图案,加强广告的整体效果。

(2)校园招聘。近年来,一些大型服装店和学校间的接触逐渐加强,在每届毕业之时,一些大的服装店企业会在校园中举办公开征才的活动,此举对大企业及知名度高的企业非常有效,但对中小型的服装店而言,可能具有一定的难度,但这并不表示中小型店铺就不能踏入校园广征需要的人才。

假如服装店实力雄厚,也可以使用这种方式。其实中小型服装店只要多花些心思,一样可以吸引高校毕业生的青睐,进而加入店铺员工的行列。

为做好校园招聘的工作,取得较好的招聘效果,店铺至少需要完成下述一系列工作:

①提供完整资讯,包括平面、立体或影视资料来介绍本服装店。

②对于服装店本身的各项制度及福利等项目,亦需明文表示。

③服装店铺经营者亲自参与每场招聘会,并把握机会公开推荐店铺。

④与学校教师或教授建立良好关系,这样可通过教师或教授的推荐,得到学生的认同与信任,并进而加入服装店的行列。

⑤在校园招聘上通常会遇到各项难题,服装店经营者必须有充分的心理准备,各项校园招聘活动才有办法在强力的支持下顺利开展。

(3)洽谈会招聘。通过人才交流中心或其他人才机构每年所举办的多场人才招聘洽谈会,服装店和应聘者可以直接进行洽谈和交流,这样就节省了服装店和应聘者的时间。随着人才交流市场的日益完善,洽谈会呈现出向专业化方向发展的趋势。比如,有中高级人才洽谈会、应届生双向选择会、信息技术人才交流会等。

通过参加招聘洽谈会,店铺招聘人员不仅可以了解当地人力资源情况,还可以了解同行业其他服装店的人力资源政策和人员需求情况。

(4)内部人员推荐介绍。所谓内部人员推荐介绍是指服装店内部人员推荐和介绍应聘者来参加应聘。它实际上是在服装店内部和外部之间建立起一座桥梁,通过员工以口头方式传播招聘,为店内空缺职位推荐合适的人才。

实施内部人员推荐介绍的操作程序为:首先服装店公布招聘信息,通知员工招聘的职位、需要多少人员及各类人员的应聘条件;其次是鼓励员工推荐和介绍朋友和亲戚申请职位,并提出相应的鼓励措施。内部介绍人员推荐方式与其他外部招聘方法相比,所招入的员工相对较稳定。因为内部员工向应聘者提供的组织资料比较客观;应聘者与员工关系较密切,对服装店的相关情况比较了解,能很快融入环境和工作中。

(5)上门求职。这种方式是应聘者自己主动找上门应聘。此方式服装店应用较多,常常用此渠道招聘理货员、收银员和保管员等技能和知识要求都比较低的工作人员,而管理人员或监督人员则很少从这类人员中产生。这是一种用最低的成本获取人力资源的方式,服装店应该很好地保管上门求职者的申请记录,以便在需要用人时能及时使用这些人力资源。但这种来源的人有时对服装店及其从事的职务不了解,服装店对他们也不能充分信任,因此彼此之间难以融洽地合作。

(6)中介机构。目前,我国的职业介绍工作大部分是由政府部门中的人事部门或劳动部门负责的,几乎各级政府都有相应的职业介绍所及人才交流中心,私营、民办的职业介绍机构也非常活跃。为了节省招聘所需的时间及费用,委托中介机构协助推荐人才不失为一种经济有效的办法。

职业介绍机构的主要优点为:应聘者面广;很难形成裙带关系;时间较短。主要缺点为:对应聘者的情况不够了解;不一定有需要岗位的合适人选;有些机构鱼龙混杂,应聘人员素质参差不齐。适合采用职业介绍机构方式的情况有:难以吸引到足够数量的人才;只招少量员工;急于填充关键的岗位空缺;劳动力市场供给紧张;店铺缺乏招聘经验。

(7)网上招聘。随着互联网的普及,利用网络进行招聘是近几年新兴的一种招聘方式。它具有费用低、覆盖面广、时间周期长、联系快捷方便等优点。目前我国绝大多数企业都已具备上网条件,并且很多应聘者都能随时上网。所以网上招聘逐渐在店铺招聘中占据重要地位。

(8)临时招聘。店铺作为一种特殊的经营形态,所面临的市场需求常常会发生波动,而且还要应付经济周期的上升或下降。这就要求服装店保持比较低的人工成本,并使运营更具有适应性和灵活性。因此,服装店往往需要招聘大量的临时性员工,并建立一种临时员工计划。这种计划可以有以下几种形式:

①内部临时储备。服装店可以专门向外部进行招聘,也可以把店铺曾经雇用过的员工作为储备,要求他们随叫随到。

②通过职业介绍机构雇用。企业可以同那些保持有劳动力储备的职业介绍机构签订合同,临时性地使用这些人力。

③短期雇用。即在业务繁忙的时期招聘一些短期服务人员。

临时招聘方式的缺点有:

①增加招聘成本。

②增加培训成本。

③服务的质量稳定性可能下降。

④需要管理人员加强对临时性员工的监督。

店员招聘计划的制订

对于店铺,特别是对招聘人数较多或常年招聘的服装店来说,制订明确的招聘计划是非常必要的,因为这样可以提高招聘质量,使整个招聘活动朝着预定的方向前进。

一般店铺的招聘计划中要涉及以下内容：

(1)人员需求清单,包括招聘的职务名称、人数、任职资格要求等内容。

(2)招聘信息发布的时间和渠道。

(3)招聘小组人选,包括小组人员姓名、职务、各自的职责。

(4)应聘者的考核方案,包括考核的场所、大体时间、题目设计者姓名等。

(5)招聘的截止日期。

(6)新员工的上岗时间。

(7)费用招聘预算,包括资料费、广告费、人才交流会费用等。

(8)招聘工作时间表,要尽可能详细,以便于与他人配合。

(9)招聘广告样稿。

招聘是极其重要的一项工作,为了保证招聘计划的合理和规范,我们要注意以下几个问题。

1.规范招聘行为

任何招聘工作都不是人力资源部门可以独立完成的工作,它涉及店铺各个部门和相关的基层、高层管理者,所以招聘工作中各部门、各管理者的协调问题就显得尤为突出。制定招聘流程,可以使招聘工作固定化、规范化,并防止出现差错。

2.提高招聘质量

要在众多的应聘人员当中准确地把优秀人才识别出来,并不是一件简单的事情。因为在招聘活动中既要考核应聘者的专业知识、岗位技能等专业因素,又要考核应聘者的职业道德、进取心、工作态度、沟通能力、性格等非智力因素。通过制定招聘流程,能让招聘工作更加科学化、合理化,从而有效地提高招聘质量,同时降低招聘成本。

根据实际情况,服装店在组建自己的员工队伍时大致可以遵照以下六个步骤进行。

1.制订招聘计划

要根据服装店的实际经营需要以及一些其他特点,拟定招聘计划。招聘计划一般包括以下内容：

(1)招聘人数。

(2)招聘对象范围。

(3)应聘人员的专业条件、文化程度、业务等级、技术职称以及工作经验等方面的要求。

(4)年龄、性别、健康程度等要求。

(5)职务的待遇。

(6)招聘时间、地点。

2.接待应聘者报名登记

这种接待可以成为对应聘者的初试。接待中,要向应聘人员阐明店铺对人才的需求和发展的规划。

3.动机分析

动机决定行为方式,决定了以后工作的努力程度。因此,在具体招聘过程中,除能力考核外,还要分析其应聘动机。应聘人员的应聘动机大致可分为以下三大类:

(1)为改善目前工作环境或人际关系,试一试有无更好机会。

(2)工作不顺或实际生活困难(待遇、住房和分居问题等)。

(3)为完成自身的抱负和追求个人价值的实现。

一般而言,第三类的应聘者最适于录用,他们工作最为主动、努力;而第二类应聘者优于第一类应聘者。

4.考试筛选

可以通过笔试进行第一轮筛选,考试应区别不同的学历、专业及工作要求分别命题。命题更应注重分析和反应能力的测试,可采用试卷式、论文式或答辩式。

5.面试与心理、性格测验

从一定意义上来说,这一步比笔试更为重要,已为众多的现代企业在招聘人才时采用。在考试合格的人员中,有许多都只是善于应付考试而已,他们在表达、举止和实际能力上未必符合标准。在与之面对面交谈的过程中,可以感受一个人的综合素质和潜在能力,这才是最重要的。

6.确定人选,办理各种手续

经过考试和面试之后的综合情况,所需要的人选基本上就可确定下来了,接下来便应通知相关人员上岗,并办理各种手续。

招聘中的知识测试

在服装店员工招聘中,知识测试历来被广泛地应用。知识测试主要是通过纸笔测验的形式对被测试者的知识广度、深度和知识结构进行了解。

1.知识测试的种类

(1)基础知识测试。基础知识测试,又称综合测试。测试内容很广泛,可以包括天文地理、自然常识、社会常识、数理化、外语、体育、文艺等。基础知识测试的目的主要是了解被测试者对基本知识的了解程度以及掌握知识的水平。

(2)专业知识测试。专业知识测试是针对所应聘的职位及工作而言的,又称深度考试。主要测试内容是与应聘岗位有直接关系的专业知识。目的在于了解该应聘者专业知识掌握的程度以及掌握的水平等。

(3)相关知识测试。相关知识测试又称结构测试。主要是了解应聘者对应聘岗位有关知识的测试。例如,应聘公关人员,相关考试内容可以有社会学知识、管理知识、人文知识、心理学知识、人际关系技巧以及公关学等各方面的知识。

2.知识测试的优劣

知识测试是一种非常重要的测评手段,既有优点又有缺点。知识测试的优点是公平、迅速、简便、费用较低。每个应聘者通过知识测试,可以了解自己掌握知识的多少。这种测试使知识较多的被录选,知识较少的被筛除掉,让应聘者感觉到比较公平。与其他各种测试手段相比,知识测试的费用是比较低廉的。

知识测试的缺点是,试题可能不科学,过分强调记忆能力,阅卷没有统一的标准,没有可比性等。例如,知识测试的试题偏难或偏怪,对应聘者来说就毫无意义,这样虽然有些人考得比较好,但是并不说明他掌握了必要的知识,而有些人考得比较差,也并不代表他的水平比较低。有些试题答案往往是靠记忆、背诵来获取的,这样招聘的员工有可能是记忆能力比较强,而思维能力、实际操作能力比较差,最后可能由于没有统一的标准,阅读不可避免地会出现偏差,进而影响到结果的准确性。当然,还可能会由于阅卷人员的素质偏低而影响到结果的准确性。

3.知识测试的操作

(1)设计试卷。知识测试的质量直接由所设计试卷决定。因此每一个主试人员一定要对知识测试的试卷设计充分重视。在设计试卷时要注意以下一些原则:

符合目标原则。知识测试的目标是什么，在设计试卷时要从头到尾贯彻执行，也就是说每一张试卷从头到尾都要符合目标，不要远离目标，这样才能得到应有的效果。

①综合考查原则。比如，在一张试卷上既可以有基础知识的内容，又可以有专业知识的内容，还可以有相关知识的内容。这样可以节省时间，在较短时间内全面了解一个应聘者各方面的水平。

②灵活运用原则。员工招聘中的知识测试和学校中的知识测试有所不同，因此知识考试中，不要过分强调背诵记忆能力，而主要考查应聘者是否能灵活运用。在设计试卷时，要尽量多用案例以及讨论等方式。

(2)安排考场。事先要确定好考试的教室，每位应聘者一张桌子，或者间隔一个人以上空位，在考场中禁止吸烟。

(3)确定监考人。进行考试时，可以根据考试规模的大小配备数量不等的监考人，但至少有两人以上。同时，监考人须具有相当的监考经验，能随时处理特殊情况。监考人应该严格地执行考场纪律，这样才能够使知识考试顺利进行，并体现公平原则。

(4)明确阅卷要求：要有标准答案。要防止先松后紧或者先紧后松的现象。如果有数位招聘人员阅卷，可以由每位招聘人员只阅其中的一题或几题，这样掌握标准比较准确。

招聘中的心理测试

心理测试是招聘测试中的一个重要方面，通过测试应聘者在今后的特定领域的工作表现，以帮助店铺企业选择对工作职位特别适宜的人员。心理测试，是指通过一系列的心理学方法来测量应聘者的智力水平和个性方面差异的一种科学方法。它主要借助一些技术方法和手段，对应聘者的智力、知识、能力、个性特征等方面做出客观的要求。随着现代心理学、社会组织管理学及测试技术和方法的交叉结合并大量运用到人员招聘中，使现代测试方法种类越来越多，它可以从内容和形式上加以划分。

1.心理测试原则

(1)保护隐私原则。心理测试涉及个人的智力、能力等方面的个人隐私。严格来说,这些内容只能让应聘者以及他愿意让知道的人了解。所以,测试内容应该严加保密。

(2)充分准备原则。心理测试的内容、实施和打分以及对测试结果的解释,都应有严格的顺序。一般来说,进行测试的工作人员都要受过严格的心理测试方面的训练。

2.心理测试类别

(1)按内容划分。心理测试从内容划分主要有智力测验、个性测验和能力测验三种:

①智力测试。所谓智力就是指人类学习和适应环境的能力。智力包括观察能力、记忆能力、想象能力、思维能力等。智力的高低直接影响到一个人在社会上是否成功。

智力的高低以智商(简称 IQ)来表示,正常人的 IQ 在 90~109 之间;110~119 是中上水平;120~139 是优秀水平;140 以上是非常优秀水平;而 80~89 是中下水平;70~79 是临界状态水平;69 以下则属于智力缺陷。

一般来说,智商与人的学习能力两者之间呈正相关关系,但并非绝对如此,因为智商还包括社会适应能力,有些人学习能力强,他的社会适应能力并不强。在企业招聘中运用智力测验,可以了解一个人的基本水平,但是并不是说所有的工作智力高的人都适合。对于服装店中一般的员工,智商太高并不一定对工作有利;管理人员如果智商太高,如超过 140,有的时候并不适合于担任管理工作。在一个团体中,所有的人智商都很高,往往容易产生矛盾。因此,在员工招聘中运用智力测试,可以使 IQ 高的人担任比较重要、难度比较高的工作,而 IQ 较低的员工可以担任一般的普通工作。但是,我们在考查应聘者的智商的同时还需考虑他的个性特点。

②个性测试。每个人都有自己的个性,个性的好坏是一个人能否施展才能,有效完成工作的基础。个性的缺陷会使其所拥有的才能和能力大打折扣。毋庸置疑,对一个组织而言,一个干劲十足、心理健康的成员,远比一个情绪不稳定、动力不足的成员更有价值。个性与每个人的情感有密切的关系,并决定情感在行为中的反映方式,它是一个人作为个体特有的鲜明特征。

③能力测试。其包括一般智力测试和特殊能力测试。

一般智力测试:一般智力测试主要是通过对一个人的语言能力、文字能力、数字计算能力、图形识别能力、空间想象能力、观察力、记忆力等进行一系列具体的测试来完成。

特殊能力测试:特殊能力,也称特殊心理能力,包括归纳和演绎推理、语言理解、记忆及数字计算能力等。这种测试的目的是检测应聘者对某一特定工作的能力倾向,所以它通常又被称为能力倾向测试。此类测试的选用应根据具体的工作要求而定,如无必要,则不宜使用。

(2)按形式划分。根据具体操作过程中形式的不同,可将心理测试划分为纸笔测试、投射测试、实验测试和仪器测试四种方法。

①纸笔测试。纸笔测试就是通常的笔试,它要求应聘者根据项目的内容把答案写在纸上,以便了解应聘者心理活动的一种方法。在笔试过程中试题的表现形式主要有选择题、填空题、简答题、回答题、小论文等几种,每一种笔试形式都有它的优缺点。

纸笔测试在员工招聘中有相当大的作用,尤其是在大规模的员工招聘中,它可以迅速了解应聘者的基本情况,从而迅速区分出一个基本符合需要的界限。

②投射测试。投射测试是利用一定的媒介,让应聘者通过它去建立起自己的想象世界,不对其加以约束和限制,从而显露出其个性特征的一种测试方法。测试中的媒介,可以是一些没有规划的线条;也可以是一些没有意义的图片;也可以是一些只有头没有尾的句子;也可以是一个故事的开头,让应聘者来编故事的结尾。对于服装店的一般招聘而言,它应用的局限性比较大,只有在招聘高层次的管理人员中才考虑运用。

③实验测试。实验测试即通过有目的地严格控制,或者先创造一定条件来引起个体某种心理活动的产生,然后进行测量的一种方法。该测试具体又可以分为两种:一种叫实验室实验测试,另外一种叫情景实验测试。它的优点是比较客观,目的性强,想了解什么心理活动就可以针对这种活动进行设计,但缺陷是设计困难,费用高。

④仪器测试。指通过科学的仪器对应聘者进行测试,以了解应聘者心理活动的一种方法。例如,脑电波仪、皮肤测量仪、动作稳定仪、测谎仪等,都是心理测试的仪器。将仪器测试和其他各种测验结合起来运用,可以使测验更加科学、准确和迅速,但在测试过程中不可缺少计算机和相应的测评软件。

3.确保心理测试有效的措施

为了使测试有效, 这就必须确保测试分数以一种可预见的方式与工作绩效相联系。换句话说,必须在使用测试前确保它的有效性,确保测试分数是工作绩效之类的效标的良好预测因子，使测试生效的过程需要专业心理学家的相关知识和人力资源部门的协调。店铺经理的作用就是能够清楚地描述工作及其要求。这样，专业心理学家对工作、对人的要求，以及工作的绩效标准就十分清楚了。确保测试过程有效可依据以下五个步骤进行。

(1)进行工作分析，撰写工作描述和工作说明书。这里要详细规定胜任工作所必需的个人品质和技能。例如，应聘者必须具有进取性吗？是否需要速记？应聘者必须能够将细小的、琐碎的要素组织起来吗？这些要求就是测试的预测因子。它们是被认为能够预测个性工作绩效的个体品质和技能。另外，在这一步当中还必须确定成功地执行工作的标准是什么，成功的标准称为效标。效标可以是生产相关效标，如数量、质量等；也可以是人事数据，如缺勤、服务期等。对于店铺当中的收银工作岗位，预测因子可能包括手工灵巧性和耐性。

(2)进行测试选择。这些预测因子对胜任工作来说是很重要的特征。通常根据经验、以往的研究和"最佳猜测"选择几个测试方法组成测验组。这样做的目的是测量许多可能的预测因子，例如，进取性、外向性和数字能力等。

(3)用挑选的测试方法来测试应聘者。有两种检验测试有效性的方法供选择：一种是对目前在岗的员工进行测试的同时验证法；另一种是使测试有效的预测有效化法。这种方法主要是针对尚未雇佣的应聘者而实施的。然后仅利用现有选择技术来雇佣这些应聘者，而不是根据开发的新测试的实测结果来雇佣。

(4)联系测试分数与效标。确定测试分数(预测因子)与绩效(效标)之间是否有显著关系。我们通常通过相关分析来确定测试分数与工作绩效之间的统计关系。

(5)进行交叉与重新验证。在正式将测试投入使用之前，我们需要通过对应聘者执行步骤三和步骤四这种交叉验证方法进行检验测试；同时，专家还要定期对测试进行重新验证。

4.心理测试的评价

人们认为不同个体拥有的某些特质，如情绪稳定性、智力、能动性、灵活性等，在程度上存在显著差异，这是心理测试之所以能被人们运用于能力测试与评估的理论基础。同时，是否拥有某一种或多种特质，与其开展某种具体活动的能力，以及可能产生的结果之间具有显著而直接的关系。

测试过程中的下述两个条件对心理测试的结果、对应聘人员具有实际作用是必不可少的。第一，测试手段应区分不同的应聘者；第二，服装店事先要为每一个岗位设计出独立的人员个性标准或模式,测试结果只要"对号入座"就行了。但在员工选拔中,不宜把心理测试的分值结果绝对化。

招聘中的情景模拟测试

情景模拟测试又称行为测试、实地测试、情景测试。它是围绕应聘者受聘后可能从事的工作,编制一套与该岗位实际情况相似的测试项目,将应聘者安排在模拟逼真的工作环境中,要求应聘者处理可能出现的各种问题,用多种方法来测试其心理素质和潜在能力的一系列方法。一般情况下,这种测试有时间限制,应聘者必须对工作分清轻重缓急,然后在规定的时间内尽可能地完成又多又好的工作。情景模拟测试的主要方式有以下三种。

1.公文处理

公文处理是情景模拟的一种主要形式,主要包括文件、信件、备忘录、上级指示的电话记录、报告等。通过每人一次大约处理 5~10 份文件,考察应聘者做出决定、协作、撰写回信和报告、制订计划和组织安排的能力。这种方法特别适用于测试主动性、独立性、组织规划能力、合作精神、决策分析能力、判断控制能力等。公文可多可少,一般不少于 5 份,不多于 30 份。

2.与人谈话

与人谈话主要分为三种类型:接待来访者、电话谈话、拜访有关人士。通过这种方式评价应聘者的规划与组织能力、领导能力、推销能力、敏感性、倾听技巧、灵活性、口头交际能力、坚韧性、分析能力、控制能力、承受压力的能力等。

3.无领导小组讨论

所谓无领导小组讨论,是指一组应聘者开会讨论一个实际经营中存在的问题,讨论前并不指定谁主持会议,以了解对象心理素质和潜在能力,从中观察应聘者的权利欲、主动性、表达能力、自信心、说服力、分析能力、抗压力等的一种测试方法。最后,还可以要求写一份讨论记录,以分析其表达能力、归纳综合能力和决策能力。

4.角色扮演

指定应聘者扮演某个角色,处理日常的管理问题,以此了解他的心理素质和潜在能力。

5.即席发言

即席发言,是指主试人员给被测试者出一个题目,让应聘者稍做准备后按题目要求进行发言,借此了解其理解能力、反应能力、表达能力、言谈举止、风度气质和思维方式等。服装店在招聘中对于收银、销售等工作岗位及一些高级管理工作可以大量应用情景模拟测试进行招聘。但是,模拟总是在一定的环境条件下进行的,如果由于主、客观原因造成了对应聘者的某种干扰,其测试结果的可靠性也就可想而知了。

此外,模拟测试还应根据测评的目的而使用。例如,如果测试的目的是为了考察应聘者的操作能力,那是一种比较理想的方法;如果是为了考察某人在某个问题上的潜力,就需采用其他方式或与其他方式相结合使用。

对应聘者的筛选技巧

对于店铺的招聘人员来说,每天会接到很多简历,如何客观地进行筛选成为招聘者首先考虑的一个问题。如果筛选的标准不合适,可能会将一些优秀的人才错过。但如果筛选得过宽,会增加面试时间和招聘负担。如何在所投的简历中挑选出有价值的简历呢? 以下筛选简历的技巧需要招聘者掌握:

1.招聘者可以将注意力放在客观内容上。客观内容主要是个人信息、受教育经历、工作经历和个人成绩四个方面。个人信息包括姓名、性别、民族、年龄、学历等;受教育经历包括上学经历和培训经历等;工作经历包括工作单位、起止时间、工作内容、参与项目名称等;个人成绩包括学校、工作单位的各种奖励等。

2.注意个人信息和受教育经历,如果这两项不能符合要求,就没有必要再浏览其他内容,直接就可以筛除掉。在受教育经历中,招聘者应特别注意应聘者是否用了一些含糊的字眼,比如,没有注明大学教育的起止时间和类别。这样做很有可能是在混淆专科和本科的区别,或者是委培、成教等的差别。

3.在工作经历和个人成绩方面,要注意简历的描述是否有条理,是否符合逻辑。比如,有一份简历在描述自己的工作经历时,列举了一些著名的店铺和一些高级职位,而他来应聘的却是一个普通职位,这就需要引起注意。另一份简历称自己在许多领域取得了什么成绩,获得了很多的证书,但是从他的工作单位中分析,很难有这样的条件和机会,这样的简历也应该格外注意。

4.招聘者能判断简历中有虚假成分存在,便直接将这些简历筛除掉。在筛选申请表时,先筛除出一些填写不完整和字迹难以辨认的材料。因为对这种应聘者安排面试,纯粹是在浪费时间,不论能力如何,至少他对这次应聘的态度是不认真的,单凭这一点就可以将他的申请表筛除掉。

5.招聘者应十分注意应聘者是否标明了其过去工作单位的名称,他的工作经历与现在申请的工作是否相符,他的工作经历和教育背景是否符合申请条件,他是否经常变换工作,而这种变换是否有合理的理由等。

员工的工作和时间安排

员工招聘完成后,服装店的经营者就要对员工进行工作和时间上的安排,具体包括以下两方面的内容。

1.工作安排

日常作业分配是员工管理中一项重要的工作,合理的作业分配不但可以减少员工的工作时间和工作量,保证店铺良性运营,而且可以大大提高店铺的运作效率。

(1)作业分配的类型和依据。例行性作业指接待顾客、整理、陈列、店铺卫生、订货、收银、售后、仓管等每日固定性工作;变化性作业指因为活动、拍卖、促销等需要临时性工作。

从分配作业的目的来说,作业分配是为了通过"作业分配"达到提升卖场效率的具体成果。为了达到此目的,员工作业在分配过程中须依据一定的规则:

销售计划。店铺的销售计划是规划员工作业项目和作业量的必要依据,自己的卖场打算销售哪些商品、如何销售、销售多少都需要拟订销售计划,并根据计划进行员工具体的作业安排。一般而言,销售计划要有月计划和周计划两种格式。

业绩预测。因为不同的时间段会有不同的销售业绩,例如,对便利店而言,下午的业绩要比上午好,周末的业绩要比平时好,节假日的业绩会更好些,因此业绩预测要有星期和时间差别,即做业绩预测时要做成卖场的"星期别业绩比率"和"时间别业绩比率"。

(2)卖场作业统计。卖场究竟有哪些类型的作业,需以何种流程来进行,需要花费多长时间,需要谁来执行……诸如此类问题,都是卖场作业分配前需要统计清楚的。

为了顺利拟订作业分配计划,合理分配员工作业量,服装店管理者可以利用重点作业一览表来进行卖场作业的清查统计工作。即将目前卖场上每月、每周、每日实际执行的作业汇集整理,标注出卖场上的具体作业内容,以时间估算作业量,将过去各项作业实际执行所需时间加以统计汇总成表。

(3)人员分配。人员分配即根据作业分配原则和卖场作业统计表,具体安排执行作业的人员。服装店的业务常因小时差别、日差别、周差别而使业务量有显著的变化,因此在安排人员时,要考虑到适当劳动时间的设定需要。

人员分配可先行拟订周分配计划和月分配计划,编制工作除了量的考查外,还应兼顾质的配置,即要考虑员工的任职资格条件。

另外,服装店的员工数量配置还可以根据面积数大致估算。一项调查资料表明:在法国有的服装店是按店铺面积来确定所需员工数量的。如 120~400 平方米小型服装店,每 10 平方米配有一个员工;2 500 平方米以上的大型服装店,每 28 平方米配备一个员工。

服装店的人员分配与营业额的多少、卖场面积的大小以及后场作业集中处理的程度等息息相关。所以必须精心策划与安排,以提高整体人员效率、提升服装店的竞争力。

2.时间安排

没有规矩不成方圆,作为一个店铺的服装店也要有相应的规章制度来规范员工的上班时间,这样才能保证店铺的专业和形象;如果员工没有时间观念,不但会影响生意,还会严重损害店铺的形象。因此要给员工规定工作时间很有必要。

在给员工规定工作时间的时候,可以参考以下的方式:

(1)服装店每周正常工作时间以 40 小时为原则(不含吃饭时间),上班时间视各店商圈与排班情形而定。

(2)每日上下班,员工必须打出勤卡,不得有代为打卡的欺骗行为。如有代打卡者,不论代打者与被代打者,都给予警告或开除处理。

(3)员工应按规定时间上下班,违规者按下列规定处理:

上班时间后到班者,视为迟到一次,每次扣款 10 元。一个月迟到超过三次者不算全勤。迟到超过 5 分钟后,每分钟扣 1 元。每次超过 60 分钟者,视为旷工。

(4)提前擅离工作岗位者视为早退,以旷工半日论。

（5）店铺员工上下班签到处理：

①员工因故或疏忽未签到者，每次记迟到一次（以此类推），且应在3天内亲自向单位主管说明原因，并经单位主管签字后补办出勤，否则逾时未补办者，以旷工论处。

②签到者若签错栏，应亲自交主管签字注明更正，否则逾时未办者，根据上述规定处理。

③因公务而未及签到，在公务结束后2天内，亲自持卡呈单位主管签字，以补办出勤。逾时未补办者，按第①项规定处理。

④上班后，员工如因公必须离开办公处所，均须事先取得主管同意，始得离开，否则以擅离职守论处。

⑤人事单位应按时整理出勤卡，并按月统计缺勤次数及其累计次数，其有旷工1日者扣3日薪，或1个月内旷工日累计逾3日者、年累计逾6日者，事、病假已达停薪日数或违反打卡规则等行为者，应呈报核办。

⑥每月1日的卡片计算结果，都写在卡片上，或于2日公布全勤名单，若有错误，请立即持卡片至人事单位更正，超过2日概不受理。

⑦各级主管对于所属员工考勤，应予严格执行，如未按规定手续办理，或有隐瞒欺骗等行为，一经查明，应受连带处分。

管理店长的方法技巧

店长的管理，分为两个方面。

1.明确店长的岗位职责

店长是其所在店铺的最高负责人，店长的作业化管理将直接影响到整个店铺的经营。因此，店长对店铺的管理是依据预先制定的营业手册来进行的，这样既可与各部门保持良好的配合，又能协调与激励全体员工做好店铺的日常经营，不断提高店铺的经营效益。

（1）店长的主要工作职责与范围具体包括以下几个方面：

①各项指令和规定的宣布。

②完成预定的各项经营指标。

③店铺员工考勤，仪容、仪表和服务规范执行情况的监督与管理。

④监督和审核店铺的会计、收银等作业。

⑤掌握店铺销售动态,管理新服装的引进和滞销服装的淘汰。

⑥维护店铺的清洁卫生与安全。

⑦员工人事考核,员工提升、降级和调动的建议。

⑧顾客投诉与意见处理。

迅速处理店铺各种突发的意外事件。

(2)店长的作业流程。店长每日的工作必须在有限的时间内把握住重点,严格执行既定的每日工作流程。

①明确店长的工作时间。一般店铺的营业时间为早上8点至晚上10点。因此规定店长的作业时间,除每星期必有一天实行全天工作制外,一般为早班出勤,即上班时间为早上8点至下午6点,这种作业时间的规定可使店长充分掌握中午及下午的两个营业高峰,这对掌握每日的营业状况极有好处。店长下班后,店内的管理工作由指定人员代理,一般是值班人员负责。

②规定店长每个时段上的工作内容。

2.店长应具备的核心能力

开服装店如同船行海上,一切以船长的目标为目标。店长的角色就像一名船长,如果船长说:"我们的船在三天内将到达目的港,大家目前主要的任务是全力以赴,努力地使船向东行驶。"那么船员们都有了明确的目标,清楚自己目前应该做的工作,因而能全神贯注地遵循船长的指示来完成多项工作,而不必担心其他的事情。这样,船才能正常地行驶,更早地到达目的港。

与船长的工作类似,店长也必须清楚地知道店铺经营的目标,并将目标准确地传达给自己的店员,万众一心,共同努力,实现目标。在向目标迈进的过程中,店长必须具备领导、管理与沟通能力,这三种能力与店长的角色是相对应的。

(1)领导能力。一个服装店的核心所在,即店长的领导能力好坏,会影响到店员的心情及工作态度,从而影响到工作的成果。最近,在服装店内工作的人们对工作的观念也发生了很大的变化。依据有关调查可以得到下列的结论:每次调查时,回答"生活的意义在工作"的人在逐次减少中,而回答感到"除了工作以外,生活的意义在家庭与兴趣当中"的人则在增加。无论是哪个年龄段,感到"生活的意义在工作"的人都在减少,而感到"生活的意义在工作之外"的人则在增加。

在服装店内工作的人员包括正式职员、钟点工等不同的人。店长必须将上述不同的人组织起来,善用他们的特长。店长不能以自己为中心,而要将服装店的总方针及服装店营业方针、目标向店员说明；即使是本店在地域社会中扮演的角色、所发挥的功能及对顾客的服务态度等，也必须让他们了解。此外，店长也要一面教导他们本店存在的意义和营业活动的意义，一面促使他们同心协力从事店内的所有活动。总而言之，店长就是要督促店员自主地工作。

(2)管理能力。店长必须具备一定的管理能力，因为店长的工作重点是管理而不是经营。店长只有具备了相应的管理能力，才能够承担起管理服装店日常运营的职责，团结服装店所有员工共同完成各项经济指标。

通常，服装店店长作业管理的事项非常繁琐，但其内容大部分是重复的例行性事务，大约占总工作量的70%~80%，仅有20%~30%是非例行性事务，由店长自行判断处理。作为店长只要把握服装店各作业环节的重点，就能基本保证服装店作业的正常进行。店长作业管理的重点无非是人、财、物和现代商业企业所需要的信息。他必须有效地利用和管理服装店的人、财、物和信息资源，做好日常销售服务工作，最大限度地使顾客满意，最终实现预定销售计划和利润目标。

3.沟通能力

店长应具有很强的与人沟通的能力，以妥善地处理好对内对外和对上对下的种种关系；同时，他还要将自己管理的服装店管理知识和经验毫无保留地传授给店内的其他员工，以提高店内员工的整体素质。为了保持与员工良好沟通，店长应注意以下要点：

(1)注意员工的身心健康，注意观察每个人的表情。每天要保证和员工有一次交流，关店前慰劳大家的辛苦。这是获得大家信任的重要手段。

(2)对各项通知、任务，要传达清楚，并保证员工理解正确，以免因误解造成失误。

(3)对有不良情绪或困难的员工，要重视沟通，聆听意见，尽量帮助员工解决问题，避免不良情绪影响到整个团队的工作。

管理导购的方法技巧

对导购的管理主要分为两个方面。

1.导购的岗位职责

导购员的职责在服装的销售现场。面对顾客，导购员是一个推销员，他们直接和顾客做面对面的沟通,向顾客介绍产品,回答顾客提出的问题,诱导顾客做出购买决策。把产品卖出去是导购员的职责,但成为一个好的导购员绝不只是把产品卖出去这么简单。销售既然是涉及买卖双方的事,因此站在顾客与服装店的角度,导购员的职责包括以下方面。

(1)站在顾客的角度。导购员的职责包括以下几个方面:

①用心接待顾客,与店长、同事共同完成销售目标。

②为每一位顾客提供高品质服务。

③定期电话跟踪目标顾客,并说服顾客购买新产品。

④做好顾客的售前、售中和售后服务。

⑤准时电话回访已成交的顾客。

⑥耐心处理顾客的投诉、抱怨,并做好投诉记录。

⑦获取并反馈竞争对手的信息,顾客信息及其他信息。

⑧随时维护店内形象,确保店内形象良好。

(2)站在服装店的角度。导购员的职责包括:

①认真填好各项资料记录表格。

②积极向店长提出建设性建议。

③有保护现场服装安全的责任。

④严格遵守服装店行为规范。

⑤按期完成服装的盘点工作,提供准确无误的数据资料。

⑥不断学习,掌握服装知识和销售技巧,提高销售能力。

⑦必要时协助同事接待顾客。

⑧服从上级领导的工作安排。

2.导购的工作流程

导购的作业流程可按照营业前、营业中和营业后三个阶段来进行。

(1)营业前:

①晨会。传达当日销售目标。

②检查仪容仪表(工号、工作服、化妆)。

③清洁环境卫生(收银台、更衣室、货场、休息室、吊顶、灯具、风幕机、空调、货仓、电路、灯光等)。

④补货。层板上服装齐色齐码,仓库有的服装必须有。

⑤盘点。

(2)营业中：

①主动及时使用礼貌用语,问候顾客并传达信息,主动问候同事。

②热情亲切的服务态度,注意顾客,不要不理顾客。

③保持服装陈列的完整性、无污性、无损坏,整齐摆放及保持价格牌、宣传品的完整。

④熟练掌握服装的特性、卖点及搭配,并向顾客推荐。

⑤熟练掌握专业知识、销售技巧并进行附加推销。

⑥保持环境干净,及时清理货区卫生(尼龙袋、纸屑)。

⑦生意成交时,要与收银员做好交接工作,注意工作程序。

⑧注意进、退、调货的程序。

⑨注意场内安全,提高警惕,防备小偷。

⑩提供免费改裤服务,主动告知顾客。

(3)营业结束：

①早班结束时与对班做好交接工作。

②清点及整理服装。

③清洁卖场。

④班后会。

管理主要先需明白职责范围,有了标准也就好管理了。

管理收银员的方法技巧

对收银员的管理主要分两方面。

1.收银员工作流程的安排

收银作业可按日来安排作业流程。每日作业流程可分为营业前、营业中、营业后三个阶段。

(1)营业前：

①开门营业前打扫收银台和责任区域。

②认领备用金并清点确认。

③检验营业用的收银机,整理和补充其他备用品。

④了解当日的变价商品和特价商品。

⑤检查服饰仪容,佩戴好工号牌。

(2)营业中:

①遵守收银工作要点。

②对顾客要保持亲切友善的笑容,耐心地回答顾客的提问。

③发生顾客抱怨或由于收银结算有误顾客前来投诉交涉时,应立即与值班长联系,由值班长将顾客带至旁边接待与处理,以避免影响正常的收银工作。

④等待顾客时,收银员可进行营业前各项工作的准备。

⑤在非营业高峰期间,应听从值班长安排从事其他的工作。

(3)营业后:

①结清账款,填制清单。

②在其他人员的监督下把钱装入钱袋交值班长。

③引导顾客出店。

④整理收银作业区。

2.收款服务操作规范

店铺的收款员不但要明白自己的职责,更需要知道自己在收款服务过程中的一些规范:

(1)迎接顾客,面带微笑。用亲切的目光注视顾客的到来,并致问候语:"您好!"当业务较忙或因某种原因需要顾客等候时,应向顾客说"请稍等"等道歉语或以微笑致歉。

(2)收款找零。收款时收银员应核对付款凭证,查验货币真伪和"唱收唱付",并用清晰的声音向顾客重复所收金额,如:"小姐,收您50元钱。"找零时应告之顾客找零金额,如:"找您15元钱,请您收好。"并将零钱用双手礼貌地交给顾客。

(3)收取支票。收取支票时,应查验支票有否折损,印鉴是否清晰、齐全,日期和用途是否符合要求,有无涂改,并登记持票人身份证等有效证件。支票到账后付货。

(4)开具发票。按顾客实际购买数量和单价开好发票并检查一遍,然后打印电脑发票,将发票轻轻交给顾客,并说:"先生(或女士等),这是您的发票。"

(5)推荐便利商品。收银员在收款开票的同时,可以礼貌地向顾客推荐便利的商品。

(6)送行。顾客离开收银台时,收银员应真诚的对顾客说:"谢谢光临,欢迎您下次再来。"同时应提醒顾客检查是否有东西遗留在收银台或者服装店的其他位置。

管理采购员的方法技巧

随着整个服装行业的发展,采购员的工作日益受到人们的重视。采购员除了需要有事业心和责任感,有专业知识,有从商经验以外,还应具有语言交际能力,这样,才能担当起服装采购的重任。因此,服装经营者在管理采购员的时候也要注意一定的方法和技巧。

1.明确服装店采购人员的职责

(1)督促销售目标的实现。采购人员对服装店每月的销售额以及销售目标的实现负有绝对的责任。要随时了解服装店的销售情况,督促店员实现每月的销售目标。

(2)制订采购计划。为了实现服装店的销售目标,采购人员必须制定周详的服装采购计划。采购人员每月都必须制订一份采购计划,具体内容包括重点服装(品牌)的选择、采购价格、采购的数量、可选择的厂商等。

(3)完成采购业务。内容包括服装采购的议价、采购条件的协商、新款服装的引进、服装的配送以及一次采购数量的决定等。

(4)服装业务管理。根据店铺的销售报表及时发现畅销品和滞销品,及时处理滞销品;掌握服装的库存状况;制作服装配置表;将服装在各分店之间进行调配;服装订货业务的检查;服装退货的监督;服装质量的监督与检查;服装陈列的指导。

(5)制订销售计划。负责制订服装促销的月度、季度和年度计划;负责制订例外促销计划;特价服装的销售决定;与供应商洽谈特别服装的交易条件。

(6)参与营销调研。负责收集、汇总服装店整体的销售情况资料;了解目标市场上消费者的需求动态;了解竞争店铺的促销措施以及经营策略;掌握供应商的经营动态。

(7)负责下属培训。向服装店卖场的业务人员讲授服装的有关知识;及时与服装店店长进行沟通;参加总公司召开的销售经理会议。

2.采购人员的素质要求

服装店对服装店的采购人员素质要求较高,包括以下两个方面:

(1)工作能力。采购人员的工作能力,除了具有较强的选择供货商、与供货商谈判等方面的业务能力外,还应具备较强的预测和决策能力以及人际关系协调能力等。这是因为,采购人员与顾客及销售现场的接触较少,而一些连锁服装店的分店又分布于各个地区,其面对的消费偏好存在着一定程度的差异,这些因素都给采购人员预测服装的需求变化趋势增加了难度;而且如果服装店采购量大,时间性要求也高,采购人员在业务活动中必须经常进行果断决策。同时,采购人员必须在与企业内有关部门人员,尤其是销售现场人员的关系协调中,善于把握消费需求信息,以保证采购服装的适销对路。

(2)知识结构。身为采购人员,应熟悉商品学、市场营销、经济法、数学和计算机管理等多门学科的知识。采购人员需要有较深厚的商品知识基础,了解同类商品不同品牌、产地、质量和价格的特征及其与本企业目标市场的适应性;有经济核算知识,熟悉商品成本构成、采购数量、时间、结算方式等对利润的影响;有政策法规知识,熟知合同签订的知识与技巧,防止签约失误造成损失;有市场预测知识与能力,掌握服装的产销规律;有市场营销知识,能科学合理地制定服装的促销策略。在工作阅历方面,不能仅限于采购工作经历。如西友公司规定采购人员必须担任过分店店长或商品部长,采购人员和中层管理人员及分店指导人员要定期轮换等,从而使采购人员具有丰富的商品知识和销售经验,熟悉商品运行的全过程,以便更好地承担商品采购任务。

管理验收员的方法技巧

在服装店的岗位设置中,验收员是不可空缺的一个职位,验收员的存在能保证店铺所进服装的质量。那么验收员的岗位职责具体是什么呢?

(1)负责商品验收工作。

(2)商品验收时,负责确认检查商品质量、审核商品产地、生产日期、发货时间、数量、价格、品种等环节工作。

(3)验收时,要手持送货单或发票、收据、与送货人逐一逐项清点。

(4)减少事后因退货或其他原因造成的浪费,避免以后发生不必要的争执。

一般情况,服装店验收员应具备以下资格:

(1)具有高中及以上学历。

(2)掌握服装的相关知识。

(3)掌握服装物流配送及财务相关知识。

(4)接受过门店验收货品专业培训。

管理理货员的方法

在服装店中,理货员是不与顾客进行直接接触的销售人员,理货员主要的服务方式是间接服务。理货员工作的好坏,是影响销售额的重要因素。

1.理货员的岗位职责

具体包括以下几个方面:

(1)熟悉服装的品牌规格、产地等。

(2)遵守仓库管理和服装发货的有关规定,按作业流程进行该项工作。

(3)掌握服装陈列原则和方法,正确进行服装陈列,同时密切注视服装销售动态,及时补充服装。

(4)掌握服装标价的知识,正确标好价格。

(5)保证服装安全。

(6)搞好货架与责任区的卫生,维持清洁。

(7)对消费者的合理化建议要及时记录,并向上级汇报。

2.理货员作业流程管理

随着服装买卖的进行,陈列在货架上的服装在不断减少,理货员的主要职责就是去内仓领货以补充货架,并对服装进行标价。

(1)理货员领货必须凭领货单。

(2)理货员要在领货单上写明服装的大类、品种、货名、数量及单价。

(3)理货员对内仓管理员所发出的服装,必须按领货单上的事项逐一核对验收,以免串号和提错货物。对大型综合服装店、仓储式商场和便利店来说,其领货作业的程序可能不反映在对内仓方面,而是直接反映在对收货部门和配送中心的送货人员方面。一旦完成交接程序,责任就完全转移到商品部门的负责人和理货员的身上。

(4)每一个上架陈列的服装都要标上价格标签,以便顾客选购和收银员计价收款。

管理试用期员工的方法

试用期,在更多的时候被理解为考察期,主要用来检验新员工的工作能力及个人素质。在这个层面上服装店用人部门往往扮演的是"如来佛",而新员工是"孙悟空",一个摊开手掌看你有多大能耐,另一个却想在工作中尽量表现出自身的才干。因此,确立行之有效的试用员工管理办法对经营者而言是极为重要的,好的管理办法,不仅可以激发新员工的工作积极性和工作创造性,还能为服装店经营注入新鲜的活力。

1.签订试用期劳动合同

新员工适用期合格当日,在双方协商一致的情况下,签订试用期劳动合同,共同遵守合同所列的条款。

2.对试用员工进行培训

试用期员工刚开始参加工作,对业务尚不熟悉,因此有必要让其参加职前培训。

3.确定试用员工的管理原则

(1)实事求是原则。考核要以日常管理中的观察、记录为基础、定量与定性相结合,强调以数据和事实说话。

(2)区别对待原则。相对于正式员工的绩效考核而言,对于试用期员工的考评是综合考评,需要对其任职状况、劳动态度和工作绩效做全面的评价。

(3)考评结合原则。对于试用期员工的考核,以日常的周、日、试用期结束的期终评议相结合的方法进行综合评价,力求客观、公正、全面。

(4)效率优先原则。对于考核结果、证明不符合录用条件或能力明显不适应工作需求、工作缺乏责任心和主动性的员工要及时按规定中止试用期。

4.建立试用员工的考核制度

(1)调用期员工的考核分周、月、试用期终评议三种。

(2)考核内容依照服装店规定的相关素质评估要求进行。

(3)考核信息来源:主管记录的员工工作过程中的关键行为和关键条件;员工的各种培训记录;定期的工作汇报、日常总结资料;同一团队的评价,相关部门及团队的反馈意见和证明材料;主管与员工沟通过程中积累的有关信息;直接产生的工作绩效。

(4)考核等级定义。

①优秀:相对于试用期而言各方面都表现突出,尤其是工作绩效方面一定远超出了试用期员工的要求。

②良好:各方面超过对试用期员工的目标要求。

③合格:达到或基本达到对试用期员工的基本要求;

④不合格:达不到对试用期员工的基本要求。

(5)录用标准。

①试用期员工阶段(周月)考核结果为 D 时,取消试用资格。

②试用员工阶段月评议为 A 时,可由部门安排提前进行期终评议,杰出者由部门、个人申请可提前转正、定级。

③其他情况原则上要执行满试用期,并参加期终评议,根据结果办理相关手续。

5.试用员工的转正

试用员工的转正主要参照其综合评定结果。

①综合评定结果为 D 时,取消试用资格,不再聘用。

②综合评定结果为 C 时,需双方协商同意可延长试用期,否则不再聘用。

③综合评定结果为 A、B 者,公司给予正常转正。

另外,经营者和其他准店员还必须通过各种方式沟通、指导、帮助新员工了解自身的定位、工作流程以及工作存在的问题等,在双方之间达成共识,使其有一个较为宽松的工作环境,消除新员工在工作上的顾虑,使其能放开手脚大胆工作,在商店内部建立一种"沟通交流机制",尽可能缩短新员工的上岗磨合期。只有形成这样一种"育人"的环境,才能在一定程度上促进新员工的快速成长,避免因试用期内的管理问题或因彼此之间的误会而与优秀人才擦肩而过。

管理促销人员的方法

在店铺人员促销中,人是最根本的因素,进行促销的销售人员必须具备一定的基本条件才可能获得良好的效果。下列素质要求是一个理想的销售人员应具备的。

1.极强的洞察能力

毋庸置疑,市场和顾客的情况是很复杂的,不仅差别很大,而且受许多因素的制约。一个有敏锐观察能力的销售人员,能眼观六路,耳听八方,及时发现和抓住市场机会,揣摩顾客的购买意图和购买心理,提高服装的成交率。

2.高度的敬业精神

销售工作,尤其是带有促销性质的销售工作不是一项轻松的工作,有许多困难和挫折需要克服,有许多冷酷的回绝需要去面对,这就要求销售人员必须具有强烈的事业心和高度的责任感,把自己看成是"贩卖幸福"的人,有一股勇于进取、积极向上的劲头。

3.正确的服务态度

销售人员不仅是服装店的代表也是顾客的顾问,应真正树立"用户第一"、"顾客是上帝"的思想,想顾客所想,急顾客所急,积极为顾客服务,这样才能赢得顾客的信任。

4.良好的说服能力

良好的说服能力是服装店销售人员必须具备的素质之一。销售人员要能熟练地运用各种推销技巧,成功地说服顾客;要熟知推销工作的一般程序,了解顾客的购买动机和购买行为;要善于展示和介绍自己的服装,善于接近顾客,善于排除顾客的异议直至达成交易。要做到这些,首先必须相信自己,相信自己销售的商品,相信自己所代表的店铺,这是交易成功的前提。

5.丰富的知识

顾客的类型多种多样,对服装的要求也会各不相同,销售人员只有具备了广阔的知识面,才能与不同类型的顾客进行正常的沟通,才能将销售工作顺利进行下去。知识面的广阔与否在一定程度上决定销售人员的销售能力,所以销售人员应有旺盛的求知欲,善于学习并掌握多方面的知识,在实际工作中不断总结经验,成为一名真正合格的销售人员。

员工工作绩效的评估

一般情况下,为了保证店铺岗位价值评估的科学性和正确性,需要评估人员坚持以下原则。

1.对岗不对人的原则

岗位价值评估的对象是店铺中所有的岗位，而非从事某个岗位的具体某一个人，在一般的岗位价值评估过程中，往往在考虑岗位重要性的同时，许多人就自然而然地将目前从事该岗位的员工联系在一起来考虑，这种观念是不对的。因为，岗位承担了店铺战略目标实现的所有事项，只要将每个岗位的工作职责加起来，就形成了整个店铺为实现赢利的运行模式。但在这个过程中，每个岗位承担的工作会有差异，其重要程度也存在不同，比如说，在一个大的店铺中，销售员岗位和后勤服务员工他们岗位承担的职责差别很大，那么他们之间的重要程度如何衡量，这就需要对他们进行岗位价值评估。

2.适宜性原则

岗位价值评估必须从店铺实际出发。选择适合店铺实际的评估模型、评估方法和评估技术、评估程序。只有这样，评估结果才会体现出合理性。

3.统一的原则

为了保证岗位价值评估工作的规范化和评估结果的可比性，提高评估工作的科学性和工作效率，岗位价值评估必须采用统一的评估方法和评估标准，在规定范围内，作为评估工作中共同遵守的准则和依据。

4.适当让员工参与原则

岗位价值评估工作涉及店铺内部所有岗位，评估结果会影响店铺的所有员工的薪酬水平，所以岗位价值评估方法的准确性、岗位价值评估要素和评估标准的准确性，以及评估数据处理的规范性等都最终会影响公司中所有岗位的相对重要程度和地位。所以，适当地让员工参与到岗位价值评估工作中来，更容易让他们对岗位价值评估的结果产生认同感，也有利于增强岗位价值评估结果的合理性。

5.公开结果的原则

岗位价值评估结果应该向员工公开，透明化的岗位价值评估标准和评估程序、评估结果有利于员工对企业的价值取向达成理解和认同，明确自己的努力方向，并可降低薪酬管理中可能出现的随意性大等风险，同时提高员工对薪酬的满意度，减少员工对薪酬制度的抱怨。

一般来讲，店铺岗位绩效评估程序包括以下六个环节。

1.设计和选择岗位绩效评估模型

设计或选择岗位绩效评估模型的时候,需要了解什么是岗位绩效评估模型、岗位绩效评估模型如何设计,常见的岗位绩效评估有哪些,企业店铺如何设计或选择合适的岗位绩效评估模型等。

2.成立评估小组

岗位绩效评估模型一旦选定,企业店铺面临的就是如何去运用选定的模型去评价所有岗位绩效的问题,企业店铺在进行岗位绩效评估的时候,需要注意的是,小组成员选定原则和如何对评估小组成员进行培训,使得他们对评估岗位的工作职责、工作内容、任职资格和模型本身达成比较一致的认识和看法。

3.岗位绩效试评估

在完成第二步之后,还不能正式评估岗位展开评估,需要在专家或人力资源部门的指导下选择个别岗位先进行试评估。

4.岗位绩效正式评估

这个环节是岗位绩效评估过程中最重要的环节。

5.岗位绩效评估数据处理

同样,对岗位绩效评估数据处理也是岗位绩效评估过程中的重点工作之一,首先数据处理者需要对评估数据逐个进行核查,在确认数据有效的基础上,进行数据统计工作。如果发现数据存在异常现象,应该立即通知评估小组成员进行再次确认。如果有必要,还要组织评估小组成员对个别岗位进行重新评估。

6.岗位绩效评估数据应用

数据处理完毕后,就进入了岗位绩效评估工作中的最后一个环节——岗位绩效评估数据的应用。因为岗位绩效评估可以帮助企业岗位绩效级别的同意标准,还可以成为薪酬水平的基准,为员工薪酬增长提供晋升通道。

激励机制的有效制定

一个优秀的服装店对员工的激励体制不是杂乱无章的,而是井然有序的,这样才能得到员工的认可,真正起到激励的作用。

1.有效性的标志

一个有效激励系统至少要符合下列原则:

(1)简明具体原则。激励系统的规则必须简明扼要,且容易被解释、理解和把握。同时,仅仅说"多干点"或者说"别出事故"是根本不够的,员工们需要准确地知道管理者到底希望他们做什么。

(2)可实现原则。每一个员工都应该有一个合理的机会去实现他们都希望达到的目标。

(3)可衡量原则。可衡量的目标是制订激励计划的基础,如果具体的成就不能与所花费用联系起来,计划资金就会白白浪费。

2.程序与要点

一个有效的激励系统的建立包括如下步骤:

(1)制定标准。工作绩效标准的制定过程中,应具有一定的高度,但又必须是大部分员工都能达到的标准,这样具有可实现性。

(2)建立评估系统。绩效评估系统必须准确、可行,工作绩效的评估必须着重于工作规范与工作成果的评估标准。标准的制定一定要符合实际,依据工作目标对员工进行审核,这种标准一定是针对团队而非特定某个人制定的。同时,绩效评估系统必须具有规范的操作程序。

(3)进行培训。这主要是训练对工作绩效的评价技巧以及培养与各级管理者上情下达的沟通艺术。绩效评价的效果是如何直接与员工的薪金、报酬挂钩的,这是个非常敏感的问题。所以,服装店管理者必须注意这里的艺术与技巧。

(4)制定指标。工作绩效指标应该范围较宽,这会使激励系统更具有可行性。这些指标将会使店内员工意识到存在的不足,并主动寻找改进的方法。

(5)兑现奖惩。兑现奖惩时,管理者要使员工们深切体会到绩效与奖惩关系的密切。对于优秀的工作绩效,除了对员工进行赞美、褒奖之外,更关键的是让他明白组织对他的重视,从而使他产生一种神圣的使命感。对于低的工作绩效,必须给予批评,但必须是善意的、建设性的,是就工作而言,而非人身攻击。对员工绩效的评价最终都应在奖励上找到对应的坐标,哪怕奖励是微不足道的,也要"始终不渝"地进行,因为这样做,会使员工们认识到确实有目标值得自己去努力一番。

上述五方面是建立有效激励系统的基本程序,也是管理者所要建立的有效激励系统的坚固框架,但要想使激励系统运转起来,还需要实施一个可行的激励计划。

如何激励员工

员工激励是服装经营者最难拿捏的工作。但是,如果服装经营者能够掌握激励的方法并有意识的应用,那么员工就会更加积极、主动、自觉地工作,整个服装店的工作激情和销售局面也将大不一样。相反,一个员工士气低落、人心涣散、抱怨连连的服装店,往往会导致员工个人、团队、组织绩效下降。服装店的经营者应该把握一些激励员工的方法和技巧,提高员工的积极性。

1.激励员工的程序

由于人的动机性行为总是围绕着满足需求的欲望进行,于是没有得到满足的需求就成了激励的起点。没有得到满足的需求会造成个人内心紧张,导致采取某种行为以满足需求来解除或减轻这种紧张程度。由于这一活动是针对某一目的的,目的的达到时,需求满足,激励过程也就完成。

依据激励过程的实现形式,一般应该遵循以下程序采取激励措施。

(1)了解员工需求。对员工的需要结构、需要强度和满足需要的方法加以了解,这是进行有效激励的前提。

(2)分析环境条件。对服装店的环境条件和可以采取的激励手段进行分析,计算激励需要付出的成本和可以带来的收益。

(3)制定激励措施。根据分析的结果,制定详细的激励措施,交由有关部门掌握实施,促使员工产生需要,采取行动。

(4)评估员工绩效。由人力资源管理部门对有关项目进行考核,评估员工的绩效,以此作为奖惩的依据。

(5)根据绩效评估予以奖惩。对绩效优秀的员工予以表彰或奖励,对劣绩员工进行激励,促使其改变态度、方法,提高业绩。

2.激励员工须遵守的原则

激励政策通常会因每个服装店具体情况的不同而不同,它与其他企业的人力资源政策的不同之处在于:激励政策有更大的风险性,如果它不给服装店带来正面的影响,就很可能带来负面的影响。所以,在制定和实施激励政策时,一定要谨慎。服装店在制定和实施激励政策时应用下述原则,将会极大地提高激励的效果。

(1)按需激励原则。激励的起点是满足员工的需要,由于不同员工的需求不同,所以,相同的激励政策起到的激励效果也会不尽相同。即便是同一位员工,在不同的时间或环境下,也会有不同的需求。所以,激励要因人而异,实施按需激励原则。

在制定和实施激励政策时,首先要调查清楚每个员工真正需求的是什么,然后将这些需求整理、归类,有针对性地采取激励措施,才能收到事半功倍的效果。

(2)奖惩适度原则。奖励和惩罚不适度都会影响激励效果,同时增加激励成本。奖励过重会使员工产生骄傲和满足的情绪,失去进一步提高自己的欲望;奖励过轻就起不到激励效果,或者让员工产生不被重视的感觉。惩罚过重会让员工感到不公,或者失去对服装店的认同,甚至产生怠工或破坏的情绪;惩罚过轻会让员工轻视错误的严重性,从而可能还会犯同样的错误。

(3)结合目标原则。激励的基本要求之一就是必须使之与组织目标相吻合。因此,判断激励是否有效,必须分析激励所产生的积极性是否有利于完成组织任务,实现组织目标。激励措施不当、方向不明,有时会引起员工相反的行为,结果好心办坏事,反而与组织目标背道而驰,危害组织利益。当然,激励目标的设定还必须能够满足员工的需要,否则无法提高员工的目标效价,达不到促使员工做出有效行为的目的。因此,只有将组织目标与个人目标结合好,使组织目标包含较多的个人目标,在组织目标实现的前提下使个人目标能得到充分的实现,从而达到激励的真正效果。

(4)公平公正原则。公平性是员工管理中一个很重要的原则,管理者在处理员工问题时,一定要有一种公平的心态,不应有任何的偏见。员工感到的任何不公平的待遇都会影响其工作效率和工作情绪,并且影响激励效果。取得同等成绩的员工,一定要获得同等层次的奖励;同理,犯同等错误的员工,也应受到同等层次的处罚。在工作中,一定要一视同仁,不能有任何不公平的言语和行为。如果做不到这一点,管理者宁可不奖励或者不处罚。

(5)调动积极性原则。现代店铺的分工协作结构决定了各部门的相互依赖性,一个部门运转失灵,会立即影响到服装店全局。服装店的组织目标需要全体员工共同努力方能实现。因此,激励应当针对全体员工,应当把各层次、各方面的积极性都调动起来。激励行为如果强调服装店的某一部分,忽略另一部分,那么被忽略的部门就会有一种失落感,工作积极性下降,从而使服装店的整体效率得不到提高。

(6)降低成本原则。不管实施何种措施,都需要相应的成本和费用,激励也不例外。服装店采取激励措施,必须支付一定的费用,如组织活动、发放奖励都需要资金的支持,这些资金支出构成了激励成本。激励措施的收益是在激励措施生效后、能给服装店带来的好处,这些好处使激励活动产生。服装店是以赢利为目的的单位,因而必须分析投入产出关系,追求以最少的成本获取最大利润。激励的支出与收益相比,应当使服装店有利可图。如果激励成本过高,甚至超过绩效,那么这种激励对服装店来说并没有实际意义。所以,在对员工进行激励时,也要将其作为一项经营活动加以考虑,并注意降低成本。

3.激励员工方法巧运用

不管做什么事情都要讲究方法,只要方法得当,效果才会明显。激励员工也是如此,只有掌握了技巧,才能让员工更加积极地工作,从而创造更好的业绩。

(1)激励手段因人而异。对于低工资人群,奖金的作用就十分重要;对收入水平较高的人群,特别是对具有较高文化素养的员工,则晋升其职务、授予其职称、尊重其人格、鼓励其创新、放手让其工作,会收到更好的激励效果;对于从事笨重、危险、环境恶劣的体力劳动的员工,搞好劳动保护,改善其劳动条件,增加岗位津贴,都是有效的激励手段。为此,可通过了解不同员工的不同需要,采取不同措施进行激励。

(2)注意激励的综合效价。在员工获得物质激励时增加某些精神鼓励因素,以激起员工的荣誉感、光荣感、成就感和自豪感,从而使激励效果倍增。

(3)激励应体现不同的效价档次。在进行激励时,应避免平均主义,这样会失去激励的作用;但效价差距过大,超过了贡献的差距,则会引发员工心理失衡,使员工感到待遇不公。因此,服装店应该尽量使效价差与贡献差相匹配,使员工感到公平、公正,才会真正使先进者有动力,后进者有压力。

(4)适当控制期望概率。通常来说,在某一工作的开始阶段,应该提高广大员工的期望概率,使大家都以积极的姿态响应;当工作中遇到困难和挫折,灰心失望、信心不足时,则应及时地加以鼓励,使下降的期望值重新升高,充满信心地克服困难;当进入最终奖惩阶段时,一般员工的期望概率往往普遍偏高,这时的工作是促使大家冷静、客观,使期望概率降到比较接近实际,否则会诱发一系列挫折心理和挫折行为。

(5)注意调整员工公平心理。亚当斯的公平理论认为,每位员工都是用主观的判断来看待是否公平,他们不仅关注奖励的绝对值,还关注奖励的相对值。尽管客观上奖励很公平,也仍有人会有疑虑。因此,服装店必须注意对员工进行公平心理的疏导,引导大家树立正确的公平观。正确的公平观包括三个内容:第一,要认识到"绝对的公平是不存在的";第二,不要盲目地攀比;第三,不应"按酬付劳",造成恶性循环。

(6)树立恰当的奖励目标。树立恰当的奖励目标应坚持一定的标准,既不可太高,又不可过低;过高则使期望概率过低,过低则使目标效价下降。对于一个长期奋斗目标,可用目标分解的办法,将其分解为一系列阶段性目标,一旦达到阶段性目标,就及时给予奖励,即把大目标与小步子相结合。有效地树立奖励目标能够有效激励员工,使他们维持较高的士气。

(7)注意掌握奖励时机和奖励频率。进行奖励时,奖励时机与奖励频率密切相关,且直接影响到激励效果。奖励频率过高和过低,都会削弱激励效果。奖励时机和奖励频率的选择要从实际出发,实事求是地确定。一般来说,对于十分复杂、难度较大的任务,奖励频率宜低;反之则奖励频率宜高。对于目标任务不明确、需长期方可见效的工作,奖励频率宜低;反之则奖励频率宜高。对于只注意眼前利益、目光短浅的人,奖金频率应该高些;对于那些需求层次较高,事业心很强的人来说,奖金频率应该低一些。在劳动条件和人事环境较差、员工工作满意度不高的服装店,奖励频率宜高;反之则奖励频率宜低。当然,奖励频率与奖励强度应恰当配合,一般而言,两者呈反向相关关系。

4.激励员工的物质方法

一般情况下,奖励常用奖金的发放方式,奖金的发放形式有三种:

(1)将奖金与员工的个人行为联系在一起。个人奖励中的绩效衡量指标一般是客观的(比如销售额),它的奖金额主要取决于决定其工资的那种绩效单位的数量,因此易于拉开差距。此外,个人特殊绩效奖一般发放给创造了特殊绩效的员工,有利于体现公平性,平衡那些因职位得不到的晋升的优秀员工留在店里继续努力。由于目前工作过程及性质都发生了较大的变化,团队作为一个基本工作单位,工作的相互依赖性以及对合作的需要意味着奖金必须对共同工作加以强化。团队奖励就是针对产出是集体合作的结果,而且无法衡量出个人对产出贡献的情况而设计的。团队奖励标准一般都根据生产率改善、客户满意度指标以及财务绩效或者产品服务质量等来确定。由于这种奖励是在群体内部平等地分配报酬,所以很容易出现搭便车问题;另一方面团队奖励又比个人奖励更容易建立绩效衡量方法。至于选择个人奖励还是团队奖励,这取决于需要完成的任务的类型、组织对团队的认可程度以及工作环境的类型。

(2)短期奖金。依据特定的绩效标准,根据在某种主观的绩效评价中所获得评价等级获得奖金。它符合即时奖励的原则,但值得注意的是应提高绩效评价的精确度,确保奖金在不同评价等级间有足够的差异;长期奖金目的在于鼓励员工努力实现长期的绩效目标, 这些绩效标准主要针对服装店长期目标, 如投资收益、市场份额和净资产收益等。

(3)年终奖金。对于一般监督人员和销售人员,必须将他们的薪酬与客户满意度联系起来,直接的经济奖励是他们的主要激励因素。因此,销售人员的战略奖励计划应当能够将理想的销售人员行为与组织的战略结合起来, 必须用奖金让销售人员知道什么时候需要加强服务,什么时候要加强销售额。

5.激励员工的精神手段

一个精明、有魄力的领导,是不会单纯从物质方面给予员工奖励的。给员工多发工资、奖金固然重要,但是店主如果能够施展更细微的手段,以精神奖励激发员工的热情与干劲,对提高员工的工作效率会有更大的促进作用。可以通过以下几个方面对员工进行激励:

(1)向他们描绘愿景。店主要让店员了解工作计划的全貌及看到他们自己努力的成果,店员愈了解店铺目标,对店铺的向心力愈高,也会更愿意充实自己,以配合店铺的发展需要。所以店主给员工提供清晰准确的店铺信息,建立共同的奋斗目标。

(2)明确员工的权力。店主在向员工下达任务时,也要授予他们权力,更要让被授权者有"独挑大梁"的心理自豪感,以此激发他们的工作干劲,还要充分尊重员工的自主权。

(3) 不吝惜对员工的称赞。有些员工总是会抱怨领导只有在员工出错的时候,才会注意到他们的存在。这就要求店主要尽量给予员工正面的回馈,对员工的努力要多公开赞美,至于负面批评可以私下再提出。对于表现不佳的员工,有时候店主必须做的是帮助他们建立信心,给予他们较小、较容易的任务,让他们尝到成功的滋味,并给予他们正面的回馈,再给予较重要的任务,以逐渐引导出其好的表现。

(4)从员工的角度思考。从员工的角度思考,是尊重员工最基本也是最重要的原则,比如,不要打断员工的汇报,不要急于下结论,不要随便诊断,除非对方提出这样的要求,否则不要随便提供建议,以免流于"瞎指挥"。就算员工真的找店主商量工作,店主的职责也是协助发掘他的问题,而不是以自己的角度提出片面的解决方案。店主还要注意满足一些员工的私人需求,让员工在上班时,无须为日常生活的琐事分心。

(5)奖励员工的努力。店主要通过对优秀员工实施奖励措施,来表达对员工努力和成就的认可。这不但可以提高工作效率和士气,而且可以有效建立员工的信心。同时,店主要表彰每个员工的贡献。企管顾问史密斯曾指出:每名员工好的表现再小,若能得到认可,都能产生激励作用。

(6)增加员工培训活动。市场竞争越来越激烈,服装店不仅要对当前的收支做好规划,还要预测店铺未来的发展状况,预先筹备。对员工进行多方位的职业培训,就是其中一项重要的筹备内容。比如,参加学习班或服装店付费的各种研讨会等,这不但可提升员工士气,而且可提供其必要的训练。教育训练可有助于减轻自卑的情绪,降低工作压力,提高员工的创造力。

(7)赋予工作使命感。让员工了解他们的工作贡献,可以让从事最平常工作的员工也充满动力。例如,一个清洁工,如果你告诉他,他的工作是"拯救日益污染的环境"时,他的工作士气便会提高许多。缺乏工作使命感的人,即使工资再高,也常常提不起干劲。

(8)让员工参与管理。管理学家罗宾斯曾说:"员工通过参与影响他们的决策和增加他们的自主性和工作生活的控制,积极性会更高,对组织更忠诚,生产力水平更高,对他们的工作也更满意。"参与管理是激励员工士气的另一种好方法,通过参与管理,让员工感受到"我不光是一个执行者,更是一个决策者"的成就感,更把经营服装店当成自己的事业,他就会比一般人更用心,其工作效率自然会高起来。

激励永远是有效的,尤其是精神激励,它能以小小的付出收获很大的回报。只要领导者不"吝啬"或不忽略精神激励的作用,就不会使激励失去效应。

奖金如何发放

服装店管理人员在制定年终奖分配方案时,要遵循以下几点要求。

1.公正、公平、公开

奖金方案基本都是公正、公平的,可是员工还会不认可,这就存在一个没有进行公开或公开不到位的问题。做员工激励和绩效考核,切忌暗箱操作。有时,程序公平,比内容公平来得更加重要。

要实行公开,首先要保证公开的内容范围、公布对象范围和公开的后续措施及时到位。公开是能最大限度减少绩效管理和员工激励过程中的不当操作方式和流程带来的负面作用的重要手段,也是平抑怨言和流言的最好工具,更是建立一个和谐企业必不可少的措施和环节。

2.健全职能部门,完善制度流程

要做到绩效管理与员工激励的公开、公正和公平,对一个中等规模的企业来说,显然是个系统工程。这不是一件一两个人就能简单处理的事情,必须要成立专门的职能部门,再制定出相关的制度流程,以规范和确定职能部门与业务部门在考核和激励过程中的责任与分工。

3.适当集权与授权

由于绩效管理和员工激励是系统工程,是一件涉及各个层次的大事,不调动各个层次管理者的积极性,不让中层中部参与,不让员工讨论,是不可能做好的。所以这个权利不能完全集中在公司领导层,而是要根据具体情况,授权到各分部和职能部门,让分部与职能部门有一定权利,同时承担对等责任,接受对等的监督。领导层工作的重点是如何进一步关注在总部、职能部门、业务部门三者之间进行职责的合理分配、约束与监督,如何进行责、权、利的协调与统一。

服装店年终奖发放的时候要遵循以下三个原则。

1.公平的程序和结果

公平在很大程度上是吸引和保留人力资本并激励人力资本的最重要的因素。薪酬的公平感依然是员工最关注的因素。公平感能使员工对组织产生信赖,更为自觉、更为有效地做好自己的工作,更为积极地面对组织的变革;而不公平感会导致员工消极的态度与行为。如抱怨、迟到、早退、离开等,进而会导致整个组织效率的大幅下跌。

2.差异化

从心理学的角度,人与人之间的差异是客观的,管理的差异化日益被人力资源管理学者所接受和推崇。以差异化为基础的弹性福利制,或者自助餐式的福利制度自 20 世纪 70 年代从美国起源以来,一直兴盛不衰。差异化的福利能够很好地满足员工个人对福利的需求,增进员工的工作满足感和对公司制度的了解。不加区别地在年终给每一个员工发雨伞、食品并不能产生太大的作用,如果企业能够在年终奖调查设计阶段,收集好每个员工的期望,并根据该员工可得到的年终奖的额度开出一个可供自由选择的清单,效果会好得多。同样,对于一直处于高度紧张的工作状态且收入颇丰的高级员工而言,以休假作为年终奖或许比发现金更受欢迎。

3.情绪调节

对于大多数持续经营的企业而言,由于年终奖的发放成为定制而使职工没有什么惊喜感从而产生了"饱厌"现象,年终奖的激励功能大打折扣。要使这种已成定制的年终奖发放具有激励功能,的确是一件不容易的事情。

(1) 间歇强化发放法。将年终奖分散到年终前的两三个月里以奖金名义下发,同时取消年终奖。以此打破年终奖的固化,使年终奖成为刺激员工积极工作的间隙强化物,从而更大程度地激励员工。

(2)化整为零法。把年终奖化整为零,在接近年终时,以不同的名目(当然必须有充分的理由),比如,对一个乐于将自己的知识与团队共享、长年出差,并且主动合作的员工发放"十佳奉献奖"、"最受欢迎合作伙伴奖"、"创新奖"等多项在有一定但不长的间隔时间多次发放,每次1万元,这对于员工的激励效果远比一次性发给3万元奖金要好得多。

(3)发给精神奖。精神奖也是年终奖的一个非常重要的形式,可惜国内很少开展。在年终或春节前夕,让表现突出的员工家属出席服装店的表彰大会,或者在其他公开场合,感谢员工家属对优秀员工的工作的支持。同时,给他(她)的妻子或者丈夫小小地表示一下,发点奖金,将会收到非常好的效果。这不但能换取员工家属在以后的工作中对员工更多的鼓励和支持,同时也让员工本人觉得风光不少。

服装店员工福利的重要性

奖金往往是针对高绩效员工进行的奖励,而对于一般的员工,除了奖金外,良好的福利制度对他们也具有一定的激励作用。完善的福利制度对服装店的发展具有许多重要意义,主要有以下几点。

1.吸引优秀员工

优秀员工是服装店发展的顶梁柱,以前很多店铺主要靠高工资来吸引优秀员工,现在许多服装店管理者认识到,良好的福利有时比高工资更能吸引优秀员工。

2.提高员工士气

良好的福利使员工无后顾之忧,使员工有与服装店共荣辱之感,士气必然会高涨。

3.降低员工流动率

由于服装店的特殊经营形态,其员工流动率相对比较高。流动率过高必然会使服装店的工作受到一定损失,使得本店花成本培训的具有熟练技能的员工流失,为避免这样的损失,不少店铺通过良好的福利对员工进行挽留,这会使许多可能流动的员工打消流动的念头。

4.激励员工努力工作

良好的福利会使员工产生由衷的工作满意感,进而激发员工自觉为店铺运营目标而奋斗的动力。

5.凝聚员工

服装店的凝聚力由许多因素组成,但良好的福利无疑是一个重要的因素,因为良好的福利体现了店主以人为本的经营思想。

6.更好地利用金钱

良好的福利,一方面可以使员工得到更多的实惠,另一方面,用在员工身上的投资会产生更多的回报。

因此,作为明智的店主,不应忽视福利对于员工和服装店发展的作用而应充分利用和统筹福利的积极作用,激发员工更好地工作。

辞退员工的技巧

辞退员工可能很伤感情,同时也是谁也不愿意经历的事情,但应该清楚的是,辞退不合格的员工的确可以降低人工成本,提高竞争力以及工作效率。一个善于经营的店主应该懂得怎样以合理的方式辞退员工。辞退员工主要有四个流程。

1.通知员工

(1)尽量避免周末、假日或者员工的重要纪念日当天通知员工。

(2)直接切入正题,不要假意避重就轻地谈一些天气或者其他轻松的话题。

(3)辞退时间控制在 20 分钟之内,把辞退的原因解释清楚,时间拖得过长、话多必失,反而容易使员工的情绪失控。

(4)切记尊重事实而非攻击员工的人格。即使是因表现不好的员工,你也不要在这时候打击他,而是尽量宽容地说:"不是你不行,只是这岗位不适合你而已。"

(5)重点强调这个决定已经做出是不可更改的。

2.沟通和倾听

辞退员工需要一个沟通谈话的过程,这个过程是不可以省略的,并且谈话中一定要果断。很多管理者喜欢在谈话的时候做很多铺垫,生怕一不小心伤着了被辞员工的情感。实际上这没有必要,完全可以直入主题,当然要以事实为依据。但你必须明确一点:辞退他只是因为他对这份工作做得不好,而不是他这个人不好。哪怕是他确实有某方面的缺点,也别直接批评。不过你完全可以根据其实际情况,给予真诚的建议,告诉他适合做什么,如果到了什么样的岗位能够做得很好。最后,你应该征询他对公司和工作岗位的意见或建议,很真诚地记录下来,并且对他表示感谢。

被裁掉的员工如反应激烈,不要和他辩论,而是积极地倾听。用开放式问题与其谈话,重复他的最后的话语,点头或用短暂沉默配合员工的阐述,直到他可以稍微冷静地接受这个事实。

3.讲明赔偿条款

跟员工仔细讲述一遍赔偿的支付金额,具体算法及福利等;不要在已经商定好的条款上当场承诺增加任何内容。不要承诺会调查一下事后给予答复,这样会把辞退程序复杂化,以致弄到难以收场的地步。

4.处理好"善后事宜"

当被辞退的员工不带怨言地离开以后,要注意"善后事宜"的处理。店主要经常关注该员工的动向,并给予关怀和关心,比如,生日或其他节日的时候送去问候,并且当该员工在新工作岗位做出成绩的时候,给予由衷的赞扬。这对服装店的口碑和内部员工的稳定都有很大帮助。被辞退人员往往在离开后会对服装店的管理、营销等有更理性的建议和意见,而且一般对原来的工作地都有一种怀旧情结,很乐意帮助原效力服装店。关心被辞退员工不但能让服装店得到实惠,更重要的是让在职员工有种归属感。

当然,工作做得更到位的服装店还会在员工被辞后经常打电话给他们,关心他们的生活,以及新的工作状况,不定期地邀请他们小聚一次,以朋友的身份聊聊天,谈谈心,让他们感受到关怀。

虽然辞掉的员工已经不属于服装店,但是如果经营者管理有方,已经离职的员工不仅不会"背叛"服装店,而且可以成为服装店的重要资源,他们会成为服装店理念的宣传者、客户、代理商。

第十一章

服装店退换货物的管理方案

退换货是服装店经营过程中遇到的一个很普遍的问题，初接触觉得不好处理，但摸清来路也有章可遁，有据可依。

退换货物的标准

在服装店的经营中,退换货是一种很常见的现象,因此作为店铺的经营者和员工一定要熟知退货的条件和标准,既要保证消费者的利益,也要维持店铺自身的利益。

1.如果顾客要求退换的服装符合以下几个条件,店家就要无异议退换

(1)服装出现质量问题的。

(2)服装及服装的外包装没有损坏,并保持出售时的原质原样的。

(3)原始销售凭证齐全的。

2.以下情况店家有权拒绝顾客的退换货要求

(1)任何非由本店出售的服装。

(2)服装本身不存在质量问题且已穿过的。

(3)因非正常保管导致出现质量问题的服装。

(4)超过退换货期限的退换货要求。

(5)退换货物不全或者受损严重,影响二次销售的。

(6)顾客销售单据丢失或者不全,又不能证明是本店所售的。

3.服装的退货原则

(1)申请退换货的基本条件。

①退换服装应保持收到服装时的原貌(服装本身有质量问题的除外)。

②退换服装的外包装、吊牌等完好。

(2)不允许申请退换货的情况:

①经穿着、洗涤、遭污损、遭损坏等影响二次销售的。

②配件、吊牌、外包装等被损坏或丢失。

③所有内裤、特殊尺码(个人定制)服装等。

退换货的一般流程

服装店铺管理者及员工了解退换商品的一般流程，能够有利于店铺更好地妥善处理顾客退货和换货情况，并提高处理速度和效率，最终提高店铺的顾客满意率。下面我们将分别叙述一下退货和换货的一般流程。

1.退货的流程

受理顾客的退货服装、凭证→听取顾客的陈述→判断是否符合退货的标准→同顾客商量处理方案→决定退货→判断权限→填退货单，复印票证→现场退现金→退货服装的处理。

流程的具体解释：

(1)受理顾客的商品，凭证。接待顾客并审核顾客是否有本服装店的收银小票，其购买时间，所购服装是否属于不可退换商品。

(2)听取顾客的陈述。细心平静地听顾客陈述有关抱怨和要求，判断是否属于服装的质量问题。

(3)判断是否符合退货标准。结合服装店的政策以及顾客服务的准则，灵活处理，与顾客达成一致的看法；如不能满足顾客的要求而顾客却坚持要退的话，应请上一级管理层处理。

(4)同顾客商量处理方案。提出解决方法，尽量让顾客选择换货。

(5)决定退货。双方同意退货。

(6)判断权限。判断退货的金额是否在处理的权限范围内。

(7)填退货单，复印票件，收银小票或发票。

(8)现场退现金。在收银机现场做退现金程序，并将交易号码填写在退货单上，其中一联与收银小票或发票的复印件钉在一起备查。

(9)退货服装的处理。将退货服装放在退货服装区，并将退货单的一联贴在服装上。退货单共两联，一联退换处留底，营业后经收银经理检查后上缴现金室，另一联附在商品上，营业结束后随服装返回楼面。

2.换货流程

受理顾客的换货服装、凭证→听取顾客的陈述→判断是否符合退换货的标准→决定换货→填换货单，复印票证→顾客选购服装→退换货处办理换货→换货服装的处理。

流程的解释：

(1)受理顾客的服装，接待顾客，并审核是否有本服装店的收银小票，确定购买时间、所购服装是否属于不可退换商品。

(2)听取顾客的陈述。细心平静地听顾客陈述的抱怨和要求，判断是否属于服装的质量问题。

(3)判断是否符合换货标准。结合服装店政策，以及顾客服务的准则，灵活处理，与顾客达成一致的看法。

(4)决定换货。双方同意调换同种服装或同类服装甚至不同商品。

(5)填换货单，复印票证，收银小票，或发票。

(6)顾客选购服装。顾客凭换货单的一联，到商场选购要更换的商品。

(7)退换货处办理换货。在收银机现场做换货程序，换货单中的一联与收银小票或发票的复印件钉在一起，当现金收入，实行多退少补现金法，并将交易号码填写在换货单的商品联上。

(8)换货服装的处理。将换货服装放在换货服装区，并将换货单的一联贴在服装上。(换货单共三联，一联收银机留底，一联顾客使用收回后收银机留底，营业结束后经收银经理/保安检查后上缴现金室，另一联附在服装上，营业结束后随服装返回楼面。

退换货的处理程序

如果顾客因为某些不合理的理由，使用已购买的服装不能感到满意而希望退货的时候，从店铺服务顾客的立场而言，不得不接受顾客退货的要求。但是对于顾客退货的要求，并不是百分之百无条件地接受。也就是说店铺当然在允许范围之内接受退货或换货。店铺员工在处理此类事件时，应考虑到以下三点。

1.店铺必须事先决定好有关顾客退货换货的标准

如果不这么做的话，不但造成工作人员莫衷一是，而且就连顾客也会对店铺产生不信任的感觉。例如，服饰因为有季节性的区别，即使是在旺季，价格也会一天一天地滑落。正因为其具有这种特性，所以除了特别情况之外，一般接受退货的期限是在两三天以内。一般而言，服装退换货应具备如下条件：

(1)经确认服装属于质量问题的且配件完好，或购后不满意在顾客购买三天内(含三天)可调换其他服装。

(2)服装不影响二次销售且原包装和条形码完好。

(3)店内继续有销售的服装。

2.了解并分析顾客退货的理由

如果顾客来退换货物,只是因为"买回家一看,发现不喜欢。先生也说不好看"。对服装店来说无可奈何,又不能很痛快地接受顾客的退货,这种时候不妨建议顾客更换其他款式服装。退货自然是愈早愈好,如果在短短几个小时之内来要求退货,店方应该很高兴地乐意接受退货的要求。

3.了解顾客心理,照顾顾客情绪

因为顾客是怀着不好意思的心情来退货的,如果这时候营业员不情愿,说话态度不好,结果往往会使原本心怀内疚的顾客转变成愤怒。顾客弄得不愉快之后,就再也不会来这家款式店购物了。

如果确实不能接受顾客退货,应该一开始就清楚地说明理由。这种情况,必须非常注意措词、态度等,绝对不可以破坏对方的心情。如果是不得不接受退货,也应该一开始就心情愉快地接受,并且马上笑着说:"好的,没关系。"把钱退给顾客,送客的时候,请顾客再次光临。

这样,顾客回家以后,一定会跟家人、左邻右舍或朋友们这样宣传:"那家店退货时的待客态度很好,而且处理事情速度快,所以大可安心买东西啊。你也到那边去买东西吧,就说是我介绍来的就可以了。"这样不但可以为本服装店创造顾客群,也可以达到一传十、十传百的广告效果,为本服装店建立良好的口碑。

退换货的应对办法

在面对退换商品时,一般有以下几种应对办法:

(1)顾客所购产品被鉴定存在质量问题时,要无条件退换产品。

(2)一定要了解顾客退换货的原因,然后再根据具体情况决定是否为顾客提供退换货服务。

(3)顾客不满,或退换货处理不好,分不清责任时,要尽快报告上一级主管,以协助解决问题。

(4)如果顾客不能提供购物发票,原则上不予退换货。

(5)如果顾客在购买服装时接受了礼品赠送,则只换不退。

如果确定退货,需要开具退货单。退货单一式五联。店员所开的退货单一定要填写"商品差异表"上的编号。除此之外,退货单还需包含以下内容:

(1)供应商资料。主要包括:名称、地址及邮编号码、供应商代号等。

(2)商品资料。主要包括:品名、服装货号、包装单位的数量、附注说明等。

(3)用于管理的资料。主要包括:日期、填表人、核准人、验收人、输入人等。

店员填写的退货单应及时送给供应商,通知其来办理退货。退货单要一式四联:

第一联:当天寄给供应商。

第二联、第三联:连同交货文件送总公司财务部门。

第四联:交供应商/货运公司司机带回。

第五联:服装店留底。

退换服装的应对知识

作为服装店铺管理者和店员,如果发生顾客退换货物情况,只有具备充足的退换货物管理的知识储备,才能以不变应万变,合理合情地解决问题,避免与顾客产生不必要的冲突。具体来说,服装店管理者和员工应熟知的退换货管理知识有以下几点。

1.必须深入学习《中华人民共和国消费者权益保护法》、《部分商品修理更换退货责任规定》等相关法律条例以及商品常识,熟知退换政策

(1)《中华人民共和国消费者权益保护法》规定,销售者必须履行的义务有:守法义务、接受监督义务、保证消费者安全义务、真实信息告知义务、出具单据义务、质量保证义务、售后服务义务、禁止经营者以告示免责、禁止侵犯消费者人身权等。其中售后服务义务规定:经营者提供商品或者服务,按照国家规定或者与消费者的约定,承担包修、包换、包退或者其他责任的,应当按照国家规定或者约定履行,不得故意拖延或者无理拒绝。

(2)在《部分商品修理更换退货责任规定》中,销售者应当履行下列义务:不能保证实施三包规定的,不得销售目录所列产品;保持销售产品的质量;执行进货检查验收制度,不符合法定标志要求的,一律不准销售;产品出售时,应当开箱检验,正确调试,介绍使用维护事项、三包方式及修理单位,提供有效发票和三包凭证;妥善处理消费者的查询、投诉、并提供服务。

2.要求具备全面的销售知识结构

一个知识丰厚的服装店员工能让顾客产生更多的信任感,减少其办理退换货时的不愉快,这包括:

(1)企业知识:产品线及其长度、深度和宽度;店内文化、历史和愿景。

(2)产品知识:对每一款服装的特点十分熟悉;对本服装店有关政策应了解和掌握。

(3)营销知识:如何做品牌推广活动。

(4)心理学知识:了解顾客购买心理。

(5)公关礼仪知识:如何与人沟通,如何展示自身形象。

店铺员工在为顾客提供退换货物服务时,应该将这些知识运用到实际中。让顾客感受到,你是顾客立场的代表、使者,在为顾客的需要着想,让顾客从你的一言一行中重新了解店铺的服装质量、周到服务,减少其顾虑,从而实现二次购买。

总之,知识是行动的指导,理论是实践的提升,充足的退换货物管理的知识储备是在退换货事件处理中减少利益损失,与顾客建立良好关系的重要基础。

办理退费结算的技巧

当服装店管理者或店员确认了货物确实需要退换时,就要及时同顾客办理退货结算业务,目前,服装店退货结算主要有两种形式:现金结算和信用卡结算。

1.现金结算

(1)全款现金。这是一种最常见、吸引力最强的退费办法。其中比较普遍的做法是顾客购物时按原价付款,但收银员会给顾客一个收据,当顾客要求退货时,拿购物凭证和服装去店内,只要退货理由成立、无其他纠纷等,店家就应当退现金给消费者。

(2)折价券退费。店家退给顾客的不是现金,而是折价券。这种办法通常在零售店使用,优点是省钱,缺点是对顾客的吸引力赶不上现金退费。

(3)现金加折价券退费。有的服装店为了既节省开支,又吸引顾客。采用了退送现金和退送折价券相结合的办法。例如,店家在收到顾客寄来的购物凭证和退费申请卡后,不是退给顾客 20 元现金,而是 10 元现金外加 10 元面值的折价券。

2.信用卡结算

消费过程中使用信用卡方便,还可积分,受到不少顾客欢迎。目前,不仅大型服装店里可以进行信用卡消费,一些中小型服装店也实现了结算的电子化。但是,如果涉及信用卡消费退货问题,往往会带来一些预料不到的纠纷。通常人们认为,刷卡消费退货和用现金消费退货应是一样的,而实际上,用信用卡消费结账一旦发生退货,却是件很麻烦的事。

现在很多信用卡消费涉及退货时,店铺管理者出于管理、银联手续费等原因,往往会将钱款直接返到顾客账户上,但是因为这个手续比现金返款周期长、复杂,消费者大多希望能获得现金退款。即便是在双方协商后同意现金退款,也因涉及手续费而发生争议,目前此类纠纷不少。

因此,鉴于这种现象,对于店家来说,凡是用信用卡结账的顾客,如发生退货,最好是直接从信用卡中退回,这样既避免了信用卡的恶意套现,也维护了顾客、银行、商家三方的利益。

不管是现金结算还是信用卡结算,高速、迅捷都是店家挽回在消费者心目中的形象、实现再次售出的重要条件。

退换货的应对态度

顾客退换服装是经常发生的现象,在接待退换服装的顾客时,要礼貌、热情,不推脱,不冷落,实事求是地澄清事情的原委,对不能退换的服装,要耐心解释,说明不能退换的原因。以下是应当注意的两点。

1.店员在态度上要谦和

(1)让顾客先发泄不满的情绪。顾客如果还没有把退换缘由讲完店员就中途打断进行辩解只会激怒对方,如果让顾客把要说的话说完,要表达的情绪充分发泄出来,可以让其有种放松的感觉,心情也会平静许多。

(2)利用肢体语言,转化顾客目前的不满情绪。倾听时应用专注的眼神及适时的点头表示自己在仔细倾听,让顾客感知自己的意见受到了重视,同时店员也可借机注意观察顾客在描述意见时的各种情绪和态度来决定后续的对应方式。

(3)倾听退换货事件发生的细节,确认问题的关键所在。倾听不仅仅是一种动作,店员必须通过倾听来准确了解事情的每个细节,然后确认关键所在,并当着顾客的面将问题的重点书面记录下来。

(4)不可与顾客争辩,不可指出顾客的错误。即使顾客的退换货理由是不合理,是错误的,也不可和顾客争辩。事实上店员要实现这一点是很困难的,试想当满腔不满的顾客在你面前抱怨之时,他是很难控制自己情绪的。但无论如何,与顾客争辩是很不明智的,即使是顾客之错,直接指出也是很不礼貌的。如果因与顾客争辩而使自己处于上风,顾客因为恼羞成怒或感到不好意思而不再光临本店,店铺失去的将是这位顾客及其背后的朋友圈。因此,此时店员最好的方法是认真倾听,与顾客共同找出解决问题的最佳方案。店铺的原则应是去寻找解决问题的办法,而不是指责谁的责任。

(5)深表歉意。不管引起顾客退换货责任是否在于店铺,如果能够诚心地向顾客表示道歉,并感谢顾客提出问题,都会让顾客感觉到自己受到了尊重。

站在店铺管理人的立场来看,如果没有顾客的投诉,就不会知道哪些方面存在问题。一般来说,顾客愿意向我们退换货,说明他们还将会继续光临我们的店铺,并且希望问题能够得到解决。因此,对于任何前来退换货的顾客我们都应向其表示道歉和感谢。

2.店员要注意礼貌言语

比如:

——好,我帮您换一下,您看换哪一个好呢?

——没关系,我帮您换一个。

——请原谅,按规定这是不能退换的。

——对不起,这是商品质量问题,我们可以退换。

——对不起,这种商品已经使用过了,不属质量问题,不好再卖给其他顾客了,实在不好给您退换。

——对不起,由于我们的疏忽给您添了麻烦。

——您这件服装已卖了较长时间,现在已经没货了,要到有关部门鉴定一下,如确属质量问题,保退保换。

——先生,您提出的问题很特殊,咱商量一下好吗?

顾客要求换商品时忌用的语言有:

——买的时候干吗了?挑了半天又来退!

——你刚买走,怎么又来换?

——买的时候为什么不想清楚？

——不是我卖的,谁卖的你找谁去!

——我解决不了,愿意找谁找谁去!

——不能换,这是规矩。

——不能退。

——只能换,不能退。

所以,当顾客对某一服装因不合适或质量问题要求退换货时,你要学会把这次退货转换成一次新的销售机会,从而实现二次销售。

退货单的开具方法

服装店要开出的退货单有两种:一种是服装店向供货商退货的退货单,一种是顾客向服装店退货的退货单。这一节我们分别来介绍一下这两种退货单。

1.服装店向供货商退货的退货单

退货结算方式有两种,一种是"冲入预付款",是指退货后,款项不拿回来,直接存在供应商处用于下次进货,那么系统也会自动增加供应商往来账的实收款金额;另一种是"返还货款",意思是服装退回后向供应商结退款。

那么在实际操作中,其实是以第一种结算方式居多的,原因是一般商家的退货都是以质量问题或想换别的服装居多,那么以质量问题的退货,金额一般较小,不值得来回的汇款(一般通过银行汇款或货运代收款),所以愿意把钱存在供应商处,再进货的时候扣除就是了;换别的服装,那么换回的是服装,也需要入库,添进货采购单的时候,使用退货款冲入的预付款结算很方便,完全不需要动用现金。

附:退货单格式

货物名称(料号)	规格型号	数量	单价	金额	备注	一式三联,仓库一联,财务一联,供应商一联
退货理由						

供应商:　　　　　审核:　　填表:

2.顾客向店铺退货的退货单

这种退货单又称顾客退(换)货申请单,表格语言要求简洁易懂,实用性强。

附表:

顾客退(换)货申请单

NO,

年月日:

顾客姓名:

电话:

购物日期:

购物单号:

退回商品名称:

条码:

数量:

单价:

金额:退(换)货商品名称:

条码:

数量:

单价:

补(退)货款元:

退(换)货原因:

服务台处理意见:

受理人:

收银员(签名)店长意见:

柜台收货人:

退货单的寄送方法

退货单不同于一般的信函,因其本身的商业性、特殊性,要求选择的寄送方式一定是要高速度、高质量的。下面是服装店人员在办理退货单时可选择的寄送方式和注意事项。虽然随着现代通讯技术的不断发展,传真等文件传输方式不断涌现。但通常而言,受传统心理的影响,出于安全因素考虑,服装店在选择上往往更倾向于传统的寄送方式。

1.退货单的寄送方式

(1)通过商业信函的方式寄送。商业信函,是邮局为工商企业提供的一种代发广告业务。商品目录、征订单、商品信息,以及介绍商品的文字、图片、表式等均可作为商业信函交寄。退货单作为商业信函的一种,可以通过邮寄直接邮寄。

(2)通过航空信函方式寄送。航空信函的优点是价格便宜,是最经济的寄送方法。但航空信函一般无法查询递送状态。如果时间要求比较紧,则不适合这种方式邮寄。

(3)EMS 国际特快专递。EMS 全球邮政特快专递业务是各国(地区)邮政开办的一项特殊邮政业务。该业务在各国(地区)邮政、海关、航空等部门均享有优先处理权。它以高速度、高质量为用户传递国际紧急信函、文件资料、金融票据、商品货样等各类文件资料和物品,同时提供多种形式的邮件跟踪查询服务。为了保证退货单的邮寄速度和质量,EMS 不失为一种较好的选择。

2.退货单寄送的注意事项

(1)因为各个供货商或顾客的要求不尽相同,所以在选择退货单的寄送方式时要分情况考虑,以便提高工作效率。

(2)在寄出退货单前,一定要仔细检查是否填写正确,对照供货商要求寄送的资料,确认没有遗漏后方可寄出。

(3)在退货单发出后,提醒对方注意查收。在邮件的传输过程中可能会出现一些意外事件而致使对方没有收到退货单,那样的话会给双方带来不必要的麻烦和损失。

(4)为防止万一,最好将退货单备份留存,方便以后核查备用。

退换货异样情况的处理

对于店家来说,退货体现着商业良知与金钱利益的博弈,左边是商业良知,右边是金钱利益。而在顾客退货事件中,又存在着特殊情况——顾客退换货物时未保持原样。这时候,店家应该怎么办呢?

1.尊重顾客

每一个顾客都是一个独立的个体,都有独立的人格,店员必须尊重他。当发现顾客退换货物未保持原样时,店员可能因为意见相异而同顾客产生摩擦。此时店员更需要注意自己的言谈举止,尊重顾客。店员的态度可能成为店员们之间良好关系建立的起点,也可能成为引发店员和顾客之间战争的导火线。总之,不管面对多么让人着急的情况,都不该失去礼节。若店员言辞诚恳,顾客对店员也就会有较好的态度,从而有利于问题的妥善解决。

2.时刻为顾客着想

店员在办理退货事件时,当然要先衡量自己的服装,然后再决定。但不要忘了站在消费者的立场上真心实意地检查服装的质量,对此不要抱无所谓的态度。

如果真的是服装质量出了问题,不得不更换时,顾客拿回店的服装未保持原样也是无可厚非的事。对顾客来说,没有谁想无故经历退货。退货经历对顾客来说也是无益的,既浪费时间又浪费精力。顾客未保持服装原样而要求退换货问题是可以解决的。只要本着服务客户的原则,尊重客户,时刻为客户着想,就能使矛盾得到很好的化解。

分歧意见的处理

《消费者权益保护法》规定,消费者和经营者发生消费者权益争议的,可以通过下列途径解决:

(1)与经营者协商和解。

(2)请求消协和解。

(3)向有关行政部门申诉。

(4)根据与经营者达成的仲裁。

但是,在一般情况下顾客对店家退换处理意见产生异议是很正常的事,毕竟很多时候服装店店员对于退换货的处理办法不能做到尽如顾客的意。对于这种情况,店员要本着"认真对待,和平解决"的态度去面对,和顾客共同商讨,再次找出解决问题的两全之策,尽量减少通过法律手段处理。下面是处理退换异议的基本步骤和注意事项。

1.处理异议的基本步骤

(1)完全接受(微笑、点头、身体向前倾、语调柔和、感谢他并告知美好的远景)。

(2)解释原因并拿出笔在纸上做答,使其印象更深刻。

(3)举出第三者以有力地证明。

(4)专门针对异议处理。

2.注意事项

(1)牢牢记住自己代表的是服装店。当店员向顾客道歉时,一定要想到自己代表的是整个店铺利益,而不只是代表个人。只要有了这种思想,才会慎重、认真地向顾客道歉,而不是抱着"那个闯的祸,不关我的事,凭什么要我道歉"的态度。

(2)说明不是"借口"或"辩解"。当店员充分地向顾客道歉,请求原谅后,对需要说明的地方一定要慎重、清楚地向顾客说明。如果在说明过程中,顾客再度产生抱怨或不满,也不要心急,一定要让顾客把想说的话全部说完,然后再继续向顾客说明,如果没有其他要解释的,最好是少说为佳。

(3)道歉要有诚意。一定要发自内心地向顾客表示歉意,不能口是心非,皮笑肉不笑,否则就会让顾客觉得自己被玩弄。顾客的意见是正确的,店员就应该虚心接受,坦诚地承认自己的过错,肯定顾客的正确。这样不但不会让顾客反感,反而会使顾客觉得店员有诚意。

若用以上方法都无济于事,顾客仍然纠缠不休,店员再也无法接受顾客情绪,就容易发生与顾客冲突的险恶情形。此时,最好用"三变法"来具体处理:

①改变人员来处理。店员郑重地对顾客说:"我想请店长直接与您商谈。"获得允许后,交换谈话对象。

②改变接待场所。店员恳请顾客到某处详细诉说快速解决(避开公众场所,改变环境,让顾客消消气)。

③改变商谈时间。以必须先请示店长为由,希望顾客理解,改变商谈时间。

因时间和场合的不同,顾客的表现也有所不同。店员可根据事情的具体情况,再依据公司的退换条例向顾客提出合理的解决方案,顾客如还有不满,申请领导特殊照顾。对于这些顾客,应该抱着感谢的心情、诚心诚意地解决问题。同时,赠送一些小礼品表达谢意也是值得采用的方式。如此一来,这个顾客就会变成忠诚顾客,而且他也会向附近邻居或亲朋好友们为店铺做免费宣传。

此外,店员在处理异议之前还可以先自行模拟可能的异议有哪些,做些事先演练,思考如何妥善地做答使其信服满意,这样在事件发生时就可以沉着对待,化解顾客的异议。

退换货的注意事项

服装店管理者及店员在处理顾客退换货事件时,除按照一定的退换货标准和流程进行处理外,一定要注意顾客的情绪和维护店铺的利益,采取比较委婉的方法对不同的情况做出相应处理。在处理退换货时,不管是店铺的员工还是管理者都应做到如下三点。

1.站在顾客的立场考虑,要比卖时更加热情

退货处理前,要先感谢顾客平时的惠顾,再了解退货理由,过错在我方时要进行道歉,摸清顾客的真实心理,为顾客提供周到的服务。

切忌直接反驳、冲撞顾客。消除了顾客退换货时可能遭遇的种种阻碍和不愉快,并及时退换理赔,赢得顾客信任。一般而言,店铺在处理顾客的退换货要求要做到以下几点:

(1)保持微笑,有礼貌、有耐心地查询及聆听对方退换货原因。

(2)礼貌地请顾客出示收据,并检查顾客带回的货品状况。

(3)如符合要求,按照退(换)货处理原则办理手续。

(4)对新取的服装,应请顾客检查质量。主动邀请顾客切身感受产品的质量、用途等,让顾客相信这些产品绝对不会让他们失望。

(5)退回产品款项后,应填写退款单。

2.对不同的退换货情况分别做不同的处理

不是顾客要退什么就给退什么,而应根据实际情况,兼顾双方利益,在方法问题上讲究科学性,公平问题上讲究合理性,在前面两项灵活处理的基础上,达到关系处理的艺术性。这样既能解决了问题,又不影响顾客继续光顾的积极性和发展心态。面对不同情况考虑以下解决方法:

(1)属服装质量问题的次品要马上向顾客道歉,并按顾客要求予以退换。

(2)顾客自身原因,按规定退换的同时,进一步介绍本店的其他产品及相关服装,为顾客成为你的忠实顾客打好基础。

(3)工作人员语言、态度恶劣而引起的退货,店长要出面诚恳地道歉,尽量取得顾客的谅解,避免矛盾升级,减少损失。

(4)顾客恶意索赔时,要以正当理由坚决拒绝。

3.加强自身素质的训练

店员服装上柜前,应仔细检查其品质,防止次品或与挂牌不符的服装上柜。同时要熟悉服装的质量、特点、规格、优缺点、保养方法、数量等相关知识,以便销售时能对顾客明确建议,增加满意度,减少退换货的发生。

综上所述,面对发生顾客退换货事件时,店员要理性对待,采取科学合理的方式加以解决。尽量减少与顾客之间的纠纷,为其提供热情周到的服务,为你的店铺留住更多的回头客。

以上内容从退货的程序说起,到各种情况的处理,退换货的处理管理得当,不仅有效地避免了矛盾,还更能提高顾客忠诚度,有利于服装店的长久经营。

第十二章

服装店如何进行财务安全管理

财务管理在服装店的实际工作中起着非常重要的作用，但其发挥作用的前提是店主必须认识到财务管理在店铺经营中不可忽视的重要性。财务直接反映的是账面价值，服装店的财务安全管理尤为重要。

建立完善的财务制度

财务管理的第一步就是建立健全财务系统,主要包括以下几个部分。

1.缩短资金周转期

要缩短资金的周转期,就需要扎实地管理日常资金开支,按照实际准确地预测各个阶段的资金应用。要有计划地筹措和使用资金,维护好店铺的形象和信誉。

(1)做好现金和银行存款的管理工作。店主应阶段性地统筹现金剩余和不足的情况,制定资金预算,规划好未来的现金流出入量。

(2)协调好信贷关系,保证服装流转资金的及时获取。

(3)控制合理库存,扩大销售,增加资金周转次数。

(4)保持收支平衡,研究筹措资金、延长支票和赊购支付期限的对策。

2.增强对库存的控制度

加强库存管理有利于店铺进一步降低运行成本。小店铺的服装具有周转快、流量大、品种多、规格齐的特点,这就更需要服装店加大对存货管理的力度。

3.健全内部管理制度

内部制度主要分为两个方面:岗位责任和操作流程。岗位责任明确规定各个岗位的工作内容和职责范围,以及员工之间的衔接关系。操作流程则进一步规范管理,明确权限。

4.设置分类账目报表

服装店要根据自身的具体情况来设置分类账目报表,比如,日志账目、分类账目、试算表、损益表、资产负债表、财务状况分析表、费用分析表、毛利分析表等。

适时分析财务指标

每个服装店均应配备有专业的会计记账及财务核算。店长虽然不是专业的财会人员,但是店长的职责就是保证服装店的赢利,店长需要掌握分析财务指标的方法,通过分析财务指标,了解本店的赢利能力。财务分析的基础工具是门店的资产负债表和损益表。这两张报表概括了的财务状况对服装店经营业绩的影响。作为店长,要掌握这些财务工具的分析使用。

1.资产负债表

资产分为流动资产和长期资产,负债分为流动负债和长期负债。资产负债表通过显示资产和负债的比例,可以反映出服装店的经营效率。

2.损益表

损益表反映出服装店是否赚到利润。它由销售收益、成本、费用三部分组成。通过损益表细致的分析,可以得知有许多方法改进一个门店的赢利经营情况:

(1)增加销售额,但是要确保不要同比例增加销售成本或者是营业费用。

(2)增加营业费用。

(3)降低营业费用,但是要确保不要同比例减少销售额或者是同比例增加销售成本。店长要分析不同时期各种费用的增长或减少的原因,不要仅仅简单地靠增加销售额来改善服装店的经营情况。

3.比率

(1)流动比率。(流动比率=流动资产÷流动负债×100%)流动比率表明服装店是否有能力用流动资产偿还流动负债。例如,流动比率为2:1是被认为安全的比率,表明该服装店可以用2元的流动资产偿还每1元的流动负债。如果流动比率小于1,即流动资产小于流动负债,则意味着该服装店的现金入不敷出,离破产不远了。

(2)速动比率。(速动比率=速动资产÷流动负债×100%)当服装店的流动资产被大量的存货所占用时,就需要用速动比率来检测服装店的偿还流动负债的能力。速动比率用来说明服装店可以马上转化成现金用来偿还流动负债的能力。一般认为1以上的速动比率是合适的比率。对于门店,将大量的现金压在货物上是不明智的行为。

九种重要的财务指标

了解了资产负债表、损益表两张基本的财务报表之后,还要通过各种财务指标计算公式,来具体了解店铺的赢利水平、费用成本等具体的财务状况,以便根据情况做出对策。

1.营业额达成率与毛利率

营业额达成率是指服装店的实际营业额与目标营业额的比率。其计算公式如下:

营业额达成率=实际营业额÷目标营业额×100%

营业额达成率的参考指标在100%~110%之间。

毛利率是指毛利额与营业额的比率。反映的是服装店的基本获利能力。其计算公式如下:

毛利率=毛利额÷营业额×100%

毛利率的参考标准是16%~18%以上。

2.营业费用率

营业费用率是指服装店营业费用与营业额的比率,反映的是每一元营业额所包含的营业费用支出。其计算公式如下:

营业费用率=营业费用÷营业额×100%

该项指标越低,说明营业过程中的费用支出越小,服装店的管理越高效,获利水平越高。

3.净利额达成率

净利额达成率是指服装店税前实际净利额与税前目标净利额的比率。它反映的是服装店的实际获利程度。其计算公式如下:

净利额达成率=税前实际净利额÷税前目标净利额×100%

净利额达成率的参考标准是100%以上。

净利率是指服装店税前实际净利与营业额的比率。它反映的是服装店的实际获利能力。其计算公式如下:

税前净利率=税前实际净利÷营业额×100%

净利率的参考标准是2%以上。

4.总资产报酬率

总资产报酬率是指税后净利润与总资产的比率。它反映的是总资产的获利能力。其计算公式为：

总资产报酬率=税后净利润÷总资产×100%

总资产报酬率的参考标准是20%以上。

5.营业额增长率与营业利润增长率

营业额增长率是指服装店的本期营业额同上期相比的变化情况。它反映的是服装店的营业发展水平,其计算公式如下：

营业额增长率=(本期营业额−上期营业额)÷上期营业额×100%

一般来说,营业额增长率理想的参考标准是高于经济增长率2倍以上。例如,去年的经济增长率为8%,则营业增长率应该达到16%以上才算合格。

营业利润增长率是指服装店本期营业利润与上期营业利润相比的情况。它反映的是服装店获利能力的变化水平。其计算公式如下：

营业利润增长率=(本期营业利润−上期营业利润)÷上期营业利润×100%

营业利润增长率至少应大于零,最好高于营业额增长率,因为这表示服装店本期的获利水平比上期好。

6.盈亏平衡点

盈亏平衡点是指服装店的营业额为某一值时,其盈亏才能达到平衡。其计算公式如下：

盈亏平衡点时的营业额=固定费用÷(毛利率−变动费用率)

毛利率越高,营业费用越低,则盈亏平衡点越低。 般情况下,盈亏平衡点越低,表示该门店赢利就越高。

7.每平方米销售额

每平方米销售额是指服装店单位卖场面积所负担的销售额,它反映的是卖场面积的有效利用程度。其计算公式如下：

每平方米销售额=销售额÷卖场面积

不同类型的服装所占的面积、销售单价、周转率不同,其每平方米销售额也不同。

8.人均劳效

人均劳效是指服装店的销售额与员工人数的比值,它反映的是服装店的劳动效率。其计算公式如下：

人均劳效=销售额÷员工人数

如果服装店的人员越少,销售额越高,则人均劳效也越高,劳动效率就越高。

9.总资产周转率

总资产周转率是指服装店的年销售额与总资产的比值,它反映的是服装店的总资产利用程度,其计算公式如下:

总资产周转率=年销售额÷总资产×100%

该项指标越高,说明总资产的利用程度越好。一般情况下,总资产周转率的参考标准是2次/年以上。

财务情况说明书的主要内容

财务情况说明书,主要用于说明服装店的生产经营状况、利润实现和分配情况、资金增减和周转情况、税金缴纳情况、各项财产物资变动情况;对本期或者下期财务状况发生重大影响的事项;资产负债表日后至报出财务报告前发生的对服装店财务状况变动有重大影响的事项,以及需要说明的其他事项。

1.服装店生产经营的基本情况

(1)服装店主营业务范围和附属其他业务,纳入年度会计决算报表合并范围内从事业务的行业分布情况;未纳入合并的应明确说明原因;服装店人员、职工数量和专业素质的情况;报表编报口径说明。

(2)本年度经营情况,包括主营业务量、销售量(出口额、进口额)及同比增减量,在所处行业中的地位,如按销售额排列的名次等;经营环境变化对服装店生产销售(经营)的影响;营业范围的调整情况;新产品、新技术、新工艺开发及投入情况。

(3)开发、在建项目的预期进度及工程竣工决算情况。

(4)经营中出现的问题与困难,以及需要披露的其他业务情况与事项等。

2.利润实现、分配及服装店亏损情况

(1)主营业务收入的同比增减额及主要影响因素,包括销售量、销售价格、销售结构变动和新产品销售,以及影响销售量的滞销服装种类、库存数量等。

(2)成本费用变动的主要因素,包括原材料费用、能源费用、工资性支出、借款利率调整对利润增减的影响。

（3）其他业务收入、支出的增减变化，若其收入占主营业务收入10%（含10%）以上的，则应按类别披露有关数据。

（4）同比影响其他收益的主要事项，包括投资收益，特别是长期投资损失的金额及原因；补贴收入各款项来源、金额以及扣除补贴收入的利润情况；影响营业外收支的主要事项、金额。

（5）利润分配情况。

（6）利润表中的项目，如两个期间的数据变动幅度达30%（含30%）以上，且占报告期利润总额10%（含10%）以上的，应明确说明原因。

（7）会计政策变更的原因及其对利润总额的影响数额，会计估计变更对利润总额的影响数额。

（8）对服装店财务状况、经营成果和现金流量有重大影响的其他事项。

（9）对服装店收支进行全面分析，从数据后面阐述问题的原因，从分析得出服装店的经营情况，对存在的问题进行阐述，新年度拟采取的改进管理和提高经营业绩的具体措施。

做好服装店的促销预算

促销预算，是服装店从事促销活动而支出的费用，促销预算支撑着促销活动，它关系着促销活动的实施以及促销活动效果的大小。因此，制定促销组合决策的第一步即是确定促销预算。在决定促销预算时，传统方法与计量方法这两大类普遍被采用。

传统方法一般由经验而来，或是迫于竞争而抉择的对策，其中一些虽缺乏科学性，但在实际业务中被普遍采用，在此仅介绍传统方法。传统方法主要有量入为出法、销售百分比法、竞争对等法和目标任务法四种。

1.量入为出法

量入为出法是根据服装店财务的承受能力确定促销预算的方法。在经济繁荣时期，利用量入为出法从事大规模的销售活动，有利于充分利用市场机会，扩展服装市场。然而，这种确定预算的方法忽视了促销对销售量的影响，从而容易导致年度促销预算的不确定性，给制订长期市场计划带来困难。

2.销售百分比法

销售百分比法是以一定期间的销售额(销售量)或单位产品销价的一定比率来确定促销费用数额。使用销售百分比法确定促销预算的主要优点是:

(1)促销费用可以因服装店财务承受能力的差异而变动。

(2)促使服装管理者依据销售成本、产品售价和销售利润之间的关系去考虑服装经营管理的问题。

(3)有利于保持同类店铺之间竞争的稳定性。

但是,销售百分比法没有考虑竞争因素,若加入竞争因素,这种方法就显示出其不足之处。

3.竞争对等法

竞争对等法是以主要竞争对手的促销费用支出为基准,确定足以与其抗衡的支出额。显然,确定促销预算仅从本服装店考虑是毫无意义的,必须与竞争服装店比较,确定足以与竞争对手抗衡的促销预算。

4.目标任务法

目标任务法是根据营销计划决定的企业特定目标,确定达到这一目标必须完成的任务以及估计为完成这些任务所需要的费用,从而决定促销预算。目标任务法在逻辑程序上具有较强的科学性,因而为众多的西方企业广泛采用。

在确定促销总预算后还一定考虑经营负担问题。生产厂家与服装店共同负担促销经费的形式已成趋势,主要的方法是:

(1)厂家的促销活动融入服装店的促销计划内。如由厂家提供样品和赠品;举办推广特定厂家服装的促销活动;配合厂商在大众传播媒介的促销活动,在店内开展优惠促销活动并由厂商贴补促销费用等。

(2)厂商向服装店租用卖场特定位置、使用权或设备以推广其服装。如租用端架或大量陈列区,支付购物袋背面印制广告的权利金,支付利用店内灯箱做广告的权利金等。

营业收入的管理技巧

每天除了在收银员交班、打烊时做时段营业收入总结算,以计算收银员执行任务的正确性外,还必须选择一个固定时间做单日营业总结算。单日营业总结算的时间最好选择在每天下午3点之前,一来可以避开营业高峰,二来可以配合现有金融机构的营业时间,便于进行存款作业。例如,每日午后2点,从收银机结出单日营业总结算的账条,此账条代表上一日下午2点至当日下午2点的单日营业总金额。之后再重新计算累计营业收入。

执行时段及单日的营业结算作业时,必须将所有的现金、准现金,及相关单据一起处理妥当,处理时应由收银员与主管在指定地点执行并对点清楚。单日营业结算后,应填写"每日营业结账明细表",作为日后会计部门查核及做账的资料。

所得的营业收入应于固定时间存入或汇入金融机构。存入时,应由指定人员负责,并妥善规划存放的日期、时间,以及路线等,以免运送途中发生意外事故。

为了安全起见,亦可请保全公司代为存款,以减少运送的风险。保全公司前来收款时,必须辨析保全人员的身份,并确实核对签名样方可交款。收款时必须有两位以上的服装店人员在现场帮助清点现金,金额确定之后,应填写托运单并核对封条号码、收取日期、时间,方可签字取得签收条,然后再将签收条交回相关主管单位存查。

收银台的规范操作

收银台是服装店商品、现金进出的"闸门",商品流出、现金流入都要经过收银台,稍有疏忽就会使经营前功尽弃。因此,收银作业是服装店管理的一个关键点。收银作业直接关系到店铺的经济效益,也影响着顾客对店铺的最后印象。因而,在开店过程中,需要对收银作业做出规范。

合格的收银员在收银时必须做到准确、迅速、亲切,要熟悉每一类服装的价格,熟悉信用卡使用程序,并在收银时使用礼貌用语,具备识别假钞、点钞、录卡准确快捷等素质能力。不同的服装店面对不同的顾客群体,收银作业也会有一定的差异。因此,服装店可根据实际情况对收银作业做出规范。收银作业规范的内容有很多,有收银作业纪律、收银结算作业规范、收银装袋作业规范、收银员离开收银台的作业规范、营业结束后收银机的管理规范等种种规范,但最常使用的还是收银结账作业规范,其主要步骤如下。

1.对顾客表示欢迎

(1)标准用语"欢迎光临"。

(2)面带笑容,与顾客的目光保持接触。

(3)等待顾客将现金或银行卡放在收银台上。

(4)将收银机的活动屏幕面向顾客。

2.登录顾客购买的服装

(1)左手拿取服装,并找到某条形码,如没有就找出其代码。

(2)右手持扫描仪,扫描服装的条形码,如无条形码,则输入其代码,以便正确地登录在收银机内。

(3)如果顾客买了不止一件衣服,登录完的服装必须与未登录的分开放置,避免混淆。

3.告知顾客购物结算金额

(1)标准用语"总共多少元"。

(2)若无他人协助装袋工作,收银员可以趁顾客拿钱时,先行将服装装袋,但是在顾客拿现金付账时,应立即停止手边的工作。

4.收取顾客支付的钱款

(1)标准用语"收您多少元"。

(2)确认顾客支付的金额,并检查是否为假钞。

(3)将顾客的现金以磁铁压在收银机的磁盘上。

(4)若顾客未付账,应礼貌地重复一次,不可表现出不耐烦的态度。

5.递给顾客找还的钱款

(1)标准用语"找您多少元"。

(2)找出正确的零钱。

(3)将大钞放下面,零钱放上面,双手将现金连同发票交给顾客。

(4)待顾客没有疑问时,立刻将磁盘上的现金放入收银机的抽屉内并关上。

6.将顾客购买的服装依序装袋

根据袋装原则,将服装依序放入购物袋内。

7.真诚地表示感谢

(1)标准用语"谢谢!欢迎再次光临"。

(2)将购物袋交给顾客,确定顾客拿稳后,才可将手放开。

(3)确定顾客没有遗忘购物袋。

(4)面带笑容,目送顾客离开。

收银员的注意事项

当今社会,行骗花样不断翻新,各种骗术更是光怪陆离千奇百怪。因而服装店店员应随时提高警惕,防止歹徒的诈骗。目前最常见的作案方式有:要求兑换零钱、换货、以物抵物,或是声称存放在寄物柜内的贵重物品失窃,等等。

因此,服装店店员应做好以下的事前预防:

(1)要求店员避免与顾客过于接近,以免发生意外。

(2)收银员的视线不要离开已经打开的钱箱或保险柜。

(3)收银员在收到顾客所付货款时,应注意确定金额无误,才可收钱入箱,并在收到大钞时注意辨识真假。

(4)注意顾客以"零钱掉落法"及"声东击西法"骗取收银员对钱放松警惕。

(5)收款一定要按既定程序进行,必须唱收唱付。

现金的管理技巧

服装店应非常注重对现金的管理,现金的管理主要包括以下几个方面。

1.收银机的零钱作业

(1)每天开始营业前,必须将各收银机开机前的零钱备妥,并铺在收银机内现金盘中(也可将上一次结余的现金作为下一次开机前的零钱)。零钱应包括各种面值的纸钞和硬币,数额多少可依据各服装店的营业现况决定,每台收银机每日的零钱应相同。

(2)除每日开机前的零钱外,各服装店也必须备有足够数额的存量,以便在营业时间内,随时提供各额外需要兑换的零钱。收银员应随时检查零钱是否足够,以便提早兑换。零钱不足时,不可与其他的收银台互换,以免账目混淆。

(3)如果想要补充零钱,收银员切勿大声喊叫,可利用铃钟或广播的方式请示相关主管进行兑换。零钱运送应以布袋装好后再分送各收银台,并随时保持警觉性。

(4)服装店应定期前往银行兑换零钱,或请人代为执行。如果到遇节庆假日时,则应适量增加零钱数额。

(5)执行上述各项零钱兑换作业时,应填写"换钱表",并直接由指定人员进行。兑换时必须经过收银员与兑换人员双方对点清楚。完成兑换之后,应将"换钱表"收存在指定位置,以便日后查核。

2.现金支出

顾客要求退货时,会发生现金支出情况。现金支出之前,必须先检查退回的服装,确实填写退款单之后放入收银机内,再将现金取出。

3.金库管理

现金除了存放在卖场的收银机之外,只能固定放置在店长室的金库内。金库应设有"金库现金收支本",对于取出或存入现金的各种行动必须予以翔实地记录。任何消费性支出,应附有单据或者发票。

金库发现有任何短缺时,应立刻请相关主管人员进行调查。

现金管理的注意事项

绝大多数顾客都是通过现金与服装店进行交易,加强现金管理是服装店财务管理的重要项目。店长可以将现金管理的重点落在清点、安全两个方面。

1.现金的清点及结算

现金由收银员与值班长在指定地点、指定时间面对面清点清楚,并填写每日营业收入结账表,由收银员与值班长签名确认。每日营业收入结账表须按规定及时交付会计部门审查备案。

值班长在收银员清点营业款后,列出收银员日报表,并与现金解款单核对,收银损益在现金解款单中写明,然后将现金与现金解款单封包并加盖骑封章,最后在交接簿登记,移交店长。

现金清点的时间除了交接班和营业结束后进行外,考虑到单日的销售现金数量巨大,可以在每天选择一个固定的非高峰时间,例如,15:00~16:00之间进行一次总结算,结算的时间跨度为昨天15:00到今天15:00。这样结算完,可以有时间在银行营业结束前进行解款。

2.现金的安全措施

为了现金的安全,每个服装店至少配备保险箱一个,用于存放当日现金或过夜营业款,保险箱钥匙由店长亲自保管。

每日店长收到值班长交付的现金后,要立即将现金存入保险箱,等待银行上门收款。如需要解交银行,店长可本人或指派专人最好是两个人存入指定银行或本店指定的账户。最好选择离店铺最近的银行,选择最繁华的道路,以保证现金的安全。解交银行后,存款人须当日在存款凭证上签字并交付给财务人员,并在交接簿上签字。

3.票据问题

服装店的一切现金收支,都必须取得或填制原始凭证,作为收付款项的书面证明。向银行提取现金时,要签发现金支票,以"支票存根"作为提取现金的证明;将现金存入银行,要填写解款单,以银行退回的"解款单回单"作为收款的证明;支付零星小额的开支,以发票作为付款的证明;收入小额销售货款,以销售部门开出的"发票副本"作为收款的证明;支付员工预借差旅费的款项,应以店长批准的"借款单"作为付款证明。

店长可以对这些票据做出规定、只有店长亲自签字的票据,会计部门才能记账,否则将以不合格票据的名义退回。

大额钞票的管理技巧

大额钞票主要有以下几种管理技巧:

(1)收银台前的通道人员出入频繁,而收银台是卖场唯一放现金的地方,其安全格外值得重视。由于找钱给顾客时,不需要用到最大面值的现钞,因此服装店无须将最大面值的钞票放在收银机抽屉内,为了安全起见,可放在现金盘的下面,用现金盘将其遮盖住。

(2)当抽屉内的大钞积累到一定数额时(可依个别服装店的营业情况自行约定,如2万元),应马上请相关主管收回至店门的金库存放,此作业可称为"中间收款",避免收银台的现款累积过多,引起歹徒的注意。若真有歹徒强行抢劫,也可由于大钞部分已从收银台收走,而使服装店损失降至最低。

(3)收取大钞时,应暂停收银柜台的结账作业,将现金放在特定的布袋,然后系在手上带走,并随时注意四周的情况。

(4)每次收大钞时,经过点数后,必须将收取的现金数额、时间登录在该收银柜台的"中间收款记录本"内,由收银员及点收主管分别签名确认。如有涂改时,也应签署以示负责。每台收银机都应有相应的"中间收款记录本"。

(5)大钞送到金库后,也必须登录在"金库收支簿"内,将日期、时间、收银机号、金额和累积数填写清楚,登录者必须签名以表明负责。

通过对上面内容的讲解,希望大家明白财务安全管理的重要性,一定不能掉以轻心。

第十三章

扩大店铺要注意的问题

不可否认,扩大规模确实有很多好处,能够实现产品规格的统一和标准化;通过大量购入商品,而使单位购入成本下降;有利于管理人员和工程技术人员的专业化和精简;有利于新销售模式开发;具有较强的竞争力。但与此同时,扩大店铺还有各方面的风险,本章主要为大家讲述扩大店铺应注意的问题。

店面规模以合适为宜

曾经流行过一个观点,叫做"零利润经营",意思是做企业先不要把利润放在第一位,而是要迅速扩张,把服装店的规模做大,制造声势,做出知名品牌。

1997 年时,"红高粱"的经理不仅接受了这种观点,还认为获得了经商的"密宗"。于是,开始去实践这个"策略"、以 10 家店为一组,分别在深圳、天津、北京、河南、海南等地同时开店。公司计划三年不要利润,先要规模和品牌,后求利润。结果三年下来一败涂地。

"红高粱"的教训证明:"零利润"经营观念,对初创时期的企业一味追求规模是有害的。把小店铺当大企业运作,全线出击,撒大网捞小鱼,徒劳无功,致使店铺运作失败。因为小店铺处于初期阶段没有抗风险能力。

企业正确的目标必须是追求利润,而不是规模。新店拓展无疑是服装店发展工作的重中之重,但绝不能盲目地追求开店的数量与速度。

每开出一家店提前都要做出大量的市场调研与分析,评估商圈的人气指标与片区的购买力,并有针对性地调整品牌和产品的品种,新店的筹划和酝酿需要较长的时间,开服装店要真正做到胸有成竹。

服装店要保持充足的资金

开店做生意,如果没有充足的资金也是很难成功的。因为做生意的基本原则就是"将本求利",没有足够的本钱,做起生意来势必掣肘绊脚,多有不便。

经营服装店,通常需要两部分的资金:其一是店铺开办资金,另一个是店铺经营资金。前者一般占开店总投资的五到七成,而且是一次性的投入,如果开店失败了,资金是很难收回的。

服装店经营资金则是指采购服装的资金,通常应是店铺月营业额的三倍。因为在实际操作中,店铺采购的第一批服装可能会出现失误,必须及时筹集适销对路的第二批服装,否则店铺可能陷入被市场无情抛弃的窘境。

现实生活中,很多人都忽略了店铺经营资金的重要性,认为店铺开张后,守着店就肯定能赚钱。但如果在服装采购出现失误,店铺营业成绩处于很低水平时,没有足够资金支付各种费用以及筹集新款的服装,就只能眼睁睁地看着店铺一路凋零,直至关门大吉。所以开服装店一定要准备好足够的资金,生意才有可能成功。

服装店快速成长的技巧

每一个店铺经营者都想让自己的店铺迅速成长起来,以扩大其规模,赚取更多的利润。要达到这样的目的应从以下几个方面入手:

1.坚持。好不容易开个服装店,就应该好好照料,多多坚持,相信坚持就会胜利!

2.学习。开服装店的新手一般对经营管理等业务都不太精通,因此,要不断地学习这方面的知识,积累经验。

3.服务。对待你的顾客,你要时刻注意你的态度是否会触怒到他。任何时候都别忘了顾客是上帝,或许顾客会带上他们身边的人也来光顾呢。

4.有必要制作一些比较精美的小纸张广告,首先要让人知道你的服装店里大致有哪些款式的服装。

5.在节假日或者人流高峰时期搞一些小活动,比如,打折优惠等。

6.重新审视自己的店面。如店里的装修让人感觉舒服吗?容易让人产生走进店铺的欲望吗?

避免经营中的失误

当你发现你的服装店经营不善时,应该从以下几个方面查找原因。

1.选店

店址选错一般表现在两个方面：

(1)服装店周边没有什么客流量。

(2)店铺面积过大或者过小。

规避这样的失误关键在于店家在选址时要充分进行实地考察，同时对自己要开的服装店的规模有个准确的定位,这样才能找到适合自己的好店址。

2.选货

服装选择错误通常表现在两个方面：

(1)凭店主的感觉进货,店主认为好看的款式就大量进入,而这些款式往往不是顾客所喜欢的。

(2)随大流选择服装,看到街头流行款式就大量进入,造成服装同质化竞争激烈。

对此问题的解决方式,主要在于要充分了解消费者的需求,在进货前不妨多与消费者沟通,从多数人的需求考虑进货;再者就是要避免随大流进货,这样可以避免与同行打价格战。进货时尽量要求批发商答应在一定时间内可以退货,或按比例退货,这样可以减轻库存压力。

3.选人

在选用店员时避免以"年轻漂亮"为唯一录用条件,这类店员因缺乏相应的生活阅历,与消费者沟通时缺乏引导能力,销售业绩并不理想。招聘店员时,要求有以下几个条件:即有亲和力的笑容、沟通自如、责任心强(到岗后观察),根据这些条件招聘进来的店员,能做到与顾客进行有效沟通,使店铺营业额得到明显增长成为可能。

4.推广

守店是开店中传统的做法等顾客进店, 让其自行挑选是保守的开店人的习惯,他们很少去考虑店外的"工夫",这种做法使许多从店铺门前路过的客人没能进店。这种做法不利于服装店的推广。

5.推销

绝大多数服装店会有"爆款"之说,即某一款或几款服装卖得特别多,这种现象让许多店主为进货的正确挑选而感到得意,而实际上这不是一件好事,有"爆款"就有与之对应的"滞销款",这还是许多人开店赚到的钱都贴在一堆货底中的主要原因。

这种问题的正确处理办法是,店员要学会识货、配货等,做到在店员眼里每一件衣服都是好产品,让店里所有的服装都能找到适合的顾客。

6.管理

这种失败是由于店内缺少制度而造成的,有些有制度的也无非是对上下班时间的规定,店主仅仅用这种制度约束店员而已。事实上,不管哪方面的制度,只有能调动店员积极性的制度才是最好的制度。

7.服务

服务错误主要表现在"被动服务"和"没有后续性服务"两个方面,这些错误导致了成交率和交易量偏低,导致难以赢得回头客。如店员在客人进店后,虽然用很礼貌的语言接待,但缺乏行为接待,即让客人自行挑选产品,交易全程都是被动地服务。要改变业绩平平的状况,就要做到主动销售。

经营理念十分重要

要想扩大自己的服装店的规模,除了要有雄厚的资金实力外,还应该树立正确的经营理念。一般有以下几种。

1.竞争观念

任何一种形式的服装店,在市场上并非独家经营,竞争是不可避免的。服装店铺之间的竞争是市场份额占有的竞争,竞争导致市场占有率的差异,并由此产生不同的经济效益。店家必须树立竞争观念,勇于参加竞争,敢于战胜竞争对手,还要善于竞争,注意研究竞争的方法和策略,将竞争视为推动店铺发展的动力。

2.感恩观念

开服装店的人,总是希望顾客试穿了以后就掏钱,如果顾客试穿了几次最后还是不买,心里难免就会厌烦,态度也明显就差了。这种心态,是非常错误的。店员一定要记住:顾客永远是上帝,他们肯花时间试穿你的衣服,就是对你工作的支持和鼓励,尤其是新店。因为,一个店铺里有顾客在试穿,不管他最后买不买,都已经给这家店带来了人气,从旁边经过的人就会多看一眼。

3.市场观念

树立市场观念就是要求服装店管理人员要了解市场、面向市场、开发市场。了解市场即了解市场供需状况;了解竞争对手的情况,做到"知己知彼,百战不殖"。要密切注意市场发展动向,努力发掘新的市场需求层次和需求领域。开发新市场可以避免与强大的竞争对手进行直接竞争,从而确保使自己的服装店进入市场后处于比较有利的竞争位置。

制订合理的利润规划

服装店目标利润规划是现代企业科学管理方法之一。它通过对服装店未来一段期间内,经过努力应达到的最优化利润即目标利润进行科学的预测、控制、规划,掌握其影响因素及变化规律,为管理者提供决策信息的活动。

服装店进行目标利润规划主要使用的方法是本量利分析法。这种方法未能通过业务量、成本利润之间的关系对服装店经营活动进行规划和控制。

目标利润必须具有可行性、客观性和指导性,它必须反映未来能实现的最佳利润水平,既不能过高也不能过低,既先进又合理。目标利润规划必须具有客观性,在规划目标利润时必须以客观存在的服装店实际状况、技术条件、市场环境为基础,必须以实际参数为依据,不能脱离现实,不能凭空想象既定目标。目标利润规划具有指导性,目标利润一经确定不能随意更改,因为它是经过反复测算确定的,对以后工作具有指导意义,对服装店未来发展起着规定和约束作用。服装店应根据确定的目标利润及时组织落实,为实现目标利润在产量、成本、价格等方面必须达到各项指标提供条件,并认真实施也确保实现目标利润。

实现资本的保值与最大限度的增值是服装店经营理财的最终目的。保值的根本是增值,没有增值,也就不可能实现资本的保值。在市场竞争的环境下,要想实现资本保值,要求资本(首先是资产)的增值率不得低于市场的平均水平。从实现资本保值的目的出发,要求服装店在目标利润规划时,必须充分考虑所有者的收益期望。当然从所有者角度来看,这一利润目标首先是税后利润概念。

发展分店的注意事项

发展分店很简单,就是同一个老板,投资两个或更多个店面,独资运营。由于只有一个老板,管理控制上比较方便,经营收益也不涉及和他人如何分配的问题,但是发展分店也会有许多问题,服装店的经营者在发展分店的时候需要注意。

1.投资多

每个分店都要自己投资,资金需求高,而且投资进去又不是短期内能收回成本的,这会严重影响到服装店扩张的速度。

2.管理人才瓶颈

一个优秀的老板管理好一个店可能不成问题,但管理好两个,甚至更多个店,就必须依赖别人——通常是店长。扩张,首先要看人的因素。如果你手下有足够的、合适的人才,当然可以自己开分店;如果你身边有合适的人才,就可以合伙、合股开分店。否则只能靠加盟——不要指望自己一个人能管好多个店。

3.管理状况

老店的管理水平到位不到位,经营稳定与否,管理是否足够现金而可以应对竞争?假如连自己的店都管不好,又开新店叫双重冒险,招商加盟叫做挖坑,合伙合股叫做拉垫背,这都是不可取的。只有自己对管理充分研究透彻后,再扩张才有可能会成功。当然,招商加盟模式对管理的需求更高——不仅会管理,还要会培训;不仅会管理业务,还要会管理品牌运营等。

中小型服装店在选择扩张门店时也需要特别谨慎,尤其是在已有其他服装店的地段,要考虑到是否能承受初期建设带来的亏损,而这些亏损,是否能由其他门店的赢利来弥补等。具体可以从以下三个方面注意:

(1)从分店的管理模式看,重点应该落在管理标准上,以标准来规范员工的行为,因为这时不仅要规范分店的员工行为,同时要规范总店的员工行为,才能保证总店对分店的管理和支持的力度。

(2)分店的重点是实现扩大市场的营业目标和资金及财产的安全。扩大市场就应该和总店同步进行营销的策划,而不是各自为政,自己另搞一套。因此分店的销售计划必须吻合总店的销售计划,包括价格政策、促销政策等都应在总店的指导下开展。当然分店也应该拿出自己的计划,但是这个计划必须符合总店的战略目标。分店的销售区域也要明确划定,避免在区域上和自己人打仗。

(3)如何用人关键是奖励在总店的发展战略下的人力资源的框架,因此组织是首先要解决的问题。其中包括分店的收银问题,以及总店对分店收银的督导。一般说分店应每日负责将营业款上缴到总店。这里的关键是设计分店的收银表单和流程。

4.选择一个好的门面

这个门面必须适合你所经营服装的款式需求。门面最好设计得和原来的店面差不多,如果有大的改变,应该将原来的店面统一装修。

服装店的核心竞争力

过去人们对品牌的理解就是品质加牌子。所以,在品牌运营中热衷于请影视明星作形象代言人。影视明星纷纷登场,成为各类服装的代言人。这种方式在一段时期内,很大程度地帮助品牌迅速提升了知名度。即便时至今日,仍有许多服装品牌热衷于此道。但是,我们应该看到的是,消费者已经渐渐摆脱了盲目效仿名人的阶段,他们对服装品牌的选择更加自主。那些寄望再凭借诸如聘请代言人实现一炮打响的品牌运作方式失去了往日的效力。

我们必须重新审视品牌运营模式,而通过对国外众多知名品牌运作的调查研究表明,个性化才是服装品牌立足市场的根本。服装品牌的个性化不仅仅是指产品的风格,同时也包括卖场风格、品牌形象等各个方面。只有产品风格、卖场风格以及品牌形象一致时,品牌的性格才显露出来。而对于卖场风格的重视,恰恰是近几年品牌服装运营过程中出现的新趋势。

在经过了产品竞争、形象竞争之后,近年来,服装品牌的竞争开始升级到终端卖场的竞争。越来越多的品牌已经意识到,卖场在给消费者带来体验的同时,能有效地扩大商家的利润。如今,消费者购物一般都会把卖场体验添加到购买行为中。良好的卖场氛围无疑会增加消费者购买的决心;反之,则会使其削弱。终端卖场就像一面镜子,各个核心环节出现的问题都可以在终端卖场中体现出来。今后,服装品牌对终端卖场争夺的竞争将会日趋激烈,谁控制了终端,谁就控制了市场。

企业的形象识别系统 CIS 由理念识别、行为识别和视觉识别三部分构成。而服装卖场是视觉识别中的一个重要组成部分,是产品、形象的最直接展示。越来越多的品牌开始通过卖场终端来树立品牌形象,这一便捷的宣传推广形式,让具有特色的服装店面设计浮出水面。这些都构成了他们各自的卖场特色,也在无意识地向消费者传达着品牌个性。应该说,卖场对于服装,不仅仅是销售的场所,更是一种个性的展示。卖场的设计风格、道具、灯光等都烘托出服装的品质,提高了服装的附加值。

　　服装卖场是对品牌进行二次包装和经营,这种包装更多体现在对服装以外元素的把握上,经营二流的服装,也要建设一流的卖场。当然,这种做法不是我们倡导的,物有所值当然是最好的。

第十四章

服装情景销售法大全

　　服装销售属于服务行业，服务是一种态度，也是一种生活。金牌服务成于细节，服务绝不是简简单单的项目设置和硬件准备。本章将从迎宾开场，通过挖掘顾客的需求、加强与顾客的沟通，以促成成交付款、售后服务以及意外情况的处理等方面为读者一一阐述。

制订合理的销售计划

销售计划是指用来指导服装店铺在一定时期内进行各种销售活动的书面文件。销售计划本质上就是向老板说:"请相信我,只要这样干,我们就会胜利。"

销售计划是实现目标的路径,也是销售人员每日工作内容的指引。制订一个切实可行的销售计划,是服装店经营成功的一半。那么,应该如何制订一个有效的、切实可行的销售计划,则是服装店最高领导人——店长的首要职能。

1.销售计划的主要内容

成功的销售计划不必非常复杂或冗长,但应包含足够的信息来帮助你建立、指导和协调你的营销工作。一份切实有效的销售计划应包括以下几项内容:

(1)市场分析。市场分析即专家性总结,是指服装店所做决策的指导性纲要。

(2)服装店的销售目标。服装店的销售目标是指服装店在一定时期内所要实现的理想状况。可以用定性和定量两种方式表现,销售目标可分为定性目标和定量目标两种。

(3)服装店的销售行动计划。服装店的销售行动计划是指为了实现服装店既定目标而制订的各种可实施性计划,为实现目标所制订的具体行动步骤和周密的布置,换句话说就是服装店日常工作的指导书。

(4)制订销售计划要遵循的原则。销售计划的拟定要贯彻落实服装店营销的整体战略,具有相对稳定性和市场灵活性。从实际出发,着眼服装店未来发展。充分考虑到销售淡季或营业较差时期的目标。计划的可执行性,计划结果的可控性。

2.制订销售计划的步骤

制订销售计划的过程:收集信息→SWOT分析→设定目标→选择策略→制订计划。

(1)收集信息。收集信息可分为两步:一方面要收集客观信息,包括资料、新闻报道、业内分析、实战案例、公司、市场环境和竞争对手状况等。另一方面要对收集到的信息进行主观的思考,与相关人员的讨论座谈,或是进行相关的咨询,并进行总结。

(2)SWOT 分析法:①优势分析(Strenth)。即看到自己的强项,选择有效的手段进攻市场。

②劣势分析(Weakness)。即找到自己的弱点,选择如何防御并改善,逐渐变成优势。

③机会分析(Opportunity)。就是选定有的放矢的靶子。市场营销的成功常常取决于对机会的选择和把握。

④威胁分析 (Threat)。指在市场进攻中同时搞清要在何处布防才能够进可攻,退可守。

(3)目标设定。销售目标的设定应注意以下六个方面的问题:

①具体性(Specific)。目标不可以太笼统,要具体,这样才有利于管理,才有利于目标的达成。

②可衡量性(Measurable)。目标应该量化,用资料说话,这样才有实际指导意义,有了具体的数字就可以很直观很明确地知道每天应完成的目标。

③可实现性(Achievable)。目标虽然应有一定高度,但不能过于夸张,店长一定要根据服装店的客观情况、店员的实际水平以及各种客观因素制定销售目标。

④现实性(Realistic)。销售目标应该与实际销售工作密切结合。在设定目标时一定要仔细分析实际情况,将那些急需改进、直接影响销售成果的因素首先设定在目标中。

⑤限时性(Timebound)。设立的目标一定要有时间限制,这样才不会使目标因拖的时间过长而无法衡量。而这一点常常被人忽视,一个没有时间限制的目标等于没有目标。

⑥一致性(Compatible)。与总体目标一致,区域销售目标要服务和服从于整体营销目标。

(4)制定销售策略。制定销售策略一般要集中在如下几个方面:

①销售能力。主要是销售组织数量和质量以及客户的数量和质量。

②产品选择。强势规格产品的选择,新产品的推广。

③价格策略。选定合适的价格体系,看是否对价格进行严格的控制等。

④促销策略。配合公司的促销策略制定区域内的促销策略。

⑤竞争策略。应对竞争对手的手段等。

(5)起草计划。起草计划应包括如下内容:

①计划纲要。简要概述服装店的目标和措施等销售计划的内容,便于阅读者使用。即总结对服装店未来销售状况的期望以及将如何达成使命。

②组织现状包括组织目前的情况、所处市场环境,以及竞争对手的情况等等。

③市场分析(SWOT分析)。年度销售计划制定的依据,是对过去一年市场形势及市场现状的分析,通常使用的是SWOT分析法,即服装店的优劣势分析以及竞争威胁和存在的机会的分析,通过SWOT分析。可以从中了解市场竞争的状态,并结合服装店的缺陷和机会,整合和优化资源配置,使其利用最大化。

④服装店销售思路的制定。销售思路是根据市场分析而做出的指导全年销售计划的精神纲领,是营销工作的方向和灵魂,也是销售部需要经常灌输给员工的操作理念。

⑤销售预测。销售预测是服装店进行各项决策的基础。

⑥市场潜力预测。一个合理准确的市场潜力预测是全部预测工作的起点。市场潜力是指一定时期和地域内,某类产品最大的销售量。如果对市场潜力的预测偏差太大的话,那么随后的销售潜力、销售定额的预测都是不可靠的。

⑦店铺目标的制定。销售目标的制定是一切销售工作的出发点和落脚点。因此,科学、合理的销售目标的制定也是销售计划最重要的核心部分。

⑧营销策略。营销策略是提供实现目标的战略和战术,是顺利实现企业销售目标的有力保障。如产品策略、价格策略、促销策略、服务策略,等等。

⑨费用预算。费用预算是指为了开源节流、控制企业费用支出成本而做的预算。好的费用预算必须有一套良好的系统支撑,提供预算编制、审批、费用审批过程中进行控制、事后的报表分析、支持松紧预算,特殊流程审批等。

(6)跟踪和控制系统。店长制订计划时需要考虑的最后一个问题,是如何跟踪和控制以上所有内容。这需要建立相应的销售信息系统,并定期回顾以确保该计划的实现。每隔一段时间复查计划可以帮助店长确定是否产生所需要的结果,是对销售计划执行的控制。

合理制订销售计划,可以明确服装店营销计划及其发展方向,通过销售计划的制订,理清销售思路,从而为具体操作指明了方向,实现了销售计划从感性到理性的转变。实现了数字化、制度化、流程化等基础性营销管理。这不仅量化了销售目标,而且还通过销售目标的合理分解,细化到每个人和每一天。整合企业的营销组合策略,通过制订销售计划,确定新的营销执行的模式和手段,为市场的有效拓展提供策略支持。

迎宾开场要合适

针对"顾客刚刚走进店铺这个情景",可以用选择性提问的方式与顾客交流,导购可以这样说:

(1)欢迎光临本店;请您放心挑选,不买也没有关系,喜欢可以试穿,有需要了您随时叫我;您是想自己看看呢,还是让我有重点地给您介绍一下?

(2)您好,欢迎光临本店,看上了一定要试穿啊,衣服一定要穿上才能知道效果,所以买衣服一定要多看、多试;您是想自己看看呢,还是我为您介绍一下呢?

(3)上午/下午好,女士/先生,欢迎您,很高兴为您效劳。您是第一次进店吧,我乐意提供更多的信息,让您全方位地了解我们的品牌。您是先自己逛逛呢,还是我陪您一边看一边做介绍呢?

以上三种说法比较婉转、自然,顾客第一次走进服装店,对环境和导购都很陌生,产生一些戒备和抗拒的心理是正常的,店家通过与顾客打招呼可以拉近与顾客的距离。但是这个时机要掌握好,不能顾客一进门你就迎上去,这样显得过于热情,会让顾客产生压抑感;而顾客进门之后,对顾客不理不睬,则是对顾客的一种怠慢。

导购的正确做法应该是对进店顾客行注目礼,一定要保持微笑,在距离顾客一米远的地方向顾客问好,然后礼貌地与顾客保持一定的距离,让顾客自由挑选。当顾客主动询问时,就应该详细地为顾客做介绍,如果顾客不需要,就不要冒冒失失地打扰顾客的兴致。

所以作为导购,你最好不要这样说:

(1)欢迎光临,请随便看看!

这样有敷衍顾客的嫌疑,无意间就给顾客灌输了"看看就走"的潜意识。

(2)您好,看看这款衣服吧,您要试穿一下吗?

这样的开场显得盲目,你还没有了解顾客的喜好,你的推荐就显得盲目,不能投其所好,反而会引起顾客的防范。

(3)欢迎光临,请问您是想买什么衣服呢?这都是刚刚到店的新款,喜欢可以试穿。这样的开场白也不好,一上来就将双方置于买卖关系之中,会增强顾客的戒备心理。

你一定要试图给顾客提供2~3个选择,让顾客在限定的范围内做出选择,这样显得体贴,而且把主动权也掌握在了自己手中。

但是作为导购的你这时候一定要注意自己的表情,和顾客打招呼的时候一定要有亲和力,最好的亲和力就是微笑,眼神亲切自然,笑意必须是发自内心的,笑时露出6~8颗牙齿为宜,嘴角要稍微上扬。

这样能给顾客营造一个轻松、放松的购物心情。让顾客感觉自然自在,易于对方获得好感,从而建立一种友好的关系。

顾客需求挖掘要到位

要想成交顺利,需将顾需求挖掘到位。

在选购衣服的时候,每位顾客的标准都是不一样的,只有准确把握顾客在买衣服时的参考依据,吃透顾客的心理,并进行换位思考,才能真正在把需求送到顾客的心坎里的同时,也把钞票挣到自己的服装店。一般来讲,顾客在买衣服时的参考依据有以下几种。

1.求廉心理

几乎大多数顾客都会追求物美价廉的衣服。这就要求我们在面对有着求廉心理顾客的时候,应想尽一切办法让他觉得便宜,比如,给他一份小小的折扣,或者给他一个精美的赠品,这会让顾客十分高兴并愿意购买你的服装。

2.求美心理

求美心理在顾客买衣服的时候占了很大的比重,大多数顾客在买衣服的时候都会很看重衣服的颜色是否与本人的皮肤相配、衣服的式样是否时尚得体、衣服穿上去是否与想象中一样好看。对于顾客的这种求美心理,导购要迎合他们的审美情趣,以独特的眼光帮助他们淘到他们最倾心的衣服。

3.求名心理

这类顾客追求名牌,甚至在购买衣服的时候几乎不考虑价格,非名牌不买。持这种心理的顾客对自己的审美欠缺安全感,对非名牌的衣服也欠缺安全感。他们一方面对名牌有一种安全感和信赖感,对名牌衣服的质量完全信得过;同时他们也通过名牌来彰显自己的身份,通过炫耀获得满足。针对这种类型的客户,就要求所供的服装一定要迎合顾客对于名牌的需求。

4.求新心理

这类顾客以追求服装的时尚、新颖、奇特为主要倾向。他们的一般都有很重的好奇心理,喜欢猎奇,喜欢追求时尚潮流,喜欢标新立异,不喜欢雷同。这类顾客的钱是很好赚的,因为他们并不注重衣服的价格和实用性。只要衣服能足够吸引他们的目光,就会毫不犹豫地买下来。

5.求便心理

这类顾客要么十分懒惰,要么时间太紧,要么就是追求效率。他们对衣服通常不会太挑剔,但是绝对不能容忍繁琐和长时间的等候;他们也不喜欢讲价,直奔主题以求迅速完成交易。在面对这类顾客的时候,导购就不能磨磨蹭蹭的,要跟得上顾客速战速决的心理需求。当然,因为简单,这类顾客的钱也是很好赚的。

6.疑虑心理

这类顾客在做决定时会有恐惧感,害怕购买后会出现后悔、怀疑、不安等不好的心理压力,并且他们在买了之后也的确会后悔,特别是买了那些价钱很高的服装后更是追悔莫及。这类优柔寡断、游离不定的顾客是最难对付的。店主最需要做的事情就是让他们产生坚定的信心,增加他们对服装的满意度,并巧妙地促使他们一锤定音进行购买。

7.从众心理

这类顾客与那种有底气、有主见的顾客刚好相反,他们没什么主见,他们的购买行为容易受到群体的引导或压力,喜欢跟大多数人一样。比如买衣服的时候喜欢到人多的门店,喜欢买大家都在买的服装。在面对这类顾客的时候,最好是通过各种方式暗示这是大家都信赖的产品。

经研究发现,在销售过程中,顾客不仅仅只有一种心理倾向,有时有两种或两种以上,但是在多种需求心理倾向中总有一种起主导作用。所以,导购在接待顾客的过程中一定要注意揣摩顾客的需求心理倾向,尽量满足其心理需求,促进服装交易圆满完成。在跟顾客交流的过程中,我们可以参照下面的几个模板:

导购:您好,您买衣服的时候最看重审美、设计,还是品牌?(为顾客准备好可以选择的答案。)

顾客1:品牌。

导购:一看就知道您就是一位很有品位的人。品牌的衣服虽然价格稍稍高了一点儿，但是无论设计还是做工都能给人安全感，穿到什么场合都不会觉得寒碜。我们的品牌最大的优点就是……(简单介绍该品牌的独特之处。)

顾客 2:设计。

导购:我感觉您一定是位很有独特品位的人,因为设计是服装的灵魂,不同的设计给人的感觉肯定是不一样的。这边有几款设计非常独特的衣服,您一定要看一看,这边请。

顾客 3:审美。

导购:一看您的衣着打扮就知道您是位爱美的女士,我店刚刚新到了几种美观大方的款式,非常适合您,请跟我来。

顾客对价位的要求

因为经济条件不一样,所以每位顾客在选购衣服的时候,都会根据自身的条件制定一个自己能够接受的价位。当然,除了特别阔绰、爱显摆的人,对于顾客来说购买预算肯定是一个比较敏感的话题,谁都不希望在别人面前显得寒酸。所以顾客一般不愿意直接告诉导购他们需要的价位。还有一些顾客觉得如果暴露了购买预算,就等于主动放弃讨价还价的余地,担心让导购掌握价格上的主动权会侵害到自己的切身利益。

出于这些只可言传不可意会的微妙心理,如果导购直接问与预算相关的问题,会让顾客觉得你在怀疑他的经济实力,不但不能了解到顾客的需求,还有可能直接中断顾客购买衣服的欲望。通常情况下,下面这三种问法是不恰当的:

导购 1:请问您想买多少钱的衣服?(太直接,很没礼貌,顾客如果想买便宜的衣服时是难以启口的。)

导购 2:请问您可以接受什么价位的衣服?(让顾客觉得你看不起他,在怀疑他的经济实力)

导购 3:告诉我您能接受的价位吧,否则我很难为您推荐合适的衣服。(有埋怨和强迫顾客的意思,会让顾客觉得很不舒服。)

这么直接地去问顾客的购买预算会让顾客反感,但是如果不知道顾客的购买预算又会导致我们摸不清楚情况,给顾客介绍超出预算或者严重低于原先预算的衣服,浪费彼此的时间,甚至在无形中"逼"走顾客。这似乎是一个很棘手的问题。那么,如何才能解决这个矛盾呢?这就需要导购利用巧妙的提问从侧面了解顾客的购买预算,比如我们可以旁敲侧击地询问顾客对质量有什么要求、在什么场合穿等,适度揣摩顾客的价格心理。下面这两位导购就做得十分到位:

导购1:美女,您对衣服的品牌和质量有什么特殊的要求吗?(这种提问会让顾客觉得自己受到了重视和尊重。)

顾客1:没有。

导购1:感觉您是一位很居家的女孩子,在家穿的衣服一般都很随意,这边的T恤都是纯棉的,穿起来非常的舒适,即使在家里穿也很上档次,而且价格也比较实惠,几十块就可以买到一件。

导购2:您看,由于我们店里的衣服种类非常多,为了节约您的时间,有针对性地为您介绍,您可以告诉我您对衣服的特殊要求吗?

顾客2:其他的倒是没什么,但是看起来一定要有档次,因为我是买来上班穿的。

导购2:上班穿职业套装最稳妥了,但是对于您这么可爱的气质小美女来说,硬套一件死板的职业装会比较显老,所以那边那几件设计比较新颖活泼的职业装更适合您一些。您觉得那套的适合您吗?那是我们店里卖得最好的一款,既亮丽活泼又不失庄重大方。

顾客对款式的要求

其实对于衣服来说,除了颜色,最重要的就是款式了,因为款式是跟市场潮流走得最近的元素。选不好款式,很可能不是看起来很土,就是看起来别扭,严重影响穿衣人的形象。所以顾客都会对款式非常重视,款式也是最能勾起消费者购买欲望的因素了。

鉴于这些原因,导购只有在了解顾客对款式有什么要求时才能更有针对性地向顾客推荐合适的衣服。我们需要多与顾客讨论一下服装款式的问题,这样既能让顾客感觉受到尊重,也能在探试中了解顾客的实际需求。但我们需要注意的是,在言辞上一定要妥当,下面这三种方式就有些不妥当了:

导购1:欢迎光临,请问您想买哪种款式的衣服?(开门见山很直接,但是一来就问这么宽泛的问题,往往会令顾客难以回答。有的顾客还会嫌你干扰了他自由选择的权利,嫌你多此一举。)

导购 2:帅哥最喜欢什么款式的衣服呢?(也是太直接了,会一下子呛到顾客,让他不知如何回答。同时也又可能会造成他的紧张情绪,让他来不及好好逛逛就想立即逃走。)

导购 3:不会吧?您怎么连自己想选什么款式都不知道呢?(语气中带着责备和讥讽,会让顾客觉得特别不舒服。)

一般情况下,我们可以通过开放式和选择式两种提问方式向顾客提问,借此来了解顾客对款式的偏好。开放式提问一般用"为什么"、"怎么样"等句子来提问的方式,它的答案不是唯一的,可以给顾客较大的回答空间。通过开放式提问可以诱导顾客说得更多,导购也能轻易从言谈中探知顾客对于款式的偏好。选择性提问也是引导顾客的一个好方法,其答案基本设定在问题里,顾客可以自由选择其中的一项,导购也由此掌握了主动权,可以名正言顺地向顾客推荐衣服的款式了。我们可以单独运用这两种提问方式,也可以两种方式混合着来用。比如:

导购 1:美女,您主要想看什么款式的裙子呢?(顾客在看裙子的时候进行探试性提问。)

顾客 1:还不知道呢。

导购 1:这款"V"字领的长裙特别能显脸瘦,并且特别贴身,能让您的身材看起来更性感有型。而侧边的这款圆领公主裙比较宽松,穿起来特别淑女,又略微带点儿可爱,不知道您喜欢哪一种风格?(选择式提问。)

导购 2:美女,您看中哪一款裤子了吗?(开放式提问。)

顾客 2:我正在看。

导购 2:不好意思,打扰您了!我想给您介绍一下本店卖得最火的两个款式。那边那条微喇的比较显瘦,也很休闲,而你面前这条直筒裤则很优雅。不知道您是喜欢微喇的款式还是直筒裤?(选择式提问。)

顾客对面料的要求

不同面料有不同的特点,如毛质的衣服光泽柔和自然,手感柔软,比棉、麻、丝等其他天然纤维更有弹性,抗折皱性好,熨烫后有较好的褶皱成型和保型性等。

不同的消费者对面料的偏好是不一样的,例如,小资们就比较喜欢宽松自然的棉质衣服。由于面料直接决定着衣服的档次,所以成熟的消费者在选买衣服的时候都会慎重的考虑面料的因素。服装店导购也要迎合消费者的心理,对服装的各种面料知识了如指掌。当顾客询问衣服面料的时候,我们才能给消费者一个专业的解释和参考,详细告知顾客不同面料的特点和利弊,让顾客结合自己的情况再进行选择。这样很容易得到顾客的认可。当然,在询问顾客需要什么面料的时候,我们也该注意语言问题,比如,下面这三种问法就是十分不妥当的:

导购1:您喜欢天然面料还是化纤面料?(问得太过专业,消费者很可能没法回答,可不回答又显得自己没水平,这会让消费者很为难。)

导购2:这种丝绸的面料穿起来很舒服,我为您介绍一下吧?(还不知道顾客的喜好就急于推销,不对顾客的胃口,很容易扑空。)

导购3:这款衣服只有毛料的,您看点别的吧!(很不耐烦的口气,会让顾客觉得不舒服。)

我们可以换一种方式来跟顾客说话,效果肯定是完全不同的。

导购1:美女您好,看大衣呀,您喜欢什么料子的呢?

顾客1:沉默……

导购1:大衣的面料主要有羊绒、纯毛、羊毛呢、花呢等。其中羊绒的保暖性和舒适性最好,穿上去特别舒适轻便,缺点是价格比较贵;纯毛质的面料虽然看起来很薄,但保暖性很好,穿在身上不会像个北极熊一样臃肿;羊毛呢和花呢保暖性也很好,不容易起皱褶,但是质地偏硬、偏厚,穿在身上可能会有些不太舒服。您可以看一下这款红色纯毛的……

导购2:大婶您好,您想看什么面料的裤子呢?

顾客2:我也不知道是纯棉的裤子好呢,还是化纤面料的裤子好。

导购2:其实不同面料都各有利弊,关键看您最看重的是哪方面的。比如,纯棉的裤子穿起来会特贴身、特舒服,但是容易起皱;化纤面料的裤子滑爽舒适,但是透气性很不好。您可以根据自己的需要来进行选择。您可以告诉我您看的裤子主要是在什么场合穿吗?

顾客2:平时闲着的时候穿。

导购2:平时居家穿的话,您可以选择经过免烫处理的涤棉裤子,它是用65%的涤纶和35%的纯棉混合而成的面料,耐磨性很好,也不缩水,并且价格还很实惠。您看这边这些涤纶的您看上哪一款了。

顾客对颜色的要求

色彩对皮肤和身材的衬托效果远远超出了化妆品和衣服的款式。

比如，皮肤白皙且有淡淡红晕的春天型色彩的人适合穿各种明亮、鲜艳、轻快的暖色系衣裙。如橙红、橘红、桃粉、象牙白、饱和明亮的蓝色、浅淡明快的浅绿、松石蓝、浅水蓝、黄绿色、杏色、浅金色……春天型色彩的人不能穿黑色的衣服，过旧过暗的颜色只会压制住他们皮肤中原有的光泽。

皮肤米白或是带点蓝调的驼色是夏季型的人，这类型的人适合穿以蓝、紫色为主色调的有着温柔、恬静气息的颜色。反差太大和形成强烈对比的颜色会破坏夏天型色彩的人身上那份独有的亲切温和。

肤质有些暗沉的秋天色彩的人相对成熟一些，金色和苔绿色可以让他们更加自信。秋天色彩的人可以遵循以相同色系或相邻色系浓淡搭配的原则来烘托他们的稳重与华丽。砖红色、深棕色、咖啡棕、沙青色、芥末色、橄榄绿、森林绿等颜色都比较适合秋天型的人。越浑厚的颜色越能衬托秋天型人匀整的肤质。

皮肤白得看不到一点红晕的是冬季型色彩的人，他们最适合使用黑、白、灰这三种颜色。由于冬天型的人很适合纯色，所以像各国国旗上的正红、酒红、纯正的玫瑰红、冰蓝、冰粉、冰绿、冰黄等颜色都十分适合他们。

衣服的颜色只有在搭配恰当的时候，看起来才会好看、和谐，顾客也才会喜欢。如果搭配不当的话，会出现很多的负面效果。比如，身材肥胖的人搭配红、黄、白等色彩鲜明的颜色会给人一种扩张感，使本来就肥胖的身材显得更加肥大。

一般情况下，同款的服装会有两种以上的颜色供顾客选择，成功的导购应该协助顾客挑选到自己喜欢又适合肤色的服装颜色。我们在挖掘顾客对服装的颜色需求时，应该在顾客喜欢并适合的颜色范围内进行选择性提问，而不是孤立地询问顾客喜欢什么颜色。

导购1.请问您喜欢什么颜色的衣服？（万一顾客喜欢的颜色你没有，那就等于是搬石头砸自己的脚。）

导购2.我觉得大红色很适合您，您喜欢吗？（强迫顾客去接受自己认为好的颜色，而顾客并不一定会认同你，每位顾客的心里其实都会有一个颜色的偏好。）

导购3.这个颜色太深了，穿起来很老气的，您怎么会喜欢这种颜色呢？（怀疑顾客的审美能力，很容易引起顾客的反感情绪。）

　　导购为顾客推荐颜色的时候,要以顾客自己的选择为主,而不是强迫顾客去喜欢我们推荐的颜色。如果顾客心里早有了自己喜欢的颜色并透露出来的时候,导购只需顺水推舟肯定他的选择并增强顾客购买的信心即可。如果当顾客找不到自己喜欢的颜色时,导购才可以运用色彩方面的专业知识,结合顾客肤色、气质、性格等方面的特点,引导顾客尝试其他色系的服装,这样才能获得顾客的认可。

　　顾客 1:黑色、灰色、藏青这三个颜色我都喜欢怎么办呢?

　　导购 1:能告诉我您的衣服是浅色系多呢,还是深色系多?

　　顾客 1:深色的衣服多一点。

　　导购 1:我建议您选择灰色,因为灰色界于黑白两色之间,不过太张扬也不至于暗淡无光,有着很含蓄的低调高贵,出席正式场合不仅能显示出您与众不同的气质,而且还能让您的皮肤看起来更加白皙有光泽。您觉得如何呢?

　　导购 2:美女,这款短裙有黑、灰、蓝三种颜色,您喜欢哪一种颜色呢?

　　顾客 2:这些颜色我都不喜欢,我从来不喜欢暗淡无光的颜色,我只喜欢温暖明亮的大红色。

　　导购 2:其实蓝色也很明亮的,从您的肤色及婉约的气质里可以判断出您是属于夏季色彩的人,夏季型的人最适合的就是蓝色。能让人漂亮的颜色不一定是您以前喜欢的,您试穿一下就能感觉出来了,我拿一个适合的尺寸给您试穿感受一下行吗?

顾客对风格的要求

　　淑女型的顾客喜欢含蓄不张扬的衣服,前卫型的顾客喜欢流行大胆的衣服,浪漫型的顾客喜欢风情万种的衣服,自然型的顾客喜欢休闲装……每个顾客的身材与性格决定了他们适合的衣服风格截然不同。

　　所以导购自己要有一定的品位和观察能力,比如,当你向一个本身就很乖很淑女的女孩子推荐那种非常大胆、前卫、性感的衣服之时,她肯定是无法接受的。比如,对于那些在影视、广告、文艺界的人,我们就需要向他们推荐比较时尚的衣服。

　　不同的顾客有他独特的审美和偏好,符合口味了,顾客才会喜欢。导购在向顾客推荐衣服之前最好先向顾客询问他喜欢什么风格的衣服，然后再有针对性地向顾客介绍合适的衣服。但是问的时候一定要注意技巧，下面这三种询问方式就有些不太合适：

导购1.帅哥您喜欢什么风格的衣服？（问题太大太宽了，顾客可能一时大脑一片空白，难以回答你的问题。）

导购2.美女您喜欢休闲装吗？（万一那个女孩子刚好不喜欢休闲装，或者觉得自己穿休闲装不好看，对于她的回绝你就很难再有对付的余地了。）

导购3.大哥您是做什么的？（导购可能想从他的职业打探他穿衣服的风格，但是会让顾客怀疑你的意图。）

导购可以换一种思路，换一种方式来打探顾客对衣服风格的偏好。

导购1：帅哥，您想找一款休闲的西服呢，还是正式一点儿的西服？

顾客1：休闲西服。

导购1：您这么帅气潇洒的人最适合穿休闲西服了，既大方又不觉得呆板。我拿给您试一下好吗？

导购2：美女，您平时喜欢穿活泼可爱一点的衣服呢，还是温柔淑女一点的衣服？

顾客2：我喜欢活泼可爱型的。

导购2：还是小美女最有欣赏水平了，我也觉得像您这么甜美的漂亮女孩应该穿活泼可爱点儿才更加青春靓丽，这套可爱的超短裙您喜欢吗？

学会为顾客留有空间

很多导购为了给顾客最热情、最周到的服务，常常会寸步不离地跟在顾客身边，喋喋不休地向顾客介绍服装。这种"贴身药膏式"的热情服务会让顾客感到一种无形的压力，有种透不过气来的感觉。这种做法只会让消费者想快点逃跑。

当顾客提出"我自己会看，你别跟着我"时，肯定是因为导购过分热情让顾客感到不安了。导购应该立即调整接待的节奏和策略，真诚友善地向顾客道歉，然后表示在顾客需要帮助的时候你会及时出现。让其自由自在地观看和挑选，然后回到正常的工作岗位上，留意顾客动向，当他们发出协助信号的时候再适时地提供帮助。

通常情况下,当顾客说"我自己会看,你别跟着我"的时候,我们最好不要这样回答:

导购1:哦,那好,您就自己随便看看吧!

这种回答太消极了,没法让顾客产生任何有关购物的有利联想。相反暗示顾客随便看看就行,看完就走。

导购2:这是我的工作啊,您以为我想跟着您?

这种回答非常没有礼貌,会让顾客很生气。

导购3:还是我为您介绍一下吧?

这种回答非常不识相,顾客明明已经对你跟着他感到不悦了,你还缠着不放,顾客很可能打消购物的念头。

导购在接待顾客的时候,一定要注意方式和方法。对于那些看衣服时不愿被人打扰的顾客,导购不要紧跟顾客,可以向顾客真诚说明:"请您慢慢看,如有什么需要帮忙的,请随时吩咐。"然后让顾客毫无压力地在店里走动,随意挑选服装。

也有许多顾客认为只要有导购就是想推销衣服,以至于在初步接触时,就不耐烦地说:"干吗老跟着我?看看不行呀?"遇到这种顾客时,导购一定要先顺从他,而后面带微笑地表示歉意,表示这是自己的本职工作:"对不起,我只是为了您有问题时能更方便地得到解答,同时这也是为了贯彻我们店'服务至上'的宗旨!"这样一来,顾客可能会回答说"我只是随便看看",而不会产生明显的抵触情绪。

对于前来购物的顾客首先要细心观察。如果顾客一过来就在环顾四周,导购就要主动走上前为之服务;而对于走进货架就只看的顾客,导购不要贸然服务,待对方发问时再上前为其说明服装的特性即可,否则只会让这类顾客生厌。

如果我们没有处理恰当这个关系导致顾客直接说"我自己会看,你别跟着我"的时候,我们可以用下面的话来应对:

导购1:好的,既然您想自己安静地看看,那我也不打扰您了。您放心挑选,如果看到喜欢的就叫我一声吧!

导购2:好的,美女您肯定是行家,对衣服的眼光应该比我强多了。您慢慢看、多比较,如果有什么问题或需要请随时叫我,我很乐意为您服务!(赞美顾客,让其对产品感兴趣之前先对你产生好感。)

导购3:没问题,那您自己先慢慢看,如果有需要,请叫我一声,我马上过来。

您放心,无论您买不买,我们的服务都是一流的。

导购4:好的,没问题!我看大姐也是个爽快人。既然您想一个人慢慢看,那我就先忙点别的,等您挑好了或者需要我帮忙了,就招呼我一声,我会马上过来的,好吗?

照顾多位顾客

生意不好的时候,店主会很焦急,但是当生意太好的时候,也会因为顾客太多照顾不周而引起顾客的不满。比如下面这三句话就是刺激顾客最常见的语言:

导购:不好意思,人太多了,您等会儿再来吧!

这句话表面上似乎很有礼貌,实际上是在赶顾客。很少有顾客听到这句话之后还会回来的。

导购:您先等等,我正忙着呢!

这句话非常的没有礼貌,顾客听到这句话肯定不舒服。

导购:要不,您下次再来?

让顾客感觉自己受到了冷落,觉得这是导购在赶自己走。

当多个顾客同时进店的时候,导购不要因为一个顾客而忽视或者怠慢了其他顾客。导购要"眼观六路耳听八方",无论有多么忙,都应该带着亲切的笑容用柔和的声音回答顾客的问题,让顾客在店内的任何角落都能感受到我们对他的尊重、耐心、周到和善始善终。

在忙碌时刻接待多位顾客时,我们可以用"接一待二招呼三"的方式来避免进店顾客的流失。"接一待二招呼三",即真诚接待第一位顾客,关心询问第二位顾客,细心招呼第三位及其他顾客。在应用的时候,我们可以先接待第一位顾客,让其他两位稍等,可以跟他们说"您稍等片刻,我马上过来",让顾客理解,在等待中保持良好的情绪。在接待第二位顾客的时候我们可以说"不好意思,让您久等了"。等接待第三位顾客的时候,我们可以采用对待第二位顾客的方式,并以此类推。下面这几位导购在接待多位顾客时说的话就比较到位:

导购1:下午好,欢迎光临!真的很对不住您啊,现在人实在是太多了,您可以自己先看看有没有喜欢的吗?看到喜欢的就叫我一声,我马上就会过来为您服务,可以吗?(对刚进店的顾客)

导购 2：晚上好，欢迎光临！实在是太抱歉了，这个时段购物的人比较多，您是自己先看看喜欢的衣服，还是稍坐片刻让我陪您细心挑选呢？（对刚进店的顾客）

导购 3：不好意思，让您久等了，您问的是这条裙子吧。美女您的眼光真好，这条裙子可是我们的"镇店之宝"，也是今年最流行的款式，穿在您身上肯定会很漂亮。您是穿中码的对吧？我马上找给您试穿。（对等待询问的顾客）

导购 4：对不起，让您久等了，这是您要的尺寸。试衣间在这边，不如您先试着，我招呼一下那边的顾客，您试好了就叫我，我会立即过来的。（对等待试穿的顾客）

如何留住老顾客

老客户是服装店的稳定财源。服装销售永远都要为未来着想，今天把衣服卖出去并不是我们的最终目的，把衣服和顾客对我们的信任、依赖一起卖出去才是我们应当争取的。让顾客成为我们的长期支持者，使其逐渐形成一个顾客群，并利用老顾客的口碑传播带来更多的新客户。

对待老客户，不能过于热情，以至于他下次不好意思再光临，但同时又要让老客户感觉到你对他的特殊之处。让他有见老朋友的感觉，感觉到自己很受重视，来你的店里购物舒心、自在。以下说法就不错：

导购：哇，美女，好久没见，你变得更漂亮了！我们店里刚好上了不少新货，感觉有好多都很适合您呢。

导购：张姐又带着小公主来买衣服啦。看你们热的，要不先坐下来喝杯水再继续挑？我们最近上了很多新货，特别漂亮，等会儿我再为您慢慢介绍。

导购：帅哥，好久没见您了，感觉您穿休闲装的时候非常阳光帅气，这件衣服跟您上次买的那条牛仔裤很配，要不要试一下？

老客户一般都喜欢说："我每个月都来光顾你的生意，能优惠点吗？"面对老客户提出的降价要求，我们不能直接说"不好意思，我们这里新老顾客一个价"、"没办法，我们这里对老顾客也是这个价"。这些说法会大大刺激和伤害老客户的心。另外，还有两种说法是不该说的：

导购 1：如果您是我们的老顾客，应该更清楚我们的规定。

这让顾客听来会是这样的暗示:你别撒谎了,听你的话就知道是在蒙我。如果你真是老顾客的话就该知道我们的规定,就不应该与我们讨价还价。

导购2:我们都是公司统一定价,如果能降我早就给你降了。

这种话语会给顾客非常冷漠的感觉,没有让老顾客感受到身为老顾客应受到的重视与关怀,不利于顾客做出成交的决定。

对于老顾客提出的降价要求,我们可以先感谢老顾客对我们的支持,并请求顾客谅解。然后再从衣服品质好、价格实在等方面宽慰老顾客,或者为其提供公司制定的针对老客户的服务措施以作补偿。导购可以这样回答:

"美女,我知道您经常光顾本店,也非常感激您对我们的一贯支持。但是真的非常对不住,我也是给人打工的,公司实行统一定价,我也没办法给您降价。不过我们店里现在正在搞老顾客加倍返还积分活动,我可以将积分累计在您的卡里,这样您的积分累计到一定数额就可以享受我们的优惠活动了!美女能告诉我您的卡号是多少吗?"

如何引导顾客体验

引导顾客体验在服装买卖交易中的作用很大。它能使顾客转变脑中之前形成的不好的印象。使顾客在买东西的过程中,变得特别积极,在他们心中也产生一种希望交易尽早成交的愿望。可以说,引导顾客体验是一种催化剂,一种语言催化剂。

在化学当中的催化剂能使化学反应速度迅速增快,同样,在顾客交易中,卖家使用催化剂也能使顾客受到很大影响。如果顾客有心购买,只是认为服装的价格超出了自己预定的水平,这时,你只要向他们进行引导,一般都能使洽谈顺利进行下去。以下从两种情况来说明如何引导顾客体验:

1.顾客只是看衣服,不愿意试穿

一般情况下,当顾客对某一款衣服比较感兴趣时,都会主动提出试穿的要求,但总会有一部分顾客对试穿有所顾虑,比如害怕试穿之后一定要购买,害怕试穿了不买没面子,不知道衣服价格而不敢试穿,不知道该试穿哪一款,平时比较累或比较懒,除非遇到非常喜欢的衣服,否则都懒得去试穿等。

很显然,这是导购人员没有引导到位时的一种顾客的心理表现。因此,导购人员应该采取各种富有激情的邀请语言，尽量让顾客消除顾虑并试穿喜欢的衣服。导购人员在邀请顾客试穿的过程中一定要自信大方。这种自信可以通过语言和肢体的力量表现出来，而且还要向顾客传达"不试穿难以挑选到适合自己的衣服"的信息。

一般情况下，导购在碰到顾客不愿意试穿时大都会以下列语言表达方式：

(1)喜欢，可以试穿哦。(太平淡了，勾不起顾客心中的一丝涟漪。)

(2)这是我们的新款，欢迎试穿。(导购们都这样说，顾客都听腻了。)

(3)您就试穿一下吧，试穿又不用付钱。(顾客听了之后会觉得不舒服。)

(4)这件也不错，试一下吧。(让顾客感觉导购缺乏专业知识，导致顾客不信任导购的推荐。)

在邀请顾客试穿时一定要针对顾客的顾虑、有导向性的去消除顾客的担心，不可过早地提醒顾客试穿，除非你真的觉得衣服很适合顾客。在邀请顾客试穿时态度一定要真诚，因为第一次邀请试穿的成功率是最高的，我们绝对不能滥用第一次。如果对方拒绝了，我们应该事先想好再次邀请对方试穿的合理理由，但试穿的建议不要超过三次，否则会让顾客很反感。我们可以这样邀请顾客试穿：

导购1：一看美女的眼光就很独特，这款衣服是我们刚上的新货，很受年轻白领的欢迎。像您这样的模特身材，穿上这件衣服，回头率肯定是百分百！当然，光我说好看还不行，到底上身效果怎么样要试穿了才知道。请放心的试穿，买不买真的没有关系。要不我找一件来给您试一下？(正对害怕试穿后一定要购买的顾客。)

导购2：美女，我觉得您还是试一下好，因为每款衣服的板型不一样，您不试怎么知道衣服是否合身呢？试穿可以让您亲身感受衣服的品质和效果。如果您觉得不好，不买也不会觉得有遗憾。如果您觉得很满意，那买起来也更放心呀，是不是？(针对试穿了不买没面子的顾客。)

导购3：帅哥，我建议您还是试一下比较好，因为裤子不是看上去合不合适，而是穿上去合不合适，只有试穿了才知道效果。(针对嫌试穿麻烦的顾客。)

2.顾客试穿了几套衣服之后，什么也不说，转身就走

很多顾客买衣服的随意性很强，尤其是女性顾客，她们喜欢逛街，经常是走到哪里看到哪里，买衣服全凭自己的心情和想象。除了平时工作比较繁忙没空逛街的顾客，大多数顾客在买衣服的时候都喜欢逛很多家服装店进行对比挑选，如果不是非常中意那件衣服，一旦离开再回来购买的可能性就不是很大。

对于那些试穿了几套衣服之后，什么也不说转身就走的顾客，导购要坦诚地与顾客进行沟通,请顾客说出不喜欢的原因及其真正的需求。

销售人员可以这样应对:

导购 1:这位美女,在您离开之前,可以帮我一个忙吗?

顾客 1:你说。

导购 1:真是抱歉,刚刚我一定是没有介绍到位,所以您没有兴趣继续看下去。能不能麻烦您告诉我,您对刚才这款衣服的主要顾虑在哪里吗?

顾客 1:上身效果没有想象中的好……(顾客往往会说出抗拒购买的真正原因)

导购 2:先生/女士,在您离开之前,我能再问您最后一个问题吗?

顾客 1:你说吧!

导购 2:我陪您选购大概也有 20 分钟了,您对我的介绍满意吗?

顾客 1:还不错。

导购 2:谢谢! 不过我对自己的介绍不是很满意,特别是刚才您提到想要更长一点的裙子时,我们店却没有了。真的非常对不住。要不您留下电话号码,等晚上到货后我一定第一时间通知您,好吗?(请顾客留下联系方式,送顾客离开,晚上准时联系顾客。)

选购衣服是一件值得冒险的事情,因为衣服直接关系到个人的形象和自信问题。顾客在购买之前必然会到其他服装店进行反复比较。因此,顾客在试过衣服后没有做出购买决定就离开是很正常的。但是,如果任凭顾客离开,顾客就有可能被竞争对手抢走,从而影响自己的生意。

因此,在顾客离开之前,导购需要抓住最后的机会,争取对方能够告知其犹豫或不满的原因,并请顾客多提宝贵意见,以便在以后的工作中不断改进,或制造一些导购能主动联系顾客的机会,例如在谈话过程中没有回答好的问题待下次回答等。当顾客真正离店时,导购要做好欢送工作,欢迎顾客再次光临。

如果顾客什么都没说就走了,导购首先要检讨自己介绍衣服的方式方法是否正确。

应对顾客拒绝要巧妙

一个中年男人稳步进入卖场,径直走向男装专区,导购小李忙迎上前去。

导购小李:"先生您好,需要什么衣服,我给您介绍一下……"

顾客:"哦,不用了,我来看一下柒牌男装的价格。"

导购小李:"先生眼光真好,您选中这一款了?"

顾客:"我对这个很熟悉,自己看就行,你不用给我介绍了,免得浪费大家时间,一会儿我要买的时候再找你吧!"

导购小李:"……"

很明显,场景中的导购人员小李似乎已经没有足够的理由得到这位顾客的信任。其实几乎所有的导购人员都曾遇到过上面案例中的这种性格类型的顾客,这些顾客往往言语比较自信,坚持自己的看法,不听导购人员的建议和产品简介,比较注重时间效率。很多新上任的导购人员由于经验太少,因此对很多顾客类型把握不清楚,导致出现像小李这种卡壳的情况。但若对大部分顾客的性格特征进行归类,并制定比较灵活的应对策略,这种尴尬的场面还是可以避免的。

经过对大部分顾客性格特征的统计分析,可以将顾客的性格特征和行为方式按照行事的节奏和社交能力,分为四种类型,并分别用四种动物来表示。

1.老鹰型的性格特征

老鹰型的顾客做事爽快,决策果断,以事实和任务为中心,他们给人的印象是不善于与人打交道,主见性非常强。他们的时间观念很强,讲求高效率,喜欢直入主题,不愿意花时间同人闲聊,讨厌自己的时间被浪费。所以,在服装卖场中同这一类型的顾客长时间交谈有一定难度,他们会主动提出自己的看法。

老鹰型的顾客最容易刁难人,导购员要事先做好预防。这些顾客往往突然提出一个意想不到的问题,让你难堪,你的应对策略是事先进行预防性提问。因此,和这种类型的顾客交谈时最好直接切入主题。

2.猫头鹰型的性格特征

这类顾客很难让人看懂,做事动作缓慢。他们在平时的交谈和交流中声音不大而且往往处于被动的一方,不太配合导购人员的工作。如果导购人员表现得过于热情的话,这些顾客往往会难以接受。因此,销售人员最好不要对这种类型的顾客太过于热情。

3.鸽子型的性格特征

该类顾客友好、镇静,做起事来显得不急不躁,讲话速度往往适中,音量也不大,音调会有些变化。他们是很好的倾听者,也会很好地配合导购人员。他们以稳妥为重,即使被导购人员改变了需求,也是稳中求进。他们往往多疑,安全感不强。导购在与这类顾客发生冲突前就要主动让步。

4.孔雀型的性格特征

孔雀型的顾客基本上也是做事爽快，决策果断。但与老鹰型的顾客不同的是，他们与导购沟通的能力特别强，通常以人为中心，而不是以购买衣服这件事情为中心。如果他带来一群人来买东西，孔雀型的顾客很容易成为这次交易交谈的核心。这类顾客很健谈，通常具有丰富的面部表情。他们喜欢在一种友好的环境下与导购人员交流。社会关系对他们来讲很重要。他们给人的印象一般是平易近人、朴实、容易交往。在第一次交易完成后销售人员最好给这类顾客一张名片，因为没准什么时候他会带领自己的朋友来你的店里购买新产品，这类顾客很容易发展成忠实的老顾客。

顾客拒绝是成功销售的良好开端。如果不想被顾客拒绝，就要多从顾客关心的问题入手，寻找把拒绝转化为肯定，让客户拒绝的意愿动摇的方法，诱使客户接受自己的建议。

当你掌握了上述不同类型客户的性格特征，客户再对你说"我没时间"、"没兴趣"、"没钱"、"不想和你谈时"，你可以收起手足无措的状态，巧妙应对了。

如何应对难以满足型顾客

当顾客总是不满足，挑剔不断时，如：

导购员："小姐您好！这是我们最新推出的夏季套装，面料舒服，做工精良。要是您喜欢的话，我给您找个号，您试穿一下，好吗？"

顾客："我已经有一件类似的衣服了，没必要出件新品就买吧？"

导购员："小姐，我们这件衣服，是限量发行的，你买了是有纪念意义的。而且你气质这么好，和这件衣服简直太搭了。这件衣服穿在您身上，变得更美丽动人了。"

顾客："是我了解我的需要，还是你了解，你以为自己是谁呀？"

导购员："我不是这个意思。我就是觉得只有您穿上这件衣服，才可以显得这件衣服更高贵。"

顾客："行了行了，你们这些卖衣服的，除了能添乱还能干什么，月月出新的，月月搞推销，烦不烦啊？"

导购："……"

场景中的这位顾客表面上看是一位对产品不感兴趣的顾客，而通过后面的对话可以看出她其实是一位难以满足型的顾客，对于难以满足型的顾客，销售人员要避免与其争吵，要接受对方的批评。

难以满足型的顾客，脾气比较大，他们好战，好胜心很强，对别人往往不屑一顾。因此，他们坚决要赢得销售交易的胜利，如果需要，即使羞辱对方，也绝不允许说话的主动权落到对方手里，销售人员面对这样的顾客，首先要接受他们的指责。

应对这类性格的顾客，销售人员先要接受他们的指责，避免与其引起口舌之争，还要避免使用过于鲜明的形容词修饰自己的产品。同时减少发问频率，发问意味着向顾客争夺说话的主动权。如果想使用赞美的语言来缓和气氛，一定要做得不露痕迹。最重要的是，保持诚恳中性的语气说话。同时继续提出方案，不使其偏离主题。注意，销售人员在与蓄意敌对的顾客交谈时，尽量避免对产品的特性、品质、效能使用过多的形容词做修饰，以避免刺激顾客。另外，这种顾客之所以有这种性格，主要原因是不愿在销售场合中与销售人员谈事，销售人员应该创造更多交流的机会，多次尝试与其进行充分的沟通，方可完成销售工作。

面对难以满足型顾客，销售人员不要过分赞美自己的服装、避免与这类顾客争吵，多次与之沟通，方可完成销售工作。

运用语言的艺术实现顾客需求

一位打扮时尚的女孩走进一家服装店，试了一条很新潮的裙子之后，非常满意。她问导购："请问这件多少钱？""698元。"导购员回答。"给我拿一条吧！"女孩说道。

为她拿裙子的时候，导购员习惯性地恭维了她一句："小姐真有眼力，很多女孩都喜欢这种款式。"那位女孩一听此话，沉吟片刻，然后微笑着对销售人员说："抱歉，我不要了！"

没想到，一句恭维话反倒使顾客终止了购买！

导购员真心客气地问："怎么，这款式您不喜欢吗？""有点。"她也很客气地回答，然后准备离开。导购员立刻意识到，刚才那句恭维话有误，必须赶紧补救。

导购员趁她还未走开，赶紧问："小姐，您能否告诉我您喜欢哪种款式？这款裙子可是专门为像您这样年轻时尚的女孩设计的，如果您不喜欢请留下宝贵意见，以便我们改进。"

听了销售人员的话，女孩解释道："其实，款式倒是很不错，我只是不太喜欢跟别人穿一样的衣服。这个款式太常见太普通了，感觉满大街的女孩都穿。"噢！原来那女孩喜欢与众不同。"小姐，请您原谅。我刚才说很多女孩都喜欢的这种款式，但由于质量好，价格高，所以买的人并不多，您是这两天里第一位买这种款式的顾客。"经过销售员一番争取，那位时尚女孩最终买走了那条裙子。

这个案例中的导购员，在看到一位时尚女孩挑选了一条裙子后，习惯性地恭维了一句。本来这句话是想获得顾客好感的，没想到却适得其反，导购顾客终止了购买。

造成这种情况的原因就是顾客喜欢与众不同，而导购没有了解顾客的心理类型就盲目恭维，必然遭到顾客的拒绝。

接下来，导购员的表现则充分显示了她随机应变的能力和高超的语言艺术。"小姐，您能否告诉我您喜欢哪种款式？这款裙子可是专门为像您这样年轻时尚的女孩设计的，如果您不喜欢请留下宝贵意见，以便我们改进。"正是这句关键性的话，导购员了解了顾客的真实想法，然后又有针对性地进行了解说："我刚才说很多女孩都喜欢的这种款式，但由于质量好，价格高，所以买的人并不多……"从这句话中我们也可以看出销售人员出色的运用语言的技巧。

从这个案例中可以看出，了解顾客心理的基本手段就是语言艺术的运用。通过各种有效的语言艺术，导购员可以探知顾客的心理类型，洞悉顾客的心理活动，了解销售障碍的形成原因，从而为使用正确的销售技巧、促使顾客达成购买奠定基础。如果因为没有了解顾客的心理而造成销售障碍，就需要导购员及时扭转销售僵局。

掌握了语言艺术的运用技巧，导购员还要牢记：自然性销售是导购人员业绩提升的大敌。所谓自然性销售就是在遇到问题后不是积极地解决问题而是消极地回避问题。比如以下回答顾客的方式就属于典型的自然性销售：

导购员 1：那您看看别的吧，要不给您换个颜色？（相当于认同顾客的说法而放弃做任何努力，使推荐工作从头开始。）

导购员 2：每个人的感觉不同。（没有去正面解决问题，显得缺乏说服力。）

没有人愿意和满大街的人穿着相同的服装，所以当顾客提出服装款式太普通的时候，导购首先要对顾客的感受表示理解，或进行言语引导，或向顾客推荐有特色但重复率较低的款式，或知道顾客通过服装与饰品、鞋、包等的搭配，创造出自己独特的风格与个性，成功摆脱"满大街都是"的困境。

处理好商业秘密的事件

一日，许先生陪女友逛街，女友在一家服装店试穿一套衣服时，他觉得非常好看，便拿出手机拍照留影，服装店看到后立刻上前制止，并要求他将拍摄的照片删除。许先生与服务员"理论"，才知道服装店禁止拍照，是为了防止衣服价格、促销手段等商业秘密泄露。许先生认为，既然不准拍照，就应该在显著位置设立提示语。对服务员强硬的态度，许先生非常不满，直接去前台投诉。

相关法律人士认为，店堂内的货品、价格及装修格调都属于商家的知识产权，商家禁止拍照可以理解，在服装店内拍照并不是消费者的合法权益。如果商家在服装店内没有明示，商家又没有及时地制止，那么商家没有权利强行将胶卷曝光，但此后如果拍照者的照片对商家造成侵权，商家则有权要求赔偿。

一天下午，在位于塘沽外滩的一家服装店，小王随身携带着数码相机准备进入服装店。这时，在门口值班的工作人员将小王拦住，称"服装店内禁止携带相机"，并且指引小王去看在墙上悬挂的警示牌。小王自称是一位从市里来塘沽的游客，因为数码相机等贵重物品存放时担心丢失，因此才随身携带的，并且向工作人员保证不会在服装店里拍照，但是工作人员仍旧不让进入服装店。小王提出要见他们的主管负责人，该工作人员以负责人在开会为借口拒绝了。出于无奈，小王只能离开该服装店。随后，小王来到了另外一家服装店，在服装店入口处就看见了一块很明显的标志牌，上面标明了"服装店内禁止拍照"。

服装店内禁止拍照是零售业内一个不成文的行规，原因是一些企业的经营者担心竞争对手利用这种手段来窃取他们的商业秘密。

消费者如果确实想在商场内拍照摄像，应在拍照之前，先与商家进行沟通，征得同意后再拍照。如果协商后商家仍不同意，那么就不能拍。

一些禁止拍照的服装店堂里并没有禁拍标志。因此为了避免不必要的麻烦，最好在卖场内醒目的位置张贴禁拍标志，以提醒顾客。

与顾客成交要果断

成交是销售的关键环节，即使客户主动购买，而导购员不主动提出成交要求，买卖也难以成交。因此，如何掌握成交的主动权，积极促成交易，是推销员必须面临的一个重要问题。

在顾客说他对商品很满意时，就说明他很想购买产品，这时候一定要抓住能再进一步的机会，掌握成交主动权，主动提出成交请求，就能积极促成交易。面对这样的顾客，导购员不要等到顾客先开口，而应该主动提出成交要求。

要想顺利成交，导购员就要做到以下几点。

1.导购员要主动提出成交要求

许多导购员就是没办法在服装推荐的最后一步及时促成成交而丧失了交易机会。之所以会发生这样的情况，就是因为导购员害怕提出成交要求后遭到顾客的拒绝。而这种因担心失败而不敢提出成交要求的心理，使其一开始就失败了，所以，导购员要学会接受"不"这个答案。

2.学会观察顾客的成交信号

有的时候顾客其实对于服装已经很满意了，但是就是不主动开口，这个时候就需要导购员察觉出顾客的这种想法。当出现以下几种情况时，导购员就可以意识到那是顾客发出了"我想买"的信号而促成成交。

(1)在推荐服装的过程中，如果客户只是询问了服装的材料、款式之类的问题，同时对于导购员的回答一一给予肯定，整体上表示出满意情绪时。导购员可以认为顾客在心理上已经认可了服装，同时适时地提出成交。

(2)顾客的担心被消除后，在与导购员的交谈中，已经表现出对服装的兴趣，只是还有所顾虑。这时，导购员要认真地解答顾客的疑惑，从而取得顾客的认同，就可以迅速提出成交要求了。

(3)顾客已经产生成交要求，但是迟迟不开口，此时要增强顾客的购买决心，可以巧妙地利用请求成交法适时施加压力，达到交易目的。如，"我们这款衣服因为物美价廉，现在库存已经不多了，你要是真喜欢现在就买吧，再过几天就没得卖了。"

3.向顾客提出服装的成交要求时一定要充满自信

这不仅会加强顾客对于服装本身的购买信心，同时，也加强了推荐服装的导购员的信任。从而产生一种"我买这件衣服是很值得"的想法。也就是说,用自信去感染顾客,让顾客也对购买行为充满自信,然后迅速地做出购买决策。

巧妙应对"误会"

一天傍晚下班后,朱先生在一家大型服装店里闲逛,逛了一圈,没有发现什么要买的东西,但当他空手走出服装店的门槛时,服装店的报警器突然铃声大响。在众多顾客的注视下,跑来一位保安将朱先生拉住。

这名保安对朱先生说:"别走了,先接受我们的检查。"

于是,没有征得朱先生的同意就开始例行检查。朱先生也很自觉,将身上所有的物品都掏了出来,向保安人员证明自己确实没有偷东西。这时保安流露出质疑的眼神,周围也站满了围观的顾客,都用一种异样的眼神看着朱先生。

这时,保安说:"行,那你走吧。"但当朱先生再次走到店门出口时报警器还是响了起来,没办法,朱先生只能被保安带到了保安室。如此几次来回,却查不出结果。

后来朱先生突然想起身上正穿着一周前在该店买的衬衫。于是,朱先生脱掉衬衫后又一次走到出口处,报警器不再响了。经过调查,才知道原因是衣服当时没有完全消磁。于是,朱先生非常生气,说要投诉这家服装店。后来,服装店负责人及时赶到,对朱先生又是赔礼又是道歉,才压下了朱先生的火。但是朱先生心里暗自下决定以后再也不去这家把自己当成"小偷"的服装店买衣服了。

这个事件发生的起因还是因为这家服装店的收银员对工作不认真,在工作过程中缺乏熟练的技能和严谨的工作态度,导致顾客已经购买的衬衫没有完全消磁。虽然朱先生在购买衬衫后侥幸离开了卖场。但是,衬衫上没有全部消磁,为顾客留下了诸多不便。由此可见,服装店一定要强化收银员标准规范的工作意识。

此外,服装店的保安员简单粗暴的工作态度与方式,也是朱先生投诉的主要原因。没有对事情进行详细调查,就认定顾客就是"小偷",从而对顾客进行检查,引来了其他顾客的围观,使得顾客大丢面子。所以,服装店一定要强化这方面的培训与正确引导。防偷盗没有错,一定要注意方式方法的重要性。无论是对于真正的小偷,还是顾客,服装店都要以尊重对方为前提,在这个基础上解决问题,一切就都迎刃而解。下面这家服装店就做得挺好。

顾客走出服装店引起报警。服装店的员工面带微笑，有礼貌地让顾客退到检测区以外，然后客气地说："对不起，您买的商品上可能还有未经处理的标签，请您协助我们处理一下。"（这个过程中没有用手去拉顾客。）

如果走出服装店时防盗器报警，他们则提醒顾客："您好，请您想想是否有衣服忘记了付款？"如果顾客回答："是，"则请他协助到办公室进行处理；如果顾客回答："没有。"那么请他再次通过防盗门，此时可说："对不起，请您配合我们再走一遍。"如报警，请其到办公室进行处理。

如果通过对商品和人的检测后防盗门没有报警，应马上诚恳地向顾客表示歉意，可说："对不起，耽误了您的时间，谢谢您的合作，您慢走！"

当然，这只是向大家描述了一种误会情景模式，服装店在日常的营业中免不了会和顾客发生这样那样的误会。比如，就价格问题顾客与导购员发生了误会，或者顾客在试穿衣服后发现服装质量有问题等。不管什么样的误会，店家都需要做到以下几点，才能更快更好的解决误会。

1.自始至终把顾客当做上帝，即便真是顾客的原因，店家也不要埋怨、抱怨。

2.服装店工作人员要面带笑容，言辞恳切，让顾客真心觉得店家处理误会的善意和诚心。

3.不要过分引起其他顾客的关注，从而扰乱正常的购物秩序。

售后服务要贴心

任何店面总会遇到顾客的退换货要求，即使不能证明是质量问题，顾客也坚持要求退货。因为有时候顾客总是冲动消费，出现退换货问题是不可避免的，可是有的时候并不是真的出现了质量问题，但是顾客却无理取闹，还扬言说不给解决就不离店了。但是将心比心，顾客有的时候也要求不高，他们只是希望得到应有的尊重，如果导购发现顾客蛮不讲理，那十有八九是我们做得不好，惹恼了顾客，我们应该从自身找原因，是不是我们的工作没有做到位。

对于商品的退换，一般应该遵循以下原则：

（1）一般商品只要不残、不脏、不走样、没有使用过、不影响一次出售的，应予以退换。

（2）如果服装顾客试穿过，但不影响商品质量的，应予以退换。

（3）有残次或缺陷的服装未经检查而卖出去的，一律予以退换。

（4）出售后不能再销售、有重大瑕疵的衣服，一般不予退换。

不要顾客要求退换衣物就感觉"到嘴的鸭子飞了"。一次服装销售失败不代表什么，把顾客招待好了，让顾客成为"回头客"，才会有助于日后服装店业绩的提升。

对于不能退换的衣服，在出售时应向顾客说明，尽量避免和减少服装退换情况，要热情接待和妥善处理要求退换衣服的消费者，听取消费者对商品和服务工作的意见，及时向有关部门反馈，以改进服装店的服务工作。退换服装时应按规定办理手续，以加强退货管理。

客服人员在遇到顾客退换服装时，往往会觉得麻烦。许多客服便喜欢找各种各样的借口。但是，这些借口不仅不能解决问题，还会增加顾客的反感。为此，有一家服装店颁布了一个客服人员六大忌语，规定以下用语客服人员在服务顾客退换货时应禁止说。否则，发现一次罚款 200 元。客服人员不应该这样说。

1.这不是我们的事，是供应商的问题

这是逃避责任的表现，因为顾客的交易是与服装商场、商店完成的，而不是供应商，即使顾客愿意与供应商联系，那也不能免除商场的责任。

2.我们只接受更换产品

当顾客对已购买的衣服不满意时，如果顾客愿意更换，那就换；如果顾客不愿意换，则请记住顾客没有接受更换商品的法律义务。

3.我们不可以退换，但可以免费修裁

如果商品不具备可接受的质量，顾客可以不接受修裁，这时应给予退款或更换。

4.没有收据不予退款或调换

收据的主要目的是证明顾客从某家商场买了商品，所以商场在解决顾客的抱怨之前应核查以证明他卖给了顾客商品是符合事实的。如果顾客没有了收据，他可能有其他的购买凭证，比如支票存根或信用卡凭证，某个商场的名字可能在商品上，或某个营业员可能记得这位顾客；如果不能找到任何凭证，商场可以拒绝退货。

5.我们不予退款

不能简单地说不给顾客退款，按照有关法案，顾客有权要求退款、换货或修理,如果产品不具备可销售的质量、符合它的用途或像它所描述的那样,商场不能剥夺顾客的这些权利。

6.我们对廉价出售的商品不予退款或更换

无论顾客在服装店中购买的是哪一类服装,如果商品有缺陷,顾客的权利同样受商品销售法案保护,而不论顾客付的是全款还是低廉的价格。当然,如果商品是作为次品或特价品出售的,商场应该向顾客说清楚。

所以导购员要对商品退换货还有退货处理流程都要做到心中有数,并且要了解国家规定的商品退换货制度:

(1)按国家规定,经检验商品不属于质量问题,售出后一律不给予退货,如确属质量问题,应马上退换,并向顾客赔礼道歉。

(2)按照规定,由顾客人为造成的商品质量问题,不能退换,这时应礼貌地向顾客解释,由于您没有保持商品的原样,所以按规定不能退换。

(3)顾客退换商品的原因确实是因为商品质量问题时,服务台人员不但应当退货,还应该主动道歉。

(4)凡是已穿过或是用过的商品已经污损,应负责整修,不能整修的,可与顾客协商采取拆换质量有问题的部位,或是以按质论价的办法处理,也可视商品的污损程度,协商折价收回。

(5)对于剪裁商品,营业员应向顾客说明,布料从整匹上剪下来后是不能退换的,如顾客执意要退,一般可采取代卖或按剪裁商品的折价规定处理。

(6)促销或处理品不予退换,应该向顾客礼貌地解释清楚。

面对投诉要耐心

服装有质量问题,重新拿回服装店已经是一件很烦恼的事情了,要是服装店再迟迟没有补修,顾客一般都会怀疑其诚信度。如果服装店不能很好地处理投诉,可能会有失去这位顾客的危险,其他一系列负面影响也是不容忽视的。

在处理此类投诉的时候,导购首先应该勇于承认错误,毕竟确实是店铺的原因,给顾客造成了时间、金钱和情感上的损失,耐心解答顾客的疑问,然后找出解决这个问题的具体措施,让顾客感到你是很有诚意为其解决问题的。

导购需要遵循以下原则。

1.给顾客怀疑的权利

并非所有顾客都是诚实的,也并非所有的投诉都被证明是正确的。但是在明确的反面证据出现之前,应当把顾客视为拥有确凿的投诉理由来对待。如果牵涉到大量的金钱(如索赔或法律诉讼),那么就要进行认真的调查;如果涉及金额数量较小, 那么可能就不值得为退款或其他补偿争论不休——但是检查记录以了解这个顾客是否有过可疑投诉的历史,仍不失为一个好主意。

2.阐述解决问题需要的步骤

在不可能当场解决投诉的情况下,告诉顾客公司将计划如何行动,这可以表明公司正在采取修正的措施,还设定了顾客对时间进度的期望(所以不要过分承诺)。

3.让顾客了解进度

没有人喜欢被抛弃在黑暗中。不确定性导致焦虑和紧张,如果顾客知道目前的情况并收到定期的进度报告,那么他们将更易于接受处理过程的递延。

4.考虑补偿

在顾客没有得到他们花钱购买的服务结果,或遇到了严重的问题,或因为服务失误而遭受了时间和金钱的损失时, 正确的做法是支付金钱或提供同类服务给他们。这样一种做法还可能有助于减少恼怒的顾客采取法律行动的风险。服务保证通常会事先确定补偿方式。在许多情况下,顾客最想要得到的是道歉和承诺避免类似错误的发生。

5.坚持不懈地重获顾客的友善

当顾客感到不满时, 公司所面临的最大的挑战是恢复他们对公司的信心和如何继续保持长久买卖关系,这可能需要毅力和追踪,不仅是为了平息顾客的怒气,而且要让他们相信公司正在采取行动避免问题的再次发生。出色的补救工作有助于建立顾客忠诚和推动顾客向他人推荐公司的服务。

细节处理要用心

服装店十分讲究良好的购物氛围,而店员作为店铺的形象,是和顾客沟通的第一媒介,大方得体又不失时尚的店员就成了服装店必备的要素之一。这就不仅需要店员具备良好的内在销售技巧, 也要求店员具备清新靓丽的外形和优雅得体的礼仪风貌。

1.洁净的衣着打扮

顾客才是店铺内的主角,店员的主要目的是为顾客提供热忱周到的服务,而不是向顾客展示自身的美丽。设法获得顾客的好感是成为合格店员的第一步,洁净的仪容则成为这第一步中的第一步。

2.适宜的服装

服装店店员一般都配有统一的制服,这样容易给顾客一种正式而整齐的感觉。穿着高跟鞋、留着长指甲、穿宽松洋装的造型是店员的大忌。

3.灵活的言谈

接待顾客时,店员需要具备灵活的语言措辞能力,要有洪亮、开朗、自然的声音,面带微笑,用心表达出对顾客光临的真诚欢迎态度。

4.优雅得体的举止

店员和顾客的交流除了语言的交流外,还配有相应的动作行为。服装店的店员在同顾客交谈时一般都会呈现轻度的鞠躬礼姿势,这样不仅显示出对顾客的尊重,也使其看上去优雅动人,令人赏心悦目。店员要站有站相,坐有坐相,给人以热情可靠、落落大方的良好印象。

(1)站。基本站姿的主要特点是:头正、肩平、身直,从侧面看,其主要轮廓线则为含颌、挺胸、收腹、直腿。采取这种站姿,会使人看起来稳重、大方、俊美挺拔,还可以帮助呼吸,改善血液循环,并且在一定程度上减缓身体的疲劳感。

处于销售等待中时,手脚可以适当放松;以一条腿为重心的同时,将另外一条腿向外侧稍稍伸出一些;双膝要尽量伸直,不要令其出现弯曲;肩和臂自由放松,挺胸的同时,一定要挺直脊背。采取此种站姿,既可以使人不失仪态美,又可以减缓其疲劳。

接待顾客时,头部可以微微侧向顾客。小腹不宜凸出,臀部同时紧缩,双脚一前一后站成“丁字步”。与他人进行短时间交谈、倾听他人的诉说等,都是采用这种站立姿势的良好时机。

另外需要注意,在站立时应避免出现以下八种情况:身体歪斜、弯腰驼背、趴伏依靠、双腿大叉、脚位不当、手位不当、半坐半立等。

(2)走。工作之中需要行走时,尤其是当自己在顾客的注视下行走时,务必要优雅稳重,并保持正确恰当的节奏。这样做,才能体现出动态之美。

走姿的基本要求:

①上体挺直,挺胸收腹,精神饱满。

②抬头,下巴与地面平行,两眼平视前方,面带微笑。

③跨步均匀,距离约为一只脚到一只半脚长度。

④步伐平稳、自然、有节奏感。

⑤迈步时,脚尖、脚跟与前进方向应几乎保持一条直线。

⑥手臂前后自然协调摆动,与身体的夹角一般在 10~15 度。

(3)蹲。当需要对自己的工作岗位进行整理时;当本人或他人的物品落到地上、需要从低处被拿起来时,需要整理自己的鞋袜以及其他特殊情况时,可采用蹲的姿势。

常用的两种蹲姿:

①高低式蹲姿:下蹲时,左脚在前,右脚稍后。右膝须低于左膝,右膝内侧可靠于左小腿的内侧,形成左膝高、右膝低之态。女性应靠紧两腿,男性则可适度将其分开。

②交叉式蹲姿:通常适用于女性店长,尤其是身穿短裙的女性采用。下蹲时,右脚在前,左脚在后,左膝由后下方伸向右侧,左脚脚跟抬起,并且脚掌着地。两腿前后靠近,合力支撑身体,上身略向前倾,而臀部朝下。

下蹲时,应该注意:蹲下时,速度切勿过快;应与身边的人保持一定距离;在他人身边下蹲,尤其是在顾客身旁下蹲时,最好与之侧身相对。

5.正确的行礼方式

行礼主要有三种, 由腰到上身弯曲的角度来分类, 主要为 15°礼、30°礼和 45°礼。行礼时两腿自然并拢,两手握放在身前,上身向前倾,同时,脸上要面带微笑,给人以自然亲切之感。

(1)15°礼主要用于打招呼,在回应顾客"好的"或"让您久等"时,或在表示感谢惠顾对顾客说"欢迎光临"和"谢谢"时均可使用这种行礼方式。

(2)45°礼是最客气、最表敬意的行礼,在向顾客致歉或者处理顾客异议时可配合使用。

(3)30°礼介乎 15°礼和 45°礼之间,在店铺的使用较多。

行礼时的重点主要有以下几点:

(1)以基本姿势站立。

(2)视线:行礼时须始终注视对方的眼睛(但须特别注意不可过于僵硬变成瞪视对方,除了亲切的眼神还要有随和的笑容)。上身倾斜时的视线,15°时看对方的肩膀,30°时看1.5米前的地板,45°时移到1米前的地板。

(3)颈部、背部要伸直。以腰部为支点,假想上身有一块板子支撑着,颈背要成一条线,垂头或驼背不是优美的姿态。

(4)动作要有节奏、自然,不可心不在焉,否则给人一种不尊重的感觉。

(5)速度要一致。上身前倾与拾起的速度要大约相同。速度过快让人觉得草率,太慢又让人认为客气过度。

意外停电巧处理

一天晚上,闫女士在一家大型服装店买衣服时遭遇突然停电。

"霎时间漆黑一片,什么都看不见,我赶紧放下衣服拉着女儿往出口走。"闫女士说。

"那一幕简直把人们吓坏了,伴随着照明灯的突然熄灭,整个服装店内顿时响起了一片尖叫声。由于停电时正好是人们周末购物高峰,据估计服装店里滞留了将近100多位顾客。"

面对突如其来的停电,以及服装店内的漆黑,许多顾客只得待在原地不动。闫女士和女儿到了出口处,看到许多顾客放弃了买衣服,摸黑走到了出口处,借助着出口微弱的几盏消防灯,闫女士打算带着女儿赶紧离开此地。

但当她走到出口时,却被导购人员拦住了,并告诉她:"马上就来电了,现在不能出去。"由于女儿晚上还要上课,服装店里漆黑一片,闫女士要导购人员检查随身携带的包,然后放她出去,可他们怎么都不放她出去,导购人员还把闫女士的肩膀和衣服抓破了!

服装店是特殊地方,在不知情的情况下,只让顾客暂时等一等是应该的。但是服装店无故长时间扣留顾客的做法是不对的,因为依据《消费者权益保护法》,消费者在购买、使用商品和接受服务时享有人身、财产安全不受损害的权利。服装店停电,其风险由服装店承担,若以此为由扣留顾客则是侵犯消费者的人身自由权。相比而言,下面这家服装店的做法相对比较成熟一些。

一天晚上,西安市西郊突然停电,整个西二环南端路两边一片漆黑。在这非常时刻,服装店紧急疏导,顾客在短暂的慌乱后,井然有序地离开服装店,前后不到十五分钟,服装店方面没有丢一件衣服。

服装店正门外面,一辆货车打开车前大灯作为光源照着服装店大门,顾客们正有序地从服装店走出,几名刚出来的老太太说服装店停电时大家有点慌,但很快店里就通过广播通知了停电原因,并组织大家离开,人们就放心了,很有秩序。问她们有没有人拿服装店里的东西,出店时店方有没有检查。回答说没有看见,大家都很自觉。

在服装店里面,昏暗的应急灯照着广阔的空间。店方留出的两个购物通道、一个出口旁站着两位员工疏导顾客,店里店外也有多名员工在维持秩序,遇到老人,他们会搀扶着离开;遇到有提袋子的顾客,他们会礼貌地让打开看一下,而顾客们也总是很配合,一切都显得井然有序。

服装店的店长说停电虽然是第一次,但他们开业前曾演练过,所以刚一停电就通过广播让顾客不要惊慌,并从供电局了解停电原因,稳定了顾客的情绪后,封闭了其他通道出口,只留出正门口的两个购物通道和一个出口,组织顾客离开。

为以防意外,稳妥、安全的处理停电事故。各服装店应该制定停电处理紧急预案。下面的预案值得经营者们参考:

服装店平时应有相应的防范措施,店内应备有紧急照明灯、手电筒等应急照明工具,有条件的店铺可装置自动发电机。

停电时,应迅速查明停电的原因,以便做出对策:

(1)若长时间停电,应启用自动发电机,并立即与上级主管单位联系。

(2)若停电是在晚上,且时间较长,可考虑停止营业。

(3)停电时收银机无法打出购物小票,只对正在排队结款的顾客服务。可利用空白纸张填上购买金额,并盖发票章,请顾客下次来店时凭证兑换。

(4)收银员应迅速将收银机抽屉锁好。

(5)店长应立即将金库及店长室锁好。

(6)店长应迅速将人员分配至收银台附近及卖场内,以保证现金及商品的安全。

(7)以客气的语气安抚顾客,并请顾客谅解因停电所带来的不便。

(8)指派副店长在后门把关,以防止员工在此时发生不良行为。

总结沟通技巧

倾听与询问是打开顾客内心黑箱子的两把钥匙,在询问顾客的需求时,导购人员除了要善于提问,还要善于运用倾听的技巧,如此,才能真正接近顾客。在与顾客沟通中,每问完一个问题,导购人员都要以专注的态度去倾听顾客的回答,从中得到想要的信息,同时顾客也会有一种被尊重的感觉。

导购人员介绍完了一款,顾客又指着另一款问,导购人员介绍完后,顾客的眼神又游移到另一款上……

(1)这件衣服的款式也不错,而且原价269元,现在才199元,这个活动是刚刚开始,你可以试穿一下,看看效果,要是合适就抓紧拿一件,库房已经没有货了,就外面这一件了。

(2)我们这款衣服采用独特的材料,穿起来特别舒服,你可以试穿,感受一下……

(3)这件衣服最大的优点是……其次是……

在卖场,几乎每天都会有很多顾客对导购人员这样说:"小姐,你介绍得挺好的。这样吧,我们再去其他店看一下,如果合适的话我们再回来,"这个时候,导购人员是不是应该问问自己,为什么顾客听完了介绍不做任何沟通就走了?

第一个说法中导购人员说法存有的误区就是,如果顾客对哪一款产品有兴趣,导购人员就积极推荐哪一款,顾客将不会再信任导购人员。

如果一个导购人员只顾顺着顾客的目光和问话来介绍产品,那么根本无法探明顾客的需要,又如何能掌握沟通主动权引导顾客提出自己的买点和需要呢?

第二和第三个说法存有的误区在于,即使产品有10个卖点,也并不必全部讲给顾客,而是挑出最打动顾客的一两点即可。

产品介绍必须有重点,要对接到顾客的需求上。要做到这一点,就应该学会对顾客察言观色,确定顾客的类型与需求。如果导购人员不能观察出顾客内在的信息,销售人员的推荐就会失去章法,毫无重点,不得要领,其结果就会在没有针对性的讲解中把顾客送出门。

不同的顾客有不同的需求,有的需要高档豪华的服装,有的需要经济实用的服装,有的人甚至根本不知道自己适合什么样的服装,只有被销售人员触动才能激发。

要进行有效销售,就要学会倾听和询问。导购人员要通过问题来发现顾客的真正需求,并在询问过程中积极倾听,让顾客尽量发表真实的想法。有些导购人员一见到顾客就滔滔不绝地说个不停,如果顾客完全失去了表达意见的机会,那样只会引起顾客更大的反感。

询问在专业导购技巧上扮演重要的角色,导购人员不但可以利用询问技巧来获取所需的信息并确认顾客的需求,而且能主导顾客谈话的主题。询问是最重要的沟通手段之一,它能使顾客因自由表达意见而产生参与感。

需要提醒的是,与"询问"同样重要的是"倾听"。除了要善于提问,导购人员还要善于运用倾听技巧,如此,导购人员才可能真正接近顾客,而且,这种做法可以使顾客有一种被尊重的感觉。许多导购人员常常忘记这一点,要知道,倾听是确保沟通有效的重要手段。如果在顾客面前滔滔不绝,完全不在意顾客的反应,你很可能会失去发现顾客需求的机会。

倾听和询问是正确掌握顾客需求的重要途径,若导购人员无法善用这两项技巧,其销售将是乏味与盲目的。

成功金版—高端珍藏经典畅销书系

《私营企业降低成本的157个绝招
防止亏损的92条措施》
55.00元　16开

《绩效考核与量化管理全方案》
55.00元　16开

《薪酬设计与员工激励全方案》
55.00元　16开

《金融史其实很有趣》
65.00元　16开

《销售经理实用全书》
75.00元　16开

超值金版——家庭珍藏经典畅销书系

《会做人会说话会办事大全集》
29.00 元 16 开

《有效沟通人全集》
29.00 元 16 开

《狼道大全集》
29.00 元 16 开

《人性的优点大全集》
29.00 元 16 开

《人性的弱点大全集》
29.00 元 16 开

兴盛乐

国兴文盛　乐在阅读